Springer-Verlag Berlin Heidelberg GmbH

Springer-Verlag Berlin Heidelberg GmbH

Horst Tomann

Stabilitätspolitik

Theorie, Strategie und
europäische Perspektive

Mit 9 Abbildungen
und 7 Tabellen

Prof. Dr. Horst Tomann
Freie Universität Berlin
Fachbereich Wirtschaftswissenschaft,
Institut für Wirtschaftspolitik
und Wirtschaftsgeschichte
Boltzmannstraße 20
D-14195 Berlin

ISBN 978-3-540-62957-3

Die Deutsche Bibliothek - CIP-Einheitsaufnahme

Tomann, Horst:
Stabilitätspolitik : Theorie, Strategie und europäische Perspektive / Horst Tomann. - Berlin ; Heidelberg ; New York ; Barcelona ; Budapest ; Hong Kong ; London ; Mailand ; Paris ; Santa Clara ; Singapur ; Tokio : Springer, 1997
  (Springer-Lehrbuch)
  ISBN 978-3-540-62957-3   ISBN 978-3-642-59046-7 (eBook)
  DOI 10.1007/978-3-642-59046-7

Dieses Werk ist urheberrechtlich geschützt. Die dadurch begründeten Rechte, insbesondere die der Übersetzung, des Nachdrucks, des Vortrags, der Entnahme von Abbildungen und Tabellen, der Funksendung, der Mikroverfilmung oder der Vervielfältigung auf anderen Wegen und der Speicherung in Datenverarbeitungsanlagen, bleiben, auch bei nur auszugsweiser Verwertung, vorbehalten. Eine Vervielfältigung dieses Werkes oder von Teilen dieses Werkes ist auch im Einzelfall nur in den Grenzen der gesetzlichen Bestimmungen des Urheberrechtsgesetzes der Bundesrepublik Deutschland vom 9. September 1965 in der jeweils geltenden Fassung zulässig. Sie ist grundsätzlich vergütungspflichtig. Zuwiderhandlungen unterliegen den Strafbestimmungen des Urheberrechtsgesetzes.

© Springer-Verlag Berlin Heidelberg 1997

Die Wiedergabe von Gebrauchsnamen, Handelsnamen, Warenbezeichnungen usw. in diesem Werk berechtigt auch ohne besondere Kennzeichnung nicht zu der Annahme, daß solche Namen im Sinne der Warenzeichen- und Markenschutz-Gesetzgebung als frei zu betrachten wären und daher von jedermann benutzt werden dürften.

SPIN 10629408   42/2202-5 4 3 2 1 0 - Gedruckt auf säurefreiem Papier

Für Olaf Sievert,

den Lehrer und den Freund

Vorwort

In den vergangenen 25 Jahren haben sich die Auffassungen über die Möglichkeiten des Staates, den Wirtschaftsprozeß zu beeinflussen, grundlegend gewandelt. Dieser Wandel der Auffassungen spiegelt sich in den Begriffen. In der Makroökonomik sprach man früher von "Konjunkturpolitik" – mit Bezug auf die Steuerung der gesamtwirtschaftlichen Nachfrage – und "Wachstumspolitik" – mit Bezug auf das gesamtwirtschaftliche Angebot (so noch *Giersch* 1977). In jüngerer Zeit hat sich der Begriff "Stabilisierungspolitik" – in Anlehnung an das angelsächsische *stabilisation* – eingebürgert. Damit wurde die Perspektive stärker auf die monetären Bedingungen einer makroökonomischen Politik verlagert. Der Titel dieses Buches, "Stabilitätspolitik", ist spezifischer gefaßt. Es soll, dem allgemeinen Sprachgebrauch folgend, eine wirtschaftspolitische *Strategie* in den Mittelpunkt des Interesses gerückt werden, die dem Ziel der Geldwertstabilität Vorrang vor den anderen wirtschaftspolitischen Zielen gibt. Seit dem Zusammenbruch des Währungssystems von Bretton Woods im Jahre 1971 hat diese Strategie das wirtschaftspolitische Handeln in Deutschland mehr und mehr geprägt; und sie wird voraussichtlich auch die dominante Strategie in einer künftigen Europäischen Währungsunion sein. Die Idee des Buches ist, die Voraussetzungen einer solchen stabilitätspolitischen Strategie zu erklären und ihre Konsequenzen für alle Bereiche einer makroökonomischen Politik herauszuarbeiten.

Dieses Buch wendet sich als Lehrbuch an Studenten des Hauptstudiums. Es entstand aus einer Reihe von Vorlesungen zur Volkswirtschaftspolitik, die ich am Fachbereich Wirtschaftswissenschaft der Freien Universität Berlin gehalten habe. Es setzt einen vierstündigen Kurs in Makroökonomik voraus, wie ihn die Studierenden dieses Fachbereichs dank einer vorbildlichen Studienordnung im Grundstudium absolvieren.

Vor diesem Hintergrund ist das Buch von formalen, modelltheoretischen Ableitungen weitgehend frei gehalten. Es ist statt dessen so angelegt, daß die paradigmatischen Grundlinien verschiedener stabilitätspolitischer Strategien deutlich hervortreten. Damit kann es – so ist zu hoffen – auch dem Praktiker in Fragen der Wirtschaftspolitik eine nützliche Orientierungshilfe sein.

Eine wichtige Quelle für die Entstehung dieses Buches war der Dialog mit den Studierenden in den Übungen und Seminaren zur Volkswirtschaftspolitik. Darüber hinaus waren Gespräche und Diskussionen zu den hier behandelten Fragen für mich sehr aufschlußreich, die ich – vor allem in gemeinsamen Seminaren – mit Dieter Bogai, Katrin Elborgh, John Grahl, Paul de Grauwe, Jens Hölscher, Anke Jacobsen, Mathilde Lüken-Klaßen, Hajo Riese, Oliver Scholz, Claus Thomasberger, Brigitte Unger und Hans Weisfeld geführt habe. Besonderen Dank schulde ich Elke Muchlinski. Sie hat das Manuskript durchgesehen und kritisch kommentiert.

Ein Manuskript in einen druckreifen Text umzuwandeln ist nur zum geringeren Teil das Werk des Autors. Inge Büttner hat die Entwürfe geschrieben, Iris Paeschke hat die Abbildungen und Tabellen, das Literaturverzeichnis und den Index erstellt und Thomas Peetz hat den Text formatiert. Die äußere Gestalt des Buches ist wesentlich ihrer gründlichen und umsichtigen Zusammenarbeit zu verdanken.

Freie Universität Berlin
Im Mai 1997

Horst Tomann

Inhaltsverzeichnis

1 Einführung	1
1.1 Wirtschaftstheorie und Wirtschaftspolitik	2
1.2 Überblick über das Buch	8

Erster Teil   Theoretische Grundlagen der Stabilisierung   13

2 Die Instabilität von Marktprozessen	15
2.1 Das klassische Stabilitätspostulat	15
2.2 Keynes versus Say	17
2.3 Die Nicht-Neutralität des Geldes	18
2.4 Der einkommensbeschränkte Prozeß	19
3 Der Konjunkturzyklus	25
3.1 Das Konjunkturphänomen	25
3.2 Elemente einer Theorie des Zyklus	27
4 Die Inflation	35
4.1 Inflationsbegriff	35
4.2 Monetaristische Theorie der Geldnachfrage	36
4.3 Keynesianische Theorie der Einkommensbildung	41
5 Die Stagnation	47
5.1 Das Stagnationsphänomen	47
5.2 Wachstumspessimismus	49
5.3 Stagnations-Arbeitslosigkeit	50
5.4 Die Marktkonstellation der Stagflation	52

Zweiter Teil Der Entwurf stabilitätspolitischer Strategien   55

6 Rollenverteilung in der Stabilitätspolitik   57
    6.1 Ziele und Zielkonflikte   57
    6.2 Regime der Stabilitätspolitik   61
    6.3 Veränderte Rollenverteilung   64

7 Die Rolle der Geldpolitik   69
    7.1 Die keynesianische Konzeption der Geldpolitik   70
    7.2 Die monetaristische Konzeption der Geldpolitik   75
    7.3 Die Politik der Deutschen Bundesbank   85

8 Die offene Volkswirtschaft: Geldpolitik als Wechselkurspolitik   101
    8.1 Das Problem   101
    8.2 Ansätze zur Erklärung des Wechselkurses   104
    8.3 Strategien der Wechselkurspolitik   111
    8.4 Internationale Koordination der Geldpolitik   114

9 Die Rolle der Einkommenspolitik   123
    9.1 Lohnpolitik bei keynesianischer Arbeitslosigkeit   126
    9.2 Lohnpolitik bei klassischer Arbeitslosigkeit   128
    9.3 Einkommenspolitik bei unvollständiger Konkurrenz   130

10 Die Rolle der Finanzpolitik   137
    10.1 Keynesianische Konzeption der Finanzpolitik   137
    10.2 Grenzen der Staatsverschuldung   146
    10.3 Finanzpolitik als Angebotspolitik   164

11 Die Rolle der Arbeitsmarktpolitik   173
    11.1 Hypothesen zur Persistenz von Arbeitslosigkeit   175
    11.2 Aktive Arbeitsmarktpolitik   182
    11.3 Verknappung des Arbeitsangebots   188

12 Wirtschaftspolitische Probleme der deutschen Vereinigung   191
    12.1 Vermögensbewertung   195
    12.2 Lohnfindung   202
    12.3 Finanzierungslasten   220

Dritter Teil   Die Stabilisierungsaufgabe in einem integrierten Europa   227

13 Theorie des optimalen Währungsraumes ... 229
  13.1 Nutzen und Kosten einer gemeinsamen Währung ... 230
  13.2 Lohnrigidität und Geldillusion ... 232
  13.3 Die Glaubwürdigkeit einer gemeinsamen Währung ... 235

14 Das Europäische Währungssystem (EWS) ... 241
  14.1 Konstruktionsprinzipien ... 241
  14.2 Die Deutsche Mark in der Rolle der Leitwährung ... 245
  14.3 Glaubwürdigkeit der Geldpolitik im EWS ... 249
  14.4 Das EWS nach 1993 als Wechselkurs-Zielzone ... 257

15 Die Europäische Währungsunion und der Vertrag von Maastricht ... 261
  15.1 Drei Stufen zur Europäischen Währungsunion ... 262
  15.2 Ist die Union ein optimaler Währungsraum? ... 265
  15.3 Die Konvergenzkriterien ... 273

16 Finanzpolitik in einer Währungsunion ... 283
  16.1 Regeln des EG-Vertrages für die Finanzpolitik ... 284
  16.2 Finanzpolitik als shock absorber? ... 286
  16.3 Das Problem exzessiver Staatsverschuldung ... 288
  16.4 Die Steuerlast als Standortfaktor ... 293

Literaturverzeichnis ... 301

Index ... 315

1 Einführung

> *es handelt sich tatsächlich um nicht mehr und nicht weniger als um die wissenschaftliche Fundierung jeder rationellen Volkswirtschaftspolitik. Denn es liegt auf der Hand, daß ein künstliches Eingreifen in die volkswirtschaftlichen Prozesse von vornherein nur dann einen Sinn hat, wenn man die Vorfrage, ob die Macht gegenüber den "natürlichen Gesetzen" des ökonomischen Geschehens überhaupt etwas vermag, bejahend zu beantworten imstande ist; und es liegt nicht minder auf der Hand, daß man die Ziele und Grenzen eines solchen Eingreifens nur dann rationell abzustecken und die Durchführungsmittel nur dann rationell auszuwählen imstande sein wird, wenn man sich über das ... M a ß und die A r t des Einflusses, der der "Macht" gegenüber dem "natürlich-ökonomischen" Geschehen beschieden sein kann, klare und zutreffende Anschauungen zu bilden vermag. Man muß hier s e h e n, wenn man nicht t a p p e n will;*
>
> Eugen von Böhm-Bawerk

Die Frage "Macht oder ökonomisches Gesetz?", die *Böhm-Bawerk* im Jahre 1914 gestellt hat, ist die Grundfrage einer Theorie der Wirtschaftspolitik. Die Bedeutung dieser Frage liegt darin, daß die ökonomische Theorie den Marktmechanismus als eine Institution erklärt, die jedenfalls als Idealtypus geeignet ist, das wirtschaftliche Handeln in bestmöglicher Weise zu koordinieren und die Bedürfnisse der Menschen in bestmöglicher Weise zu befriedigen. Wozu bedarf es also staatlicher Wirtschaftspolitik und was vermag sie zu bewirken? An den Anfang unserer Überlegungen stellen wir die Frage nach der Funktion der Wirtschaftspolitik in einer Marktwirtschaft.

1.1 Wirtschaftstheorie und Wirtschaftspolitik

Eine theoretische Begründung der Wirtschaftspolitik liefert uns Kriterien für das Urteil, welche staatlichen Interventionen in einer Marktwirtschaft legitimiert sind. Sie hat damit eine zweifache Aufgabe zu erfüllen. Sie hat einerseits den Bereich und die Mittel wirtschaftspolitischer Eingriffe des Staates zu umschreiben. Sie hat andererseits die Gründe für ein Versagen wirtschaftspolitischer Maßnahmen aufzudecken. Diese Gründe können in einem "Staatsversagen" liegen. Es ist aber auch die Erklärung möglich, daß man der Wirtschaftspolitik etwas zumutet, was sie in einer Marktwirtschaft gar nicht leisten kann. Indem sie diese Gründe klärt, bewahrt uns eine Theorie der Wirtschaftspolitik davor, einer "Apologie des Marktes" zu verfallen.

Eine Theorie der Wirtschaftspolitik ist angewandte ökonomische Theorie, d.h. sie leitet sich aus der ökonomischen Theorie ab. Denn diese zeigt die Bedingungen auf, unter denen der Markt als Konzeption funktioniert. Dabei begründen wir wirtschaftspolitisches Handeln einmal im partialanalytischen Zusammenhang, d.h. wir bestimmen den staatlichen Handlungsbedarf im Sinne *Marshalls* auf bestimmten Märkten. Zum anderen wird ein Handlungsbedarf für den Staat im gesamtwirtschaftlichen Zusammenhang aus der Interaktion von Märkten abgeleitet. Dabei folgen wir methodisch *Keynes*, d.h. wir aggregieren die Marktinteraktion unter der Annahme idealtypischer Verhaltensweisen.

Die Theorie der Wirtschaftspolitik grenzt vor diesem Hintergrund die Ausnahmebereiche in einer Marktwirtschaft ab und definiert die Rolle des Staates in diesen Bereichen. Diese Ausnahmebereiche sind einmal dadurch bestimmt, daß der Marktmechanismus in seiner Funktionsweise gestört ist, also die Pläne der Marktteilnehmer nicht in bestmöglicher Weise koordiniert. Hier besteht Bedarf an staatlicher Regulierung. Zum anderen liegt ein Ausnahmebereich vor, wenn das Marktergebnis nicht alle Wünsche der Marktteilnehmer in angemessener Weise reflektiert und insoweit korrekturbedürftig ist (Verteilungspolitik). Die Theorie der Wirtschaftspolitik hat bei der Begründung von staatlichen Maßnahmen in den Ausnahmebereichen zu beachten, daß die staatliche Intervention den Marktprozeß im übrigen in seiner Funktionsfähigkeit nicht beeinträchtigt (Kriterium der Marktkonformität).

Das klassische Kriterium der marktwirtschaftlichen Aktivitäten ist Wohlstandsmehrung (*Adam Smith*). In einer modernen Lesart geht es um ökonomische Entwicklung und Stabilisierung. Beide Aspekte betreffen die Dynamik des Marktprozesses. Der Begriff des "gesamtwirtschaftlichen Gleichgewichts"[1], in Analogie zu einem Marktgleichgewicht entwickelt, ist daher nicht das entscheidende Kriterium für die Theorie der Wirtschaftspolitik. Nicht die Gleichgewichtsbedingungen, sondern die Entwicklungsbedingungen und die Stabilitätsbedingungen von Marktprozessen muß eine Theorie der Wirtschaftspolitik im gesamtwirtschaftlichen Kontext herausarbeiten können. Damit zeigt sich, daß die Forderung einer mikroökonomischen Fundierung der gesamtwirtschaftlichen Analyse, die aus dem partialanalytischen Konzept des Marktgleichgewichts abgeleitet wird, fehlgeht (*Rothschild* 1988). Darüber hinaus wird sichtbar, daß auch im gesamtwirtschaftlichen Zusammenhang das Kriterium der Marktkonformität von Wirtschaftspolitik zum entscheidenden Kriterium wird. Die Orientierung der Theorie der Wirtschaftspolitik an der Funktionsfähigkeit des Marktes – nicht an seiner Effizienz – macht die Theorie zu einer Kunstlehre. Diese pragmatische Auffassung und die Abgrenzung der Theorie der Wirtschaftspolitik als Kunst der Beeinflussung des Wirtschaftsprozesses (*art*) von der Wissenschaft (*science*) findet sich schon bei den Klassikern der englischen Politischen Ökonomie (*John Stuart Mill*).

Theorie der Wirtschaftspolitik als Entscheidungstheorie. Die traditionelle Theorie der Wirtschaftspolitik hat ihre Wurzeln in der Wohlfahrtsökonomik. Wirtschaftspolitisches Handeln ist die rationale Wahl zwischen Zielen, wobei Nebenbedingungen zu beachten sind. Das methodische Vorbild liefert der Haushalt, der bei gegebenen Präferenzen unter einer Budgetbeschränkung (dem Einkommen) und gegebenen relativen Preisen die Wahl zwischen Gütern, zwischen Konsum und Sparen oder zwischen Arbeitszeit und Freizeit trifft. Entsprechend entscheidet der Wirtschaftspolitiker nach Maßgabe einer gesamtwirtschaftlichen Wohlfahrtsfunktion (Funktion aggregierter Präferenzen). Die Wohlfahrtsökonomik hat dafür die Kunstfigur des "wohlmeinenden Diktators" erfunden. Die rationale Entscheidung richtet sich nach den Opportunitätskosten (volkswirtschaftlichen Zielverzichten). Diese werden entweder –

---

[1] Das Stabilitäts- und Wachstumsgesetz legt den wirtschaftspolitischen Akteuren auf, die Erfordernisse des gesamtwirtschaftlichen Gleichgewichts zu beachten; vgl. Kapitel 6.

neoklassisch – durch eine gegebene Ressourcenausstattung bestimmt (*Samuelsons* Beispiel "Butter oder Kanonen"); oder aus dem Verhalten der Marktakteure ergibt sich eine "Effizienzgrenze", so beim *trade-off* zwischen der Stabilität des Preisniveaus und der Vollbeschäftigung (Phillips-Kurve). Die Bezeichnung "magisches Viereck" für die Ziele des Stabilitäts- und Wachstumsgesetzes deutet dabei die Komplexität der Entscheidungssituation an.

Kritik einer Theorie rationaler Wirtschaftspolitik. Die Rationalität kollektiver Entscheidungen verlangt eine Definition des Gemeinwohls. *Adam Smith* beschreibt das Marktergebnis noch vage als das "größte Glück der größten Zahl". Dabei wird das Handeln der Individuen von ihrem Eigennutz dominiert. Zugleich begrenzt der Markt den Eigennutz und führt einen Interessenausgleich herbei. Freiwilligkeit des Handelns ist eine wichtige Bedingung dieses Ergebnisses. Kann staatliche Wirtschaftspolitik, die den Marktprozeß korrigiert, in ähnlicher Weise wie der Markt einen Interessenausgleich finden? Die ökonomische Theorie versagt ihr hier den Dienst. Sie hat zwar mit der Wohlfahrtsökonomik Bedingungen für Wohlfahrtsvergleiche herausgearbeitet. Sie findet ihre Grenze aber darin, daß diese Bedingungen keine interpersonellen Wohlfahrtsvergleiche implizieren dürfen. Das Pareto-Kriterium und die darauf aufbauenden Kompensationskriterien, die auf der Grundlage von allgemein akzeptierten Werturteilen formuliert sind, bieten nur eine Minimal-Lösung dieses Problems. Denn nach diesen Kriterien sollte eine wirtschaftspolitische Maßnahme nur durchgeführt werden, wenn niemand schlechter gestellt und wenigstens eine Person besser gestellt wird. Hinzu kommt, daß das Pareto-Kriterium seiner logischen Struktur nach ein "vektorielles Maximum" im mathematischen Sinn darstellt. Dies hat zur Konsequenz, daß nur marginale Veränderungen beurteilt werden können. Zustände der Wirtschaft, die sich nicht nur marginal unterscheiden, sind nach diesem Kriterium nicht vergleichbar. Damit kann die ökonomische Theorie keinen Maßstab liefern, der staatliches Handeln dem individualistischen Prinzip des Marktes vergleichbar machen würde.

Die Antwort der Theorie der Wirtschaftspolitik ist das dezisionistische Entscheidungsmodell. Im Rückzug auf eine methodische Position der Wertfreiheit wird die Formulierung und Gewichtung der wirtschaftspolitischen Ziele dem politischen Prozeß überlassen, während sich die Ökonomie darauf beschränkt, Bedingungen zu setzen, unter denen vorgegebene Ziele bestmöglich erreicht werden. Damit ist die Analogie zur Entscheidungssituation des Haushalts de facto wieder hergestellt.

Tinbergens Theorem. Der Protagonist dieser Theorie rationaler Wirtschaftspolitik ist *Tinbergen*. Sein Theorem besagt, daß bei vorgegebenen Zielen, die unabhängig voneinander sind, ein wirtschaftspolitisches Entscheidungsproblem lösbar ist, wenn es mindestens so viele Instrumente wie Ziele gibt. Dabei sind Nebenwirkungen des Instrumenteneinsatzes auf jeweils andere Ziele zu beachten. Deshalb ist nicht isoliert über einzelne Instrumente, sondern jeweils über Bündel von Zielen und Instrumenten zu entscheiden.

Das Tinbergen-Modell der Wirtschaftspolitik liefert die Grundstruktur für ökonometrische Modelle. In Modellen dieser Art werden zunächst die gesamtwirtschaftlichen Beziehungen so modelliert und quantitativ spezifiziert, daß sich die Zielwirkungen endogen (aus dem Modell heraus) ergeben. Tatsächlich sind das Preisniveau, der Beschäftigungsgrad, der Saldo der Leistungsbilanz oder die Wachstumsrate des Sozialprodukts Ergebnis der Interaktion über Märkte. In einem zweiten Schritt wird das Modell in ein Handlungsmodell transformiert. Das heißt, die Zielvariablen werden *exogen* vorgegeben und der erforderliche Instrumenteneinsatz wird aus dem Modell heraus bestimmt. Durch dieses methodische Vorgehen *Tinbergens* wird der Marktprozeß als theoretisches Konzept instrumentalisiert. Das ist formal – im Modell – möglich. Tatsächlich bleibt aber die *Endogenität* der Ziele erhalten. Eine Unabhängigkeit der Ziele im Sinne der Handlungstheorie ist in einem gesamtwirtschaftlichen Zusammenhang nicht gegeben. Dieses Grundpostulat einer Planungstheorie, Ziele exogen zu setzen, verletzt vielmehr das Kriterium der Marktkonformität.

Das Werturteilsproblem. Das dezisionistische Entscheidungsmodell ist vielfach kritisiert worden, weil in der Wirtschaftspolitik die Trennung in eine (Wertungen vollziehende) Zielbestimmung und die (wertfreie) Entscheidung über den Instrumenteneinsatz nicht möglich ist. Schon die Vorauswahl von Handlungsalternativen impliziert ein Werturteil. Vor allem läßt sich in den Sozialwissenschaften nicht eindeutig zwischen Zielen und Instrumenten trennen. Ein Instrument kann immer auch einen Eigenwert haben und hat insoweit Zielcharakter. Eine Arbeitszeitverkürzung beispielsweise ist ein Mittel der Beschäftigungspolitik, aber sie kann auch um ihrer selbst willen angestrebt werden.

Darüber hinaus setzt dieses Modell voraus, daß Politiker tatsächlich motiviert sind, Entscheidungen im Interesse des Gemeinwohls zu treffen. Die Neue Politische Ökonomie begründet die Rationalität politischer

Entscheidungen anders. Zu den Problemen des politischen Entscheidungsprozesses, die daraus folgen, vergleiche Kapitel 6.

Funktionen des Staates in der Marktwirtschaft. Der Gegenentwurf zum dezisionistischen Modell rationaler Wirtschaftspolitik und dem darauf aufbauenden wohlfahrtsökonomischen Interventionismus ist eine Theorie der Wirtschaftspolitik, welche die Funktionsbedingungen des Marktes erklärt und daraus die ökonomischen Funktionen des Staates ableitet. Dem pragmatischen Kriterium des Utilitarismus der klassischen Politischen Ökonomie entsprechend, erfüllt der Staat im wesentlichen drei ökonomische Funktionen:

(1) Der Staat sichert die Wirtschaftsverfassung, d.h. er wacht über die marktwirtschaftliche Ordnung.
(2) Der Staat reguliert die Ausnahmebereiche der Marktwirtschaft, d.h. er sorgt für die Bereitstellung öffentlicher Güter (einschließlich sozialer Sicherheit) und deren Finanzierung (Steuerstaat).
(3) Der Staat gewährleistet die Entwicklungsbedingungen und Stabilitätsbedingungen im Marktprozeß; insoweit ist Krisenvermeidung und Krisenbekämpfung eine staatliche Aufgabe.

Während uns der dritte Aufgabenbereich im Folgenden beschäftigen wird, ist der zweite Aufgabenbereich Gegenstand der Finanzwissenschaft; diese Fragen werden hier abgegrenzt. Der übergreifende Aufgabenbereich der Sicherung der marktwirtschaftlichen Ordnung soll aber kurz eingeführt werden. Denn in diesem Bereich wird das klassische Kriterium der "Marktkonformität" besonders deutlich sichtbar.

Der Markt ist keine "natürliche Ordnung". Diese Vorstellung ist mit der Naturrechtsidee der klassischen Ökonomie Frankreichs, den sogenannten Physiokraten, untergegangen. Bereits für die klassische Politische Ökonomie im England des achtzehnten Jahrhunderts sind die Grenzen für Staatsinterventionen fließend (*Robbins* 1952). Abgeleitet aus der Philosophie des Utilitarismus wird als Kriterium vorgeschlagen, staatliche Interventionen nach ihren Wirkungen zu beurteilen. Bereits in der klassischen Politischen Ökonomie sind auf diese Weise die Ausnahmebereiche der Wirtschaft wohl begründet. Der zweite Grund für eine Abkehr von der Naturrechtsidee ist die Erkenntnis, daß die Interaktion über Märkte *Regeln* voraussetzt, deren Verletzung durch staatliche Macht sanktioniert wird (Gesetze usw.). Hinzu kommen in einer unsicheren Welt *Konventionen*, welche die Funktionsbedingungen des Marktes sichern (*Walther* 1996). Insofern kann *Hayek* (1948) die Rolle des Staates doch wieder beschränken, indem er – gegen eine Planwirtschaft argumentierend – den Markt als eine *spontane Ordnung* bezeichnet. Eine solche Ordnung ist zwar das Ergebnis menschlichen Handelns, sie entspringt aber keinem planvollen Entwurf (*design*), sondern entsteht aus der spontanen Aktion der Individuen.

Hayek wendet den methodischen Individualismus des achtzehnten Jahrhunderts gegen die Hybris staatlicher Planungs- und Gestaltungskompetenz seiner Zeit. Sein Denkansatz widerlegt damit auch die Vorstellung einer rationalen Wirtschaftspolitik nach dem Modell der Wohlfahrtsökonomie. Nach *Hayek* fehlen dem Staat dafür einfach die Informationsvoraussetzungen. Es ist die überlegene Informations-Effizienz des Marktes als eines dezentralen Entscheidungssystems (der Wettbewerb als "Entdeckungsverfahren"), wodurch *Hayek* die alte liberale These (Freiheit vor staatlicher Intervention) ökonomisch fundiert. Damit erfährt die klassische Rolle der Wirtschaftspolitik, die in dem Grundsatz "Regeln statt Eingriffe" zum Ausdruck kommt, eine Neuinterpretation.

Die Grundregeln für die Interaktion über Märkte sind die Zuordnung privater Eigentumsrechte sowie die Sicherung der Durchsetzung von Verträgen. Markttransaktionen beruhen auf vertraglichen Verpflichtungen, die spezifische (abgegrenzte) Eigentumsrechte verlangen. Insbesondere bei Kreditverträgen, die ihrer Natur nach in eine unsichere Zukunft reichen, ist die Spezifikation von Eigentumsrechten und ihre Durchsetzung ein Problem. Ein Gläubiger wird nur bereit sein, Kapital vorzuschießen, wenn er Vertrauen in den Rückfluß des Kapitals hat. Dies zeigt die Bedeutung von Eigentumsrechten als Funktionsbedingung einer sich entwickelnden Geldwirtschaft. Solange die Eigentumsrechte nicht gesichert sind, kann ein durch Kreditexpansion getragener Investitionsprozeß nicht stattfinden. Der Grundsatz der Durchsetzung von Verträgen bildet dabei die Grundlage für das gegenseitige Vertrauen der Marktparteien.

In der klassischen Politischen Ökonomie ist die Rolle des Staates aber keineswegs auf das Setzen von Regeln beschränkt. Das Kriterium der Nützlichkeit legitimiert auch Interventionen des Staates, und zwar immer dort, wo das Ergebnis des Marktprozesses verbesserungswürdig und fähig erscheint. In der Makropolitik bedeutet dies, daß der Staat dazu beitragen kann, Koordinationsfehler des Marktes zu vermeiden bzw. Fehlentwicklungen, die daraus resultieren, zu beseitigen. Diese Frage hat vor allem *Keynes* interessiert. In seiner Kritik an der "Klassik" liefert er eine Theorie des Unterbeschäftigungsgleichgewichts, d.h. eine theoretische Begründung für gesamtwirtschaftliche Fehlentwicklungen und für Ansatzpunkte staatlicher Intervention (1936). Insofern ist die Idee von einer "Theorie der Wirtschaftspolitik" als solche eine keynesianische Idee (*Blum* 1994). Die neuere Debatte zum Thema *rules vs. discretion* bestätigt den methodischen Ansatz von *Keynes*. Unter Bedingungen der Unsicherheit – d.h. unter *Keynes*'schen Bedingungen – kann die staatliche Intervention *ex post* vorteilhaft sein, weil sie *der spezifischen Situation angemessen* gestaltet werden kann. Regeln müssen dagegen *ex ante*, d.h. in Unkenntnis unvorhersehbarer Ereignisse gesetzt werden. Statt eines apodiktischen "Regeln statt Eingriffe", das sich aus der neuklassischen Theorie und deren Interpretation des *Keynes*'schen Interventionismus ergibt (so vor allem *Kydland* und *Prescott* 1977), führt das klassische Kriterium der Nützlichkeit daher zu einem "Regeln *und* Eingriffe".

1.2 Überblick über das Buch

Es gehört zu den Grundannahmen einer Theorie der Wirtschaftspolitik, daß der Staat den Wirtschaftsablauf beeinflussen und zum Besseren wenden kann. Diese Prämisse ist unter Ökonomen seit jeher kontrovers. Es gibt bis heute die Auffassung, die beste Wirtschaftspolitik sei jene, die den ökonomischen Gesetzen ihren Lauf läßt. Wir werden uns dieser Auffassung nicht anschließen, sondern auf die Frage *Böhm-Bawerks* eine zweifache Antwort geben. Erstens: Auch wenn sich das ökonomische Gesetz nicht außer Kraft setzen läßt, so kann doch der politische Wille die Bedingungen gestalten, unter denen es wirksam wird. Zweitens: Der Staat ist nicht nur Schiedsrichter sondern auch Spieler. Dieser Spieler bedarf in der Interaktion zwischen Staat und Wirtschaft einer Selbstbindung auf das übergeordnete Gemeinwohl, konkret auf gesamtwirtschaftliche Zielsetzungen. Unter diesen Grundannahmen werden wir das wirtschaftspolitische Handeln des Staates auf der makroökonomischen Ebene untersuchen.

Im ersten Teil des Buches untersuchen wir die theoretischen Grundlagen der Stabilitätspolitik. Dabei erweist sich die *Keynes*'sche Analyse als der überlegene Ansatz, weil sie das Phänomen der *Unsicherheit* angemessen zu modellieren vermag und damit eine dynamische Theorie des Marktprozesses liefert. In seiner Kritik am klassischen Stabilitätspostulat zeigt *Keynes*, daß die klassische Theorie eine *exchange economy*, d.h. eine Ökonomie der vollkommenen Voraussicht, in der die Zukunft keinen genuinen Wert hat, modelliert. Die Annahme der Neutralität des Geldes ist insbesondere Ausdruck dieser Ökonomie der Sicherheit (Kapitel 2). Die *Keynes*'sche Analyse der Unsicherheit, die eine Geldwirtschaft konstituiert, wird ergänzt um zwei Elemente einer Ungleichgewichts-Analyse. Das erste ist der *Wicksell*'sche kumulative Prozeß. Kumulative, sich selbst verstärkende Prozesse, erklären sowohl das Konjunkturphänomen (Kapitel 3) als auch das Inflationsphänomen (Kapitel 4) und begründen damit eine inhärente Instabilität des Marktprozesses. Das zweite Element ist die Stockung, d.h. die Persistenz von Ungleichgewichten. Gegenüber diesem Phänomen verliert die klassische Theorie ihre Aussagekraft (auch in ihren neuen Varianten), weil sie ein "Ungleichgewicht" immer nur als (vorübergehende) Abweichung von einem Gleichgewicht begreifen kann. Die Stockung bzw. eine Marktkonstellation der Stagnation findet ihren Ausdruck vor allem in der Persistenz von Arbeitslosigkeit. Damit bleibt neben der *Keynes*'schen Analyse immerhin auch die politökonomische Erklärung, daß jene, die in kollektiven Tarifverhandlungen über die Bedingungen am Arbeitsmarkt entscheiden, die Arbeitslosigkeit nicht ins Kalkül ziehen (Kapitel 5).

Aus der *Keynes*'schen Analyse folgt nicht notwendig die *Keynes*'sche Therapie. Im zweiten Teil des Buches behandeln wir den Entwurf stabilitätspolitischer Strategien. Dabei unterziehen wir die einzelnen Bereiche der Stabilitätspolitik zwar einer idealtypischen Analyse, aber wir zeigen auch auf, daß eine stabilitätspolitische Strategie von den historischen Bedingungen diktiert wird. Für das Problem der Rollenverteilung in der Stabilitätspolitik ist deshalb nicht das *Tinbergen*-Modell rationaler Ziel-Mittel-Kombinationen maßgeblich, sondern wir müssen Regime der Stabilitätspolitik unterscheiden, die jeweils unter bestimmten Restriktionen stehen (Kapitel 6). Im Zentrum der Analyse steht dabei ein stabilitätspolitisches Regime, das dem Ziel der Stabilität des Geldwertes Vorrang vor den anderen wirtschaftspolitischen Zielen gibt. Dieses Regime kennzeichnet die stabilitätspolitischen Strategien der vergangenen 25 Jahre in Deutschland. Es hat sich nach dem Zusammenbruch des Weltwährungssystems von *Bretton Woods* etabliert und wird voraussichtlich auch die dominierenden Strategien in einer künftigen Europäischen Währungsunion prägen.

Die faktische Dominanz der Geldwertstabilität – entgegen dem Stabilitäts- und Wachstumsgesetz von 1967, das die Ziele der Stabilitätspolitik als gleichrangig einstuft – hat schwerwiegende Konsequenzen für die anderen Bereiche der Wirtschaftspolitik. Es ist ein Hauptanliegen dieses Buches, diese Konsequenzen herauszuarbeiten.

Ein stabilitätspolitisches Regime, das der Inflationsbekämpfung den Vorrang gibt, hat als Grundlinie der Rollenverteilung, der Geldpolitik die Führungsrolle zuzuweisen. Die Deutsche Bundesbank hat diese Führungsrolle seit Beginn der siebziger Jahre konsequent für die Geldwertstabilisierung genutzt, mit der Folge, daß die D-Mark international zu einer wichtigen Anlagewährung avancierte (Kapitel 7). Der entscheidende Grund für die Möglichkeiten der Geldpolitik liegt in dem Umstand, daß die Notenbank nicht durch das Währungsregime auf eine Politik der externen Stabilisierung verpflichtet ist und deshalb die monetäre Expansion kontrollieren kann. Gleichwohl gibt es auch in einem Währungsregime flexibler Wechselkurse einen Bedarf an internationaler Koordination in der Geldpolitik. Die Geldpolitik ist auch auf das Ziel der Wechselkursstabilisierung auszurichten (Kapitel 8).

Ist die Geldpolitik erfolgreich bei der Kontrolle der monetären Expansion, so sind damit die Aufgaben für die übrigen Bereiche der Stabilitätspolitik weitgehend vorgegeben. Im Grundsatz liegt ihre Rolle darin, bei Geldwertstabilität für ein ähnlich hohes Maß an Anpassungsfähigkeit in der Wirtschaft, insbesondere für die Flexibilität des Reallohnes zu sorgen, wie es sich in einer inflationierenden Wirtschaft durch den Inflationsprozeß ergibt. Das ist der Kern der sogenannten Angebotspolitik. Die Einkommenspolitik trägt dabei eine besondere Verantwortung für den Beschäftigungsgrad. Es ist die Rolle der Tarifparteien am Arbeitsmarkt, in Kooperation mit der Geldpolitik zu gewährleisten, daß eine monetäre Expansion mit gesamtwirtschaftlichen Mengeneffekten und Beschäftigungseffekten verbunden ist und nicht mit Preisniveau-Effekten (Kapitel 9). Die Finanzpolitik, als Budgetpolitik des Staates, hat eine unterstützende Rolle in diesem Spiel, indem sie dazu beiträgt, überzogene Einkommensansprüche zu begrenzen. Das Kriterium dafür ist insbesondere eine Begrenzung des Budget-Defizits (Kapitel 10). Die Arbeitsmarktpolitik, obwohl sie mit zunehmender Arbeitslosigkeit ins Zentrum der Aufmerksamkeit rückt, steht in einer Nebenrolle. Sie kann allenfalls indirekt dazu beitragen, die Rigidität des Reallohnes abzubauen (Kapitel 11). In einem Exkurs behandeln wir schließlich die spezifischen Probleme der Vermögensbewertung, der Lohnfindung und der Finanzierungslasten, die im Zuge der deutschen Vereinigung eine besondere Herausforderung für die Stabilitätspolitik waren (Kapitel 12).

Im dritten Teil des Buches erweitern wir die Perspektive und betrachten die Implikationen des europäischen Integrationsprozesses für die Stabilitätspolitik. Die fortschreitende Integration der Gütermärkte seit Gründung der EWG im Jahre 1957 und die sukzessive Öffnung der

Finanzmärkte hat die Möglichkeiten nationaler Wirtschaftspolitik zunehmend eingeschränkt. Die Politik hat darauf zunächst durch Institutionen reagiert, die eine Koordination wirtschaftspolitischer Maßnahmen gewährleisten, die wirtschaftspolitische Handlungskompetenz aber bei den nationalen Regierungen belassen. Mehr und mehr zeichnet sich jedoch die Tendenz ab, die Wirtschaftspolitik zu "entnationalisieren" und auf die europäische Ebene zu verlagern. In der Stabilitätspolitik ist der (vorläufige) Schlußpunkt dieser Entwicklung die Einführung einer Währungsunion wie sie in den Verträgen von Maastricht 1992 beschlossen wurde. Damit haben sich die Mitgliedsländer der EG eine grundlegende Reform ihrer Geldordnung vorgenommen. Die Geldversorgung soll auf europäischer Ebene organisiert und die Geldpolitik auf ein System der Europäischen Zentralbanken übertragen werden. Die Währungsunion, falls sie wie vorgesehen im Jahre 1999 beginnt, wird die Gewichte in der Stabilitätspolitik verschieben. Denn während sich die Geldpolitik auf die europäische Ebene verlagert, bleibt es in der Finanzpolitik, der Einkommenspolitik und der Arbeitsmarktpolitik weiterhin bei der nationalen Handlungskompetenz. Es gibt die Meinung, daß dieses Szenario keine tragfähige Basis für eine konsistente Stabilitätspolitik sein kann. Es wird aber auch die Ansicht vertreten, daß eine solche Konstellation die Stabilisierungsaufgabe erleichtert.

In Kapitel 13 werden wir zunächst die theoretischen Argumente zu der Frage prüfen, was der Übergang zu einer gemeinsamen Währung für die Stabilitätspolitik bedeutet. Kapitel 14 gibt einen Rückblick auf die bisherige monetäre Integration und untersucht die Bedingungen der Stabilitätspolitik im EWS. Vor diesem Hintergrund wird in Kapitel 15 das Konzept der Währungsunion dargestellt. Kapitel 16 ist dem zentralen Konflikt in einer Währungsunion, zwischen der (europäischen) Geldpolitik und der (nationalen) Finanzpolitik gewidmet.

Literaturhinweise

Eine umfassende wohlfahrtsökonomische Begründung einer Theorie der Wirtschaftspolitik findet sich bei

GIERSCH, H. (1960) *Allgemeine Wirtschaftspolitik* – Erster Band, Grundlagen. Wiesbaden: Gabler.

Das dezisionistische Modell der Wirtschaftspolitik geht zurück auf

TINBERGEN, J. (1952): On the Theory of Economic Policy. Amsterdam. Deutsch: Über die Theorie der Wirtschaftspolitik, in: *Grundlagen der Wirtschaftspolitik*. Neue Wissenschaftliche Bibliothek, herausgegeben von G. Gäfgen, Bd. 11, 4. Aufl. Köln: Kiepenheuer & Witsch, S. 383-396.

Zur Kritik hierzu vergleiche

RIESE, H. (1988) Wider den Dezisionismus der Theorie der Wirtschaftspolitik, in: *Politische Ökonomie heute. Beiträge zur Tagung des Arbeitskreises Politische Ökonomie im Herbst 1987*, S. 91-117.

In die klassische Politische Ökonomie führt ein

ROBBINS, LORD (1952) *The Theory of Economic Policy in English Classical Political Economy*. 2. Aufl. 1978, London: MacMillan.

Vergleiche hierzu auch

HAYEK, F. A. (1948) *Individualism and Economic Order*. Chicago: University of Chicago Press.

Erster Teil

Theoretische Grundlagen der Stabilisierung

One of the chief causes of confusion lies in the fact that the assumptions of the real-exchange economy have been tacit, and you will search treatise on real-exchange economics in vain for any express statement of the simplifications introduced or for the relationship of its hypothetical conclusions to the facts of the real world. We are not told what conditions have to be fulfilled if money is to be neutral. Nor is it easy to supply the gap. Now the conditions required for the neutrality of money ... are ... precisely the same as those which insure that crises do not occur. If this is true, the real exchange economics is a singularly blunt weapon for dealing with the problem of booms and depressions.

John Maynard Keynes

2 Die Instabilität von Marktprozessen

2.1 Das klassische Stabilitätspostulat

Störungen in einem funktionsfähigen Markt werden durch Preisänderungen verarbeitet. Nach einer Anpassungsphase findet der Markt durch die Reaktion auf Preissignale wieder zu einem Gleichgewicht. Die "klassische" Schule der ökonomischen Theorie schließt daraus, daß auch in einem gesamtwirtschaftlichen Zusammenhang ein dauerhaftes Ungleichgewicht nicht möglich ist, solange die Preise flexibel sind. Dieses Postulat ist von der neoklassischen Theorie formal ausgearbeitet worden. Die Theorie des allgemeinen Gleichgewichts formuliert die Bedingungen, unter denen die Marktwirtschaft wie ein System von Auktionsmärkten funktioniert. Man stelle sich vor, es gäbe einen Auktionator, der vollständig über die Angebotspläne und Nachfragepläne informiert ist – einschließlich der zukünftigen Pläne und einschließlich aller kontingenten Pläne. Dieser Auktionator setzt die markträumenden Preise. Nur in Kenntnis der markträumenden Preise finden Transaktionen statt (Montagsmarkt). Dieses Modell des Auktionsmarktes (nach *Walras*) ist freilich kein realistisches Abbild der Wirklichkeit. Tatsächlich ist den Marktteilnehmern meist gar nicht bekannt, ob die aktuellen Marktpreise Gleichgewichtspreise sind oder ob die Interaktion auf den Märkten zu falschen Preisen stattfindet (*false trading*).

Diesen Einwand läßt die neoklassische Theorie aber nicht gelten. Auch bei Abwesenheit eines Auktionators, so ist die These, haben Märkte die Tendenz, Störungen in der beschriebenen Weise zu verarbeiten. Zwar sind die Preise, zu denen getauscht und produziert wird, nicht notwendig Gleichgewichtspreise. Aber solange Märkte im Ungleichgewicht sind und zu "falschen Preisen" gehandelt wird, gibt die Bewegung der Preise zum

Gleichgewicht das Signal für die notwendigen Anpassungen. Fällt der Preis eines Gutes – als Ausdruck eines Angebotsüberschusses – so wird dadurch zusätzliche Nachfrage angeregt, das Angebot zurückgedrängt, und umgekehrt. Auch bei beschränkter Information koordiniert der Markt die ökonomischen Entscheidungen in bestmöglicher Weise, weil die jeweils verfügbaren Informationen "des Ortes und der Zeit" effizient genutzt werden (Informationseffizienz nach *Hayek*). Durch diese Koordinationsleistung der Märkte wird auch das gesamtwirtschaftliche Gleichgewicht begründet. Dabei ist eine der Grundannahmen, daß Einkommensbeschränkungen, die sich als Folge von *false trading* im Marktprozeß ergeben können, unbeachtlich sind. Denn die Akteure richten sich bei ihren ökonomischen Handlungen nicht nach ihrem aktuellen Einkommen sondern nach dem über eine längere Periode erwarteten, d.h. dem *permanenten* Einkommen (*Friedman*).

Abweichungen vom gesamtwirtschaftlichen Gleichgewicht, insbesondere ein Ungleichgewicht am Arbeitsmarkt, lassen sich in einem solchen Szenario durch unvollständige Information erklären. Dies ist die Botschaft der "Neuen Klassischen Makroökonomik". Auch wenn der Markt die verfügbaren Informationen bestmöglich nutzt, also Preise und Löhne flexibel sind, so können doch die Akteure über wichtige Preise nicht richtig informiert sein (*Lucas*-Illusion). Unter diesen Annahmen läßt sich eine Wirtschaft modellieren, in der es auch bei einem voll funktionsfähigen Marktsystem Unterbeschäftigung gibt. Dies ist *Friedmans* natürliche Rate der Arbeitslosigkeit: Alle Märkte sind im Gleichgewicht, und Arbeitslosigkeit ist eine Folge der unvollständigen Information.

Das klassische Stabilitätspostulat hat wichtige Konsequenzen für die Wirtschaftspolitik. Die Ursachen eines gesamtwirtschaftlichen Ungleichgewichts werden in dauerhaften Störungen des Marktprozesses, insbesondere in rigiden Preisen gesucht. Das gilt vor allem für den Arbeitsmarkt. Dauerhafte Arbeitslosigkeit, die über die natürliche Rate hinausgeht, wird als Folge eines zu hohen Reallohns betrachtet (klassische Arbeitslosigkeit). Die Aufgabe der Wirtschaftspolitik besteht demnach darin, Hemmnisse und Marktregulierungen abzubauen, damit ein gesamtwirtschaftliches Gleichgewicht erreicht werden kann. Eine interventionistische Beschäftigungspolitik läßt sich nach dieser Konzeption nicht begründen. Staatliche Interventionen wirken vielmehr destabilisierend auf Marktprozesse. *Friedman* hat seine umfangreichen empirischen Arbeiten vor allem dem Nachweis gewidmet, daß die großen ökonomischen Krisen der Wirtschaftspolitik, insbesondere der Geldpolitik, anzulasten sind.

2.2 Keynes versus Say

Das klassische Stabilitätspostulat hat im Say'schen Gesetz – benannt nach *Jean Baptiste Say* – seinen ersten Ausdruck gefunden. Aus der methodisch bemerkenswerten Einsicht, daß in einem gesamtwirtschaftlichen Zusammenhang die Begriffe Angebot und Nachfrage nicht unabhängig voneinander definiert werden können, hat *Say* den Schluß gezogen, eine allgemeine Überproduktion sei nicht möglich. In einer arbeitsteiligen Wirtschaft sei der Zweck jeder Produktion (und der damit verbundenen Einkommensbildung) die Nachfrage nach anderen Gütern. Auf diese Weise schaffe jedes Angebot seine Nachfrage. Damit wird in der klassischen Ökonomie auch das gesamtwirtschaftliche Gleichgewicht in einer Kapitalwirtschaft definiert. Einerseits wird Einkommen zum Teil für künftigen Konsum gespart, andererseits werden Kapitalgüter (Investitionsgüter) produziert, die ihre Leistungen über mehrere Perioden abgeben. In jeder Periode erfordert dann das gesamtwirtschaftliche Gleichgewicht, daß die Bedingung

Sparen = Investieren

erfüllt ist. Dieses leistet im klassischen Modell der Zins: Sparpläne und Investitionspläne werden durch Zinsbewegungen koordiniert (klassischer Zinsausgleichsmechanismus). Ein Überschuß der Investition über das Sparen würde zu einer Zinserhöhung führen, so daß Investitionen zurückgedrängt und das Sparen stimuliert wird (und umgekehrt). Das Sparen ist dabei immer zugleich als Geldangebot gedacht. Das bloße Halten von Geld (Horten) wäre nach der klassischen Theorie irrational. Wer Geld – soweit es nicht als Transaktionskasse gebraucht wird – nicht verzinslich anlegt, verzichtet auf den laufenden Ertrag der Geldanlage. Für solches Verhalten gibt es in der klassischen Theorie keinen ökonomischen Grund. Damit steuert der Zins, der die Opportunitätskosten des Geldes zum Ausdruck bringt, das gesamtwirtschaftliche Gleichgewicht. Da mit dem Konsumverzicht (Sparen) uno actu ein entsprechendes Geldangebot verbunden ist, das für die Finanzierung der Investitionen zur Verfügung steht, bildet sich mit dem Gütermarktgleichgewicht (einem Stromgleichgewicht) zugleich ein Vermögensmarktgleichgewicht (ein Bestandsgleichgewicht) heraus. Hierin haben Vorschläge ihre Wurzel, die in der Ersparnisbildung (Kapitalbildung) eine Voraussetzung für Investitionen sehen. Nicht zuletzt aus solchen Überlegungen heraus wurde die Deflationspolitik in der großen Depression der dreißiger Jahre begründet.

Es ist dieser klassische Zinsausgleichsmechanismus und die Rolle, die das Geld darin spielt, wogegen sich *Keynes* in seiner *General Theory* vor allem wendet. Bereits 1933, in seiner *Monetary Theory of Production*, bezeichnet er eine Ökonomie, wie sie die klassische Theorie modelliert, als eine *real exchange economy*, weil darin Geld nur als neutrales Bindeglied zwischen Transaktionen in realen Gütern und realen Vermögenswerten fungiert, aber keine eigenständige Rolle spielt, d.h. die Motive und Entscheidungen der Akteure nicht weiter beeinflußt. Eine Ökonomie, in der Geld in diesem Sinne neutral ist, ist eine Welt der Sicherheit. In einer solchen Welt macht es in der Tat keinen Sinn, Geld halten zu wollen. Die Sparentscheidung ist uno actu eine Entscheidung, Geld anzubieten. Nimmt man dagegen an, daß ökonomische Entscheidungen, insbesondere wenn sie die Zukunft betreffen, unter Unsicherheit stehen, so erhält die Rolle des Geldes eine neue Qualität. ".. our desire to hold money as a store of wealth is a barometer of the degree of our distrust of our own calculations and conventions concerning the future" (*Keynes* 1937, S. 116). Mit seiner Liquiditätstheorie des Zinses begründet Keynes eine Ungleichheit von Sparen und Investieren aus ökonomischem Verhalten heraus. Er stellt damit die notwendige Bedingung der klassischen Theorie für ein gesamtwirtschaftliches Gleichgewicht in Frage und nimmt dieser Theorie gleichsam ihren Schlußstein. Die Geldnachfrage als ökonomisch rationales Verhalten unter Unsicherheit wird zum Angelpunkt der Erklärung von Instabilität.

2.3 Die Nicht-Neutralität des Geldes

Unter Unsicherheit ist es ökonomisch rational, Geld zu halten, weil nicht nur der laufende Vermögensertrag sondern auch künftige Bewegungen der Vermögenspreise das Kalkül eines Vermögensbesitzers bestimmen. Es ist die Unsicherheit, die diese erwarteten Änderungen der Marktbewertung von Vermögen zu einem eigenständigen Faktor macht. Bei sicheren Erwartungen (oder im Kalkül mit mathematischen Erwartungswerten) gibt es einen determinierten Zusammenhang zwischen dem heutigen Preis eines *assets* (P_0), seinem laufenden und den erwarteten Erträgen (R), seinem künftigen Preis (P_1) und dem Zins (i).

$$P_0 = \frac{R}{1+i} + \frac{P_1}{1+i} \qquad (2.1)$$

Unter Unsicherheit speisen sich die Erwartungen der Akteure am Vermögensmarkt aber aus den Erfahrungen der Vergangenheit. Eine neue Marktkonstellation, beispielsweise eine Zinssenkung und die damit verbundene Höherbewertung der *assets* löst vor dem Hintergrund eines gegebenen "Zustands der Erwartungen" die Angst vor künftigen Vermögensverlusten aus. Dieser Beunruhigung entgeht ein Vermögensbesitzer, wenn er oder sie das Vermögen in der Form von Geld hält. "The possession of actual money lulls our disquietude and the premium which we require to make us part with money is the measure of the degree of our disquietude" (*Keynes* 1937, S. 116). Damit begründet Keynes seine Liquiditätspräferenztheorie des Zinses. Geld ist nicht neutral. Es wird um seiner selbst willen, d.h. um der Annehmlichkeit und Sicherheit der Liquidität willen gehalten. Der Zins stellt zwar das Gleichgewicht auf dem Vermögensmarkt her. Aber die Liquiditätspräferenz kann eine Zinssenkung, die in der Krise nötig wäre, um Sparpläne und Investitionspläne zum Ausgleich zu bringen, verhindern. Dieser funktionale Zusammenhang zwischen der Geldnachfrage und dem Zins ist nicht stabil. Die Liquiditätspräferenz ist von Erwartungen abhängig und davon, daß sich Erwartungen aufgrund veränderter Erfahrungen auch ändern. Dies begründet – im Unterschied zum klassischen Modell – die Instabilität der Geldnachfragefunktion.

2.4 Der einkommensbeschränkte Prozeß

Einkommenseffekte bei false trading. Finden Markttransaktionen im Ungleichgewicht statt, so wird eine Marktseite rationiert. Fehlt es beispielsweise auf den Gütermärkten an ausreichender Nachfrage, um die produzierten Mengen zu herrschenden Preisen abzusetzen, so wird das Angebot rationiert. In einer solchen Marktkonstellation können auch die privaten Haushalte nicht mehr damit rechnen, die gewünschten Faktormengen (insbesondere ihre Arbeitsleistung) zum herrschenden Marktpreis zu verkaufen. Sie unterliegen – ebenso wie die Unternehmen – einer Einkommensbeschränkung.

Der kumulative Prozeß. Die Einkommensbeschränkung wird kumulativ verstärkt, weil jede Einkommensminderung selbst wieder eine Verringerung der effektiven Nachfrage auslöst. Das ist die Aussage der *Keynes*'schen Konsumfunktion. Die Konsumenten passen ihre Ausgaben an Änderungen ihres *verfügbaren* Einkommens an. Dabei richtet sich das Ausmaß dieses Verstärkereffekts nach der marginalen Sparquote der privaten Haushalte sowie anderen Abzügen aus dem Einkommenskreislauf, beispielsweise der marginalen Importquote oder den marginalen Steuersätzen (Multiplikator-Theorem).

In methodischer Hinsicht beruht das Modell des einkommensbeschränkten Prozesses auf der Annahme, daß auf den Gütermärkten die Mengen (und damit die Realeinkommen) rascher auf exogene Schocks reagieren als die Preise. Diese Annahme ist insbesondere mit der Hypothese vereinbar, daß Gütermärkte *customer markets* sind, auf denen Preise von den Anbietern gesetzt und nur mit Verzögerung geändert werden. Entsprechend sind auf dem Arbeitsmarkt Mengenreaktionen um so eher zu erwarten, je mehr (kurzfristig) Lohnrigidität besteht. Die Dauer der Preisrigidität bestimmt die Stärke des kumulativen Effekts. Da es um eine Analyse des Prozesses geht, muß nicht ausgeschlossen werden, daß es im Anpassungsprozeß schließlich auch zu Preisänderungen kommt. Die Annahme unterschiedlicher Reaktionsgeschwindigkeiten bei Mengen und Preisen ist hinreichend, um kumulative Wirkungen im Anpassungsprozeß zu begründen. Entscheidend ist, daß die Preissenkungen – nachdem ein Kontraktionsprozeß fortgeschritten ist – stärker ausfallen müssen als bei (*Marshall*'scher) Preisflexibilität, wenn Vollbeschäftigung erreicht werden soll.

Ein Markthierarchie-Modell. Die Bedingungen für den einkommensbeschränkten Prozeß auf der Grundlage der *Keynes*'schen Analyse haben *Clower* (1963) und *Leijonhufvud* (1967) herausgearbeitet. *Leijonhufvud* zeigt insbesondere, daß die Ableitung eines *Keynes*'schen Unterbeschäftigungsgleichgewichts nicht notwendig eine absolute Preisrigidität voraussetzt (Festpreismodell). Es genügt, von der Annahme abzurücken, daß die Märkte simultan zu einem Gleichgewicht finden. Im Unterschied zum klassischen Modell läßt sich das *Keynes*'sche Modell der Gesamtwirtschaft deshalb als ein Markthierarchie-Modell interpretieren. Weil die Märkte unterschiedlich rasch auf Störungen reagieren, bildet sich im Zuge des Anpassungsprozesses eine Markthierarchie heraus. Märkte im oberen Teil der Hierarchie verarbeiten Störimpulse rasch, während der Prozeß der Anpassung im unteren Teil der Hierarchie, bedingt durch die kumulativen Einkommenseffekte der Mengenrationierung, langsam verläuft. Sobald Rückkoppelungsprozesse nur schwach ausgeprägt sind, befinden sich die rasch reagierenden Märkte im Gleichgewicht, während die "abhängigen" Märkte im Ungleichgewicht verharren.

In einer *Geldwirtschaft* sind es die Finanzmärkte, die aufgrund hoher Transparenz und geringer Transaktionskosten flexibel reagieren, aber auch besonders zur Instabilität neigen. Auf den Gütermärkten beobachtet man zuerst Mengenreaktionen auf Störungen, dann Preisreaktionen, mit der Folge, daß eine Marktseite rationiert wird. Das wichtige Bindeglied zwischen den Finanzmärkten, auf denen Vermögensentscheidungen getroffen werden, und den Gütermärkten, auf denen die Produktionsentscheidungen fallen, ist der *Investitionsgütermarkt*. Je mehr Investitionsentscheidungen irreversibel sind, je mehr also Kosten für die Lebensdauer des Investitionsgutes "versenkt" werden müssen, um so mehr wird die *Unsicherheit* der erwarteten Erträge aus dieser Investition zu einem entscheidenden Faktor im Investitionskalkül. Diese Ertragserwartung und der *Zins* – als Ausdruck der Alternativkosten einer Investition – bestimmen den Nachfragepreis von Investitionsgütern und damit – bei gegebenem Angebotspreis – ihre Produktion. Auf diese Weise übertragen sich im Markthierarchie-Modell der Geldwirtschaft die Impulse vom Vermögensmarkt auf den Gütermarkt. Die Beschäftigung schließlich folgt der Produktion und dem Einkommen. Damit befindet sich der *Arbeitsmarkt* am unteren Ende der Hierarchie: Die Nachfrage nach Arbeit ist eine abgeleitete Nachfrage. Der Arbeitsmarkt reagiert langsam auf Störungen, weil dauerhafte Beschäftigungsverhältnisse dominieren und lange Tariflaufzeiten die Lohnanpassung verzögern. Angebotsreaktionen erfordern häufig lange Ausbildungszeiten (Umschulung). Die Markttransparenz ist vergleichsweise gering.

Das entscheidende Argument für die Hierarchie ist aber der Mangel an Rückkoppelung: Erstens bewirkt überschüssige Kasse in einem Prozeß der Einkommenskontraktion nicht eine Erhöhung der Ausgabenneigung, sondern wird von einer erhöhten *Liquiditätspräferenz* der Vermögensbesitzer kompensiert. Zweitens führen Lohnänderungen als Folge von Beschäftigungsänderungen zu entsprechenden Änderungen des Preisniveaus (Lohn-Preis-Mechanismus) und wirken nicht auf die aggregierte Nachfrage zurück.

Das Markthierarchie-Modell

Vermögensmarkt
Das Gleichgewicht auf dem Vermögensmarkt ist ein Bestandsgleichgewicht. Es wird durch Preisänderungserwartungen für Vermögenswerte und den Zins gesteuert. Der Vermögensmarkt ist gekennzeichnet durch

- Transparenz
- geringe Transaktionskosten
- Preisflexibilität
- Instabilität.

Gütermarkt
Das Gleichgewicht auf dem Gütermarkt ist ein Stromgleichgewicht. Es wird durch Einkommenserwartungen und den Zins gesteuert. Der Gütermarkt ist gekennzeichnet durch

- Preisrigidität (erst Mengen-, dann Preisreaktionen)
- Rationierungsgleichgewichte
- Anpassungs-*lags*
- Irreversibilität von Investitionsentscheidungen.

Arbeitsmarkt
Das Gleichgewicht auf dem Arbeitsmarkt ist ebenfalls ein Stromgleichgewicht. Es wird durch den Reallohn und Reallohn-Erwartungen gesteuert. Der Arbeitsmarkt ist gekennzeichnet durch

- dauerhafte Beschäftigungsverhältnisse
- lange Tariflaufzeiten
- geringe Markttransparenz.

Literaturhinweise

Zum klassischen Stabilitätspostulat vergleiche

CARLIN, W. und SOSKICE, D. (1990) *Macroeconomics and the Wage Bargain.* Oxford University Press, Kapitel 1.

Die Neuinterpretation von Keynes geht zurück auf

CLOWER, R. W. (1963) Die Keynesianische Gegenrevolution: eine theoretische Kritik, *Schweizerische Zeitschrift für Volkswirtschaft und Statistik*, 99, S. 8-31

und

LEIJONHUFVUD, A. (1967) Keynes and the Keynesians: A Suggested Interpretation, *American Economic Review, Papers and Proceedings*, 57, S. 401-410; Wiederabdruck in: *Modern Macroeconomics*, herausgegeben von G. Panayotis u.a. New York: Harper & Row 1979, S. 305-311.

Die Debatte wird zusammengefaßt von

LANDMANN, O. (1981) Keynes in der heutigen Wirtschaftstheorie, in: *Der Keynesianismus I – Theorie und Praxis keynesianischer Wirtschaftspolitik*, herausgegeben von G. Bombach u.a. Berlin: Springer, S. 133-210.

Die Rolle der Unsicherheit in der Theorie von Keynes untersucht aus einer erkenntnistheoretischen Perspektive

MUCHLINSKI, E. (1996) *Keynes als Philosoph.* Berlin: Duncker & Humblot, Kapitel 8.

3 Der Konjunkturzyklus

3.1 Das Konjunkturphänomen

Konjunkturschwankungen sind Schwankungen im Auslastungsgrad des gesamtwirtschaftlichen Produktionspotentials (*Okun* 1963). Dabei steht eine Nachfrageexpansion bei "normaler" Auslastung des Potentials für ein gesamtwirtschaftliches Gleichgewicht. Verringert sich der Auslastungsgrad, so findet ein Prozeß der (relativen) Einkommenskontraktion statt, der sich kumulativ verstärken kann. Der Auslastungsgrad erhöht sich dagegen als Folge einer Einkommensexpansion, die über das Wachstum des Produktionspotentials hinausgeht. In diesem Modell sind keynesianische und klassische Elemente vermischt. Das keynesianische Element ist, daß es bei verzögerter Preisanpassung auf Marktstörungen zu kumulativen Mengenkonjunkturen kommen kann. Das klassische Element ist, daß eine Ressourcenausstattung, einschließlich des technischen Wissens vorgegeben ist, die das gesamtwirtschaftliche Produktionspotential bestimmt (Abbildung 3.1).

Ein Konjunkturzyklus läßt sich als Zusammenspiel von auslösenden, verstärkenden und dämpfenden Elementen beschreiben. Auslöser können exogene Einflüsse auf die aggregierte Güternachfrage sein, typischerweise Änderungen der Exportnachfrage, der Staatsausgaben sowie durch Steueränderungen induzierte private Ausgaben. Daneben gibt es endogene Auslöser, insbesondere veränderte Verbraucherpräferenzen sowie – und vor allem – ein verändertes Investitionsverhalten der Unternehmen. Inwiefern diese auslösenden Elemente einen kumulativen Prozeß der Einkommensexpansion oder Einkommenskontraktion bewirken, den wir in einem Markthierarchie-Modell erwarten würden (siehe oben), hängt davon ab, wie rasch sich die Impulse in der Gesamtwirtschaft fortpflanzen. Hier gibt es typische zeitliche Verzögerungen, die sich sowohl verstärkend als auch dämpfend auf den kumulativen Prozeß auswirken können. Zunächst reagiert in einem idealtypischen Konjunkturzyklus die *Produktion verzögert* auf die Nachfrageentwicklung. Dieser *time lag* dämpft den kumulativen Prozeß. Ein Nachfrageschub kann sich als vorübergehend erweisen. Da die Änderung des Produktionsniveaus Kosten verursacht, werden die Unternehmen mit der Anpassung der Produktion warten, bis sie die Nachfrageänderung für dauerhaft halten. In der Zwischenzeit verändert sich der Auftragsbestand der Unternehmen. Entsprechendes gilt in einem konjunkturellen Abschwung: Sinken die Auftragseingänge, so werden die Unternehmen zunächst bei gegebenem Produktionsniveau Auftragsbestände abbauen bzw. auf Lager produzieren. Die konjunkturelle Nachfrageänderung schlägt sich dann in einer Änderung der Lagerbestände nieder. Eine zeitliche Verzögerung zwischen Nachfrageänderungen und *Preisänderungen* wirkt dagegen konjunkturverstärkend, die klassische Begründung für den kumulativen Prozeß. Solange Preiserhöhungen im Aufschwung ausbleiben, fehlt ihr dämpfender Einfluß auf die Nachfrageexpansion, und umgekehrt. Die Expansion der Gewinne in einem konjunkturellen Aufschwung ist typischerweise eine Mengenkonjunktur, da im Aufschwung produktivitätsbedingt die Stückkosten sinken und von daher kein Preiserhöhungsbedarf für die Unternehmen besteht. Im Abschwung dagegen versuchen die Unternehmen trotz sinkender Nachfrage ihre Preise zu halten, weil jetzt der Kostenanstieg bei verminderter Produktivitätsentwicklung auf die Gewinne drückt. Auch die zeitliche Verzögerung zwischen Änderungen der Produktion und *Änderungen des Beschäftigungsniveaus* in den Unternehmen verstärkt den kumulativen Prozeß. Da die Neueinstellung bzw. das Entlassen von Arbeitskräften mit Kosten verbunden ist, versuchen die Unternehmen Produktionsänderungen zunächst durch Änderungen der geleisteten Arbeitsstunden aufzufangen (Variation der Überstunden, Kurzarbeit). Konjunkturelle Impulse schlagen sich deshalb erst mit großer zeitlicher Verzögerung als eine veränderte Nachfrage nach Arbeitskräften am Arbeitsmarkt nieder. Dies begründet – neben dem institutionellen *lag*, der durch die Laufzeit von Tarifverträgen gegeben ist –, warum die Löhne auf konjunkturelle Veränderungen träge reagieren (*wage lag*).

Der Konjunkturzyklus folgt somit einem typischen zeitlichen Muster: Die Nachfrageentwicklung hat einen Vorlauf vor der Produktion. Nachfrageindikatoren (Auftragseingänge, Veränderung der Auftragsbestände, Baugenehmigungen usw.) gelten deshalb als Frühindikatoren. Preise und Löhne hinken dagegen hinter dem Produktionszyklus her.

Diesem Muster entsprechen zyklische Veränderungen in der Nachfragestruktur: Den Vorlauf haben exogene Impulse (Staat, Ausland). Es folgt typischerweise die Investitionsgüternachfrage (Anlagezyklus und Lagerzyklus unterscheiden sich dabei in ihrer Fristigkeit). Schließlich folgt mit den Löhnen die Konsumgüternachfrage. Unabhängig davon gibt es lange Konjunkturwellen, insbesondere der Wohnungsbautätigkeit, die z.B. von der Bevölkerungsentwicklung abhängen.

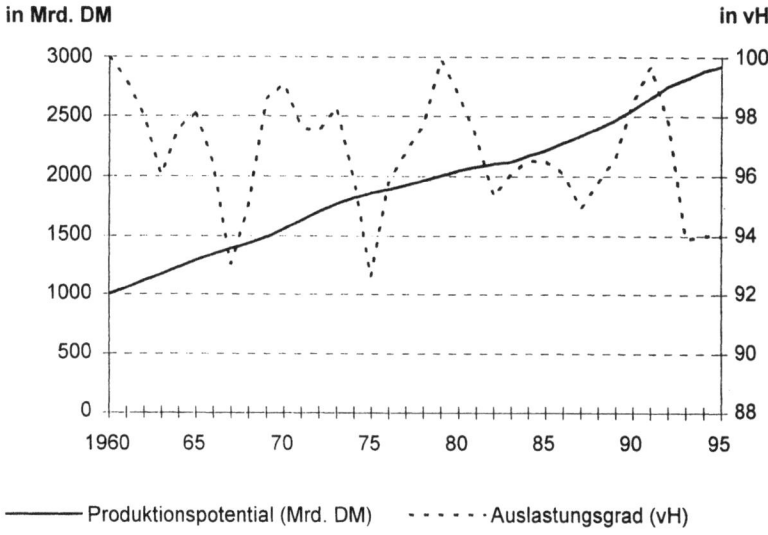

Abb. 3.1 Produktionspotential und Auslastungsgrad. Quelle: Sachverständigenrat

3.2 Elemente einer Theorie des Zyklus

Eine Theorie des Zyklus muß die Dynamik kumulativer Prozesse der Einkommensexpansion und Einkommenskontraktion erklären und dabei insbesondere begründen, warum sich ein kumulativer Prozeß abschwächt und schließlich umschlägt (Wendepunkte). Dabei kommt es darauf an, solche Prozesse nicht auf exogene Ursachen zurückzuführen, sondern die immense "Empfindlichkeit des Kapitalismus gegenüber Störungen" (*Schumpeter*) endogen, d.h. aus dem Marktprozeß heraus zu erklären. Eine genuine Theorie, die dieses leistet, existiert nicht. Wir müssen uns auf die

Erklärung elementarer Zusammenhänge beschränken. Dabei unterscheiden wir monetäre Ursachen, die sich über den Zins auf die Einkommensbildung übertragen, und reale Ursachen, die sich aus der Einkommensverteilung (Reallohnentwicklung) ergeben. Auf Ad-hoc-Erklärungen wollen wir dabei verzichten.[2]

Im Zentrum der Konjunkturerklärung steht der Investitionszyklus. Schon intuitiv erscheint die Konzentration auf die Investitionsgüternachfrage plausibel, weil diese Komponente der aggregierten Nachfrage besonders instabil ist – sowohl verglichen mit der Konsumgüternachfrage als auch den Staatsausgaben. Die Exportnachfrage schwankt dagegen ähnlich stark wie die Nachfrage nach Investitionsgütern, zumal der Anteil der Investitionsgüter an den Exporten hoch ist.

Es gibt aber auch theoretische Gründe, das Aktivitätszentrum der Konjunktur bei den Investitionen zu vermuten. Erstens handelt es sich bei der Investitionsnachfrage um spezifisch unternehmerisches Verhalten: den Kauf von Kapitalgütern in Erwartung eines unsicheren Ertrages in der Zukunft. Die Unsicherheit, ob sich eine solche Investition "rentiert", hat mehrere Aspekte. Nicht nur sind die Erträge unsicher und stellen sich möglicherweise – in Abhängigkeit von der ökonomischen Lebensdauer des Kapitalgutes – erst in ferner Zukunft ein. Sondern die Ausgaben für das Kapitalgut müssen in der Regel weitgehend auch als "versenkte Kosten" betrachtet werden. Abhängig von der Spezifität einer Investition – die hoch ist, wenn alternative Verwendungsmöglichkeiten für das Kapitalgut fehlen – ist die Chance, aus einer Investition in Kapitalgüter, wenn auch unter Realisierung von Verlusten, wieder auszusteigen, im allgemeinen gering. Hinzu kommt, daß Abwarten eine rationale Alternative darstellt. Es kann insbesondere rational sein, sogenannte Ersatzinvestitionen zu vertagen, in der Erwartung, daß sich dadurch die Ungewißheit über die Zukunft aufklärt. Die Kosten einer solchen Entscheidung – Verzicht auf laufende Erträge – sind in diesem Fall gering.

---

[2] Auf der Grundlage der "Neuen Klassischen Makroökonomie" sind in den achtziger Jahren theoretische Ansätze zur Erklärung realer Konjunkturzyklen entwickelt worden. Diesen Ansätzen ist die Hypothese gemeinsam, daß Konjunkturschwankungen als Ausdruck von Anpassungsprozessen auf exogene Angebotschocks (Produktivitätschocks) zu betrachten sind. Da Marktakteure nach dieser Theorie rationale Erwartungen über das neue Gleichgewicht haben und das klassische Stabilitätspostulat unterstellt ist, gibt es keinen Bedarf an staatlicher Intervention. Diese Schlußfolgerung liegt natürlich in den Annahmen begründet. Die Theorie kann – als eine Gleichgewichtstheorie – Koordinationsfehler im Marktprozeß und das Auftreten kumulativer Proesse nicht erfassen (*Tichy* 1997). Wir werden deshalb im Folgenden nicht näher darauf eingehen.

Zweitens richtet sich im gesamtwirtschaftlichen Zusammenhang die Höhe der Unternehmergewinne (Q-Gewinne) wesentlich nach den Investitionsausgaben der Unternehmen. Dies verleiht der Investitionsnachfrage ihr kumulatives Moment, da die Gewinne über ihren Einfluß auf die Gewinnerwartungen auf die Investitionen zurückwirken. Drittens sind die Investitionen als das Bindeglied zwischen dem Vermögensmarkt und dem Gütermarkt besonders zinsabhängig. Über Zinsänderungen überträgt sich die Instabilität der Vermögensmärkte, die letztlich in der Instabilität der Geldnachfrage begründet ist, auf den Gütermarkt.

Aus diesen Gründen führen exogene Schocks, die Erwartungsänderungen bewirken, zu starken Schwankungen der Investitionsnachfrage, die sich in einem Prozeß kumulativer Verstärkung auf die Entwicklung des Gesamteinkommens übertragen. Dieser Zusammenhang läßt sich leicht modellieren. Der Grundgedanke ist, daß Investitionen durch erwartete Einkommens*änderungen* induziert werden und selbst wieder die *Höhe* des Einkommens (über den Multiplikator) beeinflussen. *Samuelson* (1939) hat die Akzelerationswirkung auf das Einkommen, die sich dabei ergibt, in einem einfachen dynamischen Modell untersucht. Der Zusammenhang von Einkommensänderungen und Investitionen (Akzeleratorprinzip) muß um monetäre Einflüsse modifiziert werden.

Erstens haben bei gegebenen Einkommenserwartungen Zinsänderungen einen Einfluß auf den Investitionszyklus. Solche Zinsänderungen lassen sich (klassisch) durch die Änderung der Anspannung auf den Kapitalmärkten oder (keynesianisch) durch Änderungen der Liquiditätspräferenz erklären. Dabei kommt man zu unterschiedlichen Resultaten. Die klassische Theorie würde für einen konjunkturellen Aufschwung endogene Zinssteigerungen voraussagen und umgekehrt. Solche Zinssteigerungen dämpfen den Akzelerationseffekt. Die keynesianische Theorie begründet dagegen im konjunkturellen Aufschwung ein Sinken der Liquiditätspräferenz und damit des Zinses. Erst in der Spätphase eines Booms, wenn die Erwartungen umschlagen, kommt es nach dieser Theorie zu Zinssteigerungen. Umgekehrt ergeben sich Zinssenkungen nicht schon in einer Rezessionsphase, als Folge des Rückgangs der Kreditnachfrage, sondern erst, wenn sich die Geldvermögensbesitzer wieder mit einer geringeren Liquiditätsprämie begnügen. Die keynesianische Theorie der Liquiditätspräferenz kommt deshalb im allgemeinen zu dem Schluß, daß Zinsänderungen den Akzelerationseffekt verstärken.

Der Akzelerator

a) Einfacher Akzelerator:
Anpassung des Kapitalstocks an (erwartete) Absatzänderungen

$$K_t = a y_t;$$

für a = Kapitalkoeffizient

oder

$$I_t = K_t - K_{t-1} = a(y_t - y_{t-1}); a > 1$$

Variante: über Auslastungsschwankungen werden Profite und damit Investitionen induziert (Profitinduzierte Investitionen).

b) Flexibler Akzelerator:

(1) der *gewünschte* Kapitalstock als Funktion der Produktion, des Zinses (i), der erwarteten Preisänderung (dP^e), der Steuersätze (s) usw.

$$K_t^* = f(y_t, i_t, dP^e, s, ...);$$

(2) die reduzierte Form

$$K_t^* = a y_t; \text{ für } i_t, dP^e, s, ... \text{ konstant}$$

$$I_t = b(K_t^* - K_{t-1}); b < 1$$
$$= a b y_t - b K_{t-1};$$

(3) Insbesondere: Zinsänderungen dämpfen oder verstärken das Akzelerationsprinzip; Preisänderungserwartungen verstärken das Akzelerationsprinzip.
(4) Für b = 1 sind flexibler und einfacher Akzelerator identisch.

(Literatur: Tichy (1994), Kap. 5)

Zweitens haben Preisänderungserwartungen Einfluß auf das Akzelerationsprinzip. Im Allgemeinen werden in einem Aufschwung Preissteigerungserwartungen vorherrschen, in einem Abschwung Preissenkungserwartungen. Über ihren Einfluß auf die erwartete Grenzleistungsfähigkeit des Kapitals verstärken Preisänderungserwartungen deshalb den Akzelerationseffekt – bei gegebenem Zins.

Damit zeigt sich, daß sich nach der klassischen Theorie die monetären Einflüsse auf den Investitionszyklus tendenziell kompensieren: Zinssteigerungen gehen mit Preissteigerungserwartungen einher und umgekehrt. Im keynesianischen Modell kommt es dagegen zu einer Kumulation der Effekte. Denn nach dieser Theorie werden im Aufschwung Preissteigerungserwartungen von einer Abnahme der Liquiditätspräferenz begleitet. In einem Abschwung herrschen dagegen Preissenkungserwartungen vor und die Liquiditätspräferenz steigt.

Über den Zusammenhang von Einkommensänderungserwartungen und Investitionen lassen sich im Prinzip auch konjunkturelle Wendepunkte erklären. Das von *Samuelson* entwickelte Akzelerator-Multiplikator-Modell kann so spezifiziert werden, daß es endogene Wendepunkte erzeugt. Nach diesem Muster sind eine Vielzahl von Konjunkturmodellen entstanden, die mit Hilfe von Differenzen-Gleichungen zweiter Ordnung (Investitions-) Zyklen mit Wendepunkten generieren. Die ökonomische Aussagekraft solcher Modelle ist aber gering. Insbesondere spielen bei der Erklärung von konjunkturellen Wendepunkten Erwartungsänderungen, nämlich das Umschlagen von Erwartungen, eine dominierende Rolle. Dies gilt sowohl für den Vermögensmarkt (Zins) als auch für die Einkommensbildung (Reallohn). Anders als während eines konjunkturellen Prozesses (Expansion oder Kontraktion) läßt sich die *Umkehr* von Erwartungen nicht endogen erklären. Ein solcher Versuch würde große methodische Schwierigkeiten bereiten, weil man Gefahr liefe, in einen Zirkelschluß zu geraten.

Für die endogene Erklärung von Wendepunkten gibt es einige Bausteine, die aber den Prozeß nicht hinreichend fundieren. So lassen sich ökonomische Gründe dafür anführen, daß ein kumulativer Prozeß an Kraft verliert bzw. an Grenzen stößt. Beispielsweise kann ein kumulativer Prozeß der Einkommensexpansion direkt oder indirekt – über eine zunehmende Anspannung am Arbeitsmarkt und einen entsprechenden Lohn- und Preisauftrieb – durch die Ressourcenausstattung begrenzt werden. Wo diese Grenzen liegen, läßt sich aber nur schwer quantifizieren. Die empirische Forschung sah sich z.B. Ende der sechziger Jahre in der Situation, das gesamtwirtschaftliche Produktionspotential unterschätzt zu haben: Das tatsächliche Bruttoinlandsprodukt war größer als das geschätzte Produktionspotential.

Umgekehrt findet ein Prozeß der Einkommenskontraktion eine – endogene – Untergrenze, wenn Läger wieder aufgefüllt werden müssen – der Lageraufbau übernimmt dann die Funktion des Auslösers für einen neuen Aufschwung – oder wenn Ersatzinvestitionen nicht länger hinausgeschoben werden können. Auch diese Grenzen sind fließend, weil den Kosten des Aufschubs immer *unsichere* Ertragserwartungen gegenüberstehen. In der Regel kommt es, schon bevor diese "endogenen" Grenzen erreicht sind, durch exogene Anstöße und die dadurch ausgelösten Erwartungsänderungen zu einer konjunkturellen Wende. Solche Schocks sind aber prinzipiell nicht vorhersehbar. Tatsächlich ist die empirische Forschung bis heute nicht in der Lage, konjunkturelle Wendepunkte zuverlässig zu prognostizieren.

Was die Rolle von Erwartungsänderungen zur Erklärung von konjunkturellen Wendepunkten betrifft, so führt auch die Erweiterung von Konjunkturmodellen um explizite Hypothesen zur Erwartungsbildung vermutlich nicht weiter. Allenfalls lassen sich die Bedingungen formulieren, unter denen Erwartungen instabil werden. Um auf diese Frage eine Antwort zu finden, müssen wir die Welt der reinen Mengenkonjunktur verlassen und uns den monetären Bedingungen zuwenden.

Literaturhinweise

Eine umfassende Analyse der empirischen Konjunkturforschung und des Stands der Konjunkturtheorie leistet

TICHY, G. (1994) *Konjunktur. Stilisierte Fakten, Theorie, Prognose.* 2. Aufl. Berlin: Springer.

Der Begriff des gesamtwirtschaftlichen Produktionspotentials geht zurück auf

OKUN, A. M. (1963) *Potential GNP: Its measurement and significance,* Cowles Foundation Paper No 190.

Literaturhinweise

Zu den methodischen Problemen von Potentialschätzungen vergleiche die *Jahresgutachten* des Sachverständigenrats zur Begutachtung der gesamtwirtschaftlichen Entwicklung (Methodischer Anhang, insbesondere das Jahresgutachten 1986/87), sowie die Veröffentlichungen der Deutschen Bundesbank hierzu in den *Monatsberichten*.

Die Interaktion zwischen Akzelerator und Multiplikator hat modelliert

SAMUELSON, P. A. (1939) Interaction between the multiplier analysis and the principle of acceleration, *Review of Economics and Statistics*, 21, S. 75-78.

Zur Hypothese, reale Konjunkturschwankungen aus Angebotschocks zu erklären, vergleiche die kritische Übersicht

TICHY, G. (1997) Wie real sind die Realen Konjunkturschwankungen? In: *Beiträge zur angewandten Wirtschaftsforschung. Festschrift für Karl Heinrich Oppenländer*, herausgegeben von E. Helmstädter u.a. Berlin: Duncker & Humblot, S. 11-27.

Über die laufende Konjunkturbeobachtung informiert man sich am besten in der *Gemeinschaftsdiagnose* der Wirtschaftswissenschaftlichen Forschungsinstitute (erscheint zweimal jährlich im Frühjahr und im Herbst) sowie in den halbjährlich erscheinenden Analysen der Deutschen Bundesbank "Die Wirtschaftslage in Deutschland ...", *Monatsberichte*. Die Bundesbank veröffentlicht auch laufend "Saisonbereinigte Wirtschaftszahlen", *Statistische Beihefte zu den Monatsberichten*, Reihe 4.

Hintergrundanalysen zur Konjunkturentwicklung finden sich im *Jahresgutachten* des Sachverständigenrats zur Begutachtung der gesamtwirtschaftlichen Entwicklung (erscheint jeweils im Dezember) sowie im *Geschäftsbericht* der Deutschen Bundesbank (erscheint jeweils im April).

4 Die Inflation

4.1 Inflationsbegriff

Unter Inflation versteht man einen anhaltenden Anstieg der Preise und damit des Preisniveaus. Dagegen ist nicht für Inflation zu nehmen, wenn einzelne Preise, z.B. als Folge exogener Schocks, kräftig steigen; wenn sich durch Steuererhöhungen ein einmaliger Schub des Preisniveaus ergibt; wenn die Preise in einem Konjunkturaufschwung als Folge zunehmender Nachfrage steigen. Solche Preisbewegungen begrenzen sich selbst, und sie stellen kein ernsthaftes Problem der Wirtschaftspolitik dar (*Johnson* 1967).

In Deutschland wird die Inflationsrate am Preisindex für die Lebenshaltung aller privaten Haushalte gemessen. Dieser Index umfaßt auch Dienstleistungen und mißt damit die relative Verteuerung von Arbeit zu produzierten Gütern. Er schließt auch administrierte Preise und Steuern ein. Diese Abgrenzungen sind in gewisser Weise willkürlich. Meßprobleme entstehen bei der Erfassung von Produktverbesserungen und neuen Gütern. Solche Änderungen im Warenkorb der Verbraucher werden im Allgemeinen mit zeitlicher Verzögerung in die Preisindizes aufgenommen. Es gibt daher eine Tendenz zur Überzeichnung der Teuerung. Andererseits wird die Inflation unterzeichnet, wenn die Preisindizes durch Subventionen sowie durch einen Preis- und Lohnstop verfälscht werden (unterdrückte Inflation).

Andere Inflationsbegriffe, die an den Ursachen der Inflation ansetzen, sind aus methodischen Gründen nicht brauchbar. So sollte man nicht von Inflation sprechen, wenn die Geldmenge expandiert, wenn das Staatsbudget anhaltend im Defizit ist, wenn es eine chronische Überschußnachfrage nach Gütern und Diensten gibt, oder wenn die Leistungsbilanz einen dauerhaften Überschuß ausweist. Diese Indikatoren können, müssen aber nicht für Inflation stehen. Wenn man sie mit Inflation gleichsetzt, tabuisiert man die Diskussion über den Einsatz adäquater wirtschaftspolitischer Maßnahmen. So wurde in der großen Depression Anfang der dreißiger Jahre eine monetäre Expansion verworfen, weil dies für Inflationspolitik gehalten wurde.

4.2 Monetaristische Theorie der Geldnachfrage

Inflation entsteht durch die Interaktion auf Märkten. Verschiedene Ursachen im Sinne von auslösenden Momenten kommen dafür, wie erwähnt, in Frage. Entsprechend gibt es eine Reihe von Inflationstheorien, die Inflation über diese "Ursachen" erklären: Nachfragesog, Kostendruck, Monopolgrad, Nachfrage-Shift, mangelnde außenwirtschaftliche Absicherung (importierte Inflation), Staatsverschuldung. Die entscheidende theoretische Frage ist aber, welches die Funktionsbedingungen von Inflation sind und wo deshalb eine Inflationsbekämpfung anzusetzen hat. Die klassische Ökonomie und ihre moderne Variante, der Monetarismus, betonen den monetären Charakter von Inflationsprozessen. Das Kriterium für ein "inflare", ein Aufblähen der Preise, ist die Geldmengenexpansion. Die monetaristische Schule wendet sich damit gegen eine keynesianische Praxis, die Inflation als notwendige Bedingung der Einkommensbildung begreift und sie deshalb zum Zwecke einer Vollbeschäftigungspolitik instrumentalisiert (monetaristische Gegenrevolution).

Die Inflation als monetäres Phänomen. *Friedman* und die "Chicago-Schule" untersuchen Inflation als ein monetäres Phänomen. Im Zentrum der Analyse steht die Beziehung zwischen Geldmenge (M) und Nominaleinkommen (Y). Diese Beziehung wird als ein Ursache-Wirkungs-Zusammenhang interpretiert. Damit ergibt sich eine Inflationserklärung in zwei Schritten. Erstens: Die Geldmenge dominiert das Nominaleinkommen. Zweitens: Beschäftigungseffekte sind nur vorübergehend (die These der Stabilität des privaten Sektors), auf Dauer kommt es zu Effekten auf das Preisniveau (P).

$$dM \to dY \to dP; \qquad (4.1)$$

Neuinterpretation der klassischen Quantitätstheorie. *Friedman* begründet den Zusammenhang zwischen M und Y, indem er die klassische Quantitätstheorie als eine Theorie der Geldnachfrage interpretiert. In der klassischen Ökonomie ist Geld nur Tauschmittel (siehe Abschnitt 2.1), die Geldmenge steht daher in einer festen Beziehung zum Transaktionsvolumen oder (annähernd) zum Nominaleinkommen,

$$Mv = Y ; \qquad (4.2)$$

wobei v die Umlaufgeschwindigkeit des Geldes ist. Diese Quantitätsgleichung läßt sich als eine Geldnachfragefunktion interpretieren.

$$\frac{M^D}{P} = \left(\frac{1}{v}\right) y ; \qquad (4.3)$$

Dabei steht die *gewünschte* Realkasse (M^D/P) in einem bestimmten Verhältnis zum Realeinkommen (y). Durch diese *stock-flow*-Beziehung wird die Transmission monetärer Impulse erklärt. Verändert sich durch einen exogenen Anstoß das Geldangebot (monetärer Impuls), so kommt es bei den Geldvermögensbesitzern zu Abweichungen zwischen tatsächlicher und gewünschter Kassenhaltung. Dieses "Ungleichgewicht" am Vermögensmarkt löst Dispositionen über Geld aus. Im Allgemeinen induziert eine Erhöhung der Geldbestände im Verhältnis zum Realeinkommen Geldausgaben, entweder in der Form von Konsumausgaben (Realkasseneffekt nach *Patinkin*) oder über die Umschichtung der Portefeuilles, was eine Veränderung der relativen Preise von Vermögenswerten bewirkt und damit Zinssenkungseffekte zur Folge hat. Als Konsequenz steigt das Nominaleinkommen. Die Theorie der Geldnachfrage leistet somit den ersten Schritt zur Inflationserklärung: Sie begründet eine empfindliche Reaktion des aktuellen Nominaleinkommens auf Änderungen der Geldmenge. Der zweite Schritt der Inflationserklärung leitet sich aus dem klassischen Stabilitätspostulat ab: Mengen- und Beschäftigungseffekte, die im Zuge der Einkommensexpansion auftreten, sind nur vorübergehend. Langfristig wirkt die monetäre Expansion allein auf das Preisniveau. Dabei mögen zunächst die Mengeneffekte dominieren, jedenfalls solange die Inflation nicht antizipiert wird. Die monetaristische Inflationstheorie befindet sich insoweit in Übereinstimmung mit dem keynesianischen Rationierungsmodell. Sie begründet aber (vorübergehende) Preisrigidität nicht verhaltenstheoretisch, sondern erklärt sie als Folge unvollständiger Information. Die Akteure sind über wichtige Preise nicht richtig informiert. Wenn gelernt wird, daß die monetäre Expansion anhält, beginnen die Preise zu steigen. Im Zuge des Anstiegs des Preisniveaus bilden sich die *relativen Preise* wieder zurück auf ihre ursprüngliche Struktur, und damit sinkt die Beschäftigung wieder auf ihr (natürliches) Ausgangsniveau. Eine anhaltende monetäre Expansion produziert auf diese Weise die Gewöhnung an Preissteigerungen und ihre Antizipation. Dann verursacht ein fortdauerndes Geldmengenwachstum keine Überschußnachfrage auf dem Gütermarkt mehr, sondern erhöht – über das antizipierte (erwartete) Nominaleinkommen – die Geldnachfrage.

$$dM \to dP \; ; \tag{4.4}$$

Das neue gesamtwirtschaftliche Gleichgewicht sieht – nachdem die Anpassungsvorgänge abgeschlossen sind – wie folgt aus: Der Vermögensmarkt findet wieder zu einem Gleichgewicht, weil das exogen vorgegebene zusätzliche Geldangebot auch nachgefragt wird.

$$M^D = M^S = \overline{M} \; ; \tag{4.5}$$

Der Gütermarkt – und damit das Beschäftigungsniveau – ist zu seinem natürlichen Gleichgewicht zurückgekehrt.

$$y^D = y^S = \overline{y} \; ; \tag{4.6}$$

Das Preisniveau hat sich an die erhöhte Geldmenge angepaßt.

$$P = v(\overline{M}/\overline{y}) \; ; \tag{4.7}$$

Nach der Neuen Klassischen Makroökonomik lernen die Akteure sehr rasch. Wenn sie eine Geldmengenexpansion beobachten, antizipieren sie die zu erwartende Inflation in ihren Entscheidungen (Annahme rationaler Erwartungen). Die Expansion des Nominaleinkommens ist dann unmittelbar Ausdruck eines steigenden Preisniveaus. Die monetäre Expansion bleibt ohne Wirkung auf Realeinkommen und Beschäftigung.

Stabilität der Geldnachfrage. Die Geldnachfrage bleibt im Prozeß der monetären Expansion stabil. Unabhängig von der aktuellen Inflationsrate wünschen die Privaten einen Kassenbestand in bestimmter Relation zu ihrem Einkommen oder – was dasselbe ist – eine bestimmte Realkasse in Relation zum Realeinkommen (vgl. Gleichung 4.3).

Das bedeutet nicht, daß die Umlaufgeschwindigkeit des Geldes – wie bei den Klassikern – in einem Prozeß monetärer Expansion konstant bleibt. Im Gegenteil: Die tatsächlich beobachtete Umlaufgeschwindigkeit des Geldes variiert als Ausdruck von Anpassungsverzögerungen des Nominaleinkommens (vgl. Gleichung 4.2). Kurzfristige Schwankungen von v sind bei *Friedman* Reflex der Stabilität der Geldnachfrage. Es ist die Beziehung zwischen der *gewünschten* Realkasse und dem Realeinkommen, die stabil, genauer: unabhängig von der aktuellen Rate der monetären Expansion ist. Die Stabilität dieser Geldnachfragefunktion wird vermögenstheoretisch erklärt. Wieviel Realkasse jemand in Relation zu seinem Realeinkommen zu halten wünscht, ist abhängig von einem Satz ökonomischer Bestimmungsgründe. Die "rationale" Geldnachfrage richtet sich nach dem Vermögen, d.h. dem "permanenten Einkommen" (y^P), das dauerhaft erwartet wird (einschließlich eines Anteils h aus dem illiquiden Humankapital); nach den Erträgen der Geldhaltung (r_M) und ihren Opportunitätskosten, d.h. den Erträgen anderer Vermögenswerte, wie festverzinslicher Wertpapiere (r_B), Aktien (r_E) usw.; nach der erwarteten Inflationsrate (dP^e); und schließlich nach den Präferenzen (u).

$$v = v(y^P, h, r_M, r_B, r_E, ..., dP^e, u) ; \qquad (4.8)$$

Damit zeigt sich, daß bei *Friedman* – wie bei *Keynes* – Dispositionen über Geld Vermögensdispositionen sind. *Friedman* stellt den Anspruch, den vermögenstheoretischen Ansatz von *Keynes* zu verallgemeinern. Die *Friedman*'sche Geldnachfragefunktion hat einige bemerkenswerte Züge:

(1) Schwankungen des aktuellen Einkommens beeinflussen die Nachfrage nach Realkasse nicht.
(2) Eine Änderung relativer Preise hat Einfluß auf die reale Geldnachfrage; die Haushalte optimieren ihre Vermögensstruktur nach Maßgabe von Zinsänderungen (Alternativkosten der Geldhaltung, Erträge der Geldhaltung).
(3) Zu den Opportunitätskosten der Geldhaltung zählt insbesondere die erwartete Inflationsrate (vgl. den Abschnitt "Inflationsteuer").
(4) Da die Geldnachfrage mit dem Vermögen steigt, erklärt die Funktion den sinkenden Trend der Umlaufgeschwindigkeit des Geldes.

Die Stabilität der Geldnachfrage zeigt aber auch, daß das spezifische Moment der Unsicherheit fehlt, das die *Keynes*'sche Liquiditätspräferenz bestimmt. Insofern kann man nicht von einer Verallgemeinerung der *Keynes*'schen Liquiditätspräferenzfunktion sprechen. Der vermögenstheoretische Ansatz von *Keynes* wird vielmehr unter das klassische Stabilitätspostulat subsumiert.

Innengeld und Außengeld. Die Annahme eines exogenen Geldangebots, das die Inflation hervorbringt, legt die Vermutung nahe, daß die Monetaristen keine markttheoretische Inflationserklärung bieten können. Dem ist nicht so. *H. G. Johnson*, ein Vertreter der Chicago-Schule, begründet die Notwendigkeit eines exogenen Geldangebots damit, daß private Banken, die unter Konkurrenzbedingungen ihren Gewinn maximieren wollen, den Kreditschöpfungsprozeß unbegrenzt weitertreiben. Es ist das gewinnmaximierende Verhalten der Banken, das die (private) Geldschöpfung (Innengeld) inflatorisch werden läßt und damit gleichsam die Existenzgrundlage des Kreditgeschäfts untergräbt. Wegen dieses Konkurrenzparadoxons ist es notwendig, den Geldschöpfungsprozeß staatlicher Kontrolle zu unterwerfen. Die Verpflichtung der Banken, Reserven in einem Geld zu halten, das sie nicht selbst schaffen können (Außengeld), leistet diese Kontrolle. Damit wird aber auch für die Inflationserklärung das Außengeld zum maßgeblichen Kriterium.

Friedmans Hubschrauber-Beispiel reflektiert diesen Zusammenhang. Es kann als ein *strong case* im Sinne *Ricardos* angesehen werden. Eines Morgens finden die Geldvermögensbesitzer mehr Geld in ihren Portefeuilles, als sie eigentlich zu halten wünschen (wie? Nehmen wir an, ein Hubschrauber hätte über Nacht Dollarnoten abgeworfen). Das Lernziel dieses Beispiels ist zu zeigen, wie sich die monetären Impulse einer Erhöhung der (Außen-) Geldmenge übertragen. Hinsichtlich der inflatorischen Wirkungen einer Expansion des Innengeldes hatte *Friedman* keine Illusionen. Seine Skepsis hinsichtlich einer zu großen Elastizität des monetären Systems zeigt sich darin, daß er den Vorschlag *I. Fishers* aufgreift, von den Geschäftsbanken eine Reservehaltung in Höhe ihres Einlagevolumens zu verlangen (Chicago-Plan).

Inflationsteuer. In der Geldnachfragefunktion Friedmans ist die erwartete Inflationsrate als Argument enthalten (vgl. Gleichung 4.8). Darin kommt zum Ausdruck, daß Geldvermögensbesitzer auf eine erwartete Inflation reagieren. Die Inflation erhöht die Opportunitätskosten der Geldhaltung (in unverzinslicher oder verzinslicher Form). Mit zunehmender Inflationsrate verringert sich daher die reale Geldnachfrage. Die Folge ist, daß die Umlaufgeschwindigkeit des Geldes steigt. Damit erhält die Inflation ihr kumulatives Moment. Sie beschleunigt sich bei gegebener Rate der Geldmengenexpansion. Im Zuge akzelerierender Inflation kommt es zu weiteren Anpassungen der Portefeuilles: Kasse und festverzinsliche Wertpapiere werden zunehmend durch "reale", d.h. inflationsgesicherte Aktiva wie Aktien, Immobilien usw. ersetzt.

In dieser Konstellation steigt der Zins als Folge der Rationalisierung der Kassenhaltung, bei zugleich zunehmend steigender Umlaufgeschwindigkeit des Geldes. Darin liegen nach dem monetaristischen Ansatz die Kosten der Inflation. Die Menschen verwenden ihre Anstrengungen darauf, die Kassenhaltung zu rationalisieren, indem sie Lohnzahlungsperioden verkürzen, Güter horten, ins "Betongold" fliehen usw. Dies kostet Ressourcen, die sonst nutzbringend eingesetzt werden könnten. Dagegen halten Monetaristen die Verteilungswirkungen der Inflation im allgemeinen für gering. Sie nehmen an, daß es im Inflationsprozeß früher oder später allen gelingt, ihre Einkommen an die Preissteigerungen anzupassen.

4.3 Keynesianische Theorie der Einkommensbildung

Im keynesianischen Modell entsteht Inflation im Zuge der Einkommensbildung. Während die *Gewinn*inflation ein Phänomen der Mengenkonjunktur ist und nicht zu allgemeinen Preissteigerungen führt (zumal sich Marktlagengewinne wieder zurückbilden), liefert die Einkommensinflation die markttheoretische Begründung für einen anhaltenden Preisauftrieb. In diesem Modell ist Geld endogen. Das heißt, ein inflatorischer Prozeß finanziert sich aus der Kreditschöpfung, aber diese ist nicht die treibende Kraft der Inflation.

Lohn-Preis-Mechanismus. *Keynes* definiert die Beziehungen zwischen makroökonomischen Größen real, d.h. diese Beziehungen gelten – entsprechend dem Fisher-Theorem – unabhängig von der aktuellen Inflationsrate. In der *General Theory* wird dies besonders deutlich: Die Komponenten der aggregierten Nachfrage sowie das Realeinkommen sind in Lohneinheiten definiert. *Keynes* setzt damit gleichsam einen Lohnstandard. Die methodische Implikation dieser Annahme ist, daß das Lohnniveau exogen bleibt, d.h. nicht aus dem Modell heraus erklärt wird. Es gibt also keine Rückkoppelung über den Arbeitsmarkt. Dieser steht vielmehr am unteren Ende der Markthierarchie. Zweitens erlaubt die Annahme eines exogenen Lohnniveaus, hier bei der Inflationserklärung anzusetzen. In der *Keynes*'schen Inflationstheorie übernimmt das Lohnniveau die Rolle, die bei den Monetaristen das Geldangebot spielt.

Im Zentrum keynesianischer Inflationstheorien steht die Einkommensverteilung (eine Übersicht gibt *Johnson* 1967). Ist W die Lohnsumme einer Periode, Q der Profit, so ergibt sich für das Preisniveau

$$P = \frac{W+Q}{y};\qquad(4.9)$$

oder

$$P = \frac{W}{y}\left(1+\frac{Q}{W}\right);\qquad(4.10)$$

Dividiert man die Lohnsumme durch die Anzahl der Beschäftigten (E), so erhält man den Durchschnittslohn oder – bei gegebener Arbeitszeit – den Geldlohnsatz (w)

$$P = \frac{w}{y/E}\left(1+\frac{Q}{W}\right);\qquad(4.11)$$

Ein Anstieg des Preisniveaus ist somit auf zwei Einflußfaktoren zurückzuführen. Einmal können die Profite im Vergleich zur Lohnsumme steigen. Eine solche Gewinninflation ist aber – unter Konkurrenzbedingungen – ein vorübergehendes Phänomen. Preissteigerungen, die eine Aufblähung der Gewinne reflektieren, zeigen *Marshall*'sche Quasirenten an (Marktlagengewinne), die sich im Zuge des Investitionsprozesses wieder abbauen (siehe aber den Abschnitt "Geldillusion"). Inflation als ein anhaltender Anstieg des Preisniveaus läßt sich dadurch nicht begründen. Dies würde eine ständige Erhöhung des Gewinnaufschlags implizieren, was den Konkurrenzbedingungen widerspricht. Zum anderen steigt das Preisniveau, wenn die Lohnsumme im Verhältnis zum Realeinkommen steigt – bei gegebenem Gewinnaufschlag der Unternehmen. Dies ist der Fall der Einkommensinflation. Er impliziert eine Lohnsatzerhöhung über das Maß des Produktivitätsfortschritts hinaus. Abgesehen von den Lohnsteigerungen, die im Zuge des wirtschaftlichen Wachstums den Produktivitätssteigerungen entsprechen ("produktivitätsorientierte Lohnpolitik"), speist sich die Inflation somit aus einem fortdauernden Anstieg des Lohnniveaus. Nimmt man an, daß die Lohnpolitik eine Strategie der Reallohnsicherung verfolgt, also Lohnsteigerungen im Ausmaß der *erwarteten* Inflationsrate gefordert und akzeptiert werden, so bestimmen die Inflationserwartungen der Tarifparteien am Arbeitsmarkt die tatsächliche Rate der Inflation.

$$dP^e \to dw \to dP ; \qquad (4.12)$$

Reallohnsicherung läßt – bei gegebener Produktivität – die Einkommensverteilung und damit den zur Sicherung der Investition notwendigen realen Profit unverändert. Unter diesen Bedingungen gibt es keinen Grund für eine Inflationsbeschleunigung. Die Akzeleration der Teuerung resultiert im keynesianischen Modell vielmehr aus dem Anspruch auf Einkommensumverteilung. Von diesem Grundpostulat geht auch das NAIRU-Modell des Arbeitsmarktes aus, das die Bedingungen konstanter Inflation unter der Annahme unvollständiger Konkurrenz formuliert.[3]

Geldillusion. Von Geldillusion spricht man, wenn in einem inflatorischen Prozeß eine Umverteilung von (Real-) Einkommen hingenommen wird. Dies wäre also der Fall, wenn die Gewerkschaften auf Reallohnsicherung verzichten. In einer dynamischen Analyse, wie sie z.B. der Phillips-Kurve zugrunde liegt, ist die adaptive Erwartungsbildung Ausdruck von Geldillusion. Der Begriff der Geldillusion kann also eine Bereitschaft, Umverteilung zu akzeptieren, signalisieren, aber auch das Fehlen von Lernfähigkeit.

Theoriegeschichtlich hat der Begriff der Geldillusion noch eine weitere Bedeutung. Der Einwand der Geldillusion richtet sich gegen Versuche, den *Keynes*'schen Begriff des gesamtwirtschaftlichen Gleichgewichts in Nominalgrößen (Geldeinheiten) zu definieren. In einem solchen Modell hätte ein Anstieg des Nominaleinkommens und des Konsums als Reflex von Preissteigerungen zur Konsequenz, daß die reale Ersparnis steigt. Dies folgt daraus, daß in der *Keynes*'schen Konsumfunktion die marginale Konsumquote kleiner ist als die durchschnittliche.

$$dC/dY < C/Y; \qquad (4.13)$$

---

[3] NAIRU steht für Non-Accelerating-Inflation Rate of Unemployment, vgl. Kapitel 9.

In einem inflatorischen Prozeß würden deshalb – nach Maßgabe einer *nominal* definierten *Keynes*'schen Konsumfunktion – die Konsumausgaben relativ weniger steigen als das Nominaleinkommen, mit der Konsequenz, daß die reale Ersparnis bei Inflation zunimmt. Dies würde Geldillusion bei den privaten Haushalten implizieren.

Endogenes Geldangebot. Ein wesentlicher Einwand gegen die keynesianische Inflationstheorie ist, daß die monetären Bedingungen für die Inflationserklärung keine Rolle spielen. Die neuere *Keynes*-Forschung sucht diesen Einwand zu entkräften. Das Geldangebot wird von der Liquiditätspräferenz der Vermögensbesitzer gesteuert. Aus dem Interesse der Vermögenssicherung wird Geld knapp gehalten. Das Vertrauen, daß der Rückfluß des Vermögens gesichert ist, steuert das Kreditangebot. Steigt dieses Vertrauen, beispielsweise in einem konjunkturellen Aufschwung, so beobachten wir Kreditexpansion bei sinkenden Zinsen, d.h. sinkender Liquiditätspräferenz. Eine Inflation braucht der Bereitschaft, Geld aufzugeben (niedrige Liquiditätspräferenz) nicht entgegen zu stehen, solange das Vertrauen, daß der Rückfluß des Vermögens gesichert ist, erhalten bleibt. Zwar erodiert bei Inflation die Vermögenssicherungsfunktion des Geldes. Der Zins steigt, weil die Gläubiger zum Inflationsausgleich eine höhere Realtilgung verlangen. Dies braucht die Kreditexpansion aber nicht zu bremsen. Wird die erwartete Inflation richtig antizipiert, so bleibt die Liquiditätspräferenz der Gläubiger und die Verschuldungsbereitschaft der Schuldner unverändert. Es gibt daher keinen markttheoretischen Grund, daß sich die Inflation beschleunigt (Fisher-Theorem).[4]

Das inflatorische Gleichgewicht im *Keynes*'schen Modell ist allerdings labil. Mit steigenden Preiserwartungen der Unternehmen kann sich die Inflation beschleunigen. Erwarten die Unternehmen höhere Preise, so steigt der Nachfragepreis für Kapitalgüter über die Produktionskosten dieser Güter (ihren Angebotspreis). In dieser Marktkonstellation (*Tobins* q > 1) wird die Investitionstätigkeit stimuliert. Die Inflation erhält somit über den Vermögensmarkt ihr kumulatives Moment. Damit zeigt sich auch, daß im *Keynes*'schen Modell die Inflationsbekämpfung eine Zinspolitik verlangt, welche die Akzeleration des Investitionsprozesses dämpft (*Winkler* 1993).

---

[4] Unter dem Fisher-Theorem versteht man im allgemeinen die Tatsache, daß Gläubiger und Schuldner mit dem *realen* Zins rechnen. Der Geldzins enthält also immer eine Komponente, die der allgemein erwarteten Preissteigerungsrate entspricht.

Der monetär-keynesianischen Inflationserklärung stehen zwei Einwände entgegen: Erstens ist Geldwertstabilität ein öffentliches Gut. Das (allgemeine) Interesse an knappem Geld wird deshalb bei der Entscheidung des einzelnen Vermögensbesitzers, Geld aufzugeben (und damit den Inflationsprozeß anzuheizen), nicht angemessen berücksichtigt. Jeder Einzelne sichert sich gegen eine *gegebene* Inflationserwartung ab und vernachlässigt die Wirkung seiner Entscheidung auf eine Beschleunigung des Inflationsprozesses. Eine solche Beschleunigung kann sich endogen ergeben, weil der zusätzliche Kredit zunächst nachfragewirksam wird, das entsprechende Angebot aber erst mit Verzögerung folgt. Darüber hinaus kann – zweitens – der Staat als Kreditnachfrager inflatorische Impulse auslösen. Da das Geldangebot endogen ist, hat die Kreditnachfrage des Staates in einer keynesianischen Welt keine *crowding-out*-Effekte zur Folge. Ein fortwährendes Budgetdefizit des Staates – das nicht nur vorübergehend zur Kompensation eines Nachfrageausfalls finanziert wird – verletzt aber bei endogenem Geldangebot die Stabilitätsbedingungen. Das keynesianische Pendant zum monetaristischen Außengeld ist daher ein ausgeglichener Staatshaushalt. Es ist diese Bedingung, die den Vermögensbesitzern die Sicherungsfunktion des Geldes gewährleistet und damit die Dominanz des Vermögensmarktes bei endogenem Geldangebot begründet.

Literaturhinweise

Einen Überblick über die monetaristische Inflationstheorie geben

CARLIN, W. und SOSKICE, D. (1990) *Macroeconomics and the Wage Bargain*. Oxford University Press, Kapitel 3,

JOHNSON, H. G. (1967) A Survey of Theories of Inflation, in: Ders., *Essays in Monetary Economics*. London: Allen & Unwin, S. 104-142.

In die keynesianische Inflationstheorie führt ein

RIESE, H. (1986) *Theorie der Inflation*. Tübingen: Mohr.

Vergleiche hierzu auch

TOBIN, J. (1978) Monetary Policy and the Economy: The Transmission Mechanism, *Southern Economic Journal*, 44 (3), S. 3-13,

sowie

WINKLER, A. (1993) Glaubwürdigkeit und Geldpolitik, *Konjunkturpolitik*, 39, S. 148-185.

Eine leicht verständliche Zusammenfassung der Debatte gibt

KROMPHARDT, J. (1987) *Arbeitslosigkeit und Inflation. Eine Einführung in die makroökonomischen Kontroversen.* Göttingen: Vandenhoeck.

5 Die Stagnation

5.1 Das Stagnationsphänomen

Während in der Konjunkturbewegung die Abweichung von einem (Vollbeschäftigungs-) Gleichgewicht zum Ausdruck kommt, ist Stagnation ein langfristiges Phänomen. Eine Volkswirtschaft kann sehr lange im Zustand der Stagnation verharren. Das Kriterium ist ein Nachlassen des wirtschaftlichen Wachstums, das sich in verminderter Investitionstätigkeit und einer Abschwächung der Expansion des gesamtwirtschaftlichen Produktionspotentials spiegelt. Mit Bezug auf den Arbeitsmarkt kann diese Definition noch spezifischer gefaßt werden: Von Stagnation spricht man immer dann, wenn die Wachstumsrate der Produktion geringer ist als die Wachstumsrate der Arbeitsproduktivität, so daß per Saldo das Arbeitsvolumen (die Anzahl der geleisteten Arbeitsstunden einer Periode) sinkt. Dies zeigt eine einfache Komponentenzerlegung: Steht y für das Realeinkommen, A für das Arbeitsvolumen und y/A für die Arbeitsproduktivität, so gilt

$$y = \frac{y}{A} A \; ; \qquad (5.1)$$

In einer solchen Marktkonstellation ist das Kriterium für Stagnation die Persistenz von Arbeitslosigkeit. Die im Zuge des Strukturwandels freigesetzten Arbeitskräfte finden nicht wieder Beschäftigung. Dabei kann freilich die Arbeitszeit je Beschäftigten (A/E) sinken und die Anzahl der Beschäftigten steigen.

$$y = \frac{y}{A}\frac{A}{E} E\ ; \qquad (5.2)$$

Erklärungsbedürftig ist, warum im Marktprozeß nicht Kräfte wirksam werden, die zu einem Abbau der Arbeitslosigkeit führen. Das Kennzeichen der Stagnation ist mithin ein unzureichendes Angebot von Arbeitsplätzen: Selbst wenn die Beschäftigung in einem Konjunkturaufschwung steigt – wie z.B. Ende der achtziger Jahre – so reicht die Gesamtzahl von Arbeitsplätzen nicht aus, um alle, die Arbeit suchen, zu beschäftigen. Denn im Trend verringert sich die Gesamtzahl von Arbeitsplätzen (besetzte wie unbesetzte), wenn das Produktionspotential mit kleinerer Rate wächst als die – von Auslastungsschwankungen bereinigte – durchschnittliche Arbeitsproduktivität.

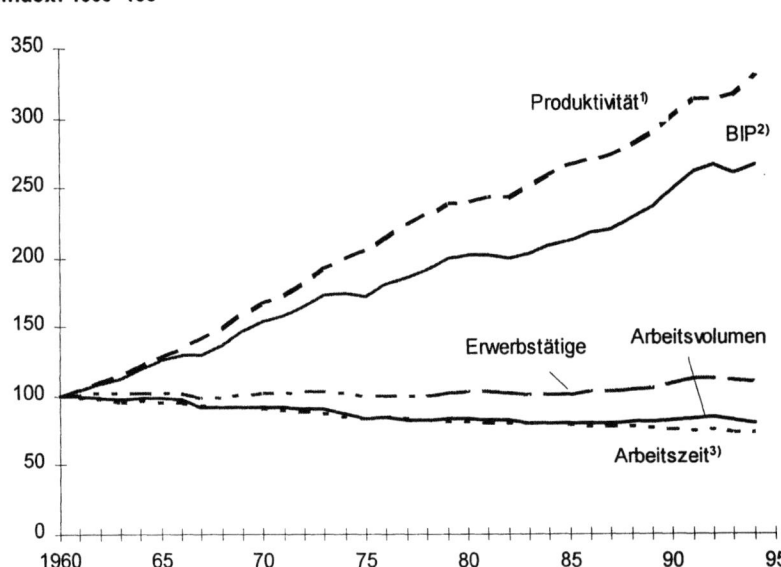

[1] je Erwerbstätigenstunde
[2] bis 1989 in Preisen von 1985; ab 1990 in Preisen von 1991
[3] je Erwerbstätigen

Abb. 5.1. Komponenten des aggregierten Angebots in Westdeutschland, 1960–1995. Quelle: *Bogai* (1994); Bundesanstalt für Arbeit; Statistisches Bundesamt; eigene Berechnungen.

5.2 Wachstumspessimismus

Wirtschaftliches Wachstum ist kein besonders gut begründetes Ziel der Wirtschaftspolitik. Daß wirtschaftliche Entwicklung an Grenzen stößt, war schon für die klassische Politische Ökonomie des achtzehnten Jahrhunderts ein großes Thema. *Ricardo* begründet in einem einfachen Wachstumsmodell, daß die zunehmende Knappheit des Bodens den Akkumulationsprozeß bremst. Steigende Kosten der Nahrungsmittelproduktion bei zunehmender Bodenbewirtschaftung ("Ertragsgesetz") bewirken bei gegebenem Reallohn ein Sinken der Profitrate und einen Anstieg der Bodenrente. Die moderne Variante einer solchen absoluten Schranke, die die Natur dem Akkumulationsprozeß setzt, wird als Konflikt zwischen Ökonomie und Ökologie thematisiert (*Meadows* 1972). In Analogie zur klassischen Knappheitsrente versucht die sogenannte neoricardianische Staatstheorie aus der relativen Verteuerung von Dienstleistungen im Wachstumsprozeß und dem daraus resultierenden zunehmenden Staatsanteil am Sozialprodukt eine Schranke für den Akkumulationsprozeß abzuleiten. Im Gegensatz zu diesem klassischen Wachstumspessimismus steht eine postkeynesianische Tradition, die Stagnation mit zunehmender Sättigung begründet. Die Unterkonsumption speist sich nach dieser Theorie aus einer sinkenden Grenzneigung zum Konsum, dem Bevölkerungsrückgang und einem Sinken des Kapitalkoeffizienten, und bewirkt einen dauerhaften Überschuß der Ersparnis über die Investition. In die gleiche Kategorie sind Theorien einzuordnen, die Stagnation als Folge zunehmender Monopolisierung der Wirtschaft begründen. Hohe Gewinnquoten im Monopolkapitalismus liefern den Grund für einen Ersparnisüberschuß (*Kalecki*). Abgesehen von dem methodischen Fallstrick, daß man bei den zuletzt genannten Theorien nicht von einer Vollbeschäftigungs-Ersparnis ausgehen darf, steht dem Wachstumspessimismus die Entwicklungstheorie *Schumpeters* entgegen. Im Entwicklungsprozeß werden endogene wie exogene Schranken wirksam, die einen Zustand der Entwicklungslosigkeit zur Folge haben können (Krise). Aber diese Schranken werden durch Neuerungen überwunden. Die Schumpeter'schen *Innovationen* wirken sowohl im Sinne einer Entknappung und widerlegen damit den klassischen Wachstumspessimismus. Und sie schaffen – in der Form neuer Güter – neue Bedürfnisse. Die Innovationstätigkeit der Unternehmer stimuliert damit auch die Konsumneigung. Es zeigt sich aber, daß der Gestaltungsspielraum der Wirtschaftspolitik zur Sicherung des Wirtschaftswachstums begrenzt ist. Eine *Schumpeter*'sche Wachstumspolitik müßte die Innovationsaktivität der Unternehmen manipulieren. Einer solchen Politik ist in einer Marktwirtschaft eine immanente Grenze gesetzt, weil das unternehmerische Risiko auf den Staat überginge.

5.3 Stagnations-Arbeitslosigkeit

Faßt man das Stagnationsphänomen enger – als über den Konjunkturzyklus fortdauernde Arbeitslosigkeit –, so wird erklärungsbedürftig, warum der Marktprozeß nicht die Wiedereingliederung der Arbeitslosen leistet. Ein Defizit in diesem Sinne gibt es in allen OECD-Ländern, in Europa stärker als in Nordamerika, unabhängig vom Wachstumspfad.

Es wäre trivial, das Stagnationsphänomen hoher und fortdauernder Arbeitslosigkeit als Abweichung von einem Gleichgewicht zu interpretieren. Zwei Erklärungsansätze bieten sich an. Eine keynesianische Analyse begründet Stagnations-Arbeitslosigkeit als Gleichgewicht auf einem niedrigen Entwicklungspfad. Die Expansionsrate ist so gering, daß nicht alle Ressourcen voll genutzt werden ("Unterbeschäftigungs-Gleichgewicht"). Der Arbeitsmarkt steht in der keynesianischen Analyse am unteren Ende der Markthierarchie. Darin kommt zum Ausdruck, daß die Ursachen auf anderen Märkten gesucht werden müssen. Eine lange während Stagnation ist nach der keynesianischen Analyse durch einen hohen Realzins und/oder pessimistische Erwartungen der Investoren begründet (*Streissler* 1983). Die *Keynes*'sche Liquiditätspräferenz begründet insbesondere, daß der Zins sehr lange auf einem Niveau verharren kann, das zu hoch für Vollbeschäftigung ist – unabhängig von den monetären Bedingungen. Die Investoren mögen sich in einer beginnenden Stagnation noch im "normalen Zustand des Vertrauens" befinden. Mit fortschreitender Krise kann sich aber ihr Pessimismus verfestigen. In dieser Konstellation hilft dann auch eine Zinssenkung (als Ausdruck zunehmender Anlagebereitschaft der Geldvermögensbesitzer) nicht mehr. Die *Keynes*'sche Theorie liefert damit eine klare Analyse der Stagnation – bei voll funktionsfähigen Märkten, insbesondere flexiblen Preisen und Löhnen. Sie bietet aber keine Therapie an. Ein keynesianisches *deficit-spending* wäre jedenfalls nicht angemessen, weil die Ursache der Stagnation nicht in einem konjunkturellen Nachfrageausfall liegt. Insbesondere verlangt die Stabilisierung von Erwartungen nach einem keynesianischen Konzept der Wirtschaftspolitik in einer mittelfristigen Perspektive einen ausgeglichenen Staatshaushalt.

Im Vergleich dazu kann die (neo-)klassische Analyse nur ein partielles Erklärungsmuster anbieten. Sie ortet die Ursachen im Verhalten der Akteure am Arbeitsmarkt. Sofern die Erklärung nicht darin liegt, daß der Reallohn zu hoch für Vollbeschäftigung ist (dies wäre ein Ungleichgewicht am Arbeitsmarkt), gibt es zwei ökonomische Gründe für die Persistenz von Arbeitslosigkeit. Erstens besteht freiwillige Arbeitslosigkeit, sofern der Mindestlohn, den Arbeitslose fordern, wegen der guten sozialen Absicherung höher ist als der Lohn, zu dem Unternehmen einstellen. Ein hoher "Reservationslohn" kommt vor allem dadurch zustande, daß das Sozialsystem falsche Anreize gibt. Die Kürzung von Sozialleistungen, wenn ein Arbeitsloser Einkommen bezieht, wirkt bei geringen Einkommen wie eine Prohibitivsteuer (der marginale Steuersatz ist eins). Zweitens kann die Persistenz von Arbeitslosigkeit aus den Kosten abgeleitet werden, die einem Unternehmen bei Einstellungen und Entlassungen entstehen (*turn over cost*). Hierzu gehören Transaktionskosten, aber auch Kosten der Ausbildung neu eingestellter Arbeitskräfte. Aus diesem Grund wird der Reallohn, bei dem ein Unternehmen indifferent ist zwischen der Weiterbeschäftigung eines *insiders* und seiner Entlassung, höher sein als der Reallohn, zu dem ein Unternehmen Arbeitslose einstellt. In Höhe der Differenz beziehen die *insider* gleichsam eine Rente aus ihrem Beschäftigungsverhältnis. Dieses Verhalten ergibt im aggregierten Arbeitsmarkt sogenannte Hysteresis-Schleifen (in Analogie zum Aufbau eines Magnetfeldes). Diese Schleifen beschreiben folgenden pfadabhängigen Prozeß: Bei steigendem Reallohn wird Arbeitskräften gekündigt. Die Arbeitslosigkeit nimmt zu. Sinkt der Reallohn wieder, so wird die Arbeitslosigkeit in geringerem Maße abgebaut, weil der Einstellungslohn für alle Unternehmen niedriger liegt als der Kündigungslohn (*Belke* und *Göcke* 1994). Die Bedeutung dieser Erklärungsansätze liegt darin, daß bei Geldwertstabilität die institutionellen Bedingungen des Arbeitsmarktes (soziale Sicherung, Arbeitsrecht) einen ungleich größeren Einfluß auf das Verhalten der Arbeitgeber haben als bei Inflation. In einem stabilitätspolitischen Regime, das dem Ziel der Geldwertstabilität Vorrang einräumt, ist den Unternehmen der Ausweg in Preissteigerungen versperrt. Günstige Bedingungen für einen dauerhaften Anstieg der Beschäftigung müssen die Kontrahenten am Arbeitsmarkt ohne den Schutz der Geldillusion durchsetzen, beispielsweise durch eine größere Flexibilität der Lohnstruktur. Welche Konsequenzen sich daraus für die Arbeitsmarktpolitik ergeben, untersuchen wir in Kapitel 11.

5.4 Die Marktkonstellation der Stagflation

Eine besondere Marktkonstellation ist das Zusammentreffen von Inflation und Stagnation. Bei gegebener monetärer Expansion und gegebener Expansion des Nominaleinkommens kann Stagflation Ausdruck einer Konstellation sein, in der das Preisniveau steigt und das Realeinkommen sinkt (modifiziert: das Realeinkommen steigt, aber um weniger als die Arbeitsproduktivität).

$$dM = dY = ydP + Pdy; \tag{5.3}$$

$$\text{für} \quad dy \begin{vmatrix} < 0 \\ < d(y/A) \end{vmatrix};$$

Die monetaristische Erklärung dieser Konstellation setzt nicht am Marktprozeß sondern an der Politik an: Stagflation ist die Folge der Inflationsbekämpfung. Diese führt zuerst zu Mengeneffekten, dann zu Wirkungen auf die Inflationsrate, schließlich zu Wirkungen auf die Inflationserwartungen. Eine fortdauernde Stagflation ist demnach die Folge unsachgemäßer geldpolitischer Interventionen. Sie währt insbesondere lange, wenn die Regierungen wieder auf Inflation umschalten, bevor der Stabilisierungseffekt eintritt.

Die Inflationsbekämpfung führt insbesondere bei einer *mäßigen* Inflation zuerst zu Mengeneffekten. Sie enttäuscht die Preissteigerungserwartungen von Investoren, die sich zu hohen Zinsen verschuldet haben und bereit waren, dem Geldgeber einen Inflationsausgleich in Form einer höheren Realtilgung zu zahlen. Diese Kreditkontrakte können nicht mehr erfüllt werden. Die Geldpolitik bewirkt gleichsam, indem sie die monetäre Expansion begrenzt, eine exogene Erhöhung des Realzinses. Bei einer Hyperinflation besteht dieses Problem nicht, weil es keine langfristigen Schuldverhältnisse mehr gibt: Die Hyperinflation kann deshalb durch eine Schocktherapie wirksam bekämpft werden.

Eine keynesianische Erklärung für die Stagflation betont dagegen, daß sich der Inflationsprozeß über den Lohn-Preis-Mechanismus verselbständigt. Das Geldangebot ist endogen und stellt insofern keine Schranke dar. Mit zunehmenden Inflationserwartungen wird aber das Rechnen mit Nominalgrößen in langfristigen Verträgen in Frage gestellt. Die erhöhte Unsicherheit begründet einen Zinsanstieg, den die Investoren nicht mehr durch entsprechend höhere Preissteigerungserwartungen kompensieren. Der Realzins steigt endogen, mit der Folge einer kontraktiven Wirkung auf das Investitionsvolumen.

Literaturhinweise

Zur Erklärung des Stagnationsphänomens sei empfohlen

RIESE, H. (1986) Keynes, Schumpeter und die Krise, *Konjunkturpolitik*, 32, S. 1-26,

SPAHN, H. P. (1986) *Stagnation in der Geldwirtschaft*. Frankfurt: Campus, Kapitel 3 und 4.

STREISSLER, E. (1983) Stagnation – Analyse und Therapie, in: *Makroökonomik heute: Gemeinsamkeiten und Gegensätze*, herausgegeben von G. Bombach u.a. Tübingen: Mohr, S. 457-476.

Den Zusammenhang von Wachstum, Produktion und Beschäftigung untersucht

BOGAI, D. (1994) Arbeitszeitverkürzung und Beschäftigung, *Wirtschaftsdienst*, 74 (9), S. 457-462.

Zur Persistenz von Arbeitslosigkeit vergleiche

BELKE, A. und GÖCKE, M. (1994) Starke Hysteresis auf dem Arbeitsmarkt, *Zeitschrift für Wirtschafts- und Sozialwissenschaften*, 114 (3), S. 345-377,

CARLIN, W. und SOSKICE, D. (1990) *Macroeconomics and the Wage Bargain. A Modern Approach to Employment, Inflation and the Exchange Rate*. Oxford University Press, Kapitel 19,

ROTHSCHILD, K. W. (1994) *Theorien der Arbeitslosigkeit – Einführung*. 2. Aufl. München: Oldenbourg sowie die in Kapitel 11 angegebene Literatur.

Eine Analyse des Stagflations-Phänomens für die offene Volkswirtschaft unternimmt

LANDMANN, O. (1984) Löhne, Preise, Einkommen und Beschäftigung in der offenen Volkswirtschaft, in: *Der Keynesianismus V. Makroökonomik nach Keynes*, herausgegeben von G. Bombach. Berlin: Springer, S. 101-218.

Zweiter Teil

Der Entwurf stabilitätspolitischer Strategien

> *when a subject is highly controversial ... one cannot hope to tell the truth. One can only show how one came to hold whatever opinion one does hold. One can only give one´s audience the chance of drawing their own conclusions as they observe the limitations, the prejudices, the idiosyncrasies of the speaker.*
>
> Virginia Woolf

6 Rollenverteilung in der Stabilitätspolitik

6.1 Ziele und Zielkonflikte

Die klassischen Ziele der Stabilitätspolitik sind internes und externes Gleichgewicht. Diese Ziele können in einer *antinomischen* Beziehung zueinander stehen, d.h. die Stabilitätspolitik gerät in einen Konflikt, wenn sie beide Ziele gleichzeitig erreichen will. Das Musterbeispiel hierzu liefert uns *Meade* (1951). Wird internes Gleichgewicht über den Gütermarkt definiert, so nehmen wir an, daß im Gleichgewicht die Inlandsproduktion zu den herrschenden Preisen absorbiert wird und bei dieser Inlandsproduktion Vollbeschäftigung herrscht. Wird externes Gleichgewicht entsprechend über den Leistungsbilanzsaldo definiert, so nehmen wir an, daß im Gleichgewicht die Leistungsbilanz ausgeglichen und damit die internationale Zahlungsfähigkeit des Landes gesichert ist. Der Konfliktfall ist eine Marktkonstellation der Unterbeschäftigung verbunden mit einem Defizit der Leistungsbilanz.

In diesem Fall erfordert das interne Gleichgewicht die Erhöhung von Produktion und Absorption, also eine expansive Politik. Mit der Absorption steigen in der offenen Volkswirtschaft aber die Importe, und damit vergrößert sich das Defizit der Leistungsbilanz. Umgekehrt verlangt das externe Gleichgewicht eine kontraktive Politik, welche die Absorption und damit die Importe reduziert mit der Folge einer weiteren Reduktion des Beschäftigungsgrades. Die Wirtschaftspolitik kann unter den gegebenen Bedingungen offensichtlich nicht beide Ziele zugleich erreichen. Der Grund dafür ist, daß die beiden Ziele nicht unabhängig voneinander erreicht werden können, sondern über die Absorption miteinander verbunden sind. Dies ist ein typischer Fall in der Stabilitätspolitik.

Wenn wir auch den Vermögensmarkt einbeziehen, stellt sich der Zielkonflikt zwischen interner und externer Stabilisierung anders dar. Der Konflikt ist hier durch eine Marktkonstellation gekennzeichnet, die ein Defizit der Leistungsbilanz mit chronischen Defiziten in den öffentlichen Haushalten verbindet. Diese Konstellation ist typisch für die achtziger Jahre, da bei offenen Finanzmärkten vor allem die USA, zeitweise auch Deutschland, vor der Aufgabe stehen, den Staatshaushalt zu konsolidieren und zugleich die Leistungsbilanz ein Defizit aufweist. *Meade* (1981) spricht in diesem Fall von einem *intractable deficit problem*. Der Finanzierungsbedarf, der in den Defiziten zum Ausdruck kommt, treibt den Kapitalmarktzins in die Höhe. Das interne Gleichgewicht verlangt aber einen niedrigen Zins, damit die Haushaltskonsolidierung gelingen kann.

Nicht weniger vertrackt ist der Zielkonflikt, in dem sich Deutschland Mitte der neunziger Jahre befindet. Bedingt durch die deutsche Vereinigung, ist die Stabilitätspolitik wiederum mit einem doppelten Defizit konfrontiert. Die Leistungsbilanz weist ein Defizit auf und die Neuverschuldung des Staates muß – auch im Hinblick auf den Vertrag von Maastricht – zurückgeführt werden. Dieses Mal ist der Kapitalmarktzins niedrig, da die D-Mark als Anlagewährung eine hohe Liquiditätsprämie erzielt. Die monetären Bedingungen für eine interne Stabilisierung sind also erfüllt. Aber die Haushaltskonsolidierung geht im Verteilungsstreit unter und das Beschäftigungsproblem bleibt ungelöst.

Modelltheoretisch lassen sich Konfliktsituationen dieser Art leicht lösen, sofern die Ziele unabhängig sind und für jedes Ziel ein Instrument zur Verfügung steht (*Tinbergens* Theorem, vgl. Kapitel 1). Die logische Struktur des Problems verlangt nur, im Falle eines Zielkonfliktes ein *zusätzliches Instrument* der Stabilitätspolitik heranzuziehen. Das *assignment problem* reduziert sich dann auf die Frage der effizienten Zuordnung von Mitteln, analog des einzelwirtschaftlichen Effizienzpostulats. Den Paradefall hierzu liefert *Mundell* (1982), der in einem einfachen makroökonomischen Modell zeigt, daß die Geldpolitik einer offenen Volkswirtschaft auf die externe Stabilisierung, die Fiskalpolitik auf die interne Stabilisierung auszurichten ist, wenn der Wechselkurs nicht zur Disposition steht. Dabei wird angenommen, daß die Geldpolitik als Zinspolitik internationale Kapitalbewegungen auslöst und damit das externe Gleichgewicht herstellt; das interne Gleichgewicht wird dagegen sowohl von der Geldpolitik als auch vom Budgetsaldo des Staates beeinflußt. Die angemessene Reaktion auf die Marktkonstellation der Unterbeschäftigung mit Leistungsbilanz-Defizit ist also eine Geldpolitik der Zinserhöhung verbunden mit einer Fiskalpolitik der Steuersenkung und/oder der Erhöhung von Staatsausgaben.[5]

Tatsächlich hat die Wirtschaftspolitik in einem solchen Zielkonflikt typischerweise nicht den Freiheitsgrad, ein zusätzliches Instrument einzusetzen. Dafür gibt es mehrere Gründe.

Einmal können politökonomische Aspekte einer ökonomisch begründeten Rollenverteilung entgegenstehen (*Starbatty* 1984). Politiker handeln nach politischer Rationalität. Es ist deshalb anzunehmen, daß ein Kollektivgut wie die gesamtwirtschaftliche Stabilität nicht die nötigen politischen Mehrheiten findet, wenn dafür von sozialen Gruppen Opfer verlangt werden müssen. So sind die Instrumente des Stabilitäts- und Wachstumsgesetzes zur konjunkturellen Stabilisierung nie richtig zum Einsatz gelangt. Dieser Einwand trifft aber nicht die Geldpolitik. Anders als der (Finanz-) Politiker, der auf Wiederwahl bedacht ist, kann eine unabhängige Notenbank ohne politische Rücksichten das Stabilisierungsziel durchsetzen, weil sie nicht direkter parlamentarischer Kontrolle unterliegt. Bei solchen "intermediären Institutionen" stellt sich freilich das Problem der demokratischen Legitimität.

Zum anderen muß der Wirtschaftspolitiker ins Kalkül ziehen, daß der Einsatz eines zusätzlichen Instruments möglicherweise Nebenwirkungen hat, die er nicht akzeptieren kann oder will. So erhöht eine Politik des *deficit spending* im Beispiel *Mundells* die Staatsverschuldung, jedenfalls auf absehbare Zeit. Ist aber die Begrenzung der Staatsverschuldung als Ziel der Wirtschaftspolitik vorgegeben, so tut sich ein weiterer Zielkonflikt auf. Der Modellfall *Mundells* für den Konflikt zwischen interner und externer Stabilisierung erweist sich damit als eine *ad-hoc*-Lösung.

Schließlich und vor allem muß die Stabilitätspolitik Bedingungen beachten, die sie selbst nicht oder nicht mehr kontrollieren kann. Häufig ist der Staat indirekt an der Entstehung solcher Bedingungen beteiligt. Zielkonflikte, die daraus resultieren, sind ein Zeichen dafür, daß die *Macht* des Staates, in den Wirtschaftsprozeß einzugreifen, begrenzt ist.

Es sind zwei Bereiche, in denen die Begrenztheit des stabilitätspolitischen Handlungsspielraums besonders deutlich wird. Der erste Bereich sind die "außenwirtschaftlichen Zwänge", unter denen die Wirtschaftspolitik steht (*Sievert* 1988). Nicht von ungefähr stellt der Konflikt zwischen interner und externer Stabilisierung den klassischen Fall dar.

---

[5] Dieser Ansatz ist als "Mundell-Fleming-Modell" in die Lehrbücher eingegangen. Das Modell zeigt allgemein, daß die Rollenverteilung zwischen Geldpolitik und Finanzpolitik vom Währungsregime und den Prämissen über die Kapitalmobilität bestimmt wird; vgl. *Mundell* (1963), *Fleming* (1962).

Die Sicherung der internationalen Zahlungsfähigkeit, die in einer ausgeglichenen Leistungsbilanz zum Ausdruck kommt, oder – allgemeiner – die Sicherung von Bedingungen, unter denen "Vermögensbesitzer in ausreichendem Maße bereit sind, Geld in einheimischer Währung zu halten" (*Riese* 1988, S. 109), stellt eine Schranke für die Stabilitätspolitik dar, die sie nicht überwinden kann.[6]

Der zweite Bereich, der den Handlungsspielraum der Stabilitätspolitik eingrenzt, sind partikuläre Verteilungsinteressen. Insbesondere die Tarifparteien am Arbeitsmarkt setzen der Stabilitätspolitik Grenzen. Sie sind in ihren kollektiven Lohnverhandlungen autonom, weitgehend auch in der Gestaltung der Arbeitsverhältnisse. Ihre Autonomie wird gestützt durch das Grundrecht der Koalitionsfreiheit. Aber das Ergebnis der kollektiven Verhandlungen am Arbeitsmarkt hat gesamtwirtschaftliche Wirkungen. In der "Einkommenspolitik" bleiben der Regierung im Grunde nur Appelle an die Tarifparteien, stabilitätspolitische Verantwortung zu übernehmen.[7]

---

[6] Auch ein Leitwährungsland, dessen Währung gehalten wird und das über Zahlungsbilanzdefizite die internationale Geldversorgung reguliert, kann sich diesen Zwängen letztlich nicht entziehen. Bei offenen internationalen Finanzmärkten erfüllt es die Leitwährungsfunktion nur, solange die Währung als Anlagewährung akzeptiert wird.

[7] Die Grenze, die der Stabilitätspolitik durch das kollektive Handeln der Tarifparteien am Arbeitsmarkt gesetzt wird, ist deshalb besonders wirksam, weil die Durchsetzung von Verteilungsinteressen in der Demokratie als legitim gilt. Eine Interessengruppe findet insbesondere dann die Zustimmung der Mehrheit, (1) wenn sie klein ist und spezifische – d.h. aus allgemeiner Sicht bescheidene – Interessen verteidigt, (2) wenn sie den *status quo* bewahren will, (3) wenn sie den "Schutz des Schwächeren" für sich in Anspruch nehmen kann (*Weizsäcker* 1983).

6.2 Regime der Stabilitätspolitik

Aus solchen Gründen beobachten wir, daß sich in der Stabilitätspolitik Regime bilden.[8] Statt der Optimierung von Ziel-Mittel-Kombinationen nach dem *Tinbergen*-Modell, ist die Stabilitätspolitik auf eine Zielhierarchie ausgerichtet, welche die spezifischen Bedingungen für staatliches Handeln reflektiert. Nach dieser Zielhierarchie richtet sich, wie die Rollen unter den Institutionen der Stabilitätspolitik verteilt werden. Die Hauptakteure sind die Notenbank, die Regierung, vor allem der Bund, sowie die autonomen Tarifparteien am Arbeitsmarkt.

Die Ziele der Stabilitätspolitik

In Deutschland sind die Ziele der Stabilitätspolitik im *Gesetz über die Deutsche Bundesbank* vom 26. Juli 1957 und im *Gesetz zur Förderung der Stabilität und des Wachstums der Wirtschaft* vom 8. Juni 1967 verankert.

Die stabilitätspolitische Aufgabe der Bundesbank ist, die Währung zu sichern (§ 3 Bundesbank-Gesetz). Die Bundesbank ist dabei von Weisungen der Bundesregierung unabhängig. Sie ist zwar grundsätzlich verpflichtet, die allgemeine Wirtschaftspolitik der Bundesregierung zu unterstützen. Aber diese Verpflichtung ist im Bundesbankgesetz ausdrücklich an die Bedingung geknüpft, daß die Geldpolitik hierdurch nicht in unüberwindliche Konflikte mit ihrer eigentlichen Aufgabe geraten darf (§ 12 Bundesbankgesetz, vgl. auch Deutsche Bundesbank 1995).

Das Stabilitäts- und Wachstumsgesetz verpflichtet Bund und Länder,

"bei ihren wirtschafts- und finanzpolitischen Maßnahmen die Erfordernisse des gesamtwirtschaftlichen Gleichgewichts zu beachten. Die Maßnahmen sind so zu treffen, daß sie im Rahmen der marktwirtschaftlichen Ordnung gleichzeitig zur Stabilität des Preisniveaus, zu einem hohen Beschäftigungsstand und außenwirtschaftlichem Gleichgewicht bei stetigem und angemessenem Wirtschaftswachstum beitragen" (§ 1).

---

[8] Zum Begriff des Regimes in der Wirtschaftspolitik vgl. *Weizsäcker* (1983).

Dieser Zielkatalog des Stabilitäts- und Wachstumsgesetzes ist als "Magisches Viereck" bezeichnet worden. Es gibt unterschiedliche Interpretationen darüber, ob in der Forderung, die Ziele gleichzeitig zu realisieren, zum Ausdruck kommt, daß sie den gleichen Rang haben sollen. Der Sachverständigenrat zur Begutachtung der gesamtwirtschaftlichen Entwicklung, der durch Gesetz auf den gleichen Zielkatalog verpflichtet ist, hat in seinen Gutachten immer die Gleichrangigkeit der Ziele angenommen. Er hat daraus die Konsequenz gezogen, daß jeweils das am stärksten verletzte Ziel Vorrang in der Wirtschaftspolitik haben sollte. Dies hat ihn aber nicht vor der Notwendigkeit bewahrt, in der wirtschaftspolitischen Beratung eigene Werturteile zu fällen. Denn das Ausmaß der Zielverletzungen im Vergleich der Ziele zueinander ist nicht kommensurabel.

Zu den Zielen des Stabilitäts- und Wachstumsgesetzes gehört auch "ein gleichzeitiges aufeinander abgestimmtes Verhalten (konzertierte Aktion) der Gebietskörperschaften, Gewerkschaften und Unternehmensverbände zur Erreichung der Ziele des § 1" (§ 3). Die Tarifparteien des Arbeitsmarktes sind aber in ihrer Lohnpolitik unabhängig, gestützt auf die vom Grundgesetz garantierte Koalitionsfreiheit. Die Bundesregierung kann daher in der "Konzertierten Aktion" nur Orientierungsdaten zur gesamtwirtschaftlichen Entwicklung zur Verfügung stellen und erläutern. Seit die Gewerkschaften im Jahre 1977 die Konzertierte Aktion unter Protest verlassen haben, findet dieser Versuch einer korporatistischen Einkommenspolitik nicht mehr statt.

Ein Wechsel des Regimes zeigt an, daß die vorherrschenden Ziele der Stabilitätspolitik unter veränderten Bedingungen ihre Legitimität verlieren. Dabei werden unter Umständen auch die Spielregeln geändert.

Nach dem Zweiten Weltkrieg wird in den westlichen Industrieländern ein stabilitätspolitisches Regime der Vollbeschäftigungsgarantie etabliert. Die Dominanz des Ziels der Vollbeschäftigung resultiert aus den Erfahrungen der Weltwirtschaftskrise der dreißiger Jahre. Hinzu kommt in den ersten Nachkriegsjahren die Sorge einer Stagnation der "Friedenswirtschaft". Die theoretische Begründung für ein Regime der Vollbeschäftigungsgarantie liefert die keynesianische Theorie. Entsprechend der Vorstellung eines *trade-off* zwischen Arbeitslosigkeit und Inflation (Phillips-Kurve) ist das Mittel einer Politik der Vollbeschäftigungsgarantie eine leichte Inflationierung der Wirtschaft (*deficit spending*). Die internationale Absicherung dieses Regimes leistet das im Jahre 1944 in Bretton Woods vereinbarte Währungssystem fester

Wechselkurse mit dem Dollar als Leitwährung. Die Verpflichtung auf feste Wechselkurse soll insbesondere einem Abwertungswettlauf der Länder zur Erlangung von Beschäftigungsvorteilen vorbeugen. In diesem Regime ist das Preisniveau und – bei hoher Kapitalmobilität – das Zinsniveau international vorgegeben. Das externe Gleichgewicht ist gesichert, wenn sich alle Länder im "Inflationsgleichschritt" bewegen. Die Schwäche dieses Regimes liegt in der Tendenz zu einer Akzeleration des inflatorischen Prozesses verbunden mit einer Tendenz zur Durchsetzung "überhöhter" Verteilungsansprüche (Anspruchsinflation).

Ein Regime der Vollbeschäftigungsgarantie braucht deshalb eine starke Einkommenspolitik, die imstande ist, kollektive Einkommensansprüche der Tarifparteien am Arbeitsmarkt unter Kontrolle zu halten. Der Einkommenspolitik wird daher in der stabilitätspolitischen Debatte jener Zeit große Beachtung geschenkt. In Deutschland beruft die Bundesregierung im Jahre 1964 einen "Sachverständigenrat zur Begutachtung der gesamtwirtschaftlichen Entwicklung", in der Absicht die Tarifparteien durch dieses unabhängige Gremium darüber aufzuklären, unter welchen Bedingungen die Lohnpolitik mit Geldwertstabilität vereinbar ist. Tatsächlich entwickelt der Sachverständigenrat in seinem ersten Jahresgutachten eine Lohnformel (der kostenniveau-neutralen Lohnpolitik). Er weist aber in den folgenden Jahren mehr und mehr auf die außenwirtschaftlichen Probleme einer Vollbeschäftigungspolitik hin. Die Marktkonstellation einer unterbewerteten Währung hat der Bundesrepublik anhaltende Überschüsse der Leistungsbilanz beschert. Eine Aufwertung der D-Mark, wie sie der Sachverständigenrat immer wieder als Mittel einer "außenwirtschaftlichen Absicherung" der binnenwirtschaftlichen Stabilisierungsstrategie fordert, würde aber die Exportfähigkeit der deutschen Wirtschaft beeinträchtigen. Das ist jedenfalls die Befürchtung zu jener Zeit. Der Zusammenbruch des Währungssystems von Bretton Woods im Jahre 1971 unter den weltweit zunehmenden inflatorischen Anspannungen markiert das Ende eines Regimes der Vollbeschäftigungsgarantie.[9] In dem zunehmenden internationalen Verbund der Märkte, insbesondere der Vermögensmärkte, findet eine Vollbeschäftigungspolitik ihre Grenze, weil in der offenen Volkswirtschaft den Regierungen die nationale Kontrolle der Wirtschaft entgleitet.

Seither vollzieht sich in allen Industrieländern mehr oder weniger rasch der Wechsel zu einem stabilitätspolitischen Regime, das dem Ziel der

---

[9] Der Präsident der Vereinigten Staaten, *Richard Nixon*, hebt am 15. August 1971 die Goldeinlösepflicht für den Dollar auf. Damit ist die zentrale Funktionsbedingung dieses Währungsregimes außer Kraft gesetzt.

Stabilisierung des Geldwertes den Vorrang einräumt. Dieser Regimewechsel wird begleitet von einem Perspektivenwechsel in der theoretischen Debatte zur Stabilisierungspolitik. Die güterwirtschaftliche Sichtweise, die in den sechziger Jahren vorherrschend war, wird um eine vermögenstheoretische ergänzt. Die neue Zielhierarchie in der Stabilitätspolitik erhält ihre theoretische Begründung insbesondere durch den Monetarismus. Die Erwartung ist nun, daß die Stabilisierung des Geldwertes Vertrauen in den politischen Kurs der Regierung schafft. Damit wird Geldwertstabilität zur zentralen Voraussetzung für ein hohes Beschäftigungsniveau. Tatsächlich erhält das einzelne Land unter den veränderten währungspolitischen Bedingungen flexibler Wechselkurse mehr Autonomie, in der Stabilitätspolitik der Geldwertstabilität den Vorrang zu geben. Die Notwendigkeit der Inflationsbekämpfung steigt, da die Währungen auf den integrierten Vermögensmärkten in Konkurrenz zueinander stehen (Währungskonkurrenz). In Deutschland fordert konsequenterweise der Sachverständigenrat den Regimewechsel ein. Sein Jahresgutachten 1972/73 trägt den Titel "Gleicher Rang für den Geldwert". Die Bundesbank beginnt 1974/75 mit einer Geldmengensteuerung. Die Rollen in der Stabilitätspolitik werden nun anders besetzt.

6.3 Veränderte Rollenverteilung

Eine neue Zielhierarchie – Dominanz der Inflationsbekämpfung – und die Änderung des Wechselkursregimes verhelfen der *Geldpolitik* zur Führungsrolle in der Stabilitätspolitik (*Tomann* 1982).

Die **Geldpolitik** ist verantwortlich für den Geldwert. Im Jahresgutachten 1974 entwirft der Sachverständigenrat eine neue Konzeption der Wirtschaftspolitik, die der Geldpolitik die Aufgabe zuweist, eine potentialorientierte Geldmengensteuerung zu betreiben. Nur in Ausnahmefällen (Angebotschocks, außenwirtschaftliche Absicherung) soll sie davon abweichen.

Der Rat hat mehr und mehr die Führungsrolle der Geldpolitik betont (JG 90/91, Ziffer 321, 400). Der Wissenschaftliche Beirat beim Bundesministerium für Wirtschaft (1983) weist ebenfalls der Geldpolitik die Aufgabe zu, das Geldmengenwachstum grundsätzlich potentialorientiert zu steuern; eine akkommodierende Geldversorgung ist bei Angebotschocks, die nicht konjunkturell sind, angezeigt. Der Beirat vertritt aber einen Gradualismus, d.h. die Geldpolitik ist nicht nur dem Ziel der *Geldwertstabilisierung*, sondern auch dem *Beschäftigungsziel* verpflichtet und sollte daher keine Schocktherapie anwenden.

Die **Wechselkurspolitik** – eine auf Wechselkursziele ausgerichtete Geldpolitik – hat im wesentlichen zwei Rollen zu spielen: Sie hat erstens die Aufgabe, Rückwirkungen stark schwankender Wechselkurse auf den realen Sektor, die aus der Instabilität der internationalen Geldnachfrage resultieren, zu dämpfen. Dies steht nicht im Widerspruch zur längerfristigen Geldwertstabilisierung, weil eine konstante Geldmengenexpansion nur für eine stabile Geldnachfrage begründet ist (*Niehans* 1984). Zweitens fällt ihr die Rolle zu, durch Stabilisierung der Wechselkurse die Erwartungen über den externen Wert einer Anlagewährung zu stabilisieren. Solche Aktionen bedürfen freilich der internationalen Koordination (Kapitalfluchtproblem).

Die Wechselkurspolitik kann auch im Sinne einer Selbstbindung der Notenbank bei der Inflationsbekämpfung eingesetzt werden. Dabei stehen ihr grundsätzlich zwei Optionen offen. Eine Stabilisierung des nominalen Wechselkurses wirkt – bei hohen internationalen Inflationsdifferenzen – wie eine Schocktherapie. Eine gradualistische Variante der Stabilisierung des *realen* Wechselkurses versucht, die hohen Anpassungskosten einer Strategie der Inflationsbekämpfung zu vermeiden.

In einem stabilitätspolitischen Regime, das dem Geldwert den Vorrang zuweist, scheint es für die **Finanzpolitik** einen Freiheitsgrad zu geben. Entsprechend findet sich bei der Rollenverteilung die Vorstellung, die Finanzpolitik solle wachstumsorientiert ausgestaltet werden und insbesondere Wachstumshemmnisse abbauen. Eine in diesem Sinne angebotsorientierte Finanzpolitik senkt die Abgabenquote und gestaltet das Steuersystem zugunsten der Investitionen und zu Lasten des Konsums. Auf der Ausgabenseite haben produktivitätsfördernde Infrastruktur-Investitionen im Hinblick auf das Wachstumsziel Vorrang. Im Hinblick auf das Stabilisierungsziel steht die Finanzpolitik seit Mitte der siebziger Jahre in einer komplementären Rolle. Besondere Bedeutung kommt dem Abbau der Budgetdefizite zu. Die Konsolidierung des Staatshaushalts zielt einmal auf eine Verringerung der Zinslast auf die öffentlichen Schulden, die den Ausgabenspielraum einengt, zum anderen aber darauf, den Kapitalmarkt nicht zu stark durch öffentliche Kreditaufnahme in Anspruch zu nehmen (*crowding-out*-Hypothese). In Phasen unzureichender aggregierter Nachfrage kann die Finanzpolitik auch zur Erzielung kurzfristiger Einkommens- und Beschäftigungseffekte eingesetzt werden. Eine solche antizyklische Beschäftigungspolitik (z.B. Einkommenstransfers an die ostdeutschen Bundesländer nach der Währungsunion) steht aber erfahrungsgemäß auf mittlere Sicht in Konflikt mit der Konsolidierungsaufgabe (Sachverständigenrat, JG 90/91, Ziffer 323 ff.).

Die **Einkommenspolitik** ist nach herrschender Auffassung für den Beschäftigungsgrad verantwortlich. Die Frage, ob eine zurückhaltende Lohnpolitik der Tarifparteien am Arbeitsmarkt den Beschäftigungsgrad erhöht, war Gegenstand einer ausgedehnten Kontroverse. Zwar ist unbestritten, daß die Unternehmen unter Kostendruck geraten, wenn die Gewerkschaften aggressive Lohnforderungen durchsetzen. Ebenso unbestritten ist, daß der kollektive Versuch, Kostensteigerungen in Preissteigerungen zu überwälzen, durch die Geldpolitik vereitelt werden kann. *Friedman* zieht daraus als Konsequenz für die Rollenverteilung, man könne den Gewerkschaften nicht vorwerfen, sie seien an der Inflation schuld. Dafür tragen sie Verantwortung für den Beschäftigungsgrad. Denn sie müssen ins Kalkül nehmen, daß Unternehmen, die ihre Kostensteigerungen nicht in höheren Preisen abwälzen können, sondern Absatzeinbußen erleiden, Verluste erwirtschaften und ihre Beschäftigung einschränken. Andererseits ist aber nicht sicher, ob eine Politik der Lohnzurückhaltung – mit der Folge höherer Gewinne – den Beschäftigungsgrad erhöht. Dagegen steht die *Keynes'*sche Skepsis, daß eine Senkung des Lohnniveaus nur Beschäftigungseffekte haben kann, wenn sie die aggregierte Nachfrage erhöht. Unter Wettbewerbsbedingungen kann eben auch der Fall eintreten, daß mit dem Lohnniveau das Preisniveau sinkt.

Die **Arbeitsmarktpolitik** hat keine unmittelbare stabilitätspolitische Funktion. Sie ist einerseits auf das Ziel des wirtschaftlichen Wachstums ausgerichtet, weil sie durch den Abbau von Friktionen und durch Qualifizierungsmaßnahmen produktivitätssteigernde Effekte auslöst. Andererseits dient sie sozialpolitischen und regionalpolitischen Zielen durch Arbeitsbeschaffung (ABM) und beschäftigungssichernde Maßnahmen (Kurzarbeit). Damit werden zwar nicht unmittelbar wettbewerbsfähige Arbeitsplätze geschaffen. Solche Maßnahmen sind aber mit indirekten Produktivitätseffekten verbunden, weil sie das Arbeitspotential einer Region in Krisenphasen erhalten und die soziale Akzeptanz eines scharfen Strukturwandels erhöhen.

Literaturhinweise

Den klassischen Konflikt zwischen interner und externer Stabilisierung formuliert

MEADE, J. E. (1951) *The Theory of International Economic Policy, Vol. 1: The Balance of Payments*. Oxford University Press,

MEADE, J. E. (1981) *Targets and Weapons for Domestic Stabilisation and the Balance of Payments*. Hamburg: HWWA.

Das bekannte Mundell-Fleming-Modell der Rollenverteilung geht zurück auf

MUNDELL, R. A. (1963) Capital Mobility and Stabilization Under Fixed and Flexible Exchange Rates, *Canadian Journal of Economics and Political Science*, 29, S. 475-485

und

FLEMING, J. M. (1962) Domestic Financial Policies Under Fixed and Under Floating Exchange Rates, *International Monetary Fund Staff Papers*, 9, S. 369-379.

Eine immer noch aktuelle Kontroverse zur Rollenverteilung in der Stabilitätspolitik wird ausgetragen in

PRIOR, B. und TOMANN, H. (Hrsg.) (1986) *Theoretische Grundlagen der Beschäftigungspolitik*. Berlin: Freie Universität.

Die Grenzen einer keynesianischen Wirtschaftspolitik untersucht

SIEVERT, O. (1979) Die Steuerbarkeit der Konjunktur durch den Staat, in: *Staat und Wirtschaft*, Schriften des Vereins für Socialpolitik, N.F. Bd. 102, S. 809-846.

Die Grenzen eines monetaristischen Regimes der Stabilitätspolitik diagnostiziert

RIESE, H. (1995) Das Grundproblem der Wirtschaftspolitik, in: *Wirtschaftspolitik in einer Geldwirtschaft*, Studien zur Monetären Ökonomie, 14, herausgegeben von K. Betz u.a. Marburg, S. 9-28.

Die politökonomischen Aspekte der Rollenverteilung behandelt

STARBATTY, J. (1984) Zur Rollenverteilung in der Konjunkturpolitik, *ORDO*, 35, S. 151-166.

Die externen Grenzen der Stabilitätspolitik untersucht

SIEVERT, O. (1988) Außenwirtschaftliche Zwänge der Wirtschaftspolitik, *Kieler Vorträge*, 112.

Die Grenzen, die durch dominante Verteilungsinteressen gesetzt sind, untersucht

WEIZÄCKER, C.C. VON (1978) Das Problem der Vollbeschäftigung heute, *Zeitschrift für Wirtschafts- und Sozialwissenschaften*, 98, S. 33-51.

WEIZÄCKER, C.C. VON (1983) Was leistet die Property Rights Theory für aktuelle wirtschaftspolitische Fragen? In: *Ansprüche, Eigentums- und Verfügungsrechte*, Schriften des Vereins für Socialpolitik, N.F. Bd. 140, S. 123-152.

7 Die Rolle der Geldpolitik

Auch wenn weitgehend Konsens darüber besteht, daß die Geldpolitik die Führungsrolle in der Stabilitätspolitik spielen soll, so bleiben doch ihre Aufgaben und ihre Ausgestaltung kontrovers. Unbestritten ist, daß es Aufgabe der Geldpolitik ist, auf lange Sicht die Währung zu sichern und kurzfristig Liquiditätskrisen abzuwenden. Es ist aber eine offene Frage, welche Rolle ihr darüber hinaus zufällt. Zur Debatte steht vor allem, wie die Geldpolitik auf Angebotschocks reagieren soll und ob sie monetäre Störungen, die über den internationalen Verbund der Finanzmärkte wirksam werden, auffangen soll. Die Antwort auf diese Fragen wird vordergründig durch unterschiedliche Prioritäten hinsichtlich der wirtschaftspolitischen Ziele bestimmt. Es geht hier insbesondere um die Frage, ob die geldpolitische Steuerung Beschäftigungseffekte ins Kalkül zu nehmen hat. Dahinter verbergen sich aber unterschiedliche theoretische Vorstellungen darüber, wie sich geldpolitische Impulse auf den realen Sektor der Wirtschaft übertragen.

Aus den theoretischen Vorstellungen über die Transmission monetärer Impulse leiten sich unterschiedliche *geldpolitische Konzeptionen* ab. Grundsätzlich ist unter einer Konzeption eine Richtschnur für das politische Handeln zu verstehen. In der Geldpolitik soll es diese Richtschnur ermöglichen, Entscheidungen über den Einsatz des geldpolitischen Instrumentariums zu treffen, ohne im Einzelfall alle Implikationen einer Entscheidung zu überprüfen. Im Rahmen einer geldpolitischen Konzeption ist festzulegen, welche *Steuerungsgrößen* (Instrumente) in der Geldpolitik zum Einsatz kommen sollen und an welchen *Indikatoren* der Erfolg geldpolitischer Maßnahmen gemessen werden soll. Dabei ist im Hinblick auf die oben genannte Kontroverse insbesondere die Frage zu klären, ob der Geldpolitik *regelgebundenes* Verhalten – gleichsam als monetäre Ordnungspolitik – vorgeschrieben werden soll oder ob fallweise (*diskretionäre*) geldpolitische Eingriffe zugelassen sein sollen.

Mit Bezug auf die theoretischen Kontroversen lassen sich zwei geldpolitische Konzeptionen unterscheiden. Eine *keynesianische Konzeption* versteht Geldpolitik als Zinspolitik und betont zugleich die Bedeutung diskretionärer Eingriffe der Geldpolitik. Für eine *monetaristische Konzeption* ist Geldpolitik dagegen Geldmengensteuerung mit dem Ziel der Verstetigung, d.h. einer mittelfristigen Orientierung des Einsatzes der geldpolitischen Instrumente.

Im Folgenden werden wir diese idealtypischen Konzeptionen auf ihre theoretischen Grundlagen prüfen und vor diesem Hintergrund die Politik der Deutschen Bundesbank untersuchen.

7.1 Die keynesianische Konzeption der Geldpolitik

Keynes: Geldpolitik als Zinspolitik. *Keynes* hat in seiner "Allgemeinen Theorie der Beschäftigung, des Zinses und des Geldes" (1936) vor dem Hintergrund der Weltwirtschaftskrise (1929-33) insbesondere die Frage untersucht, ob in einer Beschäftigungskrise ein Deflationsprozeß mit der Konsequenz allgemein sinkender Preise geeignet ist, die Volkswirtschaft wieder zu Vollbeschäftigung zu führen. Dies war die theoretische Konzeption der damals herrschenden Lehre. *Keynes* hielt dem entgegen, daß eine stimulierende Wirkung auf Einkommen, Produktion und Beschäftigung nur erwartet werden kann, wenn die Investitionen, das entscheidende Bindeglied zwischen Vermögensmarkt und Gütermarkt, angekurbelt werden. *Keynes* betont die spezifische Unsicherheit der Erträge einer Investition in Kapitalgüter ("nicht-monetäres Vermögen") im Gegensatz zur Vermögensanlage in Geld oder verzinslichen Finanzaktiva und begründet damit eine *Liquiditätspräferenz*, d.h. eine Präferenz für die monetäre Vermögensanlage.[10] Die Liquiditätspräferenz – die über die Erwartungen gesteuert wird – ist das Kennzeichen der Krise ("Drang zum Geld in der Krise"). Es genügt daher nicht, wenn die Geldpolitik die Liquiditätsversorgung verbessert, sondern der langfristige Zins, der für das Investitionskalkül maßgeblich ist, muß sinken. Hat die Wirtschaftspolitik in der Krise aber einen destabilisierenden Effekt auf die Ertrags-

---

[10] Diese Liquiditätspräferenz ist später, insbes. von *Tobin* (1957/58), enger abgegrenzt worden, als Präferenz für *Geld* im Vergleich zu verzinslichen Wertpapieren, die einem Kursrisiko ausgesetzt sind.

erwartungen der Investoren, so kann sich die Krise verschlimmern. Ein destabilisierender Effekt ist insbesondere in einem Deflationsprozeß zu erwarten, weil die Deflation die reale Schuldenlast der Unternehmen erhöht. Bei gegebenen Zinszahlungsverpflichtungen kann die Kappung von Preiserhöhungsspielräumen ein Unternehmen in die Zahlungsunfähigkeit treiben. Es sind die beobachteten *Insolvenzen,* die dann allgemein das Investitionsklima beeinträchtigen. Der "Zustand des Vertrauens" verschlechtert sich. In einem solchen Fall halten sich die Investoren sogar trotz sinkender Zinsen zurück. *Keynes* war daher skeptisch, was die stimulierenden Wirkungen der Geldpolitik in der Krise betrifft.

Modellanalytisch stellt sich der Zusammenhang wie folgt dar. Der Preis für nicht-monetäre Vermögenswerte reflektiert die Unsicherheit künftiger Erträge. Dieser Preis ist auf dem Markt für Vermögensbestände ein Nachfragepreis. Er richtet sich nach dem erwarteten Strom von Erträgen (E^*) aus der Investition und dem *langfristigen Zins* (i).

$$P = \frac{E^*_1}{1+i} + \frac{E^*_2}{(1+i)^2} + \ldots + \frac{E^*_t}{(1+i)^t} ; \qquad (7.1)$$

Kurzfristig, wenn nämlich der "Zustand der langfristigen Erwartungen" (*Keynes*) gegeben ist, haben Zinsänderungen Einfluß auf den Vermögenspreis. Eine Zinssenkung erhöht den Nachfragepreis für nicht-monetäres Vermögen und regt damit auch die Produktion von Investitionsgütern an (bei gegebenem Angebotspreis dieser Güter). Damit wird der langfristige Zinssatz in der *Keynes*'schen Analyse zum entscheidenden Indikator für die Transmission monetärer Impulse der Geldpolitik. Nur wenn ein Deflationsprozeß den langfristigen Zins im Verhältnis zu den langfristigen Ertragserwartungen senkt (*Keynes-Effekt*) oder wenn in einer Rezessionsphase eine expansive Geldpolitik diesen Effekt bewirkt, überträgt sich der monetäre Impuls auf den realen Sektor der Wirtschaft.

Was die Funktionsweise dieses Transmissionsmechanismus betrifft, so finden sich bei *Keynes* zwei Einschränkungen. Einmal werden Geld und verzinsliche Finanzanlagen als enge Substitute betrachtet. Dies ist das entscheidende Argument von *Keynes* gegen den klassischen Zinsausgleichsmechanismus. Ein Überschuß der Ersparnis über die Investition führt nicht zwangsläufig zu einer Zinssenkung, weil Geld selbst eine Kategorie des Vermögensmarktes ist, d.h. als Vermögenswert gehalten wird. Die Substitution von Geld durch verzinsliche Finanzanlagen richtet sich dabei nach den Zinsänderungserwartungen. Insofern enthält die Geldhaltung bei *Keynes* ein spekulatives Element (*Spekulationskasse*). Mit der Annahme, daß Geld und verzinsliche Finanzanlagen enge Substitute darstellen, wird zum Ausdruck gebracht, daß bereits geringe Zinsänderungen einen spürbaren Einfluß auf die Geldnachfrage haben. In einem solchen Fall *hoher Zinselastizität der Geldnachfrage* ist aber nicht mit nennenswerten Zinseffekten der Geldpolitik zu rechnen. Im Extremfall der *Liquiditätsfalle*, wenn allgemein eine Zinserhöhung erwartet wird, kann eine expansive Geldpolitik keine Zinssenkung bewirken.

Die zweite einschränkende Annahme besagt, daß in einem kumulativen Prozeß der Einkommenskontraktion die Erwartungen der Investoren nach unten korrigiert werden. Selbst bei "normalen" bzw. sinkenden Zinsen ist deshalb nicht gewährleistet, daß der Preis nicht-monetärer Vermögenswerte steigt und ein Investitionsprozeß in Gang kommt. Dieser Fall eines keynesianischen Pessimismus wird modellanalytisch häufig als zinsunelastische Investitionsnachfrage erfaßt. Tatsächlich geht *Keynes* von einer hohen Zinsreagibilität aus, besonders der langfristigen Investitionen. Eine expansive Geldpolitik, die auf Zinssenkungen ausgerichtet ist, bleibt aber wirkungslos, wenn sie nicht durch andere, die Erwartungen stabilisierende wirtschaftspolitische Maßnahmen ergänzt wird. Diese Rolle fällt im *Keynes'*schen Modell der Finanzpolitik zu.

Keynesianische Geldpolitik als diskretionäre Politik. Keynesianische Geldpolitik zielt auf Steuerung des Investitionsvolumens und damit auf den Beschäftigungsstand. Die Grundregel für das Zusammenspiel von Gütermarkt und Vermögensmarkt lautet daher, den langfristigen Zins (i) auf einem Niveau zu halten, das Vollbeschäftigung sichert. Da die Grenzleistungsfähigkeit des Kapitals mit zunehmendem Investitionsvolumen sinkt, erfordert Vollbeschäftigung in der Tendenz eine Politik niedriger Zinsen.

Steht r^* für die Profitrate bei Vollbeschäftigung, so lautet die Gleichgewichts-Bedingung

$$i = r^* \qquad (7.2)$$

Dabei wird davon abstrahiert, daß es spezifische unternehmerische Risiken gibt, gegen die sich die Geldgeber erfolgreich absichern; bei Beachtung dieser Risiken (σ) wäre die Gleichgewichts-Bedingung zu modifizieren: $i + \sigma = r^*$. Mit anderen Worten, die Gleichgewichts-

Bedingung i = r* besagt, daß die Risiken des Vermögensrückflusses letztlich beim Geldgeber liegen.

Die Notwendigkeit einer diskretionären Politik, die von dieser Grundlinie abweicht, ist durch die Annahme der Instabilität des privaten Sektors begründet, insbesondere der Instabilität von Erwartungen. So kann sich wie gesagt der Zustand der langfristigen Erwartungen im Verlauf einer Krise verschlechtern (*Pessimismus der Investoren*). Der Zins muß dann unter sein "normales" (mit Vollbeschäftigung vereinbares) Niveau sinken, damit es zu einer Stimulierung der Investitionstätigkeit kommt.

$$i < r^*; \tag{7.3}$$

Keynes zeigt aber zugleich, daß einer Zinssenkungspolitik enge Grenzen gesetzt sind, solange die Erwartung vorherrscht, daß eine Zinssenkung nicht von Dauer sein wird. Die Konstellation pessimistischer Ertragserwartungen der Investoren und der Erwartung eines dauerhaft hohen Zinsniveaus bildet eine Schranke für eine diskretionäre Politik der Zinssenkung in der Krise. Die Wirtschaft verharrt im Zustand der Unterbeschäftigung (*Unterbeschäftigungsgleichgewicht*). Dabei wirkt erschwerend, daß Erfahrungen die Erwartungen beeinflussen und den Pessimismus verfestigen.

In der Sprache der Modellanalyse ist die Notwendigkeit einer diskretionären Geldpolitik durch die Instabilität der Geldnachfrage begründet. Der Zins schwankt *endogen*, d.h. als Ausdruck von Änderungen der Bereitschaft, Liquidität aufzugeben. Solche Zinsschwankungen zeigen an, daß sich die Einschätzung von Geldanbietern hinsichtlich des Risikos, daß ein Geldvorschuß nicht zurückgezahlt wird, verändert und indizieren damit Änderungen in der *Liquiditätsprämie*, die für die Aufgabe von Liquidität zu entrichten ist. So kann die Liquiditätsprämie in einem beginnenden Aufschwung sinken, wenn die Erwartung steigender Mengen und Preise sich ausbreitet und die Investitionsbedingungen auf den Märkten sich verbessern. Steigende Investitionen lösen in dieser Konstellation einen kumulativen Prozeß der Einkommensexpansion aus, so daß sich das Sinken der Liquiditätsprämie bestätigt. Durch eine diskretionäre Politik der Zinssenkung setzt die Notenbank in dieser Konstellation das *Signal*, daß sie die Einkommensexpansion unterstützt oder jedenfalls nicht behindert. Es ist dabei nicht unbedingt die Notenbankpolitik, die die Zinssenkung bewirkt – die keynesianische Skepsis gegen diesen Wirkungszusammenhang ist wie gesagt wohlbegründet. Vielmehr wird der Zuwachs an Vertrauen hinsichtlich der

Sicherheit des Vermögensrückflusses durch die Notenbankpolitik bestätigt und insoweit erst ermöglicht oder verstärkt.

Umgekehrt werden die Kreditanbieter am Ende eines Booms und im beginnenden Abschwung eine höhere Liquiditätsprämie fordern und damit die Kontraktion verstärken. Auch hier kann die Geldpolitik das Signal dafür setzen, daß das Risiko des Vermögensrückflusses steigt. Sie kann darüber hinaus – anders als im Aufschwung – einer weiteren Einkommensexpansion eine wirksame Schranke setzen. In dieser Rolle ist die Geldpolitik höchst effektiv, sie muß aber gegen sich gelten lassen, daß Wirkungs-*lags* und Dosierungsprobleme einer anti-zyklischen Politik die Treffsicherheit des diskretionären Einsatzes geldpolitischer Instrumente begrenzen. Bei unzureichender Kenntnis dieser *lags* wirkt die diskretionäre Politik nicht antizyklisch sondern degeneriert zu einer bloßen Politik des *stop and go*.[11] Diese Kritik kann freilich eine diskretionäre Zinspolitik nicht treffen, die in dem Sinne marktkonform ist als sie eine veränderte Bereitschaft der Aufgabe von Liquidität signalisiert.

Die Steuerungsgröße: Bankenliquidität. Eine diskretionäre Geldpolitik, die den langfristigen Zins zum Indikator hat, braucht nicht bei diesem Zins – den Kreditkosten – anzusetzen. Sofern sie sich darauf verlassen kann, daß ihre Signalfunktion wirkt, kann sie sich auf eine Steuerung der Bankenliquidität beschränken. Ins Zentrum einer keynesianischen Transmission monetärer Impulse rückt damit die Beziehung zwischen der durch die Notenbank gesteuerten Bankenliquidität und dem Kreditangebot.

Dieser Mechanismus wird über die Erwartungen gesteuert. Im Vordergrund steht die Erwartung hinsichtlich der Sicherheit des Vermögensrückflusses. So ist die Wirkung einer expansiven Geldpolitik in einer sich verfestigenden Erwartung begründet, daß der Rückfluß des Vermögens besser gesichert ist. Die Liquiditätspolitik der Notenbank setzt gleichsam das Signal, daß die Schuldner aufgrund zunehmender Liquidität der Wirtschaft besser als sonst in der Lage sind, ihre Kreditver-

---

[11] Prozyklische Wirkungen einer diskretionären Zinspolitik lassen sich insbesondere begründen, wenn man annimmt, daß eine Notenbank die verfügbaren Informationen nicht effizient nutzt und es zu Verzögerungen im Entscheidungsprozeß über Zinsänderungen kommt. So steht die Notenbank immer vor dem Problem, mit einer Zinsänderung ein falsches Signal zu geben. Sie mag daher vor einer eigentlich nötigen Zinsänderung zurückschrecken, wenn sich das Publikum an stabile Zinsen gewöhnt hat. Die Korrektur eines Geldmengen-Ziels löst im Vergleich dazu weniger Verwirrung aus, vor allem wenn ein breiter Zielkorridor vorgegeben ist. Vergleiche zu dieser Diskussion *Mayer* (1982).

pflichtungen zu erfüllen. Diese Strategie setzt auf rationale Erwartungen hinsichtlich der kumulativen Einkommenswirkungen. Im Aufschwung ist diese Erwartung insofern "rational", als ein Unternehmen, das sich zu niedrigen Zinsen verschuldet, wettbewerbsfähig gegenüber Konkurrenten ist, deren (früher getätigte) Investitionen mit hohen Zinskosten belastet sind. Zwar erscheint die Rückzahlungsfähigkeit der alten Schuldner, die zu Grenzanbietern werden, in diesem Fall gefährdet. Dies kann aber die Tendenz zu sinkenden Zinsen für neue Kredite nicht aufhalten, jedenfalls nicht, wenn die Banken unter Wettbewerbsdruck stehen. Auch haben die Preise im Aufschwung die Tendenz zu steigen – so daß die Gefahr der Insolvenz in dieser Phase als gering einzuschätzen ist. Die neuen Investoren erzielen vielmehr eine Quasi-Rente aus ihren niedrigen Finanzierungskosten. Am Ende eines Booms wirkt dieser Mechanismus in der umgekehrten Richtung: Die Einschränkung der freien Liquiditätsreserven der Banken durch die Notenbank signalisiert, daß zusätzliche Kredite mit einem erhöhten Risiko des Vermögensrückflusses verbunden sind. Die Banken sind deshalb nur zu höheren Kreditkosten zu weiteren Ausleihungen bereit und sie gehen zur *Kreditrationierung* über, um ihr Risiko zu begrenzen. Die neuen Schuldner sind nunmehr die "Grenzanbieter", deren Grenzkosten der Produktion den Preis bestimmen. Sie können aber in einer Konstellation eingeschränkter Liquidität nicht mehr sicher sein, kostendeckende Preise zu erwirtschaften. Der monetäre Impuls wirkt wiederum "direkt" auf die Investition in nicht-monetäres Vermögen und damit auf Realeinkommen und Beschäftigung.

7.2 Die monetaristische Konzeption der Geldpolitik

Friedman: Geldpolitik als Geldmengensteuerung. *Friedman* (1968) kritisiert das keynesianische Konzept einer Geldpolitik niedriger Zinsen, das in der Phase der Vollbeschäftigungspolitik nach dem Zweiten Weltkrieg in den USA und anderen Industrieländern vorherrschte. Sein Argument ist, daß der Notenbank eine Stabilisierung der Zinssätze auf niedrigem Niveau nicht gelingen kann, und der Versuch, es dennoch zu tun, eine kontinuierlich steigende Ausweitung der Geldmenge zur Folge hat, die schließlich zur Inflation führt. Zwar kann die Notenbank durch Offenmarktkäufe erreichen, daß die Kurse der Wertpapiere steigen und der Marktzins sinkt. Das ist aber nur ein vorübergehender Effekt. Denn die Impulse der Geldpolitik, die über die Ausweitung der Bankreserven, die Kreditexpansion und die Geldmengenexpansion wirken, übertragen sich auf den Gütermarkt und stimulieren die Ausgabentätigkeit. Dies führt zu steigenden Einkommen und damit zu einer Erhöhung der Geldnachfrage oder auch nur zu steigenden Preisen mit der Folge einer Verringerung der realen Geldmenge. Diese Effekte lassen den Zins wieder steigen. Der Preisauftrieb kann schließlich die Preiserwartungen beeinflussen, was den Zins für lange Zeit über das ursprüngliche Niveau hinaus ansteigen läßt (*Fisher-Effekt*). Unter diesen Bedingungen ist zu beobachten, daß eine expansive Geldpolitik – im Sinne einer Expansion der Geldmenge – mit einer Erhöhung des Zinsniveaus einhergeht.

Tabelle 7.1 Konsolidierte Bilanz des Bankensystems zum 31. Dezember 1996, in Mrd. DM

Aktiva		Passiva	
Kredite an inländische Nichtbanken	4.781,1	Bargeldumlauf	246,8
öffentliche Haushalte[1]	1.148,3	Sichteinlagen[2]	670,1
Unternehmen und Privatpersonen	3.624,1	Termingelder[2] unter 4 Jahren	399,0
		Spareinlagen[2,3]	865,8
		Nachrichtlich: Geldmenge (M3)	2.181,8
		Einlagen des Bundes im Bankensystem	6,7
		Geldkapital[2] bei Kreditinstituten	2.745,0
Auslandsaktiva	1.109,5	Auslandspassiva	780,5
Sonstige Aktiva	280,2	Sonstige Passiva	456,8

[1] Darin enthalten sind Ausgleichsforderungen der Deutschen Bundesbank aus der Währungsreform von 1948 in Höhe von 8,7 Mrd. DM; seit Januar 1996 hat die Deutsche Bundesbank keine weiteren Forderungen an inländische Nichtbanken.
[2] Einlagen inländischer Nichtbanken
[3] mit dreimonatiger Kündigungsfrist

Quelle: Monatsbericht der Deutschen Bundesbank 2/97, S. 10*

> **Steuerung der Bankenliquidität**
>
> In der konsolidierten Bilanz des Bankensystems wird die Korrespondenz von Kreditexpansion und Geldmengenexpansion sichtbar. Die entscheidende Größe für die Transmission geldpolitischer Impulse im keynesianischen Konzept, die Kreditexpansion, kann von der Notenbank nur indirekt beeinflußt werden. Durch eine mit der Kreditexpansion korrespondierende Geldmengenexpansion entsteht für die Banken ein zusätzlicher Bedarf an Zentralbankgeld. Die Notenbank bestimmt die Konditionen (Zinssätze, Kontingente, siehe unten) zu denen dieser Bedarf an Zentralbankgeld gedeckt werden kann. Indem sie auf diese Weise die freien Liquiditätsreserven der Banken steuert, nimmt sie letztlich Einfluß auf die Kreditexpansion. Der Transmissionsmechanismus wird unterbrochen, wenn die Notenbank die Kontrolle der Bedingungen, zu denen sich die Banken Zentralbankgeld beschaffen können, verliert. Dies ist beispielsweise der Fall, wenn die Notenbank durch die Interventionspflicht in einem Währungssystem mit festen Wechselkursen die Banken mit Zentralbankgeld versorgen muß.

Umgekehrt sind niedrige Zinssätze ein Zeichen dafür, daß die Geldpolitik restriktiv war.[12]

Dieses Phänomen der Endogenität der Zinssätze veranlaßt (*Friedman* 1968), gestützt auf historische Beispiele, zu dem Urteil, der Zins sei als Indikator der Geldpolitik untauglich. *Friedman* hält es für "sehr viel sinnvoller, auf die Änderungsrate der Geldmenge zu achten" (S. 320).

Offensichtlich sind wir damit aber das Problem, daß endogene Einflüsse auf den Indikator wirken, nicht los. Denn die Änderungsrate der Geldmenge, die wir messen, indiziert sowohl Änderungen des Geldangebots als auch der Geldnachfrage. *Friedman* betont deshalb, daß er nicht aufgrund theoretischer Überlegungen zu dem Schluß kommt, die Geldmenge als Indikator der Geldpolitik vorzuziehen. Es ist vielmehr die empirische Evidenz einer *stabilen Geldnachfrage*, die dieses Urteil begründet.

Prinzipiell hängen "Anspannung" und "Entspannung" von der Änderungsrate der angebotenen Geldmenge im Vergleich zur Änderungsrate der nachgefragten Geldmenge ab, wobei

---

[12] Dies war nach *Friedman* die Erfahrung der Vereinigten Staaten während der Weltwirtschaftskrise. Die Geldmenge schrumpfte von 1929 bis 1933 um ein Drittel – bei niedrigen und sinkenden Zinssätzen.

Wirkungen der Geldpolitik auf die Nachfrage ausgeschlossen werden. Empirisch jedoch zeigt sich die Nachfrage sehr stabil, wenn wir die Wirkungen der Geldpolitik ausklammern, so daß es im allgemeinen ausreicht, nur auf das Angebot zu achten. (*Friedman* 1968, Anmerkung 9).

Für die Steuerung der Geldmenge hat *Friedman* 1960 eine *Geldmengenregel* vorgeschlagen. Eine solche Regel stellt eine Selbstbindung der Notenbank dar, die – sofern sie befolgt wird – geeignet ist, das Vertrauen in den geldpolitischen Kurs zu stärken und die Glaubwürdigkeit der Notenbank zu erhöhen. Nach dem Vorschlag *Friedmans* soll die Notenbank ihre geldpolitischen Maßnahmen so dosieren, daß der Zuwachs des Geldvolumens der langfristigen Wachstumsrate des realen Bruttosozialprodukts, korrigiert um Veränderungen der Umlaufgeschwindigkeit des Geldes (d.h. der Kassenhaltungsneigung) entspricht. Diese Regel orientiert sich am Wachstum des Produktionspotentials. Konjunkturelle Schwankungen des Bruttosozialprodukts sollen nicht berücksichtigt werden. Damit sind endogene Zinsschwankungen begründet: Das *Geldangebot* ist reichlich im Verhältnis zur Geldnachfrage bei Unterauslastung des Produktionspotentials; es wird knapp bei einer Überbeanspruchung der Ressourcen. Die Zinseffekte bewirken eine Glättung der konjunkturellen Schwankungen von Einkommen und Beschäftigung. Langfristig wird eine Gesamtnachfrage finanziert, die mit der gleichen Rate wächst wie das (potentielle) Güterangebot. Die Stabilität des Preisniveaus ist damit gesichert.

Eine elementare Bedingung der *Friedman*-Regel ist, daß die Geldmenge als Geld*angebot* verstanden wird. Folglich fordert *Friedman* eine 100%ige Reservehaltung für Geldvermögen. Die institutionelle Konsequenz wäre eine Aufspaltung des Bankensystems in Depositenbanken und Investmentbanken. Die Depositenbanken betreiben das Einlagengeschäft (Passivgeschäft) und müssen als Aktiva in gleicher Höhe Zentralbankgeld halten. Unter der Annahme, daß die Notenbank die Steuerung der Zentralbankgeldmenge (der *Geldbasis*) beherrscht, ist das Geldangebot damit *exogen* vorgegeben. Die Investmentbanken sind zur Refinanzierung ihres Aktivgeschäfts auf den Kapitalmarkt angewiesen. Dabei kann ein Zinsänderungsrisiko für die Banken ausgeschlossen werden, sofern die Banken auf Fristenkongruenz zwischen Aktivgeschäft und Refinanzierung achten, etwa nach dem Modell der deutschen Hypothekenbanken. Die Funktion der Fristentransformation übernimmt dann der Kapitalmarkt.

Geldvermögen (Einlagen bei Depositenbanken) und Schuldverschreibungen (*bonds*) sind nach diesem Konzept nicht mehr enge Substitute, wie bei *Keynes*. Die Zinselastizität der Geldnachfrage ist gering, mit der Folge, daß Änderungen des Geldangebots relativ zur Geldnachfrage auf den Kapitalmarktzins durchschlagen. So führt eine – diskretionäre – Expansion des Geldangebots bei gegebener (stabiler) Geldnachfrage zu einer Umschichtung der Portefeuilles, d.h. einer Zunahme der Nachfrage nach *bonds*. Der relative Preis (Nachfragepreis) für *bonds* steigt, was die Investitionstätigkeit stimuliert (und umgekehrt).

Der monetäre Impuls überträgt sich nach diesem Transmissionsmechanismus über eine Veränderung der relativen Preise auf den Gütermarkt und löst dort Mengeneffekte aus. Der Monetarismus behauptet also nicht die Neutralität des Geldes im Sinne der klassischen Quantitätstheorie. In einer vollbeschäftigten Wirtschaft wirken die monetären Impulse auf das Preisniveau. Unter der für den Monetarismus zentralen Annahme der Stabilität des privaten Sektors bleiben die Mengenreaktionen temporär. Langfristig stellt sich die *Neutralität des Geldes* ein, d.h. eine Expansion des Geldangebots, die die langfristige Wachstumsrate des realen Sozialprodukts übersteigt, mündet schließlich in eine entsprechende Inflation.

Damit wird sichtbar, daß die Geldpolitik im Sinne einer Steuerung des Geldangebots unter den rigiden institutionellen Bedingungen, die *Friedman* für die Geldmengenregel formuliert, sehr wirkungsvoll ist. Daraus erklärt sich das Paradoxon, daß *Friedman* gerade aus der Einsicht in die Wirksamkeit der Geldpolitik die Konstanz der monetären Bedingungen fordert. Die Probleme, die sich in einer keynesianischen Welt aus der "Elastizität des monetären Systems" ergeben, hat *Friedman* mit der 100%-Regel und der Trennung von Einlagenbanken und Investmentbanken ausgeschlossen.

Die mittelfristige Orientierung der Geldpolitik. Die Forderung nach einer mittelfristig ausgerichteten Geldpolitik folgt aus den Annahmen über die Stabilität des privaten Sektors und der (langfristigen) Neutralität des Geldes. Von besonderer Bedeutung ist dabei die Annahme der Stabilität der Geldnachfrage. Ist die Geldnachfrage im Bezug auf das (permanente) Einkommen stabil, so erfordert das monetäre Gleichgewicht eine kontinuierliche, d.h. mittelfristig orientierte Ausweitung des Geldangebots. Die Orientierung am Produktionspotential gewährleistet diese Kontinuität der Geldpolitik. Entsprechend hat die Geldpolitik für Bedingungen zu sorgen, die die Stabilität der Geldnachfrage sichern. Das heißt sie hat Liquiditätskrisen, insbesondere eine Währungsspekulation, abzuwenden. Als Konsequenz fordern Monetaristen *flexible Wechselkurse*, so daß auch insoweit ein Bedarf für diskretionäre Geldpolitik entfällt (vgl. Kapitel 8).

Die Notwendigkeit, auf eine diskretionäre Geldpolitik zu verzichten und die Notenbank einer Selbstbindung zu unterwerfen, wird von Monetaristen mit der Erfahrung begründet, daß diskretionäre Geldpolitik – als Politik des billigen Geldes – inflatorisch wirkt. Dabei spielen nicht nur Entscheidungs-*lags* und Wirkungs-*lags* eine Rolle, die zur Folge haben, daß diskretionäre Geldpolitik bei zyklischer Einkommensentwicklung prozyklisch wirkt. Vielmehr ist die Erfahrung, daß der Versuch der Geldpolitik, den Zins auf niedrigem Niveau zu stabilisieren – sei es zur Kurspflege der Staatsanleihen, sei es im Hinblick auf das Ziel der Vollbeschäftigung –, letztlich dazu führt, daß sich die Inflation beschleunigt. Eine expansive Geldpolitik bewirkt zwar zunächst die erwünschte Zinsstabilisierung, aber die folgende Inflation führt zu einem Sinken des erwarteten Realzinses und heizt damit die Kreditexpansion an. Sobald sich aber Inflationserwartungen ausbreiten, wird ein beschleunigter Inflationsprozeß erforderlich sein, um den Marktzins niedrig zu halten. Der gleiche Zusammenhang wird auf dem Arbeitsmarkt wirksam. So kann zwar eine diskretionäre Geldpolitik – unter der Bedingung, daß die Tarifparteien am Arbeitsmarkt Preisniveaustabilität erwarten – durch einen expansiven Kurs die Beschäftigung erhöhen. Aber dieser Beschäftigungseffekt resultiert aus einem Anstieg der Güterpreise und einer damit verbundenen Reallohnsenkung, die von den Tarifparteien nicht erwartet wurde. Sobald die Preiserwartungen angepaßt werden, kann der Beschäftigungseffekt nur um den Preis einer Beschleunigung der Inflation aufrechterhalten werden (vgl. Kapitel 9).

Da das Problem im Akzelerieren der Inflation liegt (nur so lassen sich immer noch Beschäftigungseffekte erzielen), fordern Monetaristen *Konstanz* in den monetären Bedingungen. Auf eine konstante Inflationsrate, die sich bei mittelfristiger Orientierung der Geldpolitik ergibt, können sich alle Akteure einstellen (antizipierte Inflation). Dabei kommt es nicht entscheidend auf die Höhe der Inflationsrate an – *Friedman* hat in seinem Beitrag "Die optimale Geldmenge" auch hierzu Überlegungen angestellt – sondern darauf, daß die monetäre Expansion voraussehbar ist und die Notenbank auf Versuche, die realen Größen in der Ökonomie wie den Realzins und das Beschäftigungsniveau zu beeinflussen, verzichtet.

Um die Antizipation des geldpolitischen Kurses, z.B. bei Tariflohnverhandlungen, zu erleichtern und die Glaubwürdigkeit der Notenbank zu erhöhen, wird die *Vorankündigung* der Geldmengenexpansion empfohlen.

Glaubwürdigkeit der Geldpolitik und Indexierung. Warum existiert ein Problem der Glaubwürdigkeit für die Geldpolitik? Bei allen Verträgen, die in die Zukunft reichen, ist der künftige Wert von Forderungen und Verbindlichkeiten entscheidend. Ob der Geldwert in Zukunft gesichert ist, ist dabei eine wichtige Komponente. Inflationserwartungen gehen somit in den Vertragsabschluß ein und haben Einfluß auf die heutige Inflation. Eine erfolgreiche Bekämpfung der Inflation setzt deshalb voraus, daß die Inflationserwartungen gebrochen werden. Mit anderen Worten: Die Bindungswirkung von Verträgen ist ein wichtiger Grund dafür, daß eine unerwartete Inflation – und ebenso eine unerwartete Disinflation – Mengeneffekte auslöst.

Gegen die Unsicherheit hinsichtlich des künftigen Geldwertes könnten sich die vertragschließenden Parteien durch Indexklauseln absichern. Eine *Indexierung* (d.h. die Bindung an einen Preisindex) von Kreditverträgen, Lohnverträgen, Mietverträgen, Rentenansprüchen, kurz allen Verträgen mit in der Zukunft liegenden Zahlungsverpflichtungen hätte zur Folge, daß die bei Vertragsabschluß vorherrschenden Inflationserwartungen belanglos wären. Sind alle Verträge in einer Volkswirtschaft auf diese Weise gegen das Inflationsrisiko abgesichert, so ist die Geldpolitik frei hinsichtlich der Bestimmung der Inflationsrate. Sie könnte dann aber auch nicht mehr durch eine nicht-antizipierte Inflation Mengeneffekte auslösen. Durch Indexierung wäre gleichsam die klassische Dichotomie hergestellt. Es ist nur konsequent, daß Monetaristen, die eine geringe Zinselastizität der Geldnachfrage annehmen, der Geldpolitik diese "Selbstbindung" durch Indexierung empfehlen. In einer Welt mit indexierten Verträgen gäbe es kein Problem der Glaubwürdigkeit für die Geldpolitik.
Die Indexierung hat aber einen gravierenden Nachteil, weil Preisänderungen nicht nur monetäre Schocks sondern auch reale Schocks reflektieren. Der typische Fall ist der Angebotschock. Bewirkt ein Angebotschock (beispielsweise die Ölpreisschocks der siebziger Jahre) einen Anstieg des Preisniveaus, so wird dieser für sich genommen einmalige Preisschock bei Indexierung kumulativ verstärkt und mündet in eine beschleunigte Inflation. Zum Beispiel hat das italienische System der Lohnindexierung (*scala mobile*) verhindert, daß die notwendige Reallohnsenkung zur Anpassung an die Ölpreisschocks der siebziger Jahre zustande kam. Das Ergebnis war beschleunigte Inflation. Schließlich ist die scala mobile wegen dieser Verstärkerwirkungen aufgehoben worden.

Darin zeigt sich, daß die Indexierung eine wichtige Eigenschaft des Preissystems, nämlich die Fähigkeit zur ex-post-Anpassung an unerwartete Störungen, einschränkt. Insbesondere eine notwendig gewordene

Reallohnsenkung muß ex ante festgelegt, also jeweils neu ausgehandelt werden. Der Reallohn ist bei Indexierung kein Residuum, d.h. er kann sich nicht – gleichsam automatisch – über Preisniveauänderungen regulieren.

Bei Unsicherheit ist es eine rationale Verhaltensstrategie im Markt, sich an Schocks durch Preisänderungen anzupassen. Wird das Preissystem in dieser Funktion nicht eingeschränkt, so ergeben sich ex post Wirkungen auf das Preisniveau. Damit bleibt der Stabilitätspolitik die Aufgabe, die Erwartungen hinsichtlich der monetären Expansion zu stabilisieren. Sie muß – in der Sprache der Theorie – ihre Zeitkonsistenz beachten, d.h. sie muß glaubwürdig sein. Eine glaubwürdige Politik der Sicherung des Geldwertes muß insbesondere das Verhalten der Vermögenseigner, deren Investitionsbereitschaft von Inflationserwartungen abhängt, beachten, sowie das Verhalten der Tarifparteien am Arbeitsmarkt und deren Realeinkommenserwartungen.

Gradualismus oder Schocktherapie? Eine andere Frage ist, wie die Inflationsbekämpfung zu gestalten ist, wenn Inflation herrscht und die Inflationsgewöhnung weit fortgeschritten ist. Das Urteil der Monetaristen ist hier eindeutig. Eine Inflation kann nur durch Einschränkung der Geldmengenexpansion bekämpft werden. Was das Tempo der Einschränkung betrifft, so erlaubt die monetaristische Theorie kein so eindeutiges Urteil. Einerseits verursacht eine Inflation, die von den Privaten richtig antizipiert wird, keine realen Effekte. Dies spricht dafür, daß sich die Geldpolitik, wenn sie sich für eine Inflationsbekämpfung entscheidet, Zeit lassen kann. Da ein scharfer Kurswechsel der Geldpolitik unweigerlich große Mengeneffekte auslöst, wäre also ein gradualistischer Kurs der Dämpfung von Inflationserwartungen vorzuziehen. Andererseits liegt aber das Problem der Inflation in aller Regel in ihrem kumulativen Moment. Die Inflation wird um so mehr zu einem kumulativen Prozeß, je weiter sie bereits fortgeschritten ist. In einer akzelerierenden Inflation kommt es aber darauf an, die Inflationserwartungen rasch zu brechen. Je weiter der Inflationsprozeß fortgeschritten ist, um so eher wird deshalb eine Schocktherapie unausweichlich. Eine solche Therapie hat unvermeidlich kontraktive Wirkungen auf Realeinkommen und Beschäftigung. Die Folge der Geldpolitik ist dann erst einmal *Stagflation:* Stagnierendes oder schrumpfendes Realeinkommen bei weiter steigenden Preisen (vgl. Abschnitt 5.4). Das Ausmaß und die Dauer der Kontraktion hängt davon ab, wie glaubwürdig der neue geldpolitische Kurs ist und wie rasch sich die privaten Akteure auf die veränderten monetären Bedingungen einstellen. Wegen ihres Vertrauens auf die Stabilität, d.h. die

Anpassungsfähigkeit des privaten Sektors sind Monetaristen in dieser Frage im allgemeinen optimistisch. Dieser Optimismus ist aber nur gerechtfertigt, wenn das Inflationsrisiko von den privaten Akteuren bereits so hoch eingeschätzt wird, daß es keine längerfristigen Verträge mehr gibt oder die langfristigen Verträge, insbesondere Kreditverträge und Arbeitsverträge, indexiert sind. Dann kann auch eine hohe Inflation ohne große Mengeneffekte erfolgreich bekämpft werden. Anderenfalls wird eine *Währungsreform* notwendig. Sie gibt die Chance zu einer Neubewertung der *Geldvermögensbestände* und damit insbesondere zu einer Entwertung der Schulden. Ohne die Entwertung der Altschulden verursacht die Inflationsbekämpfung hohe Kosten, weil viele Unternehmen zahlungsunfähig werden. Damit wird eine anhaltende Beschäftigungskrise unvermeidlich.

Der Geldangebots-Multiplikator

In welcher Weise sich das Geldangebot mit der Geldbasis verändert, wird bestimmt
(1) durch die Bargeldhaltungsgewohnheiten der Nichtbanken
(2) durch die tatsächliche Reservehaltung der Banken.
Es sei

C: Bargeldumlauf;
c: Bargeldhaltungskoeffizient
D: Giralgeld (Depositen)
R: Bankreserven, einschl. Bargeld bei Banken
r: Reservehaltungskoeffizient

Dann gelten die Definitionsgleichungen
$M = C + D;$
$B = C + R;$
und die Verhaltensgleichungen
$C = c\,M;$
$D = (1 - c)\,M;$
$R = rD = r\,(1 - c)\,M;$
Nach Transformation erhält man für den Geldangebotsmultiplikator
$$m = \frac{1}{c + r(1-c)} = \frac{M}{B}.$$

Das Steuerungskonzept: Geldbasis und Geldmenge. Nach dem monetaristischen Konzept stellt die Geldmenge, vereinfacht ausgedrückt, ein Geldangebot dar. Zwar kommen in den Veränderungen der Geldmenge sowohl Änderungen des Geldangebots als auch der Geldnachfrage zum Ausdruck. Aber die Geldnachfrage ist nach dem monetaristischen Konzept stabil, d.h. sie ändert sich nur als Reflex auf Änderungen anderer Größen, z.B. des permanenten Einkommens. Ein Ungleichgewicht zwischen Geldangebot und Geldnachfrage bedeutet, daß jene, die Geld halten, tatsächlich einen größeren oder kleineren Kassenbestand haben als sie zu halten wünschen. Die Anpassungsreaktionen, die dadurch ausgelöst werden, übertragen einen monetären Impuls auf den realen Sektor der Volkswirtschaft. Erst über die Rückwirkungen dieses Prozesses kommt es zu einer Änderung der Geldnachfrage und zu einem neuen monetären Gleichgewicht.

Die Notenbank kann das Geldangebot kontrollieren, weil die Kreditinstitute, wenn sie ihren Kunden Kredit gewähren und Einlagen einräumen, auf ihre Zahlungsfähigkeit achten müssen. Die einzelne Bank kann sich zwar die nötige Liquidität bei einer anderen Bank beschaffen, wenn Einlagen abgezogen werden. Aber das Bankensystem als Ganzes muß im Prozeß der Geldschöpfung Reserven in Form eines Geldes vorhalten, das von den Banken nicht selbst geschaffen wird. Dieses "Geld der Banken" wird von der Notenbank bereitgestellt. Die Versorgung mit Zentralbankgeld durch die Notenbank bildet damit die Basis der Geldschöpfung und des Geldangebots.

In einer Welt, die nicht *Friedmans* Idealbedingungen entspricht, ist die Steuerung des Geldangebots nur indirekt möglich. Die Geldmenge wird endogen bestimmt, d.h. sie ist abhängig vom Reserveverhalten der Banken und vom Einlageverhalten der Nichtbanken. Damit wird die Beherrschbarkeit der monetären Expansion zum zentralen Problem für die Geldpolitik. Die Steuerung des Geldangebots kann nur gelingen, wenn die Geldpolitik (1) die Geldbasis, (2) die Bedingungen, die den Geldangebots-Multiplikator bestimmen, hinreichend genau kontrollieren kann. Was die Kontrolle der Geldbasis betrifft, so ergeben sich die Quellen der Versorgung mit Zentralbankgeld aus der Notenbankbilanz (Tabelle 7.2).

Hat die Notenbank die Geldbasis unter Kontrolle, so ist die Steuerung des Geldangebots weitgehend gesichert. Eine kurzfristige Volatilität des Geldangebots kann zwar daraus resultieren, daß Nichtbanken ihr Einlageverhalten ändern und in Reaktion auf eine Veränderung der Zinsstruktur beispielsweise Geldeinlagen in Geldkapital transformieren.

Tabelle 7.2 Bilanz der Deutschen Bundesbank zum 31. Dezember 1996, in Mrd. DM

Aktiva		Passiva	
Währungsreserven und sonstige Auslandsaktiva	121,0	Banknotenumlauf	260,4
Kredite an inländische Kreditinstitute	226,2	Einlagen von Inländern Kreditinstitute	51,9
		Öffentliche Haushalte	0,5
Ausgleichsforderungen an den Bund[1]	8,7	Unternehmen und Privatpersonen	1,2
Wertpapiere	–	Einlagen des Auslandes	13,0
Sonstige	10,6	Sonstige	39,5

[1] Aus der Währungsumstellung von 1948.

Quelle: Monatsbericht der Deutschen Bundesbank 2/97, S. 14*

Auch kann sich das Ausmaß, in dem Banken Überschußreserve halten, kurzfristig ändern. Solche Verhaltensänderungen beeinflussen den Geldangebots-Multiplikator und damit die Höhe des Geldangebots bei gegebener Geldbasis. Im Allgemeinen ändern sich diese Einflußgrößen des Geldangebots-Multiplikators, wie auch die Bargeldhaltung der Privaten, nur wenig. Insbesondere was das Anlageverhalten der Privaten betrifft, vertrauen Monetaristen darauf, daß Geld und verzinsliche Finanzaktiva keine engen Substitute sind.

7.3 Die Politik der Deutschen Bundesbank

Die Deutsche Bundesbank ging zu Beginn der siebziger Jahre von einer diskretionären, direkt auf die Stabilisierung des Geldwerts ausgerichteten Politik zu einer mittelfristig orientierten Geldmengensteuerung über. Dieser Wechsel wurde für die Öffentlichkeit sichtbar dokumentiert, als die

Bundesbank für das Jahr 1975 erstmals ein Geldmengenziel ankündigte. Seither hat die Bundesbank das Konzept der Geldmengensteuerung ausgebaut, aber im Grundsatz nur geringfügig modifiziert.

Steuerung des Geldangebots
Der Mechanismus zur Steuerung des Geldangebots findet seinen Niederschlag in der Bilanz der Notenbank. Eine Veränderung der Geldbasis (d.h. des Banknotenumlaufs und der Zentralbankguthaben der Kreditinstitute) korrespondiert mit einer Veränderung anderer Aktiva oder Passiva in der Bilanz der Notenbank. Dabei wird sichtbar, aus welcher Quelle sich eine Veränderung der Geldbasis speist und ob die Notenbank diese Veränderung kontrollieren kann.

Dispositionen der Banken und Nichtbanken über Auslandsaktiva können zu einer offenen Flanke der Geldpolitik werden. Verfolgt die Geldpolitik ein Wechselkursziel (vgl. Kapitel 8) oder ist die Notenbank zur Stützung eines festen Wechselkurses zur Intervention am Devisenmarkt gezwungen, so muß sie ein Überschußangebot an Devisen aufkaufen und ihre Auslandsaktiva aufstocken. Entsprechend erhöht sich das Einlagevolumen bei der Notenbank. Ihr ist insoweit die Kontrolle über die Geldbasis entzogen. Die Notenbank kann allenfalls versuchen, den Effekt der Devisentransaktionen auf die Geldbasis durch kompensierende Transaktionen, z.B. Offenmarktgeschäfte, zu neutralisieren *(Sterilisierungs-Politik)*.

Im Kreditgeschäft mit den Banken fehlt der Notenbank die Kontrolle über die Geldbasis, wenn sie im Offenmarktgeschäft Rücknahmeverpflichtungen einlösen muß oder wenn im Refinanzierungsgeschäft offene Rediskontkontingente bestehen, die für die Kreditinstitute potentielles Zentralbankgeld darstellen. Diese Kontrolldefizite wiegen aber weniger schwer, zumal sie selbst die Folge der Notenbankpolitik sind.

Schließlich wird die Kontrolle der Geldbasis unterbrochen, wenn öffentliche Haushalte über Zentralbankguthaben verfügen. In Deutschland ist diese Quelle der Zentralbankgeldbeschaffung seit 1995 versiegt. In Vorbereitung auf die Europäische Währungsunion halten die öffentlichen Haushalte seither ihre Guthaben im Bankensystem, eine Folge der strengen geldpolitischen Regeln der Verträge von Maastricht (vgl. Kapitel 15 und 16).

Die Neuorientierung der Geldpolitik wurde als der Wechsel von einer postkeynesianischen zu einer monetaristischen Konzeption gedeutet und hat eine heftige Debatte zu dieser Frage ausgelöst. Insbesondere wurde in Frage gestellt, ob die deutsche Geldpolitik angesichts der institutionellen Unterschiede auf den Finanzmärkten bereit und fähig sei, eine monetaristische Strategie nach dem Muster der Vereinigten Staaten durchzuführen (vgl. hierzu z.B. *Siebke* 1982). Unabhängig von der akademischen Debatte haben zwei Entwicklungen dieser Zeit dazu beigetragen, daß der "monetaristische" Zeitgeist die Bundesbank inspirierte: Erstens die Liberalisierung der Finanzmärkte Deutschlands in den sechziger Jahren, zweitens der Zusammenbruch des Währungssystems von Bretton Woods im Jahre 1971. Wie *Oesterlin* (1982) herausgearbeitet hat, haben diese Entwicklungen den Wechsel von einer autoritären zu einer marktwirtschaftlichen Zentralbankpolitik herbeigeführt. Die Liberalisierung der Finanzmärkte beginnt damit, daß die Währung im Jahre 1958 als konvertibel deklariert wird. Das entscheidende Datum für die Geldpolitik ist aber der Wegfall der Zinsbindung im Jahre 1967. Unter einer Zinsbindung hat die Diskontpolitik nicht Signalcharakter sondern wirkt *unmittelbar* auf die – an Diskontsatzänderungen gebundenen – Einlagenzinsen und die Kreditzinsen. Die Bundesbank konnte unter diesem Regime die Zinskonditionen für die Geldvermögenshalter und – wenn auch weniger streng – die Kreditnehmer praktisch direkt verordnen. Das zweite wichtige Instrument war zu dieser Zeit die Verordnung von Reservehaltung für die Geschäftsbanken (*Mindestreserve-Politik*). Damit konnte die Geldpolitik den Zufluß von Liquidität aus dem Ausland, ihr Hauptproblem im Bretton-Woods-System, neutralisieren. Die Offenmarktpolitik – als marktkonforme Geldpolitik – spielte dagegen in diesem Regime keine Rolle, weil die Notenbank schlechterdings nicht beides zugleich haben konnte: Den Geldvermögenszins binden und ihn durch Markttransaktionen verändern.

Diskontpolitik unter dem Regime der Zinsbindung und Mindestreservepolitik hatten zusammen einen starken Einfluß auf die Rentabilität des Bankgeschäfts. Die Liquidität der Kreditinstitute war dagegen gesichert, weil die Banken über hohe Bestände an freien Liquiditätsreserven verfügten und sich damit jederzeit Zentralbankgeld beschaffen konnten. Diese Marktkonstellation entsprach einer keynesianischen Strategie des *offenen Diskontfensters*. Sie war bedingt durch die Unterbewertung der Mark und die daraus resultierenden Leistungsbilanz-Überschüsse. Die Bundesbank mußte – wohl oder übel – die von den Kreditinstituten gewünschte Liquidität bereitstellen. Sie geriet gegen Ende der sechziger Jahre zunehmend in Schwierigkeiten, den Liquiditätszustrom aus dem Ausland abzuschöpfen, z.B. durch hohe Mindestreserven auf Ausländereinlagen und eine Bardepot-Pflicht für Inländer. Mehr noch: Ihre geldpolitischen Signale der Liquiditätsabschöpfung und ihre restriktive Zinspolitik waren im Boom 1969 nicht mehr das Zeichen für die Kreditinstitute, die Kreditexpansion einzuschränken. Die Banken konnten sich billig über das Angebot von Auslandsaktiva Zentralbankgeld beschaffen. Der Bundesbank war die Kontrolle der monetären Expansion entglitten.

Die Konstellation änderte sich mit der Freigabe des Wechselkurses im Jahre 1973. Da die Notenbank in einem Regime flexibler Wechselkurse nicht zur Intervention am Devisenmarkt verpflichtet ist, kann sie frei bestimmen, in welchem Umfang sie Auslandsaktiva gegen Zentralbankgeld tauscht. Anders als im Regime fester Wechselkurse hat sie die außenwirtschaftliche Flanke der Liquiditätssteuerung unter Kontrolle. Die Bundesbank versuchte zunächst, unter den veränderten währungspolitischen Bedingungen zu einer direkten ("autoritären") Steuerung der Geldpolitik zurückzukehren, indem sie die freien Liquiditätsreserven der Kreditinstitute auf nahezu Null reduzierte.[13] Die Banken reagierten auf eine Einschränkung der freien Liquiditätsreserven aber nicht mit einer entsprechenden Einschränkung der Kreditexpansion, zum Teil, weil sie sich aufgrund ihrer Auslandsaktiva weiterhin für liquide hielten – was zwar aus Sicht der einzelnen Bank, nicht aber für den Bankensektor zutraf –, zum Teil, weil sie darauf vertrauten, daß "die Bundesbank die große Zahl der Kreditinstitute, die in Liquiditätsschwierigkeit kamen, nicht an der restriktiven Politik scheitern lassen konnte" (*Oesterlin* 1982, S. 185).

Damit zeigt sich, daß gerade die Wirksamkeit der Mengensteuerung ihren direkten (autoritären) Einsatz verhindert, weil die Notenbank in der Konfrontation mit den Kreditinstituten vor der letzten Konsequenz einer allgemeinen Liquiditätskrise zurückschrecken muß. Die veränderte Qualität der Mengensteuerung im Vergleich zur Zinssteuerung liegt darin, daß diese – über eine Zinsbindung – auf direkte Effekte zielen kann, solange es das "offene Diskontfenster" gibt, während jene von vornherein eine marktkonforme Steuerung verlangt. Die Bundesbank hat aus dieser Lehre

---

[13] Zu den freien Liquiditätsreserven zählt aktuelles Zentralbankgeld, soweit es nicht in der Mindestreserve gebunden ist, sowie das "potentielle" Zentralbankgeld, d.h. Aktiva der Kreditinstitute, die jederzeit in Zentralbankgeld umtauschbar sind. Die freien Liquiditätsreserven werden daher insbesondere durch die nicht ausgeschöpften Rediskontkontingente bestimmt.

die Konsequenz gezogen, der Offenmarktpolitik stärkeres Gewicht zu geben.[14] Diskontpolitik und Mindestreservepolitik verlieren dagegen unter dem Regime der Geldmengensteuerung an Bedeutung.

Indirekte Mengensteuerung. Mit dem Konzept der Geldmengensteuerung orientiert sich die Bundesbank an einem *Zwischenziel*, d.h. sie vertraut darauf, daß "die längerfristige Beziehung von Geldmenge und Preisen nicht in Frage steht" (Geschäftsbericht 1995, S. 85). Kürzerfristige Schwankungen der Geldmenge (Volatilität), die regelmäßig zu beobachten sind, stehen dann dem Erreichen des Stabilitätsziels nicht entgegen. Mit dieser Begründung wendet sich die Bundesbank auch gegen Vorschläge, die Geldmengensteuerung durch eine direkte Inflationssteuerung zu ersetzen. Ein solcher Schritt wäre nur erforderlich, wenn auf mittlere Sicht – d.h. von der kürzerfristigen Volatilität abgesehen – nicht mit der Stabilität der Geldnachfrage gerechnet werden kann. "Bezeichnenderweise sind insbesondere solche Länder zur direkten Inflationssteuerung übergegangen, bei denen Störungen im finanziellen Umfeld eingetreten sind oder eine wechselkursorientierte Geldpolitik nicht mehr durchgehalten werden konnte" (Geschäftsbericht 1995, S. 85f.).

Zweitens vertraut die Bundesbank darauf, daß sie die Geldmenge hinreichend streng kontrollieren kann und ihr die Wirkungen geldpolitischer Maßnahmen auf die Geldmenge auch zugerechnet werden. Dabei stellt sie nur den Anspruch, auf *indirekte Weise* Einfluß auf die Geldmenge zu nehmen. Diese Aussage ist insofern programmatisch, als sie zum Ausdruck bringt, daß sich die Bundesbank im wesentlichen marktkonformer Mittel der Geldpolitik bedient. Im übrigen ist darin der Hinweis enthalten, daß die Geldmenge nicht als ein Geldangebot (im monetaristischen Sinne) zu verstehen ist, sondern als das Ergebnis der Interaktion von Geldangebot und Geldnachfrage. Die Geldmenge als Indikator der monetären Expansion, die auch vom Verhalten der Kreditinstitute und der Nichtbanken bestimmt wird, kann eben nur auf indirekte Weise von der Notenbank gesteuert werden.

Was die quantitative Abgrenzung der Geldmenge betrifft, so ist kontrovers, welcher Indikator sich besser als Steuergröße der Geldpolitik

---

[14] Sie bezog zunehmend Nichtbanken in die Offenmarktpolitik (mit Bundesbank-Schätzen) ein und verlagerte das Offenmarktgeschäft mit den Banken weitgehend auf Pensionsgeschäfte, die eine kurzfristige Liquiditätssteuerung gestatten: Ab 1973 mit Wechseln, ab 1979 mit Wertpapieren und Devisen, ab 1980 das Pensionsgeschäft im Zinstender-Verfahren.

eignet.[15] In einer engen Abgrenzung (M1) bildet die Geldmenge die Transaktionskasse ab und steht daher aus monetaristischer Sicht in einer engen Beziehung zur Ausgabenneigung und zum Ziel der Preisniveaustabilisierung. Starke Schwankungen dieses Indikators können aber sowohl Ausdruck einer veränderten Ausgabenneigung als auch Ausdruck einer veränderten Liquiditätspräferenz sein. Aus einer keynesianischen Sicht, die Geld und verzinsliche Finanzaktiva als enge Substitute betrachtet und den Verbund von Geldmengenexpansion und Kreditexpansion betont, eignet sich somit eine weite Abgrenzung der Geldmenge (M3) besser als Indikator der monetären Expansion.

Die Bundesbank hat von Anfang an eine weite Abgrenzung der Geldmenge gewählt. Sie hat dazu bis zum Jahre 1988 eine fiktive Zentralbankgeldmenge auf der Grundlage konstanter Reservesätze eines Basisjahres berechnet. Dieser Indikator war aber kein Meßkonzept für das Geldangebot (*Geldbasis*) sondern bildete die monetäre Expansion ähnlich wie die Geldmenge M3 ab.[16] Mit dem Wechsel zur Geldmenge M3 im Jahre 1988 hat die Bundesbank somit die Kontinuität der Geldmengensteuerung gewahrt. Seit Beginn der neunziger Jahre ist die kurzfristige Volatilität von M3 signifikant gestiegen (Geschäftsbericht 1995, S. 84). Diese Entwicklung ist auf die zunehmende Bedeutung von Euroeinlagen und von Einlagen in sogenannten Geldmarktfonds, die nicht mindestreservepflichtig sind, zurückzuführen. Die Bundesbank hat dies zum Anlaß genommen, neben der Geldmenge M3 einen erweiterten Indikator zu beobachten, der "über M3 hinaus die Anteile an Geldmarktfonds in Händen inländischer Nichtbanken sowie deren Geldbestände am Euromarkt umfaßt" (*Monatsbericht* Januar 1997, S. 24). Zusätzlich orientiert sich die Bundesbank an dem Indikator M1, der die unmittelbar für Zahlungszwecke verfügbare Liquidität zum Ausdruck bringt. Sie benutzt damit gleichsam eine *Indikatorenhierarchie,* wobei aber M3 immer noch das dominante Zwischenziel darstellt. "Empirische Untersuchungen zeigen, daß die Geldmenge M3 gegenüber anderen Geldmengenaggregaten hinsichtlich der Stabilität des Geldnachfrageverhaltens, des Vorlaufs vor den Preisen und der Kontrollierbarkeit nach wie vor am besten abschneidet" (Geschäftsbericht 1995, S. 87).

---

[15] Um festzustellen, wie die einzelnen Geldmengenkonzepte abgegrenzt sind, bedient man sich am besten der "Bankstatistischen Gesamtrechnungen", die von der Bundesbank im statistischen Anhang ihrer *Monatsberichte* laufend veröffentlicht werden. Zur theoretischen Einordnung dieser Konzepte vgl. *Claassen* (1974).

[16] Der Unterschied lag im Prinzip darin, daß Kassenbestände höher gewichtet wurden als im Indikator M3. Vgl. *Duwendag* (1988).

Vorankündigung von Geldmengenzielen. Der mittelfristige Charakter der Geldmengensteuerung wird mit der Vorankündigung von Geldmengenzielen explizit gemacht. Denn damit demonstriert die Notenbank, daß sie auf diskretionäre Eingriffe mit der Folge unvorhersehbarer Wirkungen verzichtet. Die Geldpolitik wird gleichsam berechenbar. Indem die Bundesbank ein quantitatives Ziel für die Expansion von M3 im voraus ankündigt, gibt sie ein bindendes Versprechen, daß sie von sich aus nichts unternehmen wird, was zu einer Abweichung vom gesetzten Ziel führen könnte. Dies erhöht ihre Glaubwürdigkeit. Tatsächliche Zielabweichungen in der monetären Expansion, die *ex post* auftreten, stehen dem nicht entgegen, sofern die Bundesbank glaubhaft machen kann, daß diese Abweichungen nicht die Folge eines veränderten geldpolitischen Kurses sind. Dieses Konzept wurde erfolgreich praktiziert. Obwohl es über längere Phasen zu erheblichen Abweichungen der monetären Expansion von den gesetzten Zielen kam, hat dies das Vertrauen in den Stabilitätskurs der Bundesbank nicht erschüttert (Tabelle 7.3). Der Erfolg ist zum Teil darin begründet, daß die Vorankündigung des monetären Spielraums die Verhandlungen und Verträge jener privaten Akteure beeinflußt, die tatsächlich mit einem Inflationsziel operieren. Kontinuität in der Ankündigung des Geldmengenziels kann unmittelbar die (gewünschte) Kontinuität von Preiserwartungen, z.B. auf dem Arbeitsmarkt, begründen.

Der mittelfristige Charakter der Geldmengensteuerung wird dadurch unterstrichen, daß die Komponenten der quantitativen Bestimmung von Geldmengenzielen Trendgrößen sind. Die Bundesbank orientiert sich bei der Zielvorgabe für die Geldmenge M3 an der Wachstumsrate des realen Produktionspotentials der Volkswirtschaft, an der mittelfristig zu erwartenden Preisentwicklung und am trendmäßigen Rückgang der Umlaufgeschwindigkeit des Geldes, gemessen an der Relation aus nominalem Produktionspotential und der Geldmenge M3. Steht

$$\dot{x} = \frac{dx}{dt} \cdot \frac{1}{x} ; \qquad (7.4)$$

für die relative Entwicklung einer Variablen so gilt

$$\text{Ziel } \dot{M}3 = \dot{Y}_{Pot} + \dot{P} + \dot{v} ; \qquad (7.5)$$

für

$$v = \frac{PY_{Pot}}{M3};$$
(7.6)

Für die Jahre 1997 und 1998, den Übergangszeitraum zur Europäischen Währungsunion, hat die Bundesbank erstmals eine zweijährige Zielvorgabe gesetzt, um in dieser Übergangsphase einen möglichst hohen Grad an geldpolitischer Glaubwürdigkeit zu erreichen und der Europäischen Zentralbank ein stabilitätspolitisches *precommitment* zu geben. Sie gibt dafür folgende Zuwachsraten p.a. vor:

2%	Wachstum des realen Produktionspotentials
1,5 - 2%	mittelfristig zu erwartender Anstieg des Preisniveaus
1%	trendmäßiger Rückgang der Umlaufgeschwindigkeit des Geldes.

Daraus ergibt sich ein Zielwert für die monetäre Expansion von jeweils rund fünf Prozent p.a. (*Monatsbericht* 1/1997, S. 17ff.). Mit dieser Zielvorgabe signalisiert die Bundesbank z.B. den Tarifparteien am Arbeitsmarkt, welchen Spielraum für Lohnerhöhungen sie auf mittlere Sicht als vereinbar mit dem gegebenen Beschäftigungsgrad (d.h. als beschäftigungsneutral) betrachtet (vgl. Kapitel 9).

Mit der Vorgabe von Zuwachsraten für die Geldmenge M3 strebt die Bundesbank eine Verstetigung der Geldmengenexpansion an (vgl. Tabelle 7.3). Da die monetäre Expansion aber endogenen Einflüssen unterliegt, wie z.B. einer Änderung der Geldnachfrage aufgrund von Angebotschocks, setzt sich die Bundesbank durch eine quantitative Zielvorgabe der Gefahr aus, daß sie unter Handlungsdruck gerät, wenn die monetäre Expansion vom vorgegebenen Zielpfad abweicht. Unter Umständen ist aber eine geldpolitische Reaktion auf diese Abweichung gar nicht erforderlich, sofern sich nämlich jene Komponenten der Geldmenge M3 abweichend entwickeln, die "in der Zukunft nicht ausgabenwirksam und deshalb auch nicht inflationsrelevant werden" (*Monatsbericht* 1/97, S. 19). Mit dem Ziel, nicht von vornherein falsche Erwartungen zu wecken, definiert die Bundesbank deshalb seit 1979 einen Zielkorridor für die Geldmengenexpansion von etwa zwei bis drei Prozentpunkten. Sie macht damit deutlich, daß Abweichungen vom vorgegebenen Zielwert nicht auch schon geldpolitisches Handeln erheischen.

Mit der Festsetzung eines Zielkorridors eröffnet sich die Bundesbank zugleich die Möglichkeit, die mittelfristigen Ziele der Geldmengensteuerung nachträglich zu korrigieren. Die Bundesbank hat im folgenden Jahr einen Freiheitsgrad bei der Wahl der Basis, von der aus die Zielrate der monetären Expansion gerechnet wird. Eine fortgesetzte Tendenz zur Nutzung dieses Spielraums in die gleiche Richtung könnte im Ergebnis zu einer kumulativen Geldmengenexpansion oder Kontraktion führen, ohne daß dies in den angekündigten Zuwachsraten zum Ausdruck kommt. Aus diesem Grunde ist gefordert worden, die Bundesbank sollte zu einer mehrjährigen Zielvorgabe übergehen und auf diese Weise ihre mittelfristigen Zielsetzungen auch wirklich glaubhaft machen. Tatsächlich zeigt aber das Ergebnis der Geldmengensteuerung der vergangenen zwei Jahrzehnte keine solche Tendenz. Die Bundesbank hat vielmehr in den achtziger und neunziger Jahren ein großes Maß an Kontinuität in der monetären Expansion bewirkt (Tabelle 7.3).

Größere *shifts* in der Geldnachfrage sind in der Regel ein Kennzeichen von Änderungen der internationalen Anlagebereitschaft in D-Mark. Solche monetären Schocks können die Geldmengensteuerung auf längere Zeit in Schwierigkeiten bringen, auch wenn sie nicht unmittelbar inflationswirksam sind. Die Geldpolitik verfehlt regelmäßig dann ihr Geldmengenziel, wenn sie ein Wechselkurs-Ziel verfolgt. Diese Probleme behandeln wir in Kapitel 8.

Wandel im Steuerungskonzept. Der Wechsel der Indikatoren der Geldpolitik – statt Zinspolitik Geldmengensteuerung – und der Übergang zu einer marktkonformen geldpolitischen Strategie, die durch die veränderten währungspolitischen Bedingungen und die Liberalisierung der Finanzmärkte ermöglicht aber auch erzwungen wurde, hatten zur Konsequenz, daß die Bundesbank ihren Instrumentenkasten anders bestückt hat.

Die *Refinanzierungspolitik*, d.h. das Rediskontieren von Wechseln und die Gewährung von Lombardkrediten an Kreditinstitute, hat ihre Bedeutung für die Steuerung der Bankenliquidität verloren. Die Leitzinsen (Diskontsatz, Lombardsatz) haben weiterhin Signalfunktion für Nichtbanken, ihr Einfluß auf Einlagenzinsen und Kreditzinsen ist aber gering. Die Bundesbank steuert die Versorgung der Kreditinstitute mit Zentralbankgeld ganz überwiegend mit den Mitteln der *Offenmarktpolitik*, insbesondere mit den sogenannten Wertpapierpensionsgeschäften.

Tabelle 7.3 Geldmengenziele und ihre Realisierung*

Jahr	Geldmengenziel[1] Wachstumsrate in %[2] Zielsetzung	Konkretisierung	Tatsächliche Entwicklung (gerundete Werte) in %[2]	Ziel erreicht
1975	8	-	10	nein
1976	8	-	9	nein
1977	8	-	9	nein
1978	8	-	11	nein
1979	6-9	Untergrenze	6	ja
1980	5-8	Untergrenze	5	ja
1981	4-7	untere Hälfte	4	ja
1982	4-7	obere Hälfte	6	ja
1983	4-7	obere Hälfte	7	ja
1984	4-6	-	5	ja
1985	3-5	-	5	ja
1986	$3\frac{1}{2} - 5\frac{1}{2}$	-	8	nein
1987	3-6	-	8	nein
1988	3-6	-	7	nein
1989	etwa 5	-	5	ja
1990	4-6	-	6	ja
1991	[3] 3-5	-	5	ja
1992	$3\frac{1}{2} - 5\frac{1}{2}$	-	9	nein
1993	$4\frac{1}{2} - 6\frac{1}{2}$	-	7	nein
1994	4-6	-	6	ja
1995	4-6	-	2	nein
1996	4-7	-	8	nein
1997	$3\frac{1}{2} - 6\frac{1}{2}$	...	...	...
1998	etwa 5	...	...	...

*) Ab 1991 neuer Gebietsstand der Bundesrepublik Deutschland.
[1] bis zum Jahr 1988 Wachstum der Zentralbankgeldmenge in der Abgrenzung der Deutschen Bundesbank (bei konstanten Reservesätzen), ab 1989 Geldmenge M3
[2] Jeweils vom vierten Quartal des Vorjahres bis zum vierten Quartal des laufenden Jahres; 1975: Dezember 1974 bis Dezember 1975; 1976 bis 1978 Wachstumsrate im Jahresdurchschnitt
[3] Gemäß der Adjustierung des Geldmengenziels im Juli 1991.

Quelle: Deutsche Bundesbank, Geschäftsbericht 1995, S. 79; Monatsbericht 1/97

Dabei kauft sie lombardfähige Wertpapiere unter der Bedingung, daß die Verkäufer die Wertpapiere gleichzeitig per Termin zurückkaufen. Durch die Verkürzung der Fristen für Wertpapierpensionsgeschäfte hat die Bundesbank die Offenmarktpolitik zu einem Instrument der Feinsteuerung des *Geldmarktes* ausgebaut. Am Geldmarkt kann sich das einzelne Kreditinstitut im Interbankhandel Zentralbankgeld beschaffen (Tagesgeld, Dreimonatsgeld). Verändert sich aber der Zentralbankgeldbedarf im Ganzen, so kann nur die Notenbank fehlendes Zentralbankgeld bereitstellen oder überschüssiges Zentralbankgeld aus dem Markt nehmen (absorbieren). In der Art und Weise, wie die Notenbank auf ein Überschuß-Angebot an Zentralbankgeld oder eine Überschuß-Nachfrage nach Zentralbankgeld reagiert, beeinflußt sie den Geldmarktzins. Dabei wird sie z.B. in einer Phase der Kreditexpansion und der Geldmengenexpansion den zusätzlichen Bedarf an Zentralbankgeld zunächst einmal im gewünschten Umfang befriedigen; weil auf ganz kurze Sicht der Bedarf der Kreditinstitute an Zentralbankgeld wegen des steigenden Bargeldumlaufs und des erhöhten Mindestreserve-Solls nahezu zinsunelastisch ist, verhindert die Notenbank durch ihre Liquiditätssteuerung, daß es zu großen Zinsausschlägen am Geldmarkt kommt. Der Pensionssatz wirkt in dieser Phase als eine Obergrenze für den Geldmarktzins. Da Wertpapierpensionsgeschäfte aber kurzfristig, d.h. im 14-tägigen Rhythmus erneuert werden, hat es die Notenbank in der Hand, eine anhaltende Überschuß-Nachfrage nach Zentralbankgeld schon sehr bald durch höhere Pensionssätze und damit höhere Geldmarktzinsen zu dämpfen. Damit beeinflußt sie – indirekt – die Geldmengenexpansion. Umgekehrt stellt der Pensionssatz in Phasen steigender Liquidität eine Untergrenze für den Geldmarktzins dar. Zu diesem Zins kann die Notenbank überschüssige Liquidität aus dem Markt nehmen und sich damit die Kontrolle über das Geldmengenziel sichern. Die Leitzinsen (Diskontsatz, Lombardsatz) bilden in diesem Konzept der marktkonformen Steuerung des Geldmarktes einen Korridor für die Bewegungen des Pensionssatzes und damit der Geldmarktzinsen. Dieses Zinsband – der Lombardsatz liegt in der Regel zwei Prozentpunkte über dem Diskontsatz – ist aber keineswegs als eine Schranke für die Zinsbewegungen fixiert. Vielmehr folgt die Bundesbank den Marktzinsen, d.h. sie paßt die Leitzinsen an Zinsbewegungen an, sobald sich herausstellt, daß eine andauernde Überschuß-Nachfrage nach Zentralbankgeld oder ein andauerndes Überschuß-Angebot an Liquidität gegeben ist. Sie vermeidet damit, daß der Lombardsatz zur Obergrenze bzw. der Diskontsatz zur Untergrenze wird, so daß Veränderungen der

Geldnachfrage nicht mehr von Bewegungen des Geldmarktzinses angezeigt werden. Die Anpassung der Leitzinsen ist ein deutliches Signal für Nichtbanken. Die kurzfristige Volatilität der Geldnachfrage wird dagegen von der Bundesbank durch Offenmarktoperationen ausgeglichen.

Die Liquiditätssteuerung durch Wertpapierpensionsgeschäfte, unterscheidet sich im Grundsatz von der früher praktizierten Steuerung der freien Liquiditätsreserven der Banken über Refinanzierungskontingente. Während bei dieser Politik die Bundesbank in Gefahr war, ihre Glaubwürdigkeit zu verlieren, wenn sie ein einmal gegebenes Versprechen, das Diskontfenster offen zu halten, zurücknehmen wollte (Kürzung der Rediskontkontingente), stellt sie mit dem Wertpapierpensionsgeschäft die Liquidität nur zeitlich begrenzt zur Verfügung. Damit ist zwar wegen der Kontinuität des Refinanzierungsangebots der Bundesbank im Prinzip das "offene Diskontfenster" gewahrt. Dennoch ist ihr eine sehr strenge Kontrolle der Liquiditätsversorgung möglich, was die Glaubwürdigkeit des Geldmengenziels vergrößert. Insbesondere verfügt die Bundesbank über ein großes Kompensationspotential für außenwirtschaftlich bedingte Schwankungen der Geldnachfrage. Damit liegt das Risiko der Liquiditätsversorgung stärker als im früheren System bei den Banken. Die Bundesbank kann die Banken mehr als früher "an der kurzen Leine" führen. Aber andererseits ist genau dies der Grund, der die Notenbank nötigt, sich bei der geldpolitischen Steuerung marktkonformer Mittel zu bedienen.

Die Restgröße einer verordnenden Geldpolitik, die von der Bundesbank noch nicht aufgegeben wurde, ist die *Mindestreservepolitik*. Kreditinstitute müssen in Höhe eines bestimmten Prozentsatzes der Sichteinlagen, der kürzerfristigen Termineinlagen und der Spareinlagen von Nichtbanken ein unverzinsliches Guthaben bei der Notenbank halten. Die Bundesbank kann die Reservesätze und damit das Mindestreserve-Soll der Kreditinstitute, das monatlich errechnet wird, im Rahmen bestimmter Höchstsätze variieren und damit geldpolitische Ziele verfolgen. Durch eine Erhöhung der Reservesätze wird Zentralbankgeld in der Mindestreserve gebunden, durch eine Senkung der Sätze wird Zentralbankgeld frei. Dieses geldpolitische Instrument wirkt direkt, beeinträchtigt aber die Rentabilität des Bankgeschäfts, da die Mindestreserve unverzinslich gehalten werden muß. Im Hinblick auf die Integration der europäischen Finanzmärkte hat die Bundesbank die Reservesätze deshalb in den Jahren 1994 und 1995 stark reduziert.[17] Sie hält aber nach wie vor am Instrument

---

[17] Seit dem 1. August 1995 betragen die Reservesätze für Sichtverbindlichkeiten und befristete Verbindlichkeiten der Kreditinstitute 2%, für Spareinlagen 1,5%.

der Mindestreservepolitik fest. Auch im Hinblick auf die Frage, wie die künftige Europäische Zentralbank zu instrumentieren ist, die zu Beginn ihrer Tätigkeit vor einem besonderen Glaubwürdigkeitsproblem stehen wird, empfiehlt die Bundesbank die Mindestreserve als ein geeignetes Instrument. "Eine Mindestreserve, die im Durchschnitt einer vorgegebenen Periode zu halten wäre, würde insbesondere dazu dienen, die kurzfristigen Zinsschwankungen am Geldmarkt zu glätten sowie die Nachfrage nach Zentralbankgeld zu sichern und zu stabilisieren" (Geschäftsbericht 1995, S. 107). Der Rat des Europäischen Währungsinstituts hat für die künftige Europäische Zentralbank entschieden, daß eine vorwiegend auf Pensionsgeschäfte gestützte Offenmarktpolitik im Mittelpunkt des geldpolitischen Instrumentariums stehen wird. Daneben wird es eine Kreditfazilität zur Spitzenfinanzierung geben (was dem deutschen Lombardkredit entspricht) sowie eine Einlagenfazilität als untere Auffanglinie für den Geldmarktsatz (ähnlich den deutschen Liquiditätspapieren). Über die Einführung einer Mindestreserve auf europäischer Ebene ist noch nicht entschieden, aber die Vorbereitungen dazu werden getroffen.

Die *Einlagenpolitik* spielt als geldpolitisches Instrument keine Rolle mehr. Dies ist die Folge davon, daß im Zuge der Vorbereitung auf die Europäische Währungsunion strenge Regeln der Trennung zwischen Geldpolitik und Finanzpolitik eingeführt worden sind (vgl. Kapitel 15 und 16).

Instrumente der Geldpolitik

(1) Die Notenbank setzt die Zinskonditionen, zu denen sie Zentralbankgeld bereitstellt:

- Diskontsatz
- Lombardsatz
- Pensionssatz (Festsatz, zu denen sie Wertpapiere im Mengentender-Verfahren ankauft)

(2) Die Notenbank setzt die Zinskonditionen, zu denen sie "Liquidität abschöpft" (d.h. Zentralbankgeld vernichtet)

- Abgabesatz für Liquiditätspapiere nach § 22 Bundesbank-Gesetz, die von der Bundesbank emittiert werden (Schatzwechsel).

Durch das Setzen von Zinskonditionen nimmt die Notenbank Einfluß auf die Zinsentwicklung am Geldmarkt. Sie beeinflußt damit die Rentabilität des Bankgeschäfts und – indirekt – die Geldmenge.

(3) Die Notenbank betreibt direkte Mengenpolitik durch

- Offenmarktpolitik (sie setzt die Menge an Wertpapieren fest, die sie im Zinstender-Verfahren ankauft)
- Refinanzierungskontingente (sie gibt einen Spielraum für die Expansion der Zentralbankgeldmenge durch Rediskontierung von Wechseln vor)
- Rücknahme von Liquiditätspapieren.

(4) Die Notenbank verordnet Reservehaltung für die Inlandsverbindlichkeiten der Kreditinstitute (Mindestreservepolitik: Durch Veränderung der Reservesätze bestimmt sie den Bedarf an Zentralbankgeld der Kreditinstitute.

(5) Die Notenbank kauft und verkauft Devisen (Swapgeschäfte; Devisenpensionsgeschäfte).

Literaturhinweise

Die klassische Kritik an der keynesianischen Geldpolitik formuliert

FRIEDMAN, M. (1968) The Role of Monetary Policy, *American Economic Review*, 58, S. 1-17. Deutsche Fassung: Die Rolle der Geldpolitik, in M. Friedman: *Die optimale Geldmenge*. München: Verlag Moderne Industrie 1970, S. 135-156; zitiert nach dem Wiederabdruck in: *Geldtheorie*, herausgegeben von K. Brunner u.a. Köln: Kiepenheuer & Witsch 1974, S. 314-331.

Einen vergleichenden Überblick der keynesianischen und monetaristischen Konzeption der Geldpolitik geben

EHRLICHER, W. (1984) Monetarismus und Keynesianismus in der "Neuen Geldpolitik", *Kredit und Kapital*, 17, S. 1-17

sowie

KLOTEN, N. (1988) Paradigma-Wechsel in der Geldpolitik? Thünen-Vorlesung anläßlich der Jahrestagung des Vereins für Socialpolitik 1987, *Zeitschrift für Wirtschafts- und Sozialwissenschaften*, 108, S. 1-23.

Das Konzept der Geldmengensteuerung wird diskutiert in

GUTOWSKI, A. (Hrsg.) (1987) *Geldpolitische Regelbindung: theoretische Entwicklung und empirische Befunde*, Schriften des Vereins für Socialpolitik, N.F. Bd. 161.

Die theoretischen Grundlagen der neueren Debatte zur Glaubwürdigkeit der Geldpolitik untersucht

WINKLER, A. (1993) Glaubwürdigkeit und Geldpolitik, *Konjunkturpolitik*, 39 (3), S. 148-185.

Die geldpolitischen Strategien der Deutschen Bundesbank werden regelmäßig in der Zeitschrift *Kredit und Kapital* diskutiert, vgl. insbesondere den Jubiläumsband zum 25-jährigen Bestehen der Deutschen Bundesbank,

EHRLICHER, W. und SIMMERT, D. B. (Hrsg.) (1982) Geld- und Währungspolitik in der Bundesrepublik Deutschland, Beihefte zu *Kredit und Kapital,* 7.

Darin findet sich auch die Untersuchung

OESTERLIN, S. (1982) *Zwischen autoritärer und marktwirtschaftlicher Zentralbankpolitik,* S. 179-192.

Jüngere Analysen der geldpolitischen Praxis finden sich in

EHRLICHER, W. und SIMMERT, D. B. (Hrsg.) (1988) Wandlungen des geldpolitischen Instrumentariums der Deutschen Bundesbank, Beihefte zu *Kredit und Kapital,* 10,

FRANKE, H.-H. und KETZEL, E. (Hrsg.) (1995) Konzepte und Erfahrungen der Geldpolitik, Beihefte zu *Kredit und Kapital,* 13,

SIEBKE, J. und THIEME, H. J. (Hrsg.) (1995) *Geldpolitik. Zwanzig Jahre Geldmengensteuerung in Deutschland.* Baden-Baden: Nomos.

Eine anschauliche Darstellung der Praxis der Geldpolitik geben die *Geschäftsberichte* der Deutschen Bundesbank, laufende Jahrgänge, sowie die Sonderveröffentlichungen, insbesondere die Darstellung der geldpolitischen Instrumente in: *Die Geldpolitik der Bundesbank,* Sonderveröffentlichung Oktober 1995.

Die Diskussion zur Instrumentierung einer Europäischen Zentralbank ist wiedergegeben in den *Jahresberichten* des Europäischen Währungsinstituts sowie in der Studie

European Monetary Institute (1995) *The Changeover to the Single Currency.* Frankfurt/Main.

8 Die offene Volkswirtschaft: Geldpolitik als Wechselkurspolitik

8.1 Das Problem

Unter Wechselkurspolitik verstehen wir eine Politik der Stabilisierung des Wechselkurses. Unabhängig von institutionellen Regelungen – in Deutschland entscheidet die Bundesregierung über Wechselkursänderungen – weisen wir diese Rolle der Geldpolitik zu. Denn während die Regierung einen Wechselkurs verordnen kann, ist es die Geldpolitik, welche die Bedingungen seiner Stabilität sichert.

Die Frage ist, unter welchen Bedingungen die Geldpolitik auf das Ziel der *externen* Stabilisierung (Stabilisierung des Außenwertes der Währung) ausgerichtet sein soll. Dies ist unter der Perspektive einer monetaristischen Strategie der Geldmengensteuerung ein Problem. Grundsätzlich plädieren Monetaristen für flexible Wechselkurse. Das Konzept der *Mengen*steuerung erfordert, daß der Wechselkurs als *Preis* für ausländische Währung endogen, d.h. durch autonome Transaktionen privater Akteure am Devisenmarkt bestimmt werden soll. Nach dem monetaristischen Konzept wirken Wechselkursschwankungen – wie Zinsschwankungen, die sich endogen am Markt herausbilden – einer kumulativen Tendenz der Verstärkung von Ungleichgewichten entgegen und tragen somit zur Stabilität des privaten Sektors bei. Eine Politik der Stabilisierung des Wechselkurses bedarf daher einer besonderen Begründung.

In welchem Maß sich dieses Problem in der Praxis der geldpolitischen Steuerung stellt, wird nicht zuletzt von der Wahl der Indikatoren beeinflußt. Die Deutsche Bundesbank hat mit dem Geldmengenkonzept M3 einen Indikator gewählt, der vergleichsweise unelastisch auf Zinsänderungen reagiert. Damit erhält sie Spielraum für eine diskretionäre

Zinspolitik. Sie kann also jedenfalls innerhalb einer gewissen Bandbreite die Zinspolitik zur Stabilisierung des Wechselkurses einsetzen, ohne mit dem Ziel der Geldmengensteuerung zu kollidieren.

Stabilisierung von Erwartungen. Ist die Geldpolitik auf eine Stabilisierung des Wechselkurses ausgerichtet, so muß sie einen Wechselkurs vorgeben, zu dem die Finanzmärkte und Gütermärkte nach einem Anpassungsprozeß gefunden hätten ("Gleichgewichts-Wechselkurs") und der von den privaten Transakteuren deshalb als glaubwürdig akzeptiert wird. Das bedeutet, daß die Wechselkurspolitik ihre Rolle insbesondere dann spielen kann, wenn die Erwartungen auf den Märkten destabilisiert sind. In einer solchen Konstellation kann die Geldpolitik – vor allem eine international koordinierte Geldpolitik – den Märkten einen Wechselkurs vorgeben (*Sievert* 1988). Sie verhindert damit insbesondere, daß sich monetäre Schocks auf den realen Sektor der Wirtschaft übertragen. Es ist die Orientierung der Geldpolitik am Wechselkurs, die in diesem Fall die Neutralität des Geldes sichert.

Im anderen Fall, wenn eine Politik der Wechselkurs-Stabilisierung auf Anpassungen im realen Sektor zielt, muß sie immer auch beachten, daß die Anpassungsprozesse über den Gütermarkt bewältigt werden können. Die Anpassungsfähigkeit des Marktes über die Flexibilität von Preisen und Löhnen sowie über Zinsänderungen muß bei gegebenen Wechselkursen ausreichend groß sein: Im konkreten Fall heißt dies in der Regel, daß eine interne Stabilisierungskrise politisch akzeptiert wird. Hier liegen die Schranken für eine Politik der Wechselkurs-Stabilisierung, die letztlich den Ausschlag dafür geben, daß auch in einem Regime "fester" Wechselkurse immer wieder der Ausweg der Wechselkursanpassung gesucht wird.

Varianten der Wechselkurspolitik. Drei Fälle sind zu unterscheiden, in denen eine auf Wechselkursziele ausgerichtete Politik begründet ist: Einmal wirken Schwankungen des Wechselkurses, die aus der Instabilität der Geldnachfrage resultieren, auf den realen Sektor zurück. Solche Wirkungen monetärer Schocks können geldpolitisch aufgefangen werden. Eine wechselkursorientierte Geldpolitik steht in diesem Fall nicht in Widerspruch zur längerfristigen Geldwertstabilisierung, denn die Bedingung einer Konstanz der Geldmengenexpansion ist nur für eine stabile Geldnachfrage begründet (*Niehans* 1984). Die Instabilität der Geldnachfrage wirkt sich vor allem für Anlagewährungen aus. Wechselkurse dieser Währungen können über mehrere Jahre hinweg von einem für "normal" gehaltenen Niveau abweichen, mit der Konsequenz unvermeidbarer Rückwirkungen auf den Gütermarkt. Ein Anlagewährungsland wie Deutschland hat daher ein Interesse daran, durch eine wechselkursorientierte Geldpolitik die Wirkungen monetärer Schocks auf den realen Sektor zu dämpfen.

Der zweite Fall betrifft die Rolle der Wechselkurspolitik bei der Inflationsbekämpfung. Eine offene Volkswirtschaft hat hier die Option, den nominalen Wechselkurs gegenüber einer stabilen Währung zu fixieren und auf diese Weise die Inflationserwartungen rasch zu brechen (Wechselkurse als *Anker*) oder eine Politik des neutralen Geldes zu betreiben, d.h. die Inflationsdifferenz zum Ausland durch Abwertungen auszugleichen und auf diese Weise die Wettbewerbsfähigkeit der Inlandsproduktion zu sichern (Stabilisierung des "realen" Wechselkurses). Ein Land, das die Wechselkurspolitik in den Dienst der Inflationsbekämpfung stellt, legt dem Inland hohe Anpassungslasten der Stabilisierung auf. Die Chance liegt darin, die Erwartungen hinsichtlich des externen Wertes der Währung rasch zu stabilisieren.[18]

Schließlich kann die Geldpolitik auf Erreichung bzw. Sicherung der Konvertibilität der Währung zielen. Sie muß in diesem Fall eine Unterbewertung der Währung herbeiführen, die in Handelsbilanzüberschüssen ihren Niederschlag findet. Bleiben diese Überschüsse permanent, so wächst die betreffende Wirtschaft international in eine Gläubigerposition hinein, mit der Konsequenz, daß sich über Netto-Zinserträge die Leistungsbilanz zusätzlich aktiviert. Die Währung wird konvertibel – im ökonomischen Sinn –, d.h. sie kann zum gegebenen Wechselkurs jederzeit konvertiert werden. Eine Strategie der Unterbewertung heißt in dieser Konstellation, daß sich die Geldpolitik einer Aufwertung der Währung widersetzt. Dies hat Konsequenzen für die Geldmengensteuerung.

---

[18] Im EWS haben bis 1992 Italien und Frankreich aber auch Großbritannien eine solche Strategie verfolgt, vgl. Kapitel 14. Österreich hat bereits vor seinem Beitritt zur EU den Schilling erfolgreich an die D-Mark gebunden. Auch die Reformländer Zentraleuropas, insbesondere die Tschechische Republik verfolgen eine entsprechende Politik der externen Stabilisierung.

8.2 Ansätze zur Erklärung des Wechselkurses

Die Monetäre Zahlungsbilanztheorie (MZT) erklärt Schwankungen des Wechselkurses als ein monetäres Phänomen aus den Zahlungs*strömen* im internationalen Güter- und Kapitalverkehr, die sich in Salden der Zahlungsbilanz niederschlagen.

Das Gütermarkt-Modell. In einem Gütermarkt-Modell richtet sich der Wechselkurs nach der Kaufkraftparität (KKP). Wechselkursänderungen werden – im langfristigen Trend – durch die Inflationsdifferenzen bestimmt. Die Wechselkursänderung wird dabei durch ein Ungleichgewicht in der Leistungsbilanz ausgelöst, da sich Unterschiede in den nationalen Preisniveaus auf die internationale Wettbewerbsfähigkeit auswirken. Werden solche Unterschiede durch Wechselkursanpassungen kompensiert, so bleiben die monetären Einflüsse, die sich in der Inflationsdifferenz niederschlagen, ohne Wirkung auf den "realen" Wechselkurs.

Theorie des internationalen Preiszusammenhangs

Der Wechselkurs

$$e \left[\frac{DM}{\$} \right];$$

ist der DM-Preis der ausländischen Währung. Eine Abwertung der heimischen Währung erhöht den Wechselkurs: e steigt.

Der "reale" Wechselkurs

$$R = \frac{e \cdot P_a}{P} \left[\frac{DM}{\$} \cdot \frac{\$}{DM} \right];$$

ist das Produkt aus Wechselkurs und Quotient der nationalen Preisniveaus. Ein Anstieg des ausländischen Preisniveaus (P_a) wirkt ceteris paribus wie eine Abwertung der heimischen Währung. Diese "reale" Abwertung verbessert die Wettbewerbsposition der Inlandsproduktion. Eine Wechselkursänderung im Ausmaß der Inflationsdifferenz (Aufwertung der

Inlandswährung bei höherer Inflationsrate im Ausland) läßt den "realen" Wechselkurs unverändert.

Daß es zu dieser Wechselkursänderung kommt, läßt sich geldtheoretisch, aber auch preistheoretisch ableiten. Nach der "Theorie des internationalen Preiszusammenhangs" können unter Wettbewerbsbedingungen keine dauerhaften Preisunterschiede für handelbare Güter bestehen. Richten sich die Exporteure in ihrer Preispolitik nach dem Niveau der jeweiligen Binnenmarktpreise, so gilt für die Exportpreise

$$P_X = P;$$

und für die Importpreise (in der Währung des importierenden Landes)

$$P_Q = e\, P_a;$$

Nach der Theorie des internationalen Preiszusammenhangs findet eine Abweichung der Importpreise (P_Q) vom Niveau der Binnenmarktpreise ihren Niederschlag in einem Leistungsbilanzsaldo. Sinken beispielsweise die Importpreise im Vergleich zu den Preisen der (konkurrierenden) Inlandsproduktion, so wird auf Wettbewerbsmärkten Inlandsproduktion durch Importgüter verdrängt und die Leistungsbilanz gerät ins Defizit. Als Folge der resultierenden Abwertung passen sich auch die Importpreise dem Binnenpreisniveau an,

$$P_Q = P;$$

Im Gleichgewicht muß also gelten

$$e = \frac{P_Q}{P_a} = \frac{P}{P_a};$$

oder

$$R = e\frac{P_a}{P} = 1.$$

Ein Gleichgewicht im internationalen Güteraustausch kann sich bei divergierenden Inflationsraten einstellen. Damit zeigt sich, daß die KKP-Theorie die Neutralität des Geldes unterstellt. Der Wechselkurs reagiert auf monetäre Störungen (z.B. Unterschiede der Geldmengenexpansion), während der reale Wechselkurs davon unberührt bleibt. Der reale Wechselkurs als ein Indikator der internationalen Wettbewerbsfähigkeit spiegelt dagegen Störungen in der Realsphäre, insbesondere Schocks, die sich in einer gravierenden Änderung relativer Preise niederschlagen (ein typischer Fall sind die Ölpreis-Schocks).

Das Vermögensmarkt-Modell. In einem Vermögensmarkt-Modell bestimmen die Dispositionen über Vermögen den Wechselkurs, d.h. die Entscheidungen, in den Portefeuilles Geldforderungen, Wertpapiere, Ansprüche auf Unternehmenserträge usw. in Inlandswährung oder Auslandswährung zu halten. Dieses Modell setzt voraus, daß der internationale Kapitalverkehr nicht durch Kontrollen und Devisenbestimmungen, die die Konvertibilität einer Währung einschränken, behindert wird.

Bezieht man den Vermögensmarkt ein, so ergibt sich das Gleichgewicht am Devisenmarkt nach der MZT als ein *stock-flow*-Gleichgewicht. Ein Bestandsgleichgewicht ist erreicht, wenn es keinen Anlaß gibt, die Dispositionen über Geldvermögen zu ändern und damit einen Nettokapitalexport bzw. Nettokapitalimport auszulösen. Dies ist der Fall, wenn die internationalen Zinsdifferenzen den Wechselkursänderungserwartungen entsprechen (Zinsparitätentheorem):

$$i - i^* = a; \qquad (8.1)$$

für: i inländisches Zinsniveau
i^* ausländisches Zinsniveau
a Wechselkursänderungserwartung bzw. Swap-Satz, d.h. die relative Differenz zwischen dem Kassakurs und dem Terminkurs (gedeckte Zinsparität).

Dem entspricht eine ausgeglichene Leistungsbilanz.

Sofern Inflationsdifferenzen in den nationalen Zinsniveaus zum Ausdruck kommen, entspricht die Zinsparität der Kaufkraftparität. Ein Stromgleichgewicht ist erreicht, wenn die Salden der Leistungsbilanz und der Kapitalverkehrsbilanz sich ausgleichen, wenn also z.b. ein Leistungsbilanzdefizit durch einen Nettokapitalimport kompensiert wird.

$$ZB = NX + KVB = 0; \tag{8.2}$$

für: ZB Saldo der Zahlungsbilanz
NX Saldo der Leistungsbilanz
KVB Saldo der Kapitalverkehrsbilanz

Die Devisenbilanz der Notenbank ist dabei nicht berücksichtigt, da im Gleichgewicht die Notenbank nicht am Devisenmarkt interveniert.

Im Einzelnen liegen diesem Modell spezifische Annahmen hinsichtlich der Beziehungen zwischen dem Gütermarkt und dem Vermögensmarkt sowie hinsichtlich der Rolle der Wechselkursänderungserwartungen zugrunde.

Die stock-flow-Beziehung zwischen Vermögensmarkt und Gütermarkt. Um die Interaktion zwischen Vermögensmarkt und Gütermarkt zu verstehen, müssen wir zwei Aspekte dieser Markthierarchie beachten. Erstens ist der Vermögensmarkt ein Markt für Vermögens*bestände*, während der Gütermarkt einen Markt für Leistungs*ströme* abbildet. In Reaktion auf einen Schock kann ein neues Bestandsgleichgewicht am Vermögensmarkt nur über veränderte Nettozahlungsströme erreicht werden. Aus diesem Grunde dominiert in der MZT der Vermögensmarkt den Gütermarkt. Veränderte Nettozahlungsströme, z.B. Nettokapitalimporte, die den Zweck haben, den tatsächlichen Vermögensbestand, der in einer Währung gehalten wird, an den gewünschten Vermögensbestand (in dieser Währung) anzupassen, erfordern einen veränderten Leistungsstrom. Dies betrifft die lange Frist. So ist im Falle einer überbewerteten Währung ein Leistungsbilanzdefizit der Reflex eines Bedarfs an Netto-Kapitalimporten, die das monetäre (Bestands-) Gleichgewicht wieder herstellen (bzw. eines Bedarfs an Abwertung dieser Währung).[19]

---

[19] Der monetäre Charakter des (langfristigen) Bestandsgleichgewichts wird in der Literatur nicht immer gesehen. So definiert Baltensperger (1992, S. 520f.) in seinem Überblick über die Monetäre (!) Außenwirtschaftstheorie das langfristige Bestandsgleichgewicht nicht über die Geldhaltung sondern über die Ersparnis. An die Stelle des vermögenstheoretischen Kriteriums, in welcher Währung Gläubiger-Schuldner-Beziehungen denominiert werden, tritt das einkommenstheoretische Kriterium der Ersparnis und der Akkumulation von Realkapital. Damit bestimmen Unterschiede der Einkommensverwendung den Leistungsbilanzsaldo und der monetäre Charakter des Bestandsgleichgewichts geht verloren.

Zweitens sind die unterschiedlichen Reaktionsgeschwindigkeiten von Vermögenspreisen und Güterpreisen zu beachten. Die Anpassungsreaktionen über den Vermögensmarkt dominieren wegen *geringer Transaktionskosten* (kurze Reaktionszeiten) und hoher Elastizität der monetären Ströme (vollkommene Mobilität des Kapitals, vollkommene Substituierbarkeit der Finanzanlagen). Ein monetärer Schock, z.B. eine Änderung des internationalen Zinsdifferentials löst daher kurzfristig Portefeuille-Umschichtungen und entsprechende Netto-Zahlungsströme aus. Unter diesen (idealtypischen) Bedingungen werden internationale Zinsunterschiede auch rasch abgebaut.

Die Güterpreise reagieren dagegen vergleichsweise träge auf veränderte Marktbedingungen. Ein Ungleichgewicht des Gütermarktes wirkt sich langfristig, über den *Einfluß auf die Erwartungen*, auf Zahlungsbilanz und Wechselkurs aus. Auch kurzfristig läuft der Einfluß realer Faktoren über ein Ungleichgewicht am Vermögensmarkt. Beispielsweise vollzieht sich die Reaktion des Gütermarktes auf Wechselkursänderungen nur langsam. So führt eine Abwertung der Währung zunächst aufgrund des unmittelbaren Preiseffekts zu einem Defizit der Leistungsbilanz (J-Kurven-Effekt). Erst wenn die Mengenreaktionen einsetzen – erfahrungsgemäß nach etwa zwei Jahren –, kommt es zur "normalen" Reaktion der Leistungsbilanz, d.h. zu einem Überschuß. In der Zwischenzeit muß der Leistungsbilanzsaldo (das Defizit) weiter kreditiert werden.

Die Stabilitätspolitik kann sich diesen Zusammenhang zunutze machen. Allerdings: Wird durch monetäre Impulse, z.B. Zinsänderungen, eine Umschichtung von Vermögensbeständen induziert, so kommt es nur vorübergehend zu entsprechenden Salden im Kapitalverkehr. Längerfristig läßt sich nur durch immer stärkere Impulse ein Leistungsbilanzsaldo aufrechterhalten, der ein Ungleichgewicht am Vermögensmarkt reflektiert.

Die Rolle der Wechselkursänderungserwartungen. Das Vermögensmarkt-Modell erklärt kurzfristige Schwankungen des realen Wechselkurses aus Dispositionen über den Vermögensbestand. Der typische Fall ist eine Umschichtung der Portefeuilles, die durch internationale Zinsunterschiede ausgelöst wird. Solche Vermögensumschichtungen bewirken eine Überschußnachfrage nach ausländischen (bzw. inländischen) Wertpapieren mit entsprechenden Wirkungen auf den Wechselkurs. Unter der Annahme, daß – in der kurzen Frist – Güterpreise und Preiserwartungen gegeben sind, ändert sich mit dem Wechselkurs auch der reale Wechselkurs.

Schwieriger ist es, längerfristige Abweichungen des realen Wechselkurses von seinem "Gleichgewichtswert" zu erklären. Die MZT kann hier, bedingt durch ihre Grundannahme der Stabilität des privaten Sektors, nur die Aussage begründen, daß solche Abweichungen vorübergehender Natur sind. Auf lange Sicht ist die Bewegung zu einem neuen Bestandsgleichgewicht am Vermögensmarkt dadurch gekennzeichnet, daß die Wechselkursentwicklung Inflationsunterschiede zum Ausdruck bringt. Um das Phänomen der längerfristigen Schwankungen realer Wechselkurse zu erklären, versuchen neuere theoretische Ansätze die Erwartungsbildung explizit zu modellieren (*Baltensperger* 1992). Diese Ansätze stellen eine Anwendung der mikroökonomischen Finanzmarkttheorie (*capital asset pricing*) auf die Wechselkursbestimmung dar. Die Grundannahme ist, den Wechselkurs einer Währung als einen Vermögenspreis zu verstehen, dessen Entwicklung von den erwarteten Erträgen aus dieser Währung, d.h. insbesondere der künftigen Wechselkursentwicklung abhängt. Hinsichtlich der Bestimmungsgründe der Wechselkurserwartungen lassen sich zwei Hypothesen unterscheiden.

Adaptive Erwartungsbildung: Die Erwartungen über den künftigen Wechselkurs richten sich nach der beobachteten Wechselkursentwicklung.

Rationale Erwartungsbildung: Die Vermögensbesitzer sagen die künftige Wechselkursentwicklung aufgrund eines zutreffenden theoretischen Modells voraus, z.B. über den Einfluß unterschiedlicher geldpolitischer Ziele auf den Wechselkurs.

Für die stabilitätspolitische Debatte sind solche Modelle aber nur von geringem Nutzen. Sofern sie rationale Erwartungsbildung annehmen, führen sie nicht zu eindeutigen Aussagen, es sei denn, die Erwartungsbildung wird sehr restriktiv formuliert. Eine typische Annahme ist beispielsweise, daß die Erwartung über den künftigen Wechselkurs vom aktuellen Saldo der Leistungsbilanz bestimmt wird. Sofern sie adaptive Erwartungsbildung annehmen, so z.B. bei der Erklärung spekulativer Blasen, bleiben sie ohne theoretische Fundierung.

Es gibt zwei Ansätze, die mit Bezug auf Wechselkurserwartungen eine Erklärung der Schwankungen realer Wechselkurse anbieten, die stabilitätspolitisch bedeutsam ist. Der erste begründet ein Überschießen des Wechselkurses mit der Rigidität von Güterpreisen und Löhnen. Der zweite erklärt Wechselkursbewegungen unabhängig vom Zinsgefälle aus einer spezifischen Liquiditätspräferenz. Bevor wir uns mit den Strategien der Wechselkurspolitik befassen, sollen diese Ansätze kurz skizziert werden.

Überschießungseffekte des Wechselkurses. Exogene Schocks (einschl. geldpolitischer Maßnahmen) beeinflussen den *erwarteten* Wechselkurs. Unter der Annahme, daß der Vermögensmarkt auf diese Schocks rascher reagiert als der Gütermarkt, kommt es zum Überschießungseffekt (*overshooting*). Beispielsweise induziert eine expansive Geldpolitik eine Abwertungserwartung. Zugleich sinkt der Zins, so daß für das Arbitragegleichgewicht eine Aufwertungserwartung erforderlich wird. Es wird also so lange Kapital abfließen und die Währung so stark abwerten, daß sich für den Zeitpunkt einer Reaktion des Gütermarktes diese Aufwertungserwartung einstellt.

Das Überschießen des Wechselkurses hat seine Ursachen in der unterschiedlichen Reaktionsgeschwindigkeit der Preisanpassungen auf Güter- und Finanzmärkten, nicht in der Instabilität von Erwartungen. Die Notenbank darf diesem Anpassungsprozeß zum Gleichgewicht daher nicht entgegen wirken. Eine wechselkursorientierte Geldpolitik, die versucht, das marktendogene Überschießen zu verhindern, "erhöht lediglich die Erwartungsunsicherheit über den monetären Kurs der Zentralbank" (*Siebke* 1985).

Dauerhaftes Zinsgefälle. Die MZT kann dauerhafte Zinsunterschiede, die sich nicht in entsprechenden Wechselkursänderungserwartungen niederschlagen, nicht erklären. Da Finanzanlagen vollkommene Substitute sind, gibt es im Vermögensmarktgleichgewicht nur einen Zinssatz. Solche Unterschiede werden erklärbar, wenn man die *Liquiditätspräferenztheorie* des Zinses auf internationale Finanzanlagen anwendet. Die Bereitschaft, Geldforderungen in einer bestimmten Währung zu halten, ist nicht für alle Währungen gleich. Unterschiedliche Währungen haben daher – als Anlagewährungen – unterschiedliche Liquiditätsprämien. Der für eine Geldforderung verlangte Zinssatz ist um so niedriger, je niedriger die Liquiditätsprämie (als Preis der Aufgabe von Liquidität) ist. Die Liquiditätspräferenz als eine Präferenz für Währungen erklärt daher internationale Zinsunterschiede, denen keine Wechselkurs-Änderungserwartung entspricht. Veränderungen der Liquiditätspräferenz erklären die Instabilität der Geldnachfrage. Solche Veränderungen können auch mittelfristig zu Abweichungen des Wechselkurses von der Kaufkraftparität führen. Damit erklären sich Schwankungen des "realen" Wechselkurses als Folge von Dispositionen über Geldvermögen, d.h. als ein monetäres Phänomen und die These von der Neutralität des Geldes wird in Frage gestellt.

Die Konsequenz ist, daß die Instabilität der Geldnachfrage (im Sinne der Präferenz für Währungen) für die Geldpolitik eines Landes mit Anlagewährung zu einem zentralen Problem wird. Die Geldnachfrage im Sinne von Geldhaltung entscheidet, welchen Platz ein Land in der internationalen Währungskonkurrenz, d.h. in einer Hierarchie von Währungen einnimmt.

8.3 Strategien der Wechselkurspolitik

Instabilität der Geldnachfrage und Wechselkurs-Stabilisierung. Wechselkursstabilisierung als Reaktion auf eine instabile Geldnachfrage verlangt eine Abweichung von der Geldmengenregel. So hat die Schweiz in den Jahren 1977 bis 1979 akzeptiert, daß Dollarzuflüsse eine übermäßige Geldmengenausweitung bewirkten. Andererseits hat die Deutsche Bundesbank 1991 zugelassen, daß Dollarabflüsse zu einer (relativen) Geldmengenkontraktion führten (vgl. Kapitel 14). Das Festhalten an der Geldmengenregel hätte in diesen Fällen bewirkt, daß sich die monetären Schocks auf den realen Sektor der Wirtschaft übertragen. Im Falle der Schweiz wäre es entweder zu einer Aufwertung der Währung gekommen (bei unveränderter Geldmengenexpansion) oder/und zu Zinserhöhungen, falls nämlich die Notenbank versucht hätte, den expansiven monetären Impuls zu sterilisieren. (Umgekehrt hätten sich im Fall Deutschlands unerwünschte Abwertungs- und/oder Zinssenkungseffekte ergeben.) Damit zeigt sich, daß gerade das monetaristische Neutralitätspostulat eine Abweichung von der Geldmengenregel verlangt, wenn es als Folge instabiler Geldnachfrage zu monetären Schocks kommt. Eine Geldpolitik, die vorübergehend Wechselkursziele verfolgt, kann auf diese Weise reale Effekte (Beschäftigungseffekte), die sich nur schwer wieder zurückbilden, vermeiden. Die Gefahr einer solchen Politik liegt zwar darin, daß die Glaubwürdigkeit der Geldmengensteuerung möglicherweise untergraben wird (*Kloten* 1988). Die Akzeptanz der Geldmengensteuerung ist aber andererseits nicht unbegrenzt. Sie ist abhängig davon, welches Maß an Anpassung dem realen Sektor der Wirtschaft abverlangt wird. In diesen Konflikt geriet die Deutsche Bundesbank während der EWS-Krise 1992/93 (vgl. Kapitel 14).

Unterbewertung als Strategie der Sicherung von Konvertibilität. Eine Strategie zur Sicherung der Position in der Hierarchie der Währungskonkurrenz ist die Härtung der Währung (restriktive Geldpolitik). Bei festem Wechselkurs führt dies zu einer realen Abwertung und entsprechend einer Verbesserung der Wettbewerbsposition auf den internationalen Gütermärkten. Diese Strategie der "Unterbewertung" der Währung, die sich in Leistungsbilanzüberschüssen niederschlägt, wird deshalb auch als Vermögens-Merkantilismus bezeichnet. Die Deutsche Bundesbank hat lange Zeit eine solche Strategie verfolgt. Aber die Sicherung einer hohen Beschäftigung über Exportüberschüsse war nicht das eigentliche Ziel der Bundesbank. Vielmehr sieht sie ihre Aufgabe darin, angesichts offener Kapitalmärkte die Akzeptanz der Währung als Vermögensanlage zu sichern. Je mehr ihr dies gelingt, um so mehr muß es zu autonomen Kapitalimporten kommen. Eine unterbewertete Währung ist als Geldvermögensanlage attraktiv, aber auch eine rentable Option für Direktinvestitionen. Die kumulierte Wirkung von Exportüberschüssen und autonomen Nettokapitalimporten bringt die Geldpolitik jedoch in ein Dilemma. Sie kann die Unterbewertung nur aufrecht erhalten, indem sie eine Geldmengenexpansion akzeptiert, die ihren auf Unterbewertung zielenden geldpolitischen Kurs gefährdet, oder sie muß dieser Entwicklung durch Sterilisierungsoperationen entgegenwirken, so daß der Zins über sein "normales" Niveau steigt. Dieses Problem kann sich in Phasen instabiler Geldnachfrage verschärfen. Vor diesem Hintergrund erklärt sich, daß die Bundesbank in ihrer Geldpolitik empfindlich auf Leistungsbilanzdefizite reagiert, auch wenn diese die internationale Zahlungsfähigkeit des Landes angesichts hoher Währungsreserven in keiner Weise gefährden.

Überbewertung als Strategie der Inflationsbekämpfung. Viele Länder wählen eine Strategie der Wechselkursfixierung, obwohl ihre Inflationsraten höher sind als die der ausländischen Partner. Beispielhaft steht hierfür insbesondere die Geschichte des Europäischen Währungssystems (EWS) bis 1992, das während der achtziger Jahre eine zunehmende Konvergenz der Inflationsraten in Europa bei abnehmendem Inflationstempo im Ganzen unterstützt hat (Kapitel 14).

Eine solche Strategie der externen Stabilisierung mit Hilfe einer Ankerwährung nimmt eine "reale" Aufwertung der eigenen Währung in Kauf, solange die Inflationsdifferenzen noch bestehen. Die betreffenden Länder akzeptieren überdies, daß ihnen das Tempo des Stabilisierungskurses von außen vorgegeben wird. Sie sind nicht mehr frei in der Bestimmung ihres Zinsniveaus und damit der realen Anpassungslasten, die sich aus ihrem Stabilisierungskurs ergeben. Die Wechselkurs-

Fixierung verlangt in der Regel sogar ein höheres Zinsniveau als im Land der Ankerwährung. Je geringer das Vertrauen in den Erfolg ihres Stabilisierungskurses, um so größer ist die Liquiditätsprämie, die für diese Währung verlangt wird und folglich die Zinsdifferenz. Sowohl über den "realen" Wechselkurs als auch über die Zinsdifferenzen ergeben sich daher unter Umständen erhebliche kontraktive Effekte auf den realen Sektor (Beschäftigungseffekte).

Dagegen steht, daß durch die Fixierung des Wechselkurses der Inflationsprozeß von relativ sinkenden Preisen für Importgüter entlastet wird. Die Abwertungs-Inflations-Spirale wird durchbrochen. Die wesentlichen Vorteile liegen aber in den Wirkungen, die sich über den Vermögensmarkt ergeben. Eine Überbewertungsstrategie ist verbunden mit einem Nettokapitalimport, der das Defizitproblem der Zahlungsbilanz löst. Sobald glaubwürdig ist, daß der Wechselkurs gehalten werden kann (im EWS wird diese Glaubwürdigkeit durch den Beistands-Mechanismus verstärkt), entfällt ein wichtiger Grund der Kapitalflucht, nämlich die Unsicherheit über die Wertbeständigkeit von Geldforderungen. Die Liquiditätsprämie auf Forderungen in dieser Währung sinkt. Greift die Wirtschaftspolitik dagegen zu einer Abwertung, so ist ungewiß, ob sie damit die Erwartungen in gleicher Weise stabilisieren kann. Einerseits realisiert die Abwertung im Außenverhältnis die bereits eingetretenen Vermögensverluste und schafft damit die Grundlage für einen Neubeginn. Zur Stabilisierung der Erwartungen ist aber andererseits wichtig, daß weitere Abwertungen und eine Fortsetzung des Inflationskurses glaubhaft ausgeschlossen werden. Dies erfordert, daß auch die Abwertung mit einem monetären Restriktionskurs im Inland verbunden wird.

Die günstige Strategie der Inflationsbekämpfung in Defizitländern scheint demnach eine Überbewertungsstrategie mit Entschuldung zu sein. Sie stellt sicher, daß die notwendige Wertberichtigung der *stocks* möglich ist ohne inflationstreibende Wirkungen bei den *flows*. Das Londoner Schuldenabkommen von 1953 ist hierfür ein gelungenes Beispiel der Wirtschaftsgeschichte.

8.4 Internationale Koordination der Geldpolitik

Im siebten Kapitel haben wir gesehen, daß die Notenbank bei flexiblen Wechselkursen grundsätzlich in der Lage ist, die Geldmenge zu kontrollieren. Aus diesem Grunde war mit dem Übergang zu einem Regime flexibler Wechselkurse im Jahre 1973 die Erwartung verbunden, daß die Autonomie der nationalen Stabilitätspolitik zunehmen werde. Es hat sich jedoch gezeigt, daß dieser Zuwachs an Autonomie nicht umsonst zu haben war. Eine auf die Geldmengensteuerung ausgerichtete Stabilitätspolitik muß sowohl den Zins als auch den Wechselkurs den Marktkräften überlassen. Damit setzt sich aber die nationale Geldpolitik den internationalen Standards aus. Bei flexiblen Wechselkursen stehen die nationalen Währungen als Medium der Reservehaltung ("Anlagewährung") in Konkurrenz zueinander (*Thomasberger* 1995). Die Erfahrung war, daß diese über den Vermögensmarkt gesteuerte Währungskonkurrenz den Wechselkurs einer Währung über längere Zeit auf ein Niveau bringen kann, das mit dem Gütermarktgleichgewicht in einer offenen Volkswirtschaft nicht vereinbar ist. Um die Stabilitätsbedingungen in den miteinander verflochtenen offenen Volkswirtschaften zu sichern, hat man sich daher auch nach dem Zusammenbruch des Systems von Bretton Woods um eine internationale Koordination der Stabilitätspolitik bemüht. Da die Geldpolitik im neuen Währungsregime flexibler Wechselkurse in der Führungsrolle war, ging es in erster Linie um eine Kooperation der Notenbanken. Im europäischen Raum ist das EWS (1979) bzw. die bevorstehende Europäische Währungsunion Ausdruck dieser Kooperation (vgl. Kapitel 14 und 15). Im Weltmaßstab haben sich in den vergangenen zwei Jahrzehnten drei sogenannte Währungsblöcke herausgebildet, mit dem US-Dollar, dem Yen und der D-Mark als die regionalen Leitwährungen. Die Wechselkurse zwischen diesen Leitwährungen sind nicht fixiert und werden im wesentlichen von den internationalen Finanzmärkten gesteuert. Dabei kommt es immer wieder zu starken Fluktuationen der realen Wechselkurse, d.h. die Wechselkursschwankungen zwischen den Leitwährungen sind nicht durch Inflationsdifferenzen oder Zinsdifferenzen erklärbar (Abb. 8.1). Mit dem Ziel, in den Beziehungen zwischen diesen Währungsblöcken mehr Wechselkurs-Stabilität zu erreichen, wird daher von den Notenbanken der Leitwährungsländer eine Koordination ihrer Geldpolitik gefordert.

Vorschläge, wie man weltweit die finanzielle Stabilität erhöhen kann, sind sowohl von monetaristischen wie auch keynesianischen Autoren gemacht worden. Der unterschiedlichen theoretischen Konzeption entsprechend, unterscheiden sich die Vorschläge vor allem hinsichtlich der Frage, ob die internationale Koordination der Geldpolitik regelgebunden oder diskretionär durchgeführt werden soll. Auf diese Frage gibt es aber keine eindeutige Antwort, vor allem dann nicht, wenn man den Aspekt der Unsicherheit beachtet.

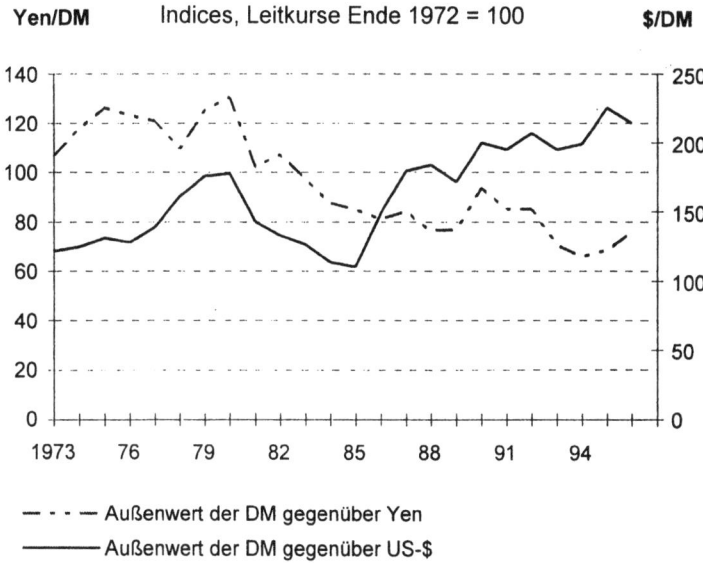

Abb. 8.1 Außenwert der Mark gegenüber Dollar und Yen, Jahresdurchschnitte 1973-1996 Quelle: Monatsbericht der Bundesbank 1/97, S. 74*

Eine strenge Regelbindung für die internationale Koordination der Geldpolitik empfiehlt sich allein dann, wenn man annehmen muß, daß die Instabilität der internationalen Finanzmärkte und die Volatilität der Wechselkurse auf diskretionäres geldpolitisches Handeln zurückzuführen ist. So sieht *Niehans* (1984) die Wechselkursfluktuationen hauptsächlich als eine Folge von Änderungen des geldpolitischen Kurses der betroffenen Länder, erst in zweiter Linie als eine Folge von Änderungen der Geldnachfrage. Das beste Mittel gegen stark schwankende Wechselkurse sei daher bei allen beteiligten Ländern ein stetiger Kurs ihrer Geldpolitik. Interventionen mit dem Ziel der Wechselkurs-Stabilisierung sind im Vergleich dazu bestenfalls von zweitrangiger Bedeutung. Von dieser Vorstellung ist auch der Vorschlag *McKinnons* (1988) geleitet, die Geldpolitik der drei Leitwährungsländer (USA, Japan, Deutschland) über eine monetaristische Regelbindung auf Stabilität zu verpflichten. Nach seinem Konzept verpflichten sich die Notenbanken dieser Länder zu einer gemeinsamen Steuerung der Welt-Geldmenge (M1). Die Notenbanken der übrigen Welt betreiben eine Geldpolitik der externen Stabilisierung. In diesem trilateralen monetären System sind die Wechselkurse zwischen den drei Leitwährungen fixiert. Die Grundregel für die Geldmengensteuerung besagt, daß die Notenbanken der Leitwährungsländer Devisenmarktinterventionen nicht sterilisieren dürfen. Damit ist Kontinuität in der Expansion der Welt-Geldmenge gesichert. Die Affinität eines solchen Systems zum Goldstandard ist offensichtlich.

Die kritische Frage ist jedoch, ob eine Regelbindung für die Geldpolitik genügt, wenn nicht die Geldpolitik selbst die Ursache von Wechselkursschwankungen ist, sondern exogene monetäre Schocks zu verarbeiten sind, die zu einer Instabilität der Finanzmärkte führen und kumulative Prozesse auslösen können. In diesem Fall unvorhergesehener Ereignisse vertrauen Monetaristen darauf, daß die Volkswirtschaften durch Interaktion über Märkte am ehesten wieder zu einem Gleichgewicht finden. Diskretionäres staatliches Handeln ist hier dem Marktprozeß unterlegen, schon wegen der geringeren Kapazität, die verfügbaren Informationen zu verarbeiten (*Hayek*). Aber auch wenn man die überlegene Anpassungsfähigkeit des Marktes anerkennt, so folgt daraus nicht zwingend, daß im Fall exogener Schocks das Setzen von Regeln gegenüber dem diskretionären geldpolitischen Handeln vorteilhaft ist. Denn die Regel muß *ex ante* gesetzt werden, d.h. in Unkenntnis darüber, welche kontingenten Ereignisse künftig eintreten können. Damit gibt es auch für diskretionäres Handeln einen Informationsvorteil. Denn *ex post* kann der geldpolitische Eingriff *der spezifischen Situation angemessen* gestaltet werden. Diese Unsicherheit begründet Vorschläge, die einen diskretionären Spielraum in der internationalen Koordination der Geldpolitik für angemessen halten.

Eine Politik der fallweisen Koordination der Geldpolitik zur Stabilisierung der Wechselkurse wird als *managed floating* (*Dornbusch* 1978) bezeichnet. Während der achtziger Jahre haben die Notenbanken der großen Industrieländer eine solche Strategie praktiziert. Sie haben insbesondere in zwei spektakulären konzertierten Aktionen versucht, die Kursentwicklung für den Dollar zu beeinflussen. Zu Beginn der achtziger Jahre hatte der Restriktionskurs der amerikanischen Geldpolitik einen Aufwertungstrend für den Dollar ausgelöst, der die anderen Anlagewährungen bis 1985 wieder in die Nähe ihrer Dollar-Paritäten der sechziger Jahre führte. Im Verlauf des Jahres 1985 haben verschiedene

Devisenmarktinterventionen diesen Trend gebrochen. Mit dem *Plaza Agreement* vom September 1985 zwischen den fünf führenden Industrienationen (USA, Japan, Deutschland, Vereinigtes Königreich, Frankreich) wurde ein Abwertungstrend des – überbewerteten – Dollar eingeleitet. Der *Louvre Accord* vom Februar 1987 zwischen den Notenbankgouverneuren der sieben führenden Industrienationen (G7, einschließlich Italiens und Kanadas) sollte diesen Abwertungstrend des Dollar durch ein Paket von abgestimmten geldpolitischen Interventionen stoppen. Diese zweite konzertierte Aktion war allerdings weniger erfolgreich. Der Dollar verlor sowohl gegenüber dem Yen als auch gegenüber der D-Mark weiter an Wert (Abb. 8.1). Erst zehn Jahre später, im Jahre 1997, kehrte sich dieser Trend um.

Während die Geldpolitik unter einer strengen Regelbindung nicht angemessen auf eine spezifische Situation reagieren kann, ist bei diskretionären Aktionen ihre Zeitkonsistenz in Frage gestellt. Dies zeigt das Beispiel der achtziger Jahre, zumal die Fluktuation der Wechselkurse zwischen den Leitwährungen zu dieser Zeit von Divergenzen in der Geldpolitik ausgelöst worden ist. Um ein Mehr an Glaubwürdigkeit in der Koordination der Geldpolitik zu erreichen, zugleich aber Spielraum für diskretionäre Eingriffe zu behalten, ist vorgeschlagen worden, Zielzonen für die Wechselkursentwicklung anzukündigen (*Williamson* 1987, *Krugman* 1991). Eine Zielzone für den Wechselkurs ist breit definiert, um Spielraum für eine an der Einkommensentwicklung orientierte Zinspolitik zu lassen. Auch gibt es keine definitive Interventionspflicht für die beteiligten Notenbanken, wenn der Wechselkurs die Grenze der Zielzone erreicht. Über Interventionen soll vielmehr situationsbezogen entschieden werden. Die Zielzone kann nach dem Vorschlag von *Williamson* erwartete Inflationsdifferenzen vorweg nehmen (*crawling peg*). Sie zielt in diesem Fall darauf, eine Fluktuation der realen Wechselkurse zu vermeiden.

Die Glaubwürdigkeit eines solchen Konzepts liegt darin, daß die beteiligten Notenbanken ihre Geldpolitik konzertiert auf die Zielzone ausrichten und damit die Erwartungen des Marktes über die Wechselkursentwicklung stabilisieren. Mit der Stabilisierung von Erwartungen können sie den aktuellen Wechselkurs beeinflussen. Denn die Marktlogik der Finanzmärkte folgt den Entscheidungen über Vermögensbestände, für die nicht Preise (Wechselkurse) sondern Renditen und Preisänderungserwartungen (Wechselkursänderungserwartungen) maßgeblich sind. Die Auffassung des Marktes über den "richtigen" Wechselkurs kann aber vollkommen irrelevant sein. Insbesondere in Phasen, in denen die Erwartungen über den künftigen Wechselkurs besonders unsicher sind, kann es zu kumulativen, sich selbst nährenden Spekulationswellen (*bubbles*) der Wechselkursentwicklung kommen. Da die Notenbanken die Macht haben, in einer konzertierten Aktion ihre Vorstellungen über den Wechselkurs durchzusetzen, können sie die Wechselkurse in einer Phase unsicherer Erwartungen mit Hilfe eines Zielzonenkonzeptes stabilisieren.[20]

In eine andere Richtung gehen Vorschläge, statt der internationalen Koordination der Geldpolitik die Währungskonkurrenz durch strukturelle Maßnahmen zu entschärfen. Diese Vorschläge beruhen auf der Vorstellung, nicht die Volatilität von Wechselkursen sondern eine "übermäßige" Mobilität des Kapitals, hervorgerufen durch die Integration und die Effizienz der internationalen Finanzmärkte seien die eigentliche Ursache der Instabilität. Ein Festkurssystem hätte im wesentlichen den Vorteil, daß sich die monetären Risiken im internationalen Kapitalverkehr verringern. *Keynes* hat in seiner *Treatise on Money* (1930) in Zweifel gezogen, ob es nützlich sei, aus solchen Gründen einen internationalen Wertstandard anzustreben, der den Spielraum der nationalen Wirtschaftspolitik einschränkt. *Keynes* hatte noch Kapitalverkehrskontrollen vorgeschlagen. Die moderne Variante dieser *Keynes*'schen Position ist, den internationalen Kapitalverkehr indirekt zu regulieren, sei es durch eine Steuer auf Fremdwährungskontrakte (*Tobin* 1980), sei es durch ein System dualer Wechselkurse (*Dornbusch* 1987). Diese Optionen, die gegenwärtig diskutiert werden, erscheinen nur vordergründig als marktkonform. Sie lassen sich nur durchsetzen, wenn man den Verbund der Devisenmärkte unterbricht (Marktspaltung). Damit wäre die disziplinierende Wirkung der Währungskonkurrenz zunichte gemacht.

Fazit. Die Normen einer liberalen Ökonomie verlangen, einen Vermögenspreis wie den Wechselkurs nicht zu regulieren: Das Währungsrisiko soll nach liberaler Auffassung der Vermögensbesitzer tragen, d.h. er soll gegebenenfalls Verluste realisieren. Diese Norm gilt insbesondere für Anlagewährungen. Sie übt einen starken Zwang zu einer stabilitätskonformen Geldpolitik aus.

Die Forderung nach mehr Wechselkurs-Stabilität setzt dagegen das Primat der Politik. In einer Solidargemeinschaft fester Wechselkurse sind die Regierungen vor dem Disziplinierungszwang flexibler Kurse

---

[20] *Krugman* hat gezeigt, daß bereits die Existenz einer Zielzone die Wechselkursschwankungen dämpfen kann; vgl. Kapitel 14.

geschützt. Ihre Zahlungsfähigkeit muß nicht den Härtetest des Marktes bestehen, sondern kann politisch vereinbart werden. Sie unterwerfen sich damit freilich politischen Auflagen. Für den Vermögensbesitzer wird das Währungsrisiko durch die Einführung fester Wechselkurse transformiert. Es hängt nunmehr wesentlich davon ab, ob die Regierungen bereit und fähig sind, die für die Stabilität des Währungsregimes vereinbarten Auflagen einzuhalten.

Die internationale Koordination der Geldpolitik bei im Grundsatz flexiblen Wechselkursen ist der Versuch einer Synthese beider Positionen. Die nationale Geldpolitik ist dem Disziplinierungszwang der Währungskonkurrenz, die vom Vermögensmarkt ausgeht, unterworfen. Andererseits kann die Koordination der Geldpolitik in konzertierten Aktionen Erwartungen stabilisieren und die Schwankungen der realen Wechselkurse glätten.

Literaturhinweise

Die Grundlagen der Stabilitätspolitik in offenen Volkswirtschaften behandeln

DORNBUSCH, R. und FISCHER, S. (1995) *Makroökonomik.* 6. Aufl. München: Oldenbourg, Kapitel 20,

SPAHN, H.-P. (1996) *Makroökonomie. Theoretische Grundlagen und stabilitätspolitische Strategien.* Berlin: Springer, Kapitel 4,

WELFENS, P. J. J. (1990) *Internationalisierung von Wirtschaft und Wirtschaftspolitik.* Berlin: Springer.

In die Monetäre Zahlungsbilanztheorie führt ein

CLAASSEN, E.-M. (1975) Der monetäre Ansatz der Zahlungsbilanztheorie, *Weltwirtschaftliches Archiv,* 111, S. 1-23.

Vergleiche hierzu auch den Überblick in

BALTENSPERGER, E. und BÖHM, P. (1982) Stand und Entwicklungstendenzen der Wechselkurstheorie – Ein Überblick, *Aussenwirtschaft*, 37, S. 109-157

sowie die aktualisierte Version

BALTENSPERGER, E. (1992) Monetäre Aussenwirtschaftstheorie, *Zeitschrift für Wirtschafts- und Sozialwissenschaften*, 112, S. 505-565.

Die Erfahrungen mit flexiblen Wechselkursen untersuchen

DORNBUSCH, R. (1978) Managed Floating: Eine Würdigung des internationalen Finanzsystems nach Bretton Woods, *Zeitschrift für die gesamte Staatswissenschaft*, 134, S. 37-56,

SIEVERT, O. (1983) Disillusionment in the Conduct of Exchange-rate Policies, in: *Reflections on a Troubled World Economy. Essays in Honour of Herbert Giersch*, herausgegeben von F. Machlup u.a. London: MacMillan, S. 188-208,

DE GRAUWE, P. (1989) *International Money – Postwar Trends and Theories*. 2. Aufl. 1996. Oxford University Press.

Zu den Strategien der Wechselkurspolitik vergleiche

EMMINGER, O. (1981) Internationale Währungsentwicklung und Stabilitätspolitik, in: *Probleme der Währungspolitik*, herausgegeben von W. Ehrlicher und E. Richter. Berlin: Duncker & Humblot, S. 9-38,

SIEVERT, O. (1988) Außenwirtschaftliche Zwänge der Wirtschaftspolitik, *Kieler Vorträge*, 112,

NIEHANS, J. (1995) *Geschichte der Außenwirtschaftstheorie im Überblick*. Tübingen: Mohr.

Einen Überblick über die Probleme der internationalen Koordination der Geldpolitik geben

BOFINGER, P. (1991) *Festkurssysteme und geldpolitische Koordination*. Baden-Baden: Nomos, Kapitel VI,

KANTZENBACH, E. (Hrsg.) (1990) *Probleme der internationalen Koordinierung der Wirtschaftspolitik*, Schriften des Vereins für Socialpolitik, N.F. Bd. 198,

KENEN, P. (Hrsg.) (1995) *Understanding Interdependence: The Macroeconomics of the Open Economy*. Princeton University Press.

Einzelne Vorschläge hierzu stammen von

MCKINNON, R. I. (1988) Monetary and Exchange Rate Policies for International Financial Stability: A Proposal, *Journal of Economic Perspectives*, 2, S. 83-104,

WILLIAMSON, J. (1987) Exchange Rate Management: The Role of Target Zones, *American Economic Review, Papers and Proceedings*, 77, S. 200-204,

TOBIN, J. (1980) *A Proposal for International Monetary Reform*, Cowles Foundation Discussion Paper No 506,

DORNBUSCH, R. (1987) Exchange Rate Economics: 1986, *Economic Journal*, 97, S. 1-18.

9 Die Rolle der Einkommenspolitik [21]

Unter Einkommenspolitik verstehen wir wirtschaftspolitische Maßnahmen, die auf die funktionelle Einkommensverteilung Einfluß nehmen, also die Aufteilung des Volkseinkommens in Lohn und Profit bzw. – in der Abgrenzung der Volkswirtschaftlichen Gesamtrechnung – Einkommen aus unselbständiger Arbeit und Einkommen aus Unternehmertätigkeit und Vermögen ändern. Im Kern handelt es sich hierbei um die *Lohnpolitik* der Tarifparteien am Arbeitsmarkt. In den Tarifverhandlungen kann zwar nur eine Untergrenze für das gesamtwirtschaftliche Lohnniveau festgesetzt werden. Das Niveau der Effektivlöhne liegt in der Regel über dem Tariflohnniveau (Lohndrift). Diese Eigenschaft, einen *Mindestlohn* zu setzen, macht das Tariflohnniveau aber zu einer wichtigen *wirtschaftspolitischen Größe*. Gewerkschaften und Arbeitgeberverbände stehen damit in der Rolle wirtschaftspolitischer Akteure. Ihre *Tarifautonomie* ist als eine Form der Koalitionsfreiheit durch das Grundgesetz geschützt. Die Regierung kann daher nur indirekt, durch Appelle und Leitlinien Einfluß auf die Lohnpolitik nehmen. So war die "Konzertierte Aktion" nach dem Stabilitäts- und Wachstumsgesetz, die von 1967 bis 1977 praktiziert wurde, ein Versuch der Regierung, durch Erörterung der makroökonomischen Rahmenbedingungen darauf hinzuwirken, daß Gewerkschaften und Arbeitgeberverbände bei ihren Tarifrunden die Erfordernisse des "gesamtwirtschaftlichen Gleichgewichts" beachten. Darüber hinaus haben Bund, Länder und Gemeinden als Arbeitgeber, die selbst an Tarifverhandlungen teilnehmen, die Möglichkeit, in dieser Rolle Signale für das gesamtwirtschaftliche Lohnniveau zu setzen.

---

[21] Eine frühere Fassung dieses Kapitels ist erschienen in *wisu – das wirtschaftsstudium*, Heft 7/95.

Einkommenspolitik kann zweitens versuchen, über Preisregulierung die Gewinne und damit die funktionelle Verteilung der Einkommen zu beeinflussen. Generell hat eine Veränderung von indirekten Steuern und Zöllen, von administrierten Preisen sowie die Regulierung von Preisen auf bestimmten Märkten, z. B. am Wohnungsmarkt, Verteilungswirkungen zur Folge. Solche Preisänderungen können, auch wenn sie aus anderen Gründen vorgenommen werden, Reaktionen der Lohnpolitik auslösen. Sie brauchen aber nicht unmittelbar der Einkommenspolitik zugerechnet zu werden.

Schließlich kann der Staat auf indirektem Wege durch Änderung von Steuersätzen und Lohnnebenkosten (Sozialversicherungsbeiträgen) Einfluß auf das Lohnsetzungsverhalten der Tarifparteien am Arbeitsmarkt nehmen.

Im Ausland werden unterschiedliche Formen staatlicher Einflußnahme auf die Lohn- und Preisbildung praktiziert. In den USA hat die Bundesregierung während der sechziger Jahre *Lohnleitlinien und Preisleitlinien* formuliert und teilweise auch fiskalische Anreize zur Einhaltung dieser Leitlinien gesetzt. In Österreich wird die Lohnsteigerungsrate im Rahmen der "Wirtschafts- und Sozialpartnerschaft" auf nationaler Ebene durch eine paritätisch besetzte Kommission ausgehandelt. Diese Einkommenspolitik wird durch eine Politik staatlicher Globalsteuerung mit dem Ziel der Beschäftigungssicherung flankiert. Sie hat freilich mit dem Übergang Österreichs zu einer am Wechselkurs orientierten Stabilitätspolitik (D-Mark als Anker) und mehr noch mit dem Beitritt Österreichs zur Europäischen Union ihre Bedeutung eingebüßt (*Nowotny* 1994).

In Phasen hoher Inflation greifen die Regierungen häufig zu einem vorübergehenden *Lohn- und Preisstop*. Diese Politik kann als *ultima ratio* angesehen werden, um steigende Inflationserwartungen zu brechen. Sie ist insbesondere angezeigt, wenn eine Restriktionspolitik im Inland – mit dem Ziel der Inflationsbekämpfung – und eine Abwertung der Währung – zur Herstellung der Wettbewerbsfähigkeit – kombiniert werden. Der Lohn- und Preisstop soll in diesem Fall sicherstellen, daß die Preiseffekte der Abwertung nicht die Inflation weiter aufheizen. Eine Strategie der Lohn- und Preisstopps ist immer nur ein Kurieren am Symptom und bewegt sich auf einem schmalen Grat. Sie kann in eine unterdrückte Inflation münden. Längerfristig hat sie erhebliche Nachteile, weil die Preise ihre Signalfunktion verlieren. Mit dem Lohn- und Preisstopp werden auch die relativen Preise eingefroren, was zu einer verzerrten Wirtschaftsstruktur führt.

Die Rolle der Einkommenspolitik in der Stabilitätspolitik hat sich in den beiden zurückliegenden Jahrzehnten grundlegend gewandelt. Bis zur Mitte der siebziger Jahre fiel ihr im Rahmen der wirtschaftspolitischen Konzeption der Globalsteuerung – einem Regime der Vollbeschäftigungsgarantie – im wesentlichen die Aufgabe zu, den Geldwert zu stabilisieren. Seither, nachdem die Geldpolitik die Führungsrolle übernommen hat, ist die Einkommenspolitik als Teil einer angebotspolitischen Konzeption für den Beschäftigungsgrad verantwortlich. Die veränderte Rollenzuweisung erklärt sich einmal aus veränderten theoretischen Vorstellungen über die Funktionsbedingungen der Stabilitätspolitik. Zum anderen haben sich mit dem Wandel des Währungsregimes die monetären Bedingungen der Stabilitätspolitik verändert.

In diesem Kapitel gehen wir zunächst von der (neoklassischen) Arbeitsmarkttheorie aus und unterscheiden zwischen klassischer und keynesianischer Arbeitslosigkeit (*Malinvaud* 1977). Es wird zu zeigen sein, daß die Rolle der Lohnpolitik wesentlich von den monetären Bedingungen bestimmt wird. In einer keynesianischen Welt spielt sie die Rolle der Anti-Inflationspolitik (Abschnitt 9.1). Unter monetaristischen Annahmen bestimmt sie dagegen den Beschäftigungsgrad (Abschnitt 9.2). Beide Modelle gehen jedoch von der Konkurrenzannahme aus, mit der Folge, daß die Lohnpolitik der Tarifparteien als eine exogene Größe behandelt wird. Dies impliziert die Forderung an die Lohnpolitik, sich bei der Lohnsetzung marktkonform zu verhalten, damit sich – im keynesianischen Fall – das monetäre Gleichgewicht bzw. – im klassischen Fall – die natürliche Rate der Arbeitslosigkeit einstellt. Im Unterschied dazu ist die Lohnpolitik der Tarifparteien in einem Modell mit unvollständiger Konkurrenz eine endogene Größe (Abschnitt 9.3). Dies hat zwei wichtige Implikationen. Einmal wird die Lohnpolitik der Tarifparteien aus dem Modell heraus erklärt. Zum anderen erweitert sich das Spektrum der Maßnahmen staatlicher Einkommenspolitik, die sich mit Hilfe dieses Modells analysieren lassen. Insbesondere wird damit die Interaktion zwischen der Geldpolitik und der Lohnpolitik der Tarifparteien modellierbar.

9.1 Lohnpolitik bei keynesianischer Arbeitslosigkeit

Von keynesianischer Arbeitslosigkeit sprechen wir, wenn die Unternehmen auf dem Gütermarkt rationiert werden und deshalb die Beschäftigung einschränken, obwohl der Reallohn zu Vollbeschäftigung paßt. Dieser Fall *unzureichender aggregierter Nachfrage* ist typisch für einen konjunkturellen Abschwung. Die angemessene Therapie umfaßt Maßnahmen, die eine Expansion der aggregierten Nachfrage stimulieren. Die Lohnpolitik steht hier in einer flankierenden Rolle zur Beschäftigungspolitik. Sie hat dafür zu sorgen, daß von Lohnerhöhungen kein inflatorischer Druck ausgeht und die Expansion der aggregierten Nachfrage sich ohne inflatorische Spannungen vollzieht. Keynesianische Lohnpolitik ist demnach Anti-Inflationspolitik. Diese Rolle der Einkommenspolitik ist früh betont worden. In Deutschland hat der Sachverständigenrat 1964 als Maßstab für eine Lohnpolitik, von der keine inflatorischen Impulse ausgehen, das Konzept der *kostenniveau-neutralen Lohnpolitik* entwickelt (Jahresgutachten 1964, Ziffer 248). Grundsätzlich ist eine Erhöhung des Lohnniveaus im Ausmaß des gesamtwirtschaftlichen Produktivitätszuwachses kostenniveau-neutral. Dabei sind insbesondere Einkommenseffekte einer Veränderung der *terms of trade* mit dem Ausland wie Produktivitätsänderungen zu rechnen.

Die Konstanz des Kostenniveaus den verteilungspolitischen Zielen der Gewerkschaften als Nebenbedingung vorzugeben, ist nicht einfach eine normativ gesetzte Wertung, sondern folgt aus der Marktlogik. Das "Gesetz" der Konstanz der Lohnquote wurde zunächst unter Konkurrenzbedingungen modelliert, später – unter "neokeynesianischen" Annahmen – unter Bedingungen der unvollständigen Konkurrenz (vgl. Abschnitt 9.3). Die Lohnquote, der Anteil der Lohneinkommen am Volkseinkommen, wird – unter der Annahme einer gegebenen Beschäftigungsstruktur – bestimmt durch Reallohn und Durchschnittsproduktivität.

$$\frac{W}{Y} = \frac{w/P}{y/E}; \qquad (9.1)$$

für: $W = wE$ Lohnsumme
$Y = Py$ Volkseinkommen
$\omega = w/P$ Reallohn
y/E durchschnittliche Arbeitsproduktivität

Bei gegebener Produktivitätsentwicklung kann diese Verteilungsrelation nur über den Reallohn beeinflußt werden. Der Reallohn ist eine Größe, die am Markt bestimmt wird. Die Lohnpolitik der Tarifparteien kann zwar das Niveau der Nominallöhne weitgehend vorgeben, sie hat aber keinen direkten Einfluß auf das Preisniveau. Wie sich das Preisniveau entwickelt, wird von den Bedingungen auf dem Gütermarkt bestimmt. Nach der Theorie des aggregierten Angebots (die "neoklassische Synthese") führen Lohnerhöhungen über einen Anstieg der Stückkosten ("Lohnkosten je Produkteinheit") zu Preissteigerungen. Das gilt auch, wenn auf dem Gütermarkt Wettbewerb herrscht, zumal alle Unternehmen in gleicher Weise von Lohnsteigerungen betroffen werden. In der Gesamtwirtschaft steigt daher mit dem Lohnniveau das Preisniveau, sofern der Lohnanstieg über das produktivitätsorientierte Maß hinausgeht. Zu einer Umverteilung kommt es nicht.

Die Forderung nach einer kostenniveau-neutralen Lohnpolitik bedeutet also, von den Gewerkschaften zu verlangen, daß sie auf ein Verteilungsziel – Erhöhung des Reallohns –, dessen Realisierung ungewiß ist, verzichten und statt dessen auf *Geldwertstabilität* achten. Dies brauchte die Gewerkschaften bis Anfang der siebziger Jahre nicht sonderlich zu beeindrucken, zumal in der jeweiligen Tarifrunde nicht voraussehbar war, welche Verteilungsrelation sich bei Inflation schließlich einstellen würde. Die sozialen Kosten eines aggressiv ausgetragenen Tarifkonflikts – mäßige Inflation – schienen gering. Auch aus theoretischer Sicht wurde es als widersprüchlich angesehen, von den Gewerkschaften im Interesse der Sicherung von Geldwertstabilität zu verlangen, daß sie auf marktgerechtes Verhalten verzichten (*Rothschild* 1985, *Kromphardt* 1987).

Die entscheidende Bedingung aber – und der entscheidende Grund für eine keynesianische Einkommenspolitik – war, daß von den *monetären Bedingungen* her einem inflationär wirkenden Verhalten der Tarifparteien am Arbeitsmarkt keine Grenzen gesetzt waren. Die relative Schwäche der Geldpolitik im Währungssystem von Bretton Woods, das 1971 zusammenbrach, entsprach ziemlich genau den postkeynesianischen Vorstellungen von einem elastischen monetären System. Die große Bedeutung der Einkommenspolitik als Anti-Inflationspolitik in jener Zeit war letztlich darin begründet, daß die Geldpolitik ihre Rolle der Sicherung des Geldwertes nicht richtig spielen konnte.

9.2 Lohnpolitik bei klassischer Arbeitslosigkeit

Klassische Arbeitslosigkeit ist durch einen zu hohen Reallohn begründet. Die Unternehmen schränken die Beschäftigung ein, obwohl der Gütermarkt im Gleichgewicht ist. Ein zu *hoher Reallohn* kann sich einstellen, wenn in Tarifverhandlungen hohe Geldlohnsteigerungen durchgesetzt werden, die Unternehmen aber z.B. durch eine restriktive Geldpolitik daran gehindert werden, die Lohnsteigerungen in höheren Preisen zu überwälzen. Ein zu hoher Reallohn kann sich aber auch in einem konjunkturellen Abschwung ergeben, wenn die Preise sinken, die Löhne aber aufgrund der Rigidität von Tarifvereinbarungen nicht folgen.

Die angemessene Therapie bei klassischer Arbeitslosigkeit zielt auf eine Senkung des Reallohns. Die Frage ist, was die Lohnpolitik dazu beitragen kann.

In der wirtschaftspolitischen Diskussion der achtziger Jahre ist die These vertreten worden, daß eine zurückhaltende Lohnpolitik beschäftigungssteigernde Wirkungen habe. Entsprechend wurde die Lohnpolitik als ein wesentliches *Element einer angebotsorientierten Wirtschaftspolitik* im Sinne einer Verbesserung der Angebotsbedingungen betrachtet. Unter Zurückhaltung ist dabei zu verstehen, daß die Gewerkschaften entweder – bei Konstanz des Preisniveaus – auf eine proportionale Beteiligung der Arbeitnehmer am gesamtwirtschaftlichen Produktivitätsfortschritt oder – bei steigendem Preisniveau – auf Reallohnsicherung verzichten. Eine zurückhaltende Lohnpolitik bewirkt daher eine Verbesserung der Erlös-Kosten-Relation, gemessen an der Entwicklung, die sonst eingetreten wäre. Die Transmission des lohnpolitischen Impulses auf die Beschäftigung geht über Gewinne und Investitionen. Dabei wird mikroökonomisch argumentiert. Aus der Sicht eines Unternehmens bewirkt eine Senkung der Lohnkosten bei gegebenen Güterpreisen eine Erhöhung der Stückgewinne (Gewinnmargen). Dies stimuliert die Gewinnerwartungen des Unternehmens und regt die Investitionstätigkeit und eine Erhöhung der Beschäftigung an. Die Frage ist, ob dieses *angebotstheoretische Kalkül*, das für einzelne Unternehmen, Branchen oder Regionen gelten mag, auch für die Gesamtwirtschaft trägt. In einem makroökonomischen Zusammenhang ist das Preisniveau endogen. Das bedeutet, daß eine Analyse der Wirkungen der Lohnpolitik das Preisniveau nicht als gegeben voraussetzen kann. Vielmehr ist auch möglich, daß das Preisniveau mit dem Lohnniveau variiert. Welche Wirkungen sich auf Reallohn und Beschäftigung ergeben, kann daher nicht von vornherein gesagt werden. Hinsichtlich einer zurückhaltenden Lohnpolitik ist nicht auszuschließen, daß sie deflatorisch wirkt, also zu einer Senkung des Preisniveaus (im Vergleich zu sonst) führt.

Kontrovers ist insbesondere, wie sich eine zurückhaltende Lohnpolitik auf die *Gewinnerwartungen der Investoren* auswirkt. Wenn sich die Investoren optimistisch stimmen lassen, weil sie sich über die deflatorischen Wirkungen täuschen, kann eine lohnpolitische Zurückhaltung, die auf Dauer angelegt ist, Investitionen induzieren. Diese Vorstellung liegt dem Konzept einer angebotsorientierten Wirtschaftspolitik, wie sie der Sachverständigenrat vertritt, zugrunde: Eine zurückhaltende Lohnpolitik beeinflußt – *über die Erwartung dauerhafter niedriger Löhne* – die Gewinnerwartungen (unabhängig vom aktuellen Preisniveau) und stimuliert damit Investitionen und Beschäftigung. Die preistheoretische Kritik an diesem Konzept findet sich schon bei *Keynes*: Es setzt voraus, daß sich die Unternehmen über den deflatorischen Effekt täuschen und ihn auf diese Weise überwinden. Nach der Neuen Klassischen Makroökonomik ist eine solche Täuschung nur vorübergehend möglich (Lucas-Illusion). Ein Beschäftigungsanstieg, ausgehend von der natürlichen Rate der Arbeitslosigkeit, bleibt danach vorübergehend.

Der deflatorische Effekt einer zurückhaltenden Lohnpolitik kann sich aber nachteilig auf die Erwartungen der Investoren auswirken. Eine dämpfende Wirkung ist insbesondere deshalb zu erwarten, weil eine Deflation die *reale Schuldenlast* der Unternehmen erhöht.[22] Bei gegebenen Zinszahlungsverpflichtungen kann die Kappung von Preiserhöhungsspielräumen ein Unternehmen in die Zahlungsunfähigkeit treiben. Eine Zunahme von *Insolvenzen* beeinträchtigt aber das allgemeine Investitionsklima. Im Ergebnis können die Ertragserwartungen so stark sinken, daß sich die Investoren trotz sinkender Zinsen zurückhalten.

Unabhängig vom deflatorischen Effekt wirkt eine lohnpolitische Zurückhaltung stimulierend auf die erwartete Grenzleistungsfähigkeit des Kapitals, wenn sie als vorübergehend angesehen wird: Die Geldlöhne sinken im Verhältnis zu den künftig erwarteten Löhnen (und Preisen). Damit sinkt der Angebotspreis von Kapitalgütern, die heute erworben werden im Verhältnis zu den künftig produzierten und investierten Kapitalgütern. Die stimulierende Wirkung einer "Lohnpause" liegt in diesem Fall nicht darin, daß der Reallohn sinkt, sondern ist durch ein Rentabilitätsgefälle zwischen heutigen und künftigen Kapitalgütern

---

[22] Es ist allerdings streitig, ob die Deflation in einem solchen Fall der Lohnpolitik oder der Geldpolitik angelastet werden muß, vgl. 9.3.

begründet, welches das Vermögenskalkül beeinflußt. Es muß freilich, worauf *Keynes* hinweist, die lohnpolitische Zurückhaltung (Geldlohnsenkung) so deutlich ausfallen, daß sich die Erwartung einer *unteren Grenze für den Geldlohn* durchsetzt. Diesen Effekt scheinen vor allem Vereinbarungen über lange Tariflaufzeiten zu haben.

9.3 Einkommenspolitik bei unvollständiger Konkurrenz

Unter Bedingungen unvollständiger Konkurrenz ist die Einkommenspolitik eine Antwort auf die *Anspruchsinflation*. Darunter versteht man, daß die Ansprüche der sozialen Gruppen, die über Marktmacht verfügen, das real verteilbare Produkt übersteigen. Der Versuch, diese Ansprüche durch Ausübung von Marktmacht durchzusetzen, mündet in Inflation. Unter diesen Bedingungen bewirkt eine Einkommenspolitik, die "überhöhte" Ansprüche reduziert, daß der Beschäftigungsgrad, der mit Konstanz der Inflation vereinbar ist, steigt.

Die Marktkonstellation der unvollständigen Konkurrenz ist gekennzeichnet durch Preissetzungsverhalten der Unternehmen auf dem Gütermarkt sowie durch Bestimmung des Geldlohnniveaus in Tarifverhandlungen. Diese Marktkonstellation wird durch einen *neokeynesianischen Ansatz* erfaßt. Reallohn und Beschäftigung werden durch die relative Marktmachtposition (Preisers "struktureller Monopolgrad") bestimmt. Die Gewerkschaften zielen auf Reallohnsicherung. Ihre Machtposition richtet sich nach einer Reihe von Faktoren, die durch das Ausmaß an Arbeitslosigkeit (U) approximiert werden können. Dieser Maßstab bestimmt den Reallohn (ω^e), den sie in Tarifverhandlungen anstreben

$$\omega^e = \omega(U); \qquad (9.2)$$

sowie – unter Einbeziehung der erwarteten Inflationsrate dP^e – den dazugehörigen Nominallohn,

$$w = P^e\omega(U); \qquad (9.3)$$

den sie durchsetzen.

Die Unternehmen haben die Marktmacht, Preise zu setzen. Sie kalkulieren einen Aufschlag (µ) auf die Lohnstückkosten (Nominallohn-Produktivitäts-Relation).

$$P = (1+\mu)\frac{w}{y/E} ; \qquad (9.4)$$

Mit ihrer Preispolitik reagieren die Unternehmen auf die Nominallohnentwicklung und bestimmen damit, welcher Reallohn sich nach den Lohnrunden tatsächlich einstellt. Dieser – preisbestimmte – Reallohn

$$\omega^P = \frac{w}{P} = \frac{y/E}{1+\mu} \qquad (9.5)$$

richtet sich nach der durchschnittlichen Arbeitsproduktivität und dem Aufschlag, der den realen Profit sichert. Damit läßt sich der Zusammenhang von Anspruchsinflation und Beschäftigungsgrad erklären. Stimmen der Reallohn, den die Gewerkschaften anstreben, und der Reallohn, den die Unternehmen durch ihr Preissetzungsverhalten akzeptieren, überein, so reicht das verteilbare Produkt aus, die Verteilungsansprüche zu befriedigen. In dieser Marktkonstellation ist der Beschäftigungsgrad mit *Konstanz der Inflation* vereinbar ("non-accelerating-inflation-rate-of-unemployment", NAIRU). Im Vergleich dazu wird ein höherer Beschäftigungsgrad die Verhandlungsmacht der Gewerkschaften stärken, mit der Folge, daß sie höhere Reallohnansprüche stellen. Bei gegebener Inflationserwartung wird – gemäß (Gleichung 9.3) – ein höherer Geldlohn tarifvertraglich vereinbart. Bei unveränderter Preissetzungsmacht der Unternehmen steigt damit das Preisniveau – gemäß (Gleichung 9.4). Der Prozeß akzeleriert, sofern auch die Inflationserwartungen in jeder Lohnrunde angepaßt werden.

Ähnlich wie im Fall der "natürlichen Rate der Arbeitslosigkeit" (*natural rate of unemployment*, NRU) unter monetaristischen Annahmen gibt es also unter keynesianischen Annahmen hinsichtlich des Arbeitsmarktes ein Beschäftigungsniveau, bei dem der Lohn-Preis-Zusammenhang keinen inflatorischen Prozeß generiert (NAIRU). Da das monetäre Gleichgewicht gesichert ist, spricht man in diesem Fall auch von der "gleichgewichtigen Rate der Arbeitslosigkeit" (*Carlin* und *Soskice*, S. 157). Die unterschiedlichen Gleichgewichtskonzeptionen implizieren unterschiedliche Rollen für die Einkommenspolitik. Die NRU ist nicht durch einkommenspolitische Maßnahmen zu verändern, sondern kann allenfalls durch Maßnahmen der Arbeitsmarktpolitik, welche Informationsunvollkommenheiten am Arbeitsmarkt abbauen, beeinflußt werden (Kapitel 11); die NAIRU wird dagegen unmittelbar vom Verhalten der Tarifparteien am Arbeitsmarkt bestimmt und ist daher durch einkommenspolitische Maßnahmen beeinflußbar, soweit diese eine Verhaltensänderung der Tarifparteien bewirken können. Dabei kann auch der kompensatorische Einsatz einer angebotsorientierten Finanzpolitik die gleichen Wirkungen haben wie direkte einkommenspolitische Maßnahmen (*Carlin* und *Soskice*, Kapitel 7). Diese Fragen werden am Beispiel der Lohnfindung in den neuen Ländern in Kapitel 12 diskutiert.

Die Frage ist, unter welchen Bedingungen sich eine Beschäftigungserhöhung einstellt, wenn die *Einkommenspolitik* auf eine Mäßigung der Reallohnansprüche der Gewerkschaften hinwirkt. Die Wirkung hängt entscheidend davon ab, wie sich die *Geldpolitik* verhält. Der neokeynesianische Ansatz erlaubt, diese Beziehung zwischen der Einkommenspolitik und der Geldpolitik zu modellieren.

Die Geldpolitik kann die Preiserhöhungsspielräume der Unternehmen beschneiden und damit einen inflatorischen Prozeß unterbinden. Ihr Restriktionskurs kann aber auch die Wirkung haben, daß ein Prozeß der Einkommens- und Beschäftigungsexpansion bei Konstanz der Inflation, den eine zurückhaltende Lohnpolitik ermöglichen würde, unterbleibt. Zur Sicherung einer Beschäftigungserhöhung ist ein expansiver Kurs der Geldpolitik erforderlich ("akkommodierende Geldpolitik"). Dieser geldpolitische Kurs läuft aber nun andererseits Gefahr, von den Gewerkschaften zur Durchsetzung hoher Lohnsteigerungen genutzt zu werden.

Gewerkschaften und Notenbank befinden sich in einem Dilemma, das durch eine Spielmatrix abgebildet werden kann. Vier Fälle sind zu unterscheiden:

1. Die Gewerkschaften halten sich mit Lohnforderungen zurück, und die Geldpolitik finanziert die Einkommensexpansion. Das Ergebnis dieser *kooperativen Strategie* ist hohe Beschäftigung, Konstanz der Inflation, Konstanz der Reallöhne (evtl. steigende Reallöhne).
2. Die Geldpolitik ist nicht kooperativ. Sie nutzt die Lohnzurückhaltung der Gewerkschaften, die in der Bereitschaft zum Ausdruck kommt, niedrige Reallöhne zu akzeptieren, für einen Restriktionskurs. Die Beschäftigung bleibt niedrig, die Inflation sinkt, der Reallohn bleibt – als Folge der abnehmenden Inflation – unverändert.

3. Die *nicht kooperative Strategie*: Die Gewerkschaften nutzen ihre Verhandlungsmacht aus, die Geldpolitik ist restriktiv. Ein expansiver Impuls, etwa durch eine beschäftigungssteigernde Finanzpolitik, kann sich nicht entfalten. In diesem Spiel bleibt die Beschäftigung niedrig, der Reallohn bleibt konstant, ebenso die Inflation.
4. Die Gewerkschaften verhandeln aggressiv, die Geldpolitik ist akkommodierend: Dies ist der Fall der *Anspruchsinflation*. Die Beschäftigung steigt. Die Gewerkschaften rechnen mit steigenden Reallöhnen und können – bei steigender Beschäftigung – auch entsprechend hohe Geldlöhne durchsetzen. Das Ergebnis ist akzelerierende Inflation.

In diesem Gefangenen-Dilemma ist die nicht-kooperative Strategie dominant, obwohl sie gegenüber der kooperativen Strategie inferior ist (vgl. *Carlin* und *Soskice* 1990 sowie *Weizsäcker* 1978).

Tabelle 9.1 Das Gefangenen-Dilemma in der Einkommenspolitik

Strategien der Gewerkschaften		Notenbankstrategien	
		Expansiv	Restriktiv
Kooperativ	E	hoch	niedrig
	ω^e	konstant	(sinkt)
	dP/P	konstant	sinkt
Aggressiv	E	hoch	niedrig
	ω^e	(steigt)	konstant
	dP/P	steigt	konstant

für: E Beschäftigung
ω^e von den Gewerkschaften erwarteter Reallohn
dP/P Inflationsrate

Fazit. Modelle mit unvollständiger Konkurrenz auf dem Arbeitsmarkt machen die veränderte Rolle der Einkommenspolitik in einem stabilitätspolitischen Regime sichtbar, das der Geldwertstabilität Vorrang gibt. Dem Verhalten der Tarifparteien am Arbeitsmarkt – und damit der Einkommenspolitik – kommt in einem solchen Regime deshalb besondere stabilitätspolitische Bedeutung zu, weil sich die Korrektur von Reallöhnen nicht mehr durch Inflation erreichen läßt. Das ist insbesondere eine Herausforderung an die Gewerkschaften. Die Stabilitätspolitik fordert nicht nur von ihnen, auf aggressive Umverteilungsstrategien zu verzichten (wie in einem Regime der Vollbeschäftigungsgarantie), sondern sie müssen unter Umständen bereit sein, Nominallohnsenkungen hinzunehmen, damit es zu einer Korrektur des Reallohnes (bei Geldwertstabilität) kommt. Ein Bedarf an größerer Flexibilität der Nominallöhne stellt sich insbesondere, wenn die Lohnhöhe auf Branchenebene ausgehandelt wird (*Calmfors* und *Driffill* 1988). Die Frage, ob in einem Regime der Geldwertstabilität die Flexibilität der Nominallöhne steigt, ob sich also die für die Tarifverhandlungen gültigen Konventionen ändern, wird in der Literatur kontrovers diskutiert (*Akerlof* u.a. 1996, *Ball* und *Mankiw* 1994). Diese Frage spielt auch eine zentrale Rolle bei der Beurteilung der Funktionsbedingungen einer europäischen Währungsunion. Wir werden sie deshalb im dritten Teil noch einmal aufgreifen.

Literaturhinweise

Eine Einführung zur Rolle der Einkommenspolitik und ihre institutionelle Ausgestaltung geben

STREIT, M. (1979) Zum Stellenwert der Einkommenspolitik im Rahmen stabilitätspolitischer Bemühungen, in: *Wirtschaftspolitik in Theorie und Praxis*, herausgegeben von E. Mändle u.a. Wiesbaden: Gabler, S. 109-118,

WAGNER, H. (1989) *Stabilitätspolitik. Theoretische Grundlagen und institutionelle Alternativen.* München: Oldenbourg, Kapitel 5.

Das Konzept der kostenniveau-neutralen Lohnpolitik entwickelt der Sachverständigenrat zur Begutachtung der gesamtwirtschaftlichen Entwicklung im Jahresgutachten 1964, *Stabiles Geld – Stetiges Wachstum*, Stuttgart und Mainz 1965, Ziffer 248. Vergleiche hierzu auch das Jahresgutachten 1972, *Gleicher Rang für den Geldwert*, Stuttgart, Kapitel 5.

Die lohnpolitische Debatte der achtziger Jahre resümieren

TOMANN, H. (1986) Attentismus der Investoren und Lohnpolitik, in: *Wirtschaftspolitische Antworten auf die Stagnation. Essays zu Ehren von*

Bernhard Filusch, herausgegeben von H. Tomann. Berlin: Duncker & Humblot, S. 75-102

sowie das Symposium

FLASSBECK, H. (Hrsg.) (1987) *Müssen die Rollen von Geldpolitik und Lohnpolitik in einem beschäftigungsorientierten Konzept neu überdacht werden?* DIW-Symposium Berlin.

Zur keynesianischen Kritik am Zusammenhang von Lohnhöhe und Beschäftigung vergleiche

KEYNES, J. M. (1936) *The General Theory of Employment, Interest and Money.* London: MacMillan, Kapitel 19,

ROTHSCHILD, K. W. (1985) Lohnhöhe und Beschäftigung. Einige theoretische Bemerkungen. Wiederabdruck in: *Arbeitslose: Gibt's die? Ausgewählte Beiträge zu den ökonomischen und gesellschaftspolitischen Aspekten der Arbeitslosigkeit*, herausgegeben von K. W. Rothschild. Marburg: Metropolis 1990, S. 105-113.

Ein makroökonomisches Modell bei unvollständiger Konkurrenz auf dem Arbeitsmarkt entwerfen

CARLIN, W. und SOSKICE, D. (1990*) Macroeconomics and the Wage Bargain.* Oxford Univesity Press, Kapitel 6-8.

Vergleiche hierzu auch

PREISER, E. (1964) *Wachstum und Einkommensverteilung.* 2. Aufl. Heidelberg: Carl Winter Universitätsverlag.

Das Dilemma zwischen Lohnpolitik und Geldpolitik modellieren

WEIZSÄCKER, C. C. VON (1978) Das Problem der Vollbeschäftigung heute, *Zeitschrift für Wirtschafts- und Sozialwissenschaften*, 98, S. 33-51,

FOLDVARY, F. und SELGIN, G. (1995) The Dependency of Wage Contracts on Monetary Policy, *Zeitschrift für die gesamte Staatswissenschaft*, 151, S. 658-676.

Die Frage der Lohnflexibilität in einem Regime der Geldwertstabilität untersuchen

AKERLOF, G. u.a. (1996) The Macroeconomics of Low Inflation, *Brookings Papers on Economic Activity*, H.1, S. 1-76,

BALL, L. und MANKIW, G. (1994) Asymmetric Price Adjustment and Economic Fluctuations, *Economic Journal*, 104, S. 247-261.

10 Die Rolle der Finanzpolitik

10.1 Keynesianische Konzeption der Finanzpolitik

Finanzpolitik als Politik der Einkommensstabilisierung. Keynesianische Finanzpolitik zielt auf Stabilisierung des Einkommensstromes. In methodischer Hinsicht ist sie auf ein *flow*-Gleichgewicht, d.h. ein Gleichgewicht am Gütermarkt ausgerichtet. Dabei verfolgt sie kurzfristig – bei rigiden Güterpreisen – eine Steuerung der Mengenkonjunkturen über die Beeinflussung der aggregierten Nachfrage. Unter keynesianischen Annahmen finden die Märkte nach einer Störung nicht rasch zu einem neuen Gleichgewicht. Ein Störimpuls, etwa ein "falscher" Zins, der die Investitionsentscheidungen beeinflußt, oder ein exogener Nachfrageschock, kann sich vielmehr im Prozeß der Einkommensbildung kumulativ verstärken. Die Aufgabe der Finanzpolitik ist, diesen kumulativen Prozessen der Einkommensbildung, die ein gesamtwirtschaftliches Ungleichgewicht vergrößern, entgegenzuwirken, sie zumindest nicht zu unterstützen. Daß sie dabei kurzfristig an der Nachfrage ansetzt (*demand management*) folgt aus der Annahme rigider Preise. Diese Annahme impliziert, daß die Finanzpolitik die Angebotsbedingungen gar nicht oder jedenfalls nicht kurzfristig beeinflussen kann. Insbesondere in Phasen eines konjunkturellen Abschwungs ist die Finanzpolitik gefordert, einer Einkommenskontraktion entgegenzuwirken und über expansive Impulse auf die gesamtwirtschaftliche Nachfrage Produktion und Beschäftigung zu stabilisieren. Dabei geht es nicht allein und nicht einmal in erster Linie um eine Kompensation von Nachfrageausfall. Die Wirksamkeit der Finanzpolitik im Falle des keynesianischen Problems unzureichender Nachfrage liegt vielmehr darin, daß sie über die Steuerung der aggregierten Nachfrage die Erwartungen zu beeinflussen vermag. Damit wirkt sie auf den Vermögensmarkt zurück. Indem sie die Erwartungen stabilisiert, kann sie verhindern, daß ein Gleichgewichtszins als Folge eines exogenen Schocks von den Investoren als zu hoch angesehen wird. In einer solchen Konstellation – bei unsicheren Erwartungen – wäre Abwarten die rationale Investitionsstrategie (*Dixit* 1992). Indem sich alle Investoren gleichgerichtet verhalten, tritt die befürchtete Destabilisierung tatsächlich ein. Der Finanzpolitik fällt hier die Aufgabe zu, dieses gleichgerichtete Verhalten und die daraus folgenden Selbstverstärkungseffekte zu verhindern. Gelingt ihr dies, ist sie besonders effektiv.

Längerfristig, wenn auch die Preise reagieren, muß keynesianische Finanzpolitik ihren Beitrag zur Inflationsbekämpfung leisten. Sie muß verhindern, daß es zu einer sich selbst verstärkenden Einkommensinflation kommt. Dazu ist – über den Konjunkturzyklus hinweg – ein ausgeglichenes Budget erforderlich (vgl. Abschnitt 4.3).

Antizyklischer Einsatz der Finanzpolitik. Auf den keynesianischen Vorstellungen über kumulative Verstärkungseffekte, die im Prozeß der Einkommensbildung wirksam werden, baut das Konzept der antizyklischen Finanzpolitik auf. Die Finanzpolitik gleicht nach diesem Konzept die endogene Tendenz der Selbstverstärkung aus, in Phasen der Einkommenskontraktion durch expansive Maßnahmen, in Phasen der Einkommensexpansion durch kontraktive Maßnahmen. Zu einem Teil ist diese Ausgleichsfunktion bereits in den fiskalischen Normen und Regelungen angelegt. Der Staat hat durch die Steuergesetze unmittelbaren Zugriff auf die Einkommen. Andererseits kann er das verfügbare Einkommen der privaten Haushalte durch sozialpolitische Transferzahlungen korrigieren. Diese Regelungen und Vorgaben haben im Konjunkturverlauf den Effekt eingebauter Stabilisatoren, die den Einkommensstrom bzw. seine Ausgabenwirksamkeit regulierend beeinflussen. Es ist einerseits die Progressivität der Einkommensbesteuerung, andererseits die Ausgestaltung der sozialpolitischen Transfers, die den Verlauf des verfügbaren Einkommens glätten und damit den Konsum, eine wichtige Komponente der aggregierten Nachfrage, stabilisieren. Dieser Glättungseffekt entsteht, ohne daß es einer finanzpolitischen Initiative bedürfte. Von daher haben die eingebauten Stabilisatoren eine wichtige Funktion bei der kurzfristigen Steuerung des Einkommens. Ihr Vorteil ist, daß sie unmittelbar wirksam sind, da der Zeitbedarf für Diagnose und Entscheidung, der bei finanzpolitischen Maßnahmen sonst einzukalkulieren ist, entfällt und sich damit der Wirkungs-*lag* verkürzt. Die Folge für das Staatsbudget sind Überschüsse im Boom und Defizite in der Rezession – im Vergleich zu den Salden, die sich bei kontinuierlicher Einkommensentwicklung ergäben. Die Überschüsse bzw. Defizite sind endogen, d.h. sie sind Ausdruck der kumulativen Veränderungen des Einkommensstromes, nicht Ausdruck des finanzpolitischen Handelns. Die Finanzpolitik muß diese Salden auch hinnehmen, d.h. sie muß sich, soweit die Salden endogen bestimmt sind, neutral verhalten. Ein Versuch, diese Salden abzubauen bzw. zu vermeiden, würde die Wirkung der eingebauten Stabilisatoren zunichte machen und statt dessen eine Verstärkung der kumulativen Tendenzen des Einkommensstromes bewirken.

Die Norm der antizyklischen Finanzpolitik ist, daß sich bei normalem Beschäftigungsgrad – Gütermarkt und Arbeitsmarkt sind im Gleichgewicht – ein ausgeglichenes Budget einstellt. Der Staat hat seine Einnahmeregelungen und Ausgabenansätze so zu adjustieren, daß sich im längerfristigen Trend Defizite und Überschüsse im Staatshaushalt ausgleichen. Diese Norm wird üblicherweise vermögenstheoretisch begründet ("Konsolidierung" des Staatshaushaltes), nämlich durch das Ziel, daß die Staatsschuld begrenzt bleiben müsse (vgl. Abschnitt 10.2). Sie ist aber in ihrem Kern einkommenstheoretisch fundiert. Unter keynesianischen Annahmen hat der Staat durch ein ausgeglichenes Budget dazu beizutragen, daß im Zuge der Einkommensbildung nicht ein kumulativ wirkender Inflationsprozeß entsteht (Einkommensinflation), der sich aus dem Lohn-Preis-Zusammenhang speist. Im keynesianischen Modell ist das Geldangebot nicht exogen vorgegeben, sondern das monetäre System reagiert elastisch auf Veränderungen der Geldnachfrage. Der ausgeglichene Staatshaushalt ist Teil der Geldpolitik, indem er signalisiert, daß der Staat nicht von sich aus die Geldnachfrage anheizt und damit einen Prozeß der Einkommensinflation antreibt. Die Hauptaufgabe keynesianischer Inflationsbekämpfung liegt aber bei der Einkommenspolitik, die an den Löhnen und damit der Angebotsseite der Einkommensbildung ansetzt (vgl. Kapitel 9).

Indikatoren finanzpolitischer Impulse. Ähnlich wie in der Geldpolitik gibt es in der Finanzpolitik ein Indikatorenproblem. Der richtige Einsatz der Finanzpolitik setzt die Kenntnis des Wirkungszusammenhangs zwischen der Veränderung eines finanzpolitischen Aktionsparameters – der eindeutig steuerbar ist – und der Veränderung der Zielgrößen voraus. Es gibt viele Versuche, solche Wirkungsketten in gesamtwirtschaftlichen Modellen abzubilden, die den Zusammenhang zwischen einem finanzpolitischen Impuls einerseits und dem Einkommen, der Produktion und der Beschäftigung andererseits quantifizieren. Daß solche Versuche untauglich sind, zeigt sich schon daran, daß die Hauptwirkung einer keynesianischen Finanzpolitik in einer Stabilisierung der Erwartungen gesehen werden muß. Gesamtwirtschaftliche Wirkungsanalysen müßten also den Einfluß auf die Erwartungsbildung angemessen reflektieren. Aus solchen grundsätzlichen Überlegungen beschränkt man sich in der praktischen Wirtschaftspolitik und der Politikberatung darauf, die Anstoßwirkungen (Impulse, Primärwirkungen) zu messen. Man sucht eine Antwort auf Fragen wie: Hat die Finanzpolitik expansive oder kontraktive Impulse ausgelöst und wie stark waren gegebenenfalls diese Impulse? Oder hat sich die Finanzpolitik neutral verhalten? Aber auch diese Fragen sind nicht einfach zu beantworten.

Die Aktionsparameter der Finanzpolitik sind einerseits die Ausgabenansätze im Staatshaushalt, andererseits die gesetzlichen Bestimmungen, die die Besteuerung und die sozialpolitischen Transfers regeln. Veränderungen dieser Aktionsparameter schlagen als Änderung des Saldos im Staatshaushalt zu Buche. Der Budgetsaldo ist als Indikator finanzpolitischer Impulse aber nicht ohne weiteres geeignet. Zwei grundsätzliche Einwände stehen dem entgegen.

Erstens: Endogenität des Budgetsaldos. Der Budgetsaldo reflektiert auch konjunkturbedingte und inflationsbedingte Einnahmen- und Ausgabenschwankungen. Diese Schwankungen sind nicht Ausdruck finanzpolitischen Handelns sondern Reflex von Änderungen des Einkommensstromes, soweit sie über die eingebauten Stabilisatoren im Budget ihren Niederschlag finden. Damit der Budgetsaldo als Indikator der Finanzpolitik verwendet werden kann, müssen diese Einflüsse herausgerechnet werden. Dafür sind verschiedene Konzepte entwickelt worden.

(1) Der Vollbeschäftigungs-Budgetsaldo: Maßstab zur Messung konjunktureller Impulse der Finanzpolitik ist ein hypothetischer Budgetsaldo bei Vollbeschäftigung; bei Berechnung dieses Saldos wird der tatsächliche Saldo um endogene (konjunkturbedingte) Einflüsse bereinigt:

– Konjunkturbedingte Einnahmeschwankungen werden durch Verwendung der Vollbeschäftigungsteuereinnahmen ausgeschaltet.
– Auf der Ausgabenseite werden konjunkturbedingte Veränderungen der Zuschüsse zur Arbeitslosenversicherung ausgeschaltet.

Zeigt der Vollbeschäftigungsaldo ein Defizit, so läßt dies auf einen *expansiven* Impuls der Finanzpolitik schließen (u. u.).

Kritik: Mit diesem Konzept wird unterstellt, daß sich die Budgetsalden über den Konjunkturzyklus hinweg ausgleichen. In den Vereinigten

Staaten wurde sogar ein "Vollbeschäftigungs-Budgetüberschuß" (full-employment-budget-surplus) angestrebt. Die Norm war, daß über den Konjunkturzyklus hinweg ein Überschuß erreicht werden sollte. Dieser Überschuß war der Maßstab für konjunkturneutrales Verhalten der Finanzpolitik. Der Grund dafür ist aber institutioneller Natur: In den USA sind die staatlichen Pensionsversicherungen im Staatsbudget enthalten, die im Trend Überschüsse erwirtschaften.

(2) Der konjunkturneutrale Haushalt (das Konzept des Sachverständigenrats): Der Grundgedanke ist, einen hypothetischen Staatshaushalt zu berechnen, der für sich genommen den Auslastungsgrad des gesamtwirtschaftlichen Produktionspotentials nicht verändert – und auch keine inflatorischen Impulse auslöst. Dieser als "konjunkturneutral" bezeichnete Haushalt dient als Vergleichsmaßstab zur Messung der konjunkturellen Impulse der Finanzpolitik. Mit dem Bezug auf das Produktionspotential macht der Sachverständigenrat deutlich, daß die Finanzpolitik auf die kurzfristigen, keynesianischen Probleme auszurichten ist. Keynesianische Probleme im Sinne reiner Nachfrageprobleme sind immer dann gegeben, wenn die Ressourcen und deren Produktivität "vorgegeben", d.h. vom Staat nicht beeinflußbar sind. Die Ökonomen des *National Bureau of Economic Research* (NBER) in den Vereinigten Staaten haben dafür das Konzept des Produktionspotentials eingeführt, das als Maßstab zur Messung von Nachfrageschwankungen dient. Konjunkturschwankungen werden danach als Auslastungsschwankungen des gesamtwirtschaftlichen Produktionspotentials definiert (vgl. Kapitel 3).

Wegen des "Strukturbruchs", den die deutsche Vereinigung verursacht hat, verzichtet der Sachverständigenrat seit 1991 darauf, einen konjunkturneutralen Haushalt zu berechnen. Der Sachverständigenrat vermutet, daß sich die Wirtschaft an ein neues, dauerhaft höheres Niveau der Staatsverschuldung gewöhnen wird. Auf dieser Grundlage wäre längerfristig eine neue "Norm" für die Berechnung konjunktureller Effekte des Staatshaushalts abzuleiten. Die Finanzierungsdefizite der Jahre nach 1991 werden aber in den folgenden Jahresgutachten unabhängig von einer noch festzulegenden Norm über die "neutrale" Staatsverschuldung durchweg als expansiv eingeschätzt.

Der konjunkturneutrale Haushalt

Der konjunkturneutrale Haushalt wird durch Fortschreibung der Komponenten des Staatshaushalts von einem konjunkturneutralen Basisjahr aus berechnet:

- Potentialorientierte Fortschreibung der Staatsausgaben; das "konjunkturneutrale Haushaltsvolumen" ergibt sich nach einer Berichtigung aufgrund von Änderungen der Steuerquote. So führt eine Senkung von Steuersätzen zu Steuermindereinnahmen: in entsprechendem Umfang müssen die Staatsausgaben gekürzt werden, wenn das Haushaltsvolumen insgesamt konjunkturneutral bleiben soll.
- Potentialorientierte Fortschreibung der Kreditaufnahme (mit dem Produktionspotential kann auch die Staatsverschuldung konjunkturneutral wachsen); der "konjunkturneutrale Finanzierungssaldo" ergibt sich nach einer Berichtigung der potentialorientierten Kreditaufnahme um auslastungsbedingte Steuermehreinnahmen oder Mindereinnahmen. So hätte die potentialorientierte Kreditaufnahme des Staates im Jahre 1990 32 Mrd. DM betragen. Aufgrund eines konjunkturellen Aufschwungs kam es in diesem Jahr zu auslastungsbedingten Steuermehreinnahmen von 15 Mrd. DM. Der Staat hätte sich also nur dann konjunkturneutral verhalten, wenn er seine Verschuldung in diesem Jahr um entsprechend weniger, insgesamt also um 17 Mrd. DM ausgeweitet hätte (Sachverständigenrat, JG 90/91, Ziffern 235 ff.). Damit wird dem Grundsatz entsprochen, auslastungsbedingte Schwankungen der Steuereinnahmen – mit entsprechenden Schwankungen des Kreditfinanzierungsbedarfs – nicht als konjunkturellen Impuls der Finanzpolitik zu rechnen. Tatsächlich betrug das Finanzierungsdefizit des Staates 1990 73 Mrd. DM. Die Finanzpolitik hat also expansiv gewirkt.
- Problematisch ist die Berücksichtigung der Inflationsrate ("konjunkturneutrale Preissteigerungsrate").
- Problematisch ist die Bestimmung des Basisjahres (der Sachverständigenrat wählt einen mehrjährigen Durchschnitt als konjunkturneutrale Basis zur Bestimmung der Strukturquoten).

Nach diesem Konzept ergibt sich der konjunkturelle Impuls als Abweichung des tatsächlichen vom konjunkturneutralen Haushaltsvolumen bzw. als Abweichung des tatsächlichen vom konjunkturneutralen Finanzierungssaldo.

(3) Der konjunkturgerechte Haushalt. Das Konzept des konjunkturgerechten Haushalts versucht nicht nur, den konjunkturellen Impuls sondern auch die richtige Dosierung zu bestimmen. Dies erfordert eine detaillierte Multiplikatoren- (d.h. Wirkungs-) Analyse und damit eigentlich ein gesamtwirtschaftliches Modell.

Zweitens: Monetäre Impulse der Finanzpolitik. Der Budgetsaldo als Saldo zwischen den Staatsausgaben und den Staatseinnahmen wäre nur insoweit ein angemessener Indikator finanzpolitischer Impulse als von seiner Finanzierung keine weiteren Effekte ausgelöst würden. Tatsächlich gibt es aber solche Impulse der Finanzierung des Staatshaushalts. Diese monetären Effekte der Finanzpolitik lassen sich – ein analytischer Kunstgriff – der Geldpolitik zurechnen. Es ist dann die Aufgabe der Geldpolitik, diese Effekte zu akzeptieren oder gegebenenfalls zu neutralisieren. Zu beurteilen wäre also eine finanzpolitisch-geldpolitische Doppelmaßnahme. Die Botschaft des keynesianischen Modells ist aber, daß die monetären Effekte des Budgetsaldos vernachlässigt werden können, wenn es sich um echte "keynesianische Probleme" handelt. Dies ist insbesondere der Fall einer Rezessionsbekämpfung durch *deficit spending*. In einer Rezessionsphase ist das monetäre System elastisch, so daß die zusätzliche Geldnachfrage des Staates auf ein elastisches Geldangebot stößt und Zinseffekte, mit den daraus folgenden kontraktiven Impulsen, die über den Vermögensmarkt wirksam werden, ausbleiben. Hier setzt freilich die monetaristische Kritik an einer keynesianischen Finanzpolitik an.

Crowding out, Crowding in und Fiskalillusion. Von der Finanzierung des Budgetsaldos gehen monetäre Wirkungen aus, d.h. Wirkungen, die den Vermögensmarkt beeinflussen. Der Haupteinwand dagegen, daß eine keynesianische Finanzpolitik expansive Impulse auslösen kann, ist, daß es am Vermögensmarkt zu *crowding-out*-Effekten kommt. Diesem Einwand liegt die monetaristische Annahme eines exogen vorgegebenen Geldangebots zugrunde. Diese Annahme impliziert, daß ein Budgetdefizit nicht durch Zentralbankgeld finanziert werden kann: Weder durch Notenbankkredit noch dadurch, daß die Notenbank Staatsanleihen in ihr Portefeuille nimmt oder den Notenbankgewinn (*seignorage*) auf den Staat überträgt. Vielmehr muß der Staat auf dem Vermögensmarkt mit seinem Finanzierungsbedarf in Konkurrenz zu privaten Investoren treten. Die zusätzliche Geldnachfrage (des Staates) wird nur über Zinssteigerungen befriedigt. Bei höheren Zinsen sind die Vermögensbesitzer bereit, in ihren

Portefeuilles Geld durch verzinsliche Staatsanleihen zu substituieren. Der Zinsanstieg – bei gegebenem Zustand der Erwartungen – verdrängt aber private Investoren. Zusätzliche Staatsausgaben (bzw. durch Steuersenkungen induzierte private Ausgaben) treten dann an die Stelle privater Investitionen. Diese Verdrängung kommt einem kontraktiven Impuls gleich, d.h. die Wirkungen des ursprünglichen Impulses der Finanzpolitik auf Einkommen, Produktion und Beschäftigung fallen entsprechend geringer aus.

In welchem Ausmaß es zu *crowding-out*-Effekten kommt, hängt von der Zinselastizität der Geldnachfrage ab. Sind die privaten Vermögensbesitzer nicht bereit, die Liquidität ihrer Portefeuilles zu verringern, so kommt es zu vollständigem *crowding out*. Ist die Geldnachfrage dagegen zinselastisch, so bedarf es nur eines vergleichsweise geringen Zinsanstiegs, damit die zusätzlichen Staatsanleihen gehalten und liquide Mittel zur Finanzierung des Einkommensstromes bereitgestellt werden. Die Zinselastizität der Geldnachfrage ist aber keine ökonomische Konstante, sondern wird von der Marktkonstellation bestimmt. Insbesondere ist sie nicht unabhängig vom Zustand der Erwartungen in der Ökonomie.

Nehmen wir den Fall der Krise. Hier werden die unterschiedlichen Annahmen der monetaristischen und keynesianischen Konzeption besonders deutlich. Die monetaristische Kritik geht davon aus, daß in der Krise die Umlaufgeschwindigkeit des Geldes sinkt. Die Vermögensbesitzer orientieren sich zwar bei ihrer Kassenhaltung an den längerfristigen Realeinkommenserwartungen; bei sinkenden Preisen finden sie aber zunehmend mehr Realkasse in ihren Portefeuilles als sie zu halten wünschen (Realkasseneffekt). Die Umstrukturierung der Portefeuilles, die sie vornehmen, senkt den Zins und wirkt stimulierend auf die wirtschaftliche Aktivität und den Einkommensstrom. Ein *crowding out* der Finanzpolitik ist also schon darin zu sehen, daß der Staat durch *deficit spending* zusätzliche Geldnachfrage auslöst und damit eine an sich mögliche Zinssenkung verhindert. Die Finanzpolitik ist demnach funktionslos, sie kann sogar kontraktiv wirken.

Dagegen wird aus keynesianischer Sicht eingewendet, das besondere Merkmal der Krise sei, daß sie die Erwartungen destabilisiert. Die Liquiditätspräferenz der Geldvermögenshalter steigt in der Krise als Ausdruck zunehmend unsicherer Erwartungen hinsichtlich der Erträge aus Investitionen (vgl. Abschnitt 2.3). Deshalb kann der Zins nicht sinken. Verzinsliche Anlagen werden vielmehr in der Krise nur gegen eine erhöhte Liquiditätsprämie gehalten. Es ist gerade die erwartungsstabilisierende Wirkung der Finanzpolitik, die eine Zinssenkung erst ermöglicht.

Gelingt es der Finanzpolitik, die Erwartungen zu stabilisieren, so wird dies die Liquiditätspräferenz der Gläubiger mindern bzw. die Bereitschaft, Liquidität aufzugeben, stärken. In diesem Fall kann der Zins sinken und der *crowding-out*-Effekt staatlicher Kreditaufnahme ist gering.

Stellt das Geldangebot keine makroökonomische Budgetbeschränkung dar – also unter keynesianischen Annahmen –, kann es sogar zu *crowding in* kommen. Dieser Effekt tritt dann auf, wenn mit dem Einkommensstrom auch die Vermögensanlagebereitschaft steigt. Die zusätzlichen Staatsanleihen werden aus dem Einkommensstrom, den sie induzieren, finanziert (*Tobin*). Dagegen wird eingewandt, daß dies nur bei Fiskalillusion gelingt. Damit der Einkommenseffekt der Finanzpolitik nicht verpufft sondern dauerhaft bleibt, müssen sich die Privaten, die zusätzlich Staatsanleihen halten, reicher fühlen und entsprechend ihre Ausgaben steigern. Tatsächlich beziehen sie ja mit den Zinsen auf die Staatsanleihen zusätzliches Einkommen, dessen kapitalisierter Wert ihr Vermögen erhöht. Haben sie dagegen die Erwartung, daß der Staat zur Finanzierung der Staatsschuld künftig die Steuern erhöhen muß, so werden sie – in Erwartung einer Steuererhöhung – ihre Ausgaben einschränken. Die kreditfinanzierte Finanzpolitik hat dann keine andere Wirkung als eine durch Steuern finanzierte (Ricardianisches Äquivalenztheorem).[23]

Abgrenzung der Finanzpolitik von der Geldpolitik. Konjunkturelle Impulse der Finanzpolitik sind die von den staatlichen Ausgaben und den staatlichen Einnahmeregelungen unmittelbar ausgehenden Einwirkungen auf die Auslastung des gesamtwirtschaftlichen Produktionspotentials.

Monetäre Impulse der Geldpolitik sind die Wirkungen auf Geldbasis und Geldmenge, die von der Geldpolitik verursacht bzw. toleriert (nicht sterilisiert) werden.

Eine zentralbankfinanzierte Ausgabenerhöhung des Staates gilt damit als finanz- und geldpolitische Doppelmaßnahme; die zentralbankfinanzierte Ausgabenerhöhung ist nur dann eine rein finanzpolitische

---

[23] In der "Neuen Klassischen Makroökonomik" wird das Äquivalenztheorem Ricardos als ein Anwendungsfall der Theorie rationaler Erwartungen behandelt. An diesem Beispiel zeigt sich der statische Charakter des Konzepts rationaler Erwartungen besonders deutlich (vgl. Kapitel 10.2).

Maßnahme, wenn eine kompensatorische Zentralbankgeldvernichtung durch die Notenbank durchgeführt wird.

Die Abgrenzung ermöglicht eine eindeutige Zuweisung von Verantwortung an die beteiligten Politikbereiche.

10.2 Grenzen der Staatsverschuldung

Eine Politik des *deficit spending* erhöht die Staatsschuld. Der Spielraum für eine keynesianische Finanzpolitik der Einkommensstabilisierung ist deshalb ausgeschöpft, sobald die Möglichkeiten für eine Zunahme der Staatsverschuldung begrenzt sind. Wo die Grenzen der Staatsverschuldung liegen, ist eine der großen Kontroversen in der Wirtschaftspolitik. Diese Grenzen sind keineswegs durch bindende Regeln vorgegeben. Anders als im Falle eines Unternehmens gibt es kein Konkursrecht für Staaten mit durchsetzbaren Sanktionen bei Zahlungsunfähigkeit. Die Regelung der Schulden des Staates, eines "souveränen" Schuldners, bleibt von vornherein eine politische Angelegenheit.

Vielmehr geht es um die Frage, wie eine zunehmende Staatsverschuldung die Erwartungen und das Verhalten der privaten Akteure beeinflußt. Es gibt mehrere Gründe, warum eine Zunahme der Staatsverschuldung auf diesem Wege kontraproduktiv wirken kann. Erstens kann die Zinsbelastung aus der Staatsschuld ein Niveau erreichen, das von den Privaten nicht akzeptiert wird. Diese "Zinssteuer" wurde zuerst von *Domar* (1944) untersucht. Zweitens kann die Akkumulation von Staatsschulden Inflationserwartungen auslösen, und zwar auch dann, wenn der Staat seine Schulden nicht monetisiert. Schließlich gibt es eine Grenze für Staaten, die sich auf den internationalen Kapitalmärkten (bzw. bei anderen Staaten) verschulden. Diese Grenze ist dann erreicht, wenn die Erwartung vorherrscht, daß ein Staat als souveräner Schuldner seinen Schuldendienst nicht mehr leistet. Im folgenden wollen wir diese unterschiedlichen Grenzen der Staatsverschuldung näher bestimmen. Damit wird es möglich, unser Urteil über die Wirkungen der Staatsverschuldung besser zu fundieren.

Grundsätzlich hat eine Regierung mehrere Möglichkeiten, ein Budgetdefizit, d.h. den Überschuß der laufenden Staatsausgaben über die Steuereinnahmen zu finanzieren. Ein Finanzierungsdefizit aus dem laufenden Haushalt ("Primärdefizit") kann durch Kreditaufnahme am Kapitalmarkt, durch den Verkauf von Vermögenswerten oder durch Monetisierung gedeckt werden. In jeder Periode gilt die Identität

$$BS = G - T = \Delta D - \Delta A + \Delta H; \tag{10.1}$$

für BS: Budgetsaldo
 G: Staatsausgaben *(government)*
 T: Steuereinnahmen *(tax)*
 D: Bestand an Staatsschulden *(debt)*
 A: Vermögensbestand des Staates *(assets)*
 H: Geldbasis *(high powered money)*

Im Folgenden nehmen wir an, daß der Staat ein Defizit ausschließlich durch Kreditaufnahme am Kapitalmarkt finanziert ($\Delta A = \Delta H = 0$). Damit konzentrieren wir uns auf die längerfristigen Wirkungen der Staatsverschuldung. Der Verkauf von Vermögenswerten ebenso wie die Finanzierung eines Defizits durch Geldschöpfung *(seignorage)* wird hier nicht betrachtet. Diese Finanzierungsarten haben – abgesehen von ihren sonstigen Wirkungen – gemeinsam, daß sie allenfalls vorübergehend entlastend eingesetzt werden können. Das längerfristige Verschuldungsproblem ist damit aber nicht zu lösen.

Die "Last" der Staatsschuld. Eine Politik des *deficit spending* ist von ihrer Konzeption her mit einem auf Dauer ausgeglichenen Staatshaushalt vereinbar. Denn Defizite in der Rezession können durch Überschüsse im Boom ausgeglichen werden. Die Erfahrung ist aber, daß Regierungen und Parlamente die erforderliche Ausgabendisziplin im Boom nicht wahren. Das *deficit spending* führt daher auf lange Sicht zu einer wachsenden Staatsverschuldung.

Diese Entwicklung kann ein kumulatives Moment erhalten. Eine zunehmende Staatsverschuldung erhöht die Zinsbelastung der öffentlichen Haushalte und damit den Neuverschuldungsbedarf des Staates. Lassen wir die Möglichkeit zu, Zinsen durch Kreditaufnahme zu finanzieren, so ergibt sich das Finanzierungsdefizit als

$$\Delta D = i D + BS; \tag{10.2}$$

für i: Zinssatz auf die Staatsschuld.

Der Neuverschuldungsbedarf ist also nicht nur abhängig von der Höhe des Primärdefizits (BS) sondern auch – bei gegebenem Zinssatz – von der Höhe der Staatsschuld. Mit anderen Worten, die Staatsschuld steigt nur dann nicht weiter an, wenn die Zinsausgaben durch einen entsprechenden Überschuß im Primärhaushalt (einen Überschuß der Steuereinnahmen über die laufenden Staatsausgaben) kompensiert werden. Die Bedingung lautet

$$\Delta D = i D + \alpha Y = 0; \tag{10.2a}$$

für   Y: Volkseinkommen
   α = BS/Y: Defizitquote

Dies ist die zentrale Bedingung für das Verständnis der Grenzen der Staatsverschuldung. Einerseits führt eine wachsende Staatsschuld zu einer erhöhten Zinsbelastung und vergrößert damit den Bedarf an Neuverschuldung bzw. an Steuererhöhungen. Andererseits bewirkt ein wachsendes Volkseinkommen, daß die Steuereinnahmen zunehmen. Damit wird der Finanzierungsspielraum für Zinsen vergrößert, der sich ohne Steuererhöhungen (und ohne Neuverschuldung) ergibt.

Ein aussagefähiges Kriterium für die Grenzen der Staatsverschuldung ist deshalb nicht die absolute Höhe der Staatsschuld, sondern die Höhe der Staatsschuld im Verhältnis zur Höhe des Volkseinkommens (Schuldenquote).[24] Entsprechend ist die "Belastung", die aus dem Zinsendienst folgt, im Verhältnis zum Volkseinkommen zu definieren, weil das Volkseinkommen den Spielraum für die Finanzierung von Zinsen bestimmt.

Grundsätzlich wird sich die Zinsbelastung nicht ändern, solange die Schuldenquote konstant bleibt. Denn den zusätzlichen Zinsausgaben, die aus einer Erhöhung des Schuldenbestandes resultieren, stehen zusätzliche Steuereinnahmen aus der Erhöhung des Volkseinkommens gegenüber. Die

---

[24] Die Komponenten einer Veränderung der Schuldenquote kann man durch eine definitorische Aufspaltung bestimmen als

$$\Delta d = \Delta (D/Y) = id + \alpha - dr = d (i - r) + \alpha;$$

Für i: Zinssatz; r: Wachstumsrate des Einkommens p.a.; α: Defizitquote.

Danach steigt die Schuldenquote, wenn der Zinssatz größer ist als die Wachstumsrate des Einkommens und dieser Effekt nicht durch einen Budgetüberschuß kompensiert wird. Der Budgetüberschuß muß um so größer sein, je größer d ist. Eine Ableitung dieses definitorischen Zusammenhangs findet sich bei *Dornbusch* und *Fischer* (1995).

"Last" der Staatsschuld wird dagegen größer, wenn die Schuldenquote steigt. In diesem Fall gibt es zwei Optionen für den Staat. Werden die zusätzlichen Zinsausgaben aus den Steuereinnahmen finanziert, so müssen entweder andere Staatsausgaben gekürzt oder die Steuern erhöht werden. Hier muß also geklärt werden, wie diese "Belastung" die Erwartungen und das Verhalten der privaten Akteure beeinflußt. Die zweite Option ist, zusätzliche Zinsausgaben immer wieder durch eine zusätzliche Neuverschuldung zu finanzieren. Es ist offensichtlich, daß es in diesem Fall zu einem Schneeballeffekt kommt. Der Staat muß sich fragen, wie lange die Privaten bereit sein werden, die zusätzlichen Staatsschuldverschreibungen (die zur Finanzierung der Zinsen emittiert werden) zu halten.
Der relevante Fall ist der Fall der Steuererhöhung. Diesen Fall hat *Domar* in einem berühmt gewordenen Artikel im Jahre 1944 mit Blick auf die wirtschaftlichen Probleme der Nachkriegszeit untersucht. Seine Analyse ist auch heute noch aktuell.

Domars Zinssteuer. *Domar* (1944) bestimmt in einem einfachen Modell Kriterien für die Grenzen der Staatsverschuldung. Einmal zeigt er, wie sich die Schuldenquote, das Verhältnis des öffentlichen Schuldenbestandes (D) zum Volkseinkommen (Y), entwickelt, wenn die Regierung in jeder Periode neue Kredite aufnimmt. Zum anderen bestimmt er die Zinsbelastung. Unter der Annahme, daß die Zinsen auf die öffentliche Schuld aus Steuern finanziert werden, wird der dafür erforderliche durchschnittliche Steuersatz bestimmt. Dabei wird in Rechnung gestellt, daß die Privaten, die Staatsschuldtitel halten, ihr Zinseinkommen zu versteuern haben. Der durchschnittliche Zinssteuersatz ist dann das Verhältnis zwischen den Zinsausgaben des Staates (U) und dem steuerbaren Gesamteinkommen (T)

$$\frac{U}{T} = \frac{i \cdot D}{Y + i \cdot D} ; \qquad (10.3)$$

Dabei steht (i) für den Zinssatz auf die Staatsschuld. Das Volkseinkommen nach Abzug der Zinssteuerlast ist

$$Y' = Y\left(1 - \frac{U}{T}\right) ; \qquad (10.4)$$

Die Frage ist, wie sich die Zinssteuerlast und das Netto-Volkseinkommen verändern, wenn sich die Regierung in jeder Periode zusätzlich verschuldet. Das Verhältnis des Budgetdefizits zum Volkseinkommen, die Defizitquote (α), sei konstant.

Domar unterscheidet mehrere Fälle, von denen zwei besonders aufschlußreich sind. Immer handelt es sich um reale Größen, d.h. Inflationsprobleme werden nicht untersucht.

Fall 1: Das Volkseinkommen stagniert.
Es sei a das Volkseinkommen zu Beginn des "Gedanken-Experiments". Dann gilt in jeder Periode

$$Y = a; \qquad (10.5)$$

Bei laufenden Defiziten in Höhe von α a wächst die Staatsschuld in t Perioden (Jahren) auf

$$D = D_0 + \alpha a t; \qquad (10.6)$$

Entsprechend wächst – bei konstantem Volkseinkommen – die Schuldenquote

$$\frac{D}{Y} = \frac{D_0}{a} + \alpha t; \qquad (10.7)$$

Ihr Grenzwert ist

$$\lim_{t \to \infty} \frac{D}{Y} = \infty; \qquad (10.8)$$

Die Zinsbelastung

$$\frac{U}{T} = \frac{i \cdot D}{Y + i \cdot D} = \frac{1}{\frac{Y}{i \cdot D} + 1}; \qquad (10.9)$$

steigt in diesem Fall bis zu einem Grenzwert

$$\lim_{t\to\infty}\frac{U}{T}=1;\qquad(10.10)$$

Folglich sinkt das Netto-Volkseinkommen, bis es den Grenzwert

$$\lim_{t\to\infty}Y'=Y\left(1-\lim_{t\to\infty}\frac{U}{T}\right)=0;\qquad(10.11)$$

erreicht. Die Botschaft dieses "Experiments" ist evident: Stagniert das Volkseinkommen, so führt die fortdauernde Neuverschuldung des Staates zu einer immer größeren Last, die aus dem laufenden Einkommen zu tragen ist.

Fall 2: Das Volkseinkommen wächst mit konstanter Rate
Wiederum sei a das Volkseinkommen zu Beginn des "Experiments". Wächst das Volkseinkommen mit der Rate r, so erreicht es im Jahr t die Höhe

$$Y=ae^{rt};\qquad(10.12)$$

Bei konstanter Defizitquote α werden die Budgetdefizite – dem absoluten Betrag nach – immer größer. Die Staatsschuld wächst nach t Jahren auf

$$D=D_0+\alpha a\int_0^t e^{rt}dt=D_0+\frac{\alpha a}{r}\left(e^{rt}-1\right);\qquad(10.13)$$

Die Staatsschuldenquote in Periode t ergibt sich aus den Gleichungen (10.12) und (10.13)

$$\frac{D}{Y}=\frac{D_0}{ae^{rt}}+\frac{\alpha}{r}\left(1-e^{-rt}\right);\qquad(10.14)$$

Ihr Grenzwert ist

$$\lim_{t\to\infty}\frac{D}{Y}=\frac{\alpha}{r};\qquad(10.15)$$

d.h. die Staatsschuldenquote konvergiert gegen einen Wert, der vom Verhältnis der Defizitquote zur Wachstumsrate des Volkseinkommens bestimmt wird.

Der entsprechende Grenzwert für die Zinslastquote ist gemäß Gleichung (10.9)

$$\lim_{t\to\infty} \frac{U}{T} = \frac{i}{\frac{r}{\alpha}+i} \; ; \qquad (10.16)$$

Die Botschaft dieses "Experiments" ist weniger offensichtlich. In einer wachsenden Wirtschaft steigt weder die Schuldenquote noch die Zinslastquote ins Unermeßliche. Sie konvergieren vielmehr gegen einen Wert, der um so größer ist, je höher die Budgetdefizite im Verhältnis zum Volkseinkommen sind und je niedriger die Wachstumsrate des Volkseinkommens ist. Was die Zinslastquote betrifft, so wird ihr Grenzwert ebenfalls wesentlich von dieser Relation bestimmt. *Domar* hat für seine Zeit eine Defizitquote von 6%, eine Wachstumsrate, die zwischen 2 und 3% liegt, sowie einen (realen) Zinssatz von 2% als realistisch eingeschätzt. In diesem Fall würde die Schuldenquote gegen einen Wert konvergieren, der – je nach Wachstumsrate – zwischen 300% (für r = 0,02) bzw. 200% (für r = 0,03) liegt. Selbst bei einer aus heutiger Sicht sehr hohen Schuldenquote würde die entsprechende Zinslastquote nicht mehr als 5,7% (für r = 0,02) bzw. 3,9% (für r = 0,03) betragen. Für die achtziger und neunziger Jahre erscheint ein realer Zinssatz von 5% realistischer zu sein. In diesem Fall erhalten wir in Abhängigkeit von Defizitquote und Wachstumsrate des Volkseinkommens folgende Grenzwerte für die Schuldenquote und die Zinslastquote

	r=0,02		r=0,01	
	D/Y	U/T	D/Y	U/T
α=0,05	2,5	0,11	5	0,2
α=0,03	1,5	0,07	3	0,13

Das Modell *Domars* ist von *Schlesinger, Weber* und *Ziebarth* (1993) erweitert worden. Die Autoren berücksichtigen die Möglichkeit, daß nur ein Teil (s) der Zinseinkünfte besteuert wird (beispielsweise, weil es

Steuerfreibeträge gibt). Darüber hinaus untersuchen sie auch die Frage, wie sich die Zinslastquote verändert, wenn der Staat die Zinsen auf die Staatsschuld nicht in voller Höhe aus Steuereinnahmen finanziert, sondern zu einem Teil (k) durch Kreditaufnahme. Diese Variante, den laufenden Staatshaushalt zu entlasten und die Bürde der Staatsschuld in die Zukunft zu verschieben, hatte *Domar* in seiner Analyse aus zwei Gründen ausgeschlossen:

> (It is assumed)...that all funds for payment of interest charges are to be raised by taxation. This is made both to simplify the argument and to protect the reader from a shock. To many, government investment financed by borrowing sounds so bad that the thought of borrowing to pay interest charges also is simply unbearable. (*Domar* 1944, S. 799)

Schlesinger, Weber und *Ziebarth* (SWZ), obwohl sie den Schock provozieren, kommen ebenfalls zu dem Ergebnis, daß die Zinslastquote gegen einen Grenzwert konvergiert. Der Effekt einer Kreditierung von Zinsen liegt im wesentlichen darin, daß sich die Defizitquote erhöht. Obwohl damit die Schuldenquote einem steileren Trend folgt, bleibt die Wirkung auf die Zinslastquote begrenzt.

Im SWZ-Modell werden die Zinszahlungen des Staates (in der Notation *Domars*: U) zunächst der normalen Besteuerung unterworfen. Das "Primärsteueraufkommen" ist

$$P = t(Y + sU); \qquad (10.17)$$

Dabei steht t für den durchschnittlichen Steuersatz. Eine spezifische "Zinssteuer" muß also nur jenen Teil der Zinszahlungen decken, der nicht als Teil des Primärsteueraufkommens an den Staat zurückfließt. Soll außerdem ein Teil der Zinszahlungen durch Kreditaufnahme finanziert werden, ist das Soll-Aufkommen aus der Zinssteuer

$$Z = (1-k)(1-st)U; \qquad (10.18)$$

Dieser modifizierten Zinssteuer entspricht eine Zinslastquote

$$\frac{Z}{T} = \frac{(1-k)(1-st)U}{Y+sU}; \qquad (10.19)$$

ihr Grenzwert ist wegen U = i D und Gleichung (10.9)

$$\lim_{t\to\infty} \frac{Z}{T} = (1-k)(1-st)\frac{i}{\dfrac{r}{\alpha}+si}; \qquad (10.20)$$

Ein Vergleich mit Gleichung (10.16) zeigt, daß wiederum die Defizitquote und die Wachstumsrate des Volkseinkommens die entscheidenden Größen sind.

Setzen wir die durchschnittliche volkswirtschaftliche Steuerquote mit 0,25 an und nehmen darüber hinaus an, daß 80% der Zinseinkünfte zu versteuern sind (s = 0,8) und die Zinsen auf die Staatsschuld jeweils zur Hälfte durch Kreditaufnahme finanziert werden, so ergeben sich bei einem Realzins von 5% folgende Grenzwerte für die Zinslastquote:

	r=0,02	r=0,01
α=0,05	0,05	0,08
α=0,03	0,03	0,05

Selbst bei pessimistischen Annahmen über die Relation von Wachstumsrate und Defizitquote beträgt der Grenzwert für die Zinssteuer nicht mehr als 8% des steuerbaren Einkommens.

Die unterschiedlichen Annahmen hinsichtlich der Steuerfunktion lassen sich leicht verdeutlichen. Unter *Domars* Annahmen (s = 1; k = 0) nimmt die Zinslastquote im SWZ-Modell folgenden Wert an:

$$\frac{Z}{T} = (1-t)\frac{i}{\dfrac{r}{\alpha}+i} = (1-t)\frac{U}{T}; \qquad (10.21)$$

In diesem Fall können wir davon ausgehen, daß die Defizitquoten vergleichbar sind, weil sowohl bei *Domar* als auch bei SWZ die Zinsen voll aus Steuereinnahmen finanziert werden. Die Zinslastquote im SWZ-Modell ist also um den durchschnittlichen Primärsteuersatz kleiner als im Modell von *Domar*.

Im anderen Fall, wenn die Zinsen auf die Staatsschuld vollkommen von der Steuer befreit werden (s = 0) ergibt sich – wiederum für k = 0 –

$$\frac{Z}{T} = \frac{i \cdot D}{Y} ; \qquad (10.22)$$

Die Zinslastquote bestimmt sich jetzt einfach nach der Schuldenquote und dem Zinssatz. Ihr Grenzwert $i\alpha/r$ ist – wiederum bei vergleichbaren Defizitquoten – höher als bei *Domar*, was ein Vergleich mit Gleichung (10.16) zeigt.

Fazit: Domar versucht die Frage zu klären, ob mit zunehmender Staatsschuld die Steuerbelastung zunehmend größer wird. Seine Absicht ist zu zeigen, daß es dabei entscheidend auf die Einkommensentwicklung ankommt.

> It is hoped that this paper has shown that the problem of the debt burden is essentially a problem of achieving a growing national income. A rising income is of course desired on general grounds, but in addition to its many other advantages it also solves the most important aspects of the problem of the debt. The faster income grows, the lighter will be the burden of the debt. (*Domar* 1944, S. 822f.)

Seine Untersuchung formuliert die einkommenstheoretischen Bedingungen dafür, daß eine Politik der Einkommensstabilisierung durch *deficit spending* gelingt. *Domar*s Analyse zeigt, daß sich *deficit spending* bei stagnierendem Einkommen nicht rechnet: Die Schuldenquote steigt unbegrenzt und damit auch die Steuerlast. Das ist intuitiv auch einsichtig. Weniger offensichtlich ist, daß bei steigendem Einkommen die Schuldenquote zu einem Grenzwert konvergiert. Dieser wird von der Defizitquote und der Wachstumsrate des Einkommens bestimmt. Bei unterschiedlichen Defizitquoten konvergiert die Schuldenquote dennoch gegen einen Grenzwert, der in diesem Fall vom gewogenen Durchschnitt der Defizitquoten abhängt. Auch die Zinssteuer auf das Einkommen strebt einem Grenzwert zu. Dieser ist um so größer, je höher der Zins und die Defizitquote sind und je niedriger die Wachstumsrate ist. Damit zeigt sich, daß sich die Frage nach der "Last" der Staatsschuld überhaupt nur in einer wachsenden Wirtschaft als relevante Frage stellt. In einer stagnierenden Wirtschaft gibt es keinen Spielraum für eine Erhöhung der Staatsverschuldung. Für eine wachsende Wirtschaft dagegen trifft der Lehrsatz *Lorenz von Steins* zu:

> Ein Staat ohne Staatsschuld thut entweder zu wenig für seine Zukunft, oder er fordert zuviel von seiner Gegenwart.
> (*Lorenz von Stein* 1875, zitiert bei *Schlesinger* u.a. 1993, S. 218)

Wir können daraus folgende Lehren ziehen: Erstens läßt sich der Zusammenhang von Staatsverschuldung und Einkommensentwicklung instrumentalisieren. Offensichtlich führt die Netto-Kreditaufnahme durch den Staat dann nicht zu einer "Belastung" wenn sie Einkommenswachstum induziert. Dies gilt im konjunkturellen Zusammenhang, wenn die Politik der Einkommensstabilisierung gelingt. Denn Einkommensstabilisierung heißt, daß der Einkommensstrom durch *deficit spending* größer ist als er sonst wäre. Es gilt aber auch in Bezug auf das langfristige Einkommenswachstum. *Domar* hat diese angebotstheoretische Begründung der Finanzpolitik bereits herausgearbeitet. Er weist auf den investiven Charakter von Staatsausgaben für Gesundheit, Bildung, Forschung etc. hin, denen gesamtwirtschaftliche Produktivitätseffekte und damit ein positiver Einfluß auf das Wachstum des Produktionspotentials zugerechnet werden können. Hier wird die ökonomische Ratio von Vorschriften sichtbar, die eine Kreditfinanzierung von Staatsausgaben auf Investitionen beschränken (so Artikel 115 des Grundgesetzes – Ausnahmen sind nur zulässig zur Abwehr einer Störung des gesamtwirtschaftlichen Gleichgewichts). Zugleich wird aber auch sichtbar, daß der Begriff der Investition weit – nämlich im Hinblick auf die gesamtwirtschaftlichen Produktivitätseffekte – gefaßt werden muß.

Zweitens ist *Domars* Beitrag als ein Aufklärungsversuch gegen das gängige Vorurteil zu werten, daß die Schuldenaufnahme durch den Staat an sich schon eine Belastung sei. Dieses Vorurteil ist auch heute noch weit verbreitet, es ist sogar mit Hilfe der Theorie rationaler Erwartungen besonders resistent geworden. Nach dem sogenannten Äquivalenztheorem betrachten die Privaten ein Budgetdefizit des Staates als ein Signal für künftige Steuererhöhungen und erhöhen damit (in rationaler Voraussicht) ihre Sparquote. Eine kreditfinanzierte Erhöhung der Staatsausgaben hat deshalb keine größeren Einkommenswirkungen als eine Erhöhung der Staatsausgaben bei ausgeglichenem Budget. Hier zeigt sich der statische Charakter der Theorie rationaler Erwartungen, die einen Entwicklungsprozeß durch Einkommensbildung ausschließt. Für den status quo (stationäres Einkommensgleichgewicht) sind die Erwartungen rational. Und durch die Verhaltensänderung, die sie induzieren (Erhöhung der Sparquote), werden sie auch erfüllt. Dennoch sind es in Bezug auf das

Einkommenswachstum "falsche Erwartungen", weil sie eine Belastung (die künftigen Steuererhöhungen) voraussehen, die in einer wachsenden Wirtschaft nicht entstehen würde.

Drittens weist *Domars* Analyse auf die Bedeutung des Zinsniveaus hin. *Domar* konnte noch einen Realzins von zwei Prozent annehmen. Heute muß man im längerfristigen Durchschnitt wohl eher mit vier bis fünf Prozent rechnen. Aus der Wachstumstheorie wissen wir, daß ein hoher Realzins den Zeithorizont verkürzt. Dies bliebe ohne Konsequenzen für die "Last" der Staatsverschuldung, wenn die Wachstumsrate des Realeinkommens entsprechend höher wäre. Tatsächlich beobachten wir heute niedrige Wachstumsraten – sie entsprechen dem langfristigen Trend – und einen hohen Realzins. Damit gerät der Staat in ein Dilemma: Will er dem Vorwurf entgehen, er tue zu wenig für die Zukunft, so muß er die gegenwärtige Generation "zu stark" belasten. Eine ungünstige Relation zwischen Realzins und Wachstumsrate erfordert auf Dauer niedrige Budgetdefizite oder führt zu einer Erhöhung der Zinssteuer.[25]

Staatsverschuldung und Inflation. In der Wirtschaftsgeschichte finden sich Beispiele, daß eine Inflation aus einem endogenen Marktschock entsteht.[26] In der Regel ist eine hohe Inflation aber das Ergebnis der Regierungspolitik. Regierungen nehmen insbesondere dann Zuflucht zur Inflation, wenn ihnen keine andere (ergiebige) Quelle zur Finanzierung der Staatsausgaben zur Verfügung steht. Offensichtlich inflationstreibend ist es, wenn die Staatsausgaben direkt "durch die Notenpresse" finanziert werden. In den modernen Geldwirtschaften wird aber auch in einer Zunahme der Staatsverschuldung ein inflatorischer Effekt gesehen. Das Argument lautet, genau genommen, daß Budgetdefizite des Staates unabhängig von ihrer Finanzierung auf Dauer inflatorisch wirken. Dafür werden von Keynesianern ökonomische, von Monetaristen politökonomische Gründe ins Feld geführt. Im folgenden werden wir diese Gründe genauer betrachten.

Die These, daß zunehmende Staatsverschuldung auf Dauer zu Inflation führt und von daher die Grenzen der Staatsverschuldung bestimmt sind, ist einkommenstheoretisch begründet. Im keynesianischen Modell ist das

---

[25] Gegen Ende dieses Jahrzehnts scheint sich in Deutschland eine Marktkonstellation herauszubilden, die einen Realzins von drei Prozent erlaubt. Das relativiert unsere Schlußfolgerung für diese Phase.

[26] Das klassische Beispiel ist die Ausbeutung der Gold- und Silbervorräte Südamerikas durch die spanischen Konquistadoren. Die Verschiffung der Edelmetalle nach Europa hat hier im 16. Jahrhundert eine große Inflation ausgelöst.

Geldangebot endogen bestimmt und ein *crowding out* auf den Kreditmärkten findet nicht statt. Ausgabenüberschüsse des Staates können daher eine Einkommensinflation induzieren (vgl. Abschnitt 4.3). Sieht man von den reinen Konjunkturproblemen ab, so verlangt die Stabilitätspolitik deshalb im keynesianischen Modell den Ausgleich des Staatsbudgets. Die Einhaltung dieser Budgetrestriktion ist nicht nur im Hinblick auf das Gütermarktgleichgewicht erforderlich, sondern wirkt auch als Signal für die Einkommenspolitik. Die monetaristische Gegenthese ist bekannt: Inflation ist ein monetäres Phänomen und die Bedingung dafür, daß Staatsverschuldung inflatorische Wirkungen hat, ist ihre Monetisierung. Wird durch die Geldpolitik gewährleistet, daß es mit der Kreditaufnahme des Staates nicht zu einer Ausweitung der Geldbasis kommt, so hat die Stabilitätspolitik auch keinen Grund, das Verschuldungsverhalten des Staates zu beeinflussen. Eine Politik des *deficit spending* muß allerdings *crowding-out*-Effekte und die entsprechenden Folgen für das Gütermarktgleichgewicht beachten. Im übrigen ist die öffentliche Hand als Kreditnehmer ebensowenig für die Inflation verantwortlich zu machen wie private Investoren.

Trotz dieser eindeutigen Aussagen des monetaristischen Modells warnen monetaristische Autoren vor den inflatorischen Wirkungen zunehmender Staatsverschuldung.[27] Da eine Verantwortung der Finanzpolitik für die Inflation nicht aus dem monetaristischen Modell abgeleitet werden kann, bedienen sich Monetaristen politökonomischer Argumente. Im Grundsatz wird ein strategisches Spiel zwischen der Notenbank und der Regierung modelliert, in dem sich beide Spieler nichtkooperativ verhalten (*chicken*-Spiel). Für beide Spieler besteht ein Glaubwürdigkeitsproblem. Dennoch ist das Ergebnis des Spiels, daß die Notenbank schließlich nachgibt und die Staatsschuld monetisiert (*Sargent* 1986, *Buiter* und *Kletzer* 1991). Auf dieser Grundlage wird der Schluß gezogen, daß rationale Akteure das Ergebnis zunehmender Staatsverschuldung antizipieren, mit der Folge, daß schon in der Gegenwart die Inflation zunimmt. Aufgrund der erwarteten hohen Sekundärdefizite

---

[27] Am bekanntesten ist eine Studie von *Sargent* und *Wallace* (1986) mit dem Titel "Some Unpleasant Monetarist Arithmetic". Die Autoren beschreiben in einem Modell vom *Domar*-Typ (siehe oben) den Expansionspfad der Staatsverschuldung unter der Annahme, daß Zinsen jeweils wieder kreditfinanziert werden und der (reale) Zins auf die Staatsschuld die Wachstumsrate des Realeinkommens übersteigt. Die wachsenden Sekundär-Defizite rufen schließlich die Geldpolitik auf den Plan, die – als "lender of last resort" – den Staatsbankrott abwenden muß. Das Unangenehme für Monetaristen ist, daß dieses Ergebnis nicht etwa aus einem monetaristischen Modell folgt, sondern dieses widerlegt.

kommt es sogar zu einem Überschießen der Inflation. Mit anderen Worten, die Finanzierung von Budgetdefiziten des Staates durch Kreditaufnahme am Kapitalmarkt induziert mehr an Inflation als eine Finanzierung direkt durch die Notenbank.

Bei der Beurteilung solcher Modelle muß man ihre extremen Annahmen im Auge behalten. Sie verdeutlichen aber, daß es den Konflikt zwischen der Regierung und den Parlamenten einerseits, der Notenbank andererseits gibt. Sie lenken damit die Aufmerksamkeit auf die Frage, wie stark dieser Konflikt ist. Welche Vorteile hat der Staat aus der Inflation, die ihn motivieren könnten, einer stabilitätsorientierten Geldpolitik die Unterstützung zu versagen? Auf diese Frage gibt es im Grundsatz zwei unterschiedliche Antworten.

Erstens ist die Regierung Nutznießer einer Inflation, sofern ihr ein Ertrag aus der Geldschöpfung zufließt. Diese *seignorage* kann die Form eines zinslosen Notenbankkredits annehmen. In diesem Fall werden die öffentlichen Ausgaben unmittelbar durch Monetisierung der Budgetdefizite finanziert. Es ist offensichtlich, daß die Notenbank im Konflikt mit der Regierung den Kürzeren zieht, wenn sie verpflichtet ist, dem Staat zur Finanzierung seiner Ausgaben Zentralbankguthaben einzuräumen. Die Unabhängigkeit der Notenbank bei der Verfolgung des Stabilisierungsziels verlangt, daß diese Art der Budgetfinanzierung ausgeschlossen bleibt (vgl. Abschnitt 16.1). Die *seignorage* kann aber auch die Form annehmen, daß der Staat am Notenbankgewinn teil hat. Betreibt nämlich die Notenbank eine Politik der Geldmengenexpansion durch Refinanzierungspolitik oder Offenmarktpolitik, so erzielt sie Zinserträge, die ihr einen Gewinn einbringen, auf den der Staat zugreifen kann. Im Extremfall ist der Barwert der Zinserträge ebenso groß wie der Wert des direkten Notenbankkredits (vgl. hierzu *Schlesinger*, *Weber* und *Ziebarth* 1993). Tatsächlich ist der Notenbankgewinn aber eine unsichere Größe und das Interesse der Regierung an einer expansiven Geldpolitik dürfte entsprechend geringer sein. Dennoch ist es ratsam, den Zugriff des Staates auf den Notenbankgewinn einzugrenzen.[28]

Zweitens ist der Staat als Schuldner Nutznießer der Inflation, weil die Inflation den realen Wert der Staatsschuld vermindert. Diesen Effekt bezeichnet man als Inflationssteuer. Die Inflation wirkt wie eine Steuer auf Geldvermögen, und sofern Geldvermögen in Form von Staatsschuldverschreibungen gehalten wird, hat der Staat ein Interesse, die reale Schuldenlast zu verringern. Damit dies gelingt, muß die Inflation aber

---

[28] In Deutschland hat der Bund Anspruch auf einen Teil des Notenbankgewinns; zum Teil wird der Notenbankgewinn auch zur Tilgung des Erblastenfonds verwendet.

überraschend kommen. Eine nichtantizipierte Inflation vermindert den Wert bestehender Geldvermögen und die Geldvermögenseigner können dieser Wertminderung nicht ausweichen. Die Versuchung für den Staat, sich auf diese Weise der realen Schuldenlast zu entledigen, ist offensichtlich um so größer, je höher die Staatsschuld (gemessen an der Schuldenquote, siehe oben) bereits ist. Dem stehen aber auch Nachteile gegenüber: Sobald sich die Inflationserwartungen angepaßt haben, muß die Regierung für die neu aufgenommenen Kredite (brutto) höhere Zinsen zahlen. Die Inflationskomponente im Zins ist eine zusätzliche Realtilgung, die von den Gläubigern verlangt wird. Bei Unsicherheit über die künftige Entwicklung der Inflation steigt dabei auch der Realzins. Des weiteren werden nur noch Schuldverschreibungen mit kürzeren Laufzeiten und Zinsbindungsfristen zu plazieren sein. Schließlich muß der Staat seine Schuldverschreibungen indexieren (an einen Preisindex bzw. eine ausländische Währung binden). Spätestens dann sind aus der Inflationssteuer keine Vorteile mehr zu ziehen. Der Staat hat vielmehr seine Kreditwürdigkeit verspielt.

Von der Inflationssteuer kann die Regierung also allenfalls kurzfristig Vorteile erwarten. Langfristig läuft sie Gefahr, ihre Glaubwürdigkeit als Schuldner zu verlieren. *Schlesinger*, *Weber* und *Ziebarth* (1993) weisen darauf hin, daß die Inflation darüber hinaus die Budgetdefizite des Staates erhöht, sobald sie im Zins antizipiert wird. Damit wird der Staat eigentlich zu einem Inflationsverlierer. Dieser Effekt ist als *front-loading-Effekt* der zusätzlichen Realtilgung bekannt. Setzen wir für T: Steuereinnahmen; G: Staatsausgaben; D: Staatsschuld (Bestand); i: Zins auf Staatsschuldverschreibungen jeweils reale Werte ein, so lautet die Bedingung für ein ausgeglichenes Staatsbudget bei Geldwertstabilität

$$T - G = iD; \qquad (10.23)$$

Eine antizipierte Inflation wäre neutral im Hinblick auf das Staatsbudget, wenn diese Bedingung weiterhin erfüllt wäre:

$$(T-G)(1+p) = iD(1+p); \qquad (10.23a)$$

für p: Inflationsrate.

Tatsächlich werden sich Steuereinnahmen und Staatsausgaben im großen und ganzen um die Teuerungsrate erhöhen, weil eine antizipierte Inflation die Einkommen aufbläht – und damit die Bemessungsgrundlage der Besteuerung – und weil sich die Güter und Dienste, die der Staat kauft, verteuern. Ein progressives Steuersystem, dessen Elastizität der Steuereinnahmen in Bezug auf das Einkommen größer als eins ist, würde aufgrund der Aufblähung der Bemessungsgrundlage sogar einen überproportionalen Anstieg der Steuereinnahmen bewirken (kalte Progression). Andererseits erhöht sich der Zins um die erwartete Inflationsrate (p^e). Die Bedingung für den Budgetausgleich lautet daher bei Inflation

$$T(1+\varepsilon p) - G(1+p) = (i + p^e)D; \qquad (10.24)$$

Setzen wir der Einfachheit halber die Elastizität $\varepsilon = 1$ und $p^e = p$, so erhalten wir

$$T - G = \frac{i+p}{1+p}D; \qquad (10.24a)$$

Der reale Primärüberschuß $T - G$ muß jetzt größer sein als bei Geldwertstabilität (Gleichung 10.23), da

$$\frac{i+p}{1+p} > i; \qquad (10.25)$$

Bleiben die steuerlichen Regelungen und die realen Staatsausgaben dagegen unverändert, so ergibt sich bei Inflation ein zusätzliches Finanzierungsdefizit für den Staat.[29] Damit hat der Staat allerdings nur einen (vorübergehenden) Liquiditätsnachteil, keinen Vermögensnachteil. Die Last der Staatsschuld wird durch das zusätzliche, inflationsbedingte Finanzierungsdefizit nicht größer. Dies zeigt sich, wenn wir die Bedingung (10.24a) dynamisieren. In jeder Periode t gilt – solange die Inflation konstant bleibt –

$$T - G = \frac{i+p}{(1+p)^t}D; \qquad (10.24b)$$

---

[29] Aus diesem Zusammenhang folgern *Buiter* u.a. (1993), daß das fiskalische Konvergenzkriterium für den Eintritt in die Währungsunion – eine Defizitquote von 3% – für Länder mit Inflation eine zu strenge Restriktion darstellt. Vgl. Abschnitt 15.3.

In Abbildung 10.1 ist diese Bedingung graphisch dargestellt. Bis zur Periode t_0 verursacht die Inflation einen zusätzlichen Finanzierungsbedarf im Sinne einer *Domar*'schen Zinssteuer; danach kommt es zu Überschüssen. In Barwerten ausgedrückt, entspricht die Bedingung (10.24b) der Bedingung (10.23). Diese Konstellation stellt ein Gleichgewicht dar. Die Gläubiger fordern einen Zinsaufschlag, der sie für die Laufzeit der Darlehen für den zu erwartenden realen Vermögensverlust aus der künftigen Inflation entschädigt.

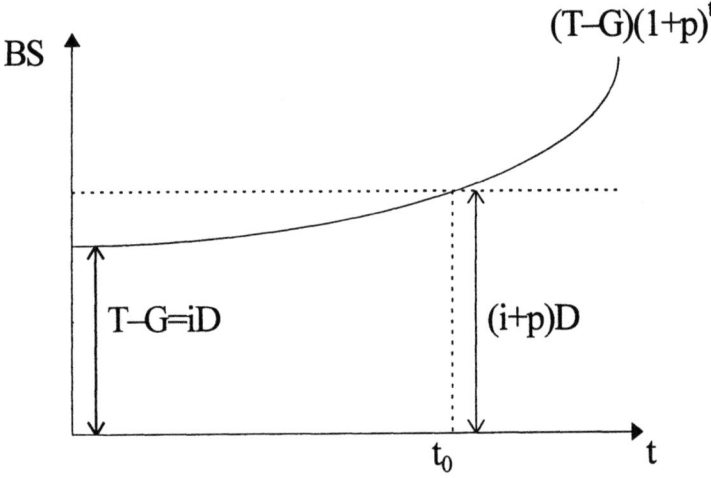

Abb. 10.1 Entwicklung des inflationsbedingten Budgetsaldos.

Wir können ein zweifaches Fazit ziehen. Einmal unterstellen Modelle, die einen Konflikt zwischen einer ausgabefreudigen Regierung und einer stabilitätsbewußten Notenbank konstruieren und daraus ableiten, daß die Notenbank unterliegt (*chicken* spielt), einen kurzsichtigen Staat. Auf lange Sicht kann der Staat keinen Vorteil aus einer Inflationsteuer ziehen.

> Die Inflation ist nämlich die größte Gefahr für den Grundkonsens zwischen den Staatsbürgern, und wo dieser Konsens zerstört ist, besteht auch keine Basis mehr für ausgeglichene Staatsfinanzen. Diese langfristigen Auswirkungen der Inflation sollten für den Staat wichtiger sein als ein allfälliger kurzfristiger Inflationsgewinn (*Leutwiler* 1984, zitiert bei *Schlesinger* u.a. 1993, S. 52).

Zum anderen ist nicht auszuschließen, daß der Staat tatsächlich in eine Verschuldungskrise gerät. In einem solchen Fall erweist sich eine Währungsreform als die bessere Strategie der Konsolidierung – im Vergleich zu einer "schleichenden" Geldentwertung –, weil sie die Chance eröffnet, daß die Finanzpolitik wieder an Glaubwürdigkeit gewinnt.

Staatsverschuldung in der offenen Wirtschaft. In einer offenen Volkswirtschaft bieten sich der Regierung zusätzliche Optionen für die Schuldenpolitik an. Die Regierung kann versuchen, Staatsanleihen in eigener Währung auf den internationalen Kapitalmärkten zu plazieren. Durch Verschuldung im Ausland vermeidet sie ein *crowding out* und die damit verbundenen Zinseffekte, die sich auf engen Kapitalmärkten im Inland ergeben können. Obwohl die Überlegungen zur Zinssteuer und zur Inflation auch für die offene Volkswirtschaft gelten, gibt es für eine Verschuldung im Ausland spezifische Grenzen. Diese werden insbesondere durch die Glaubwürdigkeit der Geldpolitik bestimmt. Denn für den Gläubiger gibt es ein Wechselkursrisiko, wenn sich eine Regierung in eigener Währung verschuldet. Gerät eine Währung durch hohe Inflation und/oder ein Leistungsbilanzdefizit unter Abwertungsverdacht, so sind die Grenzen dieser Verschuldungspolitik erreicht.

Der Regierung bleibt in einer solchen Situation noch die Option, sich in fremder Währung zu verschulden. Damit ist für ihre Gläubiger das spezifische Geldentwertungsrisiko des Schuldnerlandes ausgeschaltet. Es bleibt aber das Problem der Zahlungsfähigkeit bzw. – da es sich um souveräne Schuldner handelt – der Zahlungsbereitschaft.[30] Die Frage, wie diese Grenzen der (externen) Staatsverschuldung zu bestimmen sind, stellt sich insbesondere in einer Währungsunion. Denn hier verschulden sich die Regierungen in einer Währung, die sie nicht selbst schaffen und

---

[30] Dies ist das klassische Problem der Verschuldung von Entwicklungsländern. Insbesondere *Niehans* hat gezeigt, daß es bei den Grenzen der Staatsverschuldung auf die Zahlungsbereitschaft souveräner Schuldner ankommt. Diese kann dann als gegeben angenommen werden, wenn ein souveräner Schuldner immer einen Nettotransfer erwarten darf, was eine bestimmte Dynamik der Entwicklung des Schuldenstandes voraussetzt. Vgl. *Niehans* (1986).

kontrollieren können. Welche Probleme sich aus dem Verschuldungsverhalten der Regierungen für die Stabilisierungsaufgabe in einer Währungsunion ergeben, werden wir in Kapitel 16 untersuchen.

10.3 Finanzpolitik als Angebotspolitik

Was ist Angebotspolitik? Während die keynesianische Finanzpolitik zur Einkommensstabilisierung an der gesamtwirtschaftlichen Nachfrage ansetzt, versteht sich die Angebotspolitik als eine Politik zur Verbesserung der gesamtwirtschaftlichen Angebotsbedingungen. Da Angebot und Nachfrage in einem gesamtwirtschaftlichen Zusammenhang interdependente Aggregate sind, ist nicht ohne weiteres offensichtlich, was den Unterschied ausmacht. Es kommt hinzu, daß sowohl die Nachfragepolitik als auch die Angebotspolitik vor allem bei der Investitionstätigkeit ansetzt – bei *Keynes* zur Herstellung des gesamtwirtschaftlichen Gleichgewichts, im Angebotskonzept zur Stimulierung von Wirtschaftswachstum und Beschäftigung auf mittlere Sicht. Die staatliche Investitionsförderung wird aber nicht schon dadurch wirksamer, daß man sie anders begründet. Es fragt sich also, worin das Neue an der angebotspolitischen Konzeption liegt.

Zum Verständnis der angebotsorientierten Konzeption der Finanzpolitik ist es hilfreich, sie in ihrem zeitgeschichtlichen Kontext zu betrachten. Etwa seit Beginn der achtziger Jahre fordern die Vertreter einer angebotspolitischen Konzeption einen grundlegenden Kurswechsel in der Finanzpolitik. Für diese Wende werden unterschiedliche Gründe vorgetragen. Einmal sind die Grenzen einer keynesianischen Konzeption der Globalsteuerung im Verlauf der siebziger Jahre sichtbar geworden. Obwohl diese Politik auf Erwartungsstabilisierung ausgerichtet ist, kann sie selbst "Erwartungsfehler" der Unternehmen hervorrufen (*Sievert* 1984). Mißerfolge der Finanzpolitik, seien sie den wirtschaftspolitisch Handelnden anzulasten oder den Umständen geschuldet, zehren an ihrer Glaubwürdigkeit. Eine Strategie der Erwartungsstabilisierung läßt sich offenbar nicht beliebig oft wiederholen. Hinzu kommt, daß eine Politik der Einkommensstabilisierung Gefahr läuft, Einkommensansprüche zu wecken, die auf Dauer nicht finanzierbar sind und die Kreditwürdigkeit des Staates gefährden. Damit trägt die Finanzpolitik selbst dazu bei, daß die Chancen für ihre erfolgreiche Anwendung kleiner werden.

Zum anderen sind es veränderte wirtschaftspolitische Problemlagen, die der Finanzpolitik eine neue Rolle zuweisen. Da ist zunächst der Fall der Angebotschocks. Zu den Erfahrungen der siebziger Jahre gehört, daß die Finanzpolitik in ihrer traditionellen Rolle als Nachfragepolitik gegenüber Angebotschocks hilflos ist. Insbesondere die beiden Ölpreisschocks der Jahre 1973 und 1979 haben gezeigt, daß die gesamtwirtschaftliche Stabilisierung in solchen Fällen angebotseitige Maßnahmen erfordert, die zu einer Korrektur der Realeinkommen führen. Der Hauptgrund für das veränderte wirtschaftspolitische Umfeld, das nach einer neuen Rollenzuweisung verlangt, sind aber zweifellos die veränderten monetären Bedingungen. Seitdem das Primat in der Stabilitätspolitik bei der Geldpolitik liegt und diese in der Inflationsbekämpfung wirksam eingesetzt werden kann (vgl. Abschnitt 7.3), muß die Finanzpolitik neu definiert werden. Dabei erweist sich die Vorstellung, es gebe nun einen Freiheitsgrad für die Finanzpolitik und diese könne sich allein allokationspolitischen und wachstumspolitischen Aufgaben widmen, als vordergründig. Denn sie läßt die Frage nach der theoretischen Begründung der Angebotspolitik unbeantwortet. Zwar ist es mit dem klassischen Postulat der Stabilität des privaten Sektors (auf das sich Vertreter der angebotsorientierten Wirtschaftspolitik berufen) vereinbar, daß der Staat in vielfältiger Weise die Allokationsbedingungen des Marktes verbessert: Durch den Abbau von Friktionen, die Beseitigung von Mobilitätshemmnissen, die Senkung von Informationskosten oder – nicht zuletzt – dadurch, daß der Staat Allokationshemmnisse zurücknimmt, die er selbst verursacht hat. Aber eine spezifische Wachstumsförderung, insbesondere die Förderung *Schumpeter*'scher Innovationen, ist mit dem klassischen Postulat der Stabilität des privaten Sektors nicht vereinbar. Wirtschaftliches Wachstum ist das Ergebnis des Marktprozesses, und es gibt daher im klassischen Modell keine markttheoretische Begründung für seine Gestaltung durch den Staat.[31] Das Ziel einer "Kräftigung der wirtschaftlichen Dynamik", das als die beste Versicherung dagegen angesehen wird, daß keynesianische Koordinationsprobleme in der Gesamtwirtschaft auftreten[32], muß anders begründet werden.

Der zeitgeschichtliche Bezug gibt uns den Schlüssel zur Klärung dieser Frage. Die Notwendigkeit der Angebotspolitik und ihre stabilisierungs-

---

[31] Die Sicherung von Pionierrenten für *Schumpeter*'sche Unternehmer durch das Patentrecht, begründet durch das bekannte Problem der externen Wirkungen der Forschungsaktivität, ist hier die Ausnahme.

[32] So der Sachverständigenrat zur Begutachtung der gesamtwirtschaftlichen Entwicklung in seinem Jahresgutachten 1981, Ziffer 301.

politische (sprich: beschäftigungspolitische) Bedeutung folgt aus dem Erfolg der Geldwertstabilisierung. Denn die Wirksamkeit der Geldpolitik in der Inflationsbekämpfung hat zur Folge, daß in einer Stabilisierungsphase ("Disinflation") sowie bei erreichter Geldwertstabilität ein zusätzlicher Bedarf an Preisflexibilität in der Gesamtwirtschaft entsteht. Durch Marktmacht gesetzte (überhöhte) Preise und die mit ihnen verbundenen (überzogenen) Einkommensansprüche können nicht mehr durch Inflation korrigiert werden. Bei Geldwertstabilität treten somit Angebotsprobleme zutage, die ihre Ursache darin haben, daß soziale Gruppen ihre Einkommensansprüche mit Marktmacht durchsetzen. Solches Verhalten führt nunmehr aber nicht zu einer "Anspruchsinflation", sondern verschärft die Beschäftigungsprobleme. Damit ist die Aufgabe der Angebotspolitik umrissen. Sie ist in ihrem Kern durch die veränderte Dimension des Verteilungskampfes bei Geldwertstabilität begründet. Unter Bedingungen der Geldwertstabilität ist im wirtschaftlichen Strukturwandel eine verstärkte Bereitschaft zu Preissenkungen erforderlich, d.h. eine Bereitschaft, Einkommensansprüche zurück zu nehmen. Es ist Aufgabe der Finanzpolitik, die Bedingungen dafür herzustellen bzw. zu verbessern.

> Die Situation der Angebotspolitik beruht, ganz anders als die der Nachfragepolitik, auf zu hohen Ansprüchen (unter im übrigen gegebenen Bedingungen). Der Weg der Angebotspolitik ist daher die Korrektur von Ansprüchen an das Produktionsergebnis oder die Verbesserung der Produktionsbedingungen derart, daß bei gegebenen Ansprüchen mehr Produktionsmöglichkeiten rentabel werden (bleiben). Daß Angebotspolitik zumeist weniger Charme hat als Nachfragepolitik, liegt daran, daß sie in der Regel und zumindest zeitweise Ansprüche auf eine bestimmte absolute oder auch nur relative Einkommensposition zurückdrängen muß. Ihr Risiko ist, daß ihr dies nicht gelingt, genauer: daß in dem Maße, wie sie in bestimmter Weise Ansprüche eindämmt, etwa durch höhere Verbrauchsteuern, die Steuersenkungen für Investoren erlauben sollen, in anderer Weise neue Ansprüche durchgesetzt werden, etwa in der Lohnpolitik. (*Sievert* 1984, S. 69).

Einkommensansprüche sind "zu hoch", wenn sie in ihrer Summe das verteilbare Produktionsergebnis übersteigen. In einer Marktwirtschaft ist die

Durchsetzung solcher nicht marktkonformer Ansprüche ein Indikator für Marktmacht, entweder durch Marktbeherrschung oder durch staatliche Regulierung, allgemein durch Beschränkung des Marktzugangs. Die theoretische Begründung für den Kern der Angebotspolitik liefert damit das Modell der unvollständigen Konkurrenz (vgl. Abschnitt 9.3). Dieses Modell nehmen wir als Maßstab für die Beurteilung angebotspolitischer Maßnahmen. Es bildet insbesondere die Grundlage für die Beurteilung von Stabilisierungseffekten. Die wachstumstheoretische Begründung der Angebotspolitik (die aus klassischer Sicht fragwürdig ist, siehe oben) ist in unserem Zusammenhang von untergeordneter Bedeutung.

Spielarten der Angebotspolitik. Zur Angebotspolitik zählen eine Reihe von unterschiedlichen Maßnahmen, deren gemeinsamer Nenner die Zielsetzung ist, die Produktionsbedingungen der Unternehmen zu verbessern und damit mehr rentable Produktion zu bewirken. Der Sachverständigenrat hat seit Mitte der siebziger Jahre in seinen Jahresgutachten angebotspolitische Vorstellungen entwickelt. Die Aufgaben des Staates in einem angebotspolitischen Konzept hat er im Jahresgutachten 1981 aufgelistet.

Finanzpolitik als Angebotspolitik

"Auf der Grundlage einer konsequent auf Geldwertstabilität ausgerichteten Notenbankpolitik und einer zurückhaltenden Lohnpolitik soll der Staat

- unnötige Hemmnisse wirtschaftlicher Aktivität wegräumen,
- durch mehr Konstanz der Wirtschaftspolitik und Zurückhaltung bei Eingriffen in den Markt Risiken senken,
- Reserven an privater Risikobereitschaft mobilisieren helfen, insbesondere die Neigung zur Eigenkapitalanlage sowie die Gewinnbeteiligung von Arbeitnehmern fördern,
- sich im Steuersystem verstärkt an Unternehmensrisiken beteiligen,
- seine eigenen Ausgaben in engeren Grenzen halten, die kreditfinanzierten Ausgaben senken, aber auch die Abgabenquote nicht weiter erhöhen (und durch Neuordnung von Abgaben- und Transferregelungen die wirtschaftlichen Anreize kräftigen),
- die Mobilität der Arbeitskräfte und deren Bereitschaft, sich fortzubilden, unterstützen,
- Produkt- und Verfahrensinnovationen global fördern,

> – die wirtschaftliche Dynamik von unten stärken, insbesondere die Chance zur Gründung einer selbständigen Existenz sowie die Entwicklungsmöglichkeiten kleiner und mittelgroßer Unternehmen verbessern,
> – den Wettbewerb, namentlich den Wettbewerb mit dem Ausland, scharf halten, Subventionen und Schutzmaßnahmen, die den Strukturwandel hemmen, abbauen". (Sachverständigenrat zur Begutachtung der gesamtwirtschaftlichen Entwicklung, Jahresgutachten 1981, Ziffer 300).

Im Hinblick auf die Grundidee, bei Geldwertstabilität für ein größeres Maß an Preisflexibilität zu sorgen und die Anpassungsfähigkeit der Unternehmen im wirtschaftlichen Strukturwandel zu erhöhen, lassen sich drei Hauptaufgaben für die Finanzpolitik unterscheiden.

Erstens: Revision von Einkommensansprüchen, die über den Staat gestellt werden. In dieser Funktion soll die Finanzpolitik alle Eingriffe in eine marktbestimmte Verteilung der Einkommen auf ihre Notwendigkeit überprüfen und gegebenenfalls durch eine Reform korrigieren. Das Ziel ist, marktwirtschaftliche Leistungsanreize wieder herzustellen. Gegenstand der Revision sind insbesondere Subventionen und steuerrechtliche Privilegien, die sich (marktmächtige) Interessengruppen durch Lobbyismus gesichert haben. Aus der Theorie kollektiver Entscheidungen (*Olson* 1965) wissen wir, daß es insbesondere vergleichsweise kleinen Gruppen mit spezifischen Interessen gelingt, ihre Interessen im politischen Prozeß zu organisieren und ihre Ansprüche an das Produktionsergebnis der Volkswirtschaft mit Hilfe der Hoheitsgewalt des Staates hochzutreiben. Bei Geldwertstabilität lassen sich diese Ansprüche nicht mehr auf indirektem Wege (durch Inflation) korrigieren. Gegenstand der Revision ist aber auch die allgemeine Umverteilungspolitik des Staates, deren reale Kosten – im Sinne einer Minderung der Leistungsbereitschaft – bei Geldwertstabilität höher sind als bei Inflation.[33]

---

[33] Was die Besteuerung des Vermögens betrifft, hat das Bundesverfassungsgericht mit seinem Spruch vom 2. Juni 1995 ein Signal gesetzt, das in diese Richtung weist. Die Steuern auf privates Vermögen dürfen von 1997 an höchstens die Hälfte des Vermögensertrages ausmachen. Das Bundesverfassungsgericht unterscheidet nicht zwischen Leistungseinkommen und arbeitslosen Renten, wie es im Hinblick auf die Funktionalität von Markteinkommmen erforderlich wäre, sondern begründet seine Entscheidung mit dem Schutz privater Eigentumsrechte. Gleichwohl hat diese Entscheidung die Regierung unter Handlungsdruck gesetzt. Bis zum Ende der Legislaturperiode (1998) soll eine "Große Steuerreform" auf den Weg gebracht werden,

Die Revision von Einkommensansprüchen, die über den Staat gestellt werden, fördert unmittelbar die wirtschaftliche Dynamik. Insoweit haben wir es mit einer unorthodoxen, politökonomischen Begründung der Angebotspolitik zu tun (*Olson* 1982). Als Nebeneffekt ergibt sich eine Konsolidierung des Staatshaushaltes sowie die Möglichkeit für den Staat, mit dem Abbau von Sonderregelungen für mehr Konstanz in der Wirtschaftspolitik zu sorgen.

Zweitens: Revision staatlicher Regulierungen, die eine Beschränkung des Marktzugangs zur Folge haben. Eine Beschränkung des Marktzugangs sichert den *Insidern* Marktmacht und damit die Möglichkeit, überhöhte Einkommensansprüche durchzusetzen. Solche "Verteilungskoalitionen" (*Olson*) vermindern die Preisflexibilität in der Volkswirtschaft und erschweren damit bei Geldwertstabilität die Anpassung des Angebots im wirtschaftlichen Strukturwandel. Auf dem Arbeitsmarkt fällt hier insbesondere ein Kartellverhalten der Tarifvertragsparteien ins Gewicht. Nominallohnerhöhungen, die das verteilbare Produktionsergebnis übersteigen, führen bei Geldwertstabilität (d.h. wenn die Notenbank den monetären Spielraum für Preissteigerungen begrenzt) zu einem Anstieg der Arbeitslosigkeit. Wiederum fehlt der indirekte Effekt einer Korrektur relativer Preise (hier: des Reallohns) durch Inflation. Die Beschäftigungssicherung verlangt im Modell unvollständiger Konkurrenz ein verändertes *bargaining* der Tarifparteien. Der Staat kann durch Zurücknahme eigener Einkommensansprüche (siehe Punkt 1) diesen Verteilungskampf entschärfen. Der politökonomische Aspekt dabei ist, daß Arbeitslose ihre Beschäftigungsinteressen nicht in gleicher Weise organisieren können wie die Beschäftigten ihr Interesse an hohen und sicheren Realeinkommen. Sie müßten eine Koalition mit den Arbeitgebern eingehen, was durch die Tarifregelungen ausgeschlossen wird (*Olson*). Allgemein setzt sich die Angebotspolitik in dieser Funktion die Aufgabe, den Wettbewerbsgrad der Wirtschaft direkt oder indirekt zu erhöhen. Dabei geht es – auch auf dem Arbeitsmarkt – nicht zuletzt um den internationalen Wettbewerb (vgl. Kapitel 15).

Drittens: Allgemeine Stimulierung der Investitionsaktivität. In dieser Funktion ist die Angebotspolitik eine Art Kompensationspolitik. Das mit der Investitions- und Innovationsförderung angestrebte Produktivitätswachstum mildert den Verteilungsstreit, weil bei vergrößertem Vertei-

---

die allgemein den staatlichen Zugriff auf private Einkommen durch Abgaben und Steuern begrenzt.

lungsspielraum auch unter Bedingungen der Geldwertstabilität beschäftigungsneutrale Korrekturen an der Einkommensverteilung möglich werden. Durch das Produktivitätswachstum werden insbesondere Reallöhne, die nicht marktkonform (zu hoch) sind, zu marktkonformen Reallöhnen. Der reale Profit der Unternehmen ist gesichert, und es kommt nicht zu Entlassungen. Diese Art der Angebotspolitik läßt aber die Verteilungskoalitionen unangetastet, indem sie nur die Folgen der Ausübung von Marktmacht kompensiert. Sie ist also keineswegs Ursachentherapie, wie oft behauptet wird.

Stabilisierungseffekte der Angebotspolitik. Bedingt durch ihre Zielsetzung, die Preisflexibilität zu erhöhen, ist die Angebotspolitik eine mittelfristig orientierte Politik. Gleichwohl muß man die Frage nach ihren Stabilisierungswirkungen stellen, zumal sie sich als Alternative zur keynesianischen Nachfragesteuerung versteht. Unter Bedingungen der Stagflation trägt die Angebotspolitik dazu bei, daß ein monetärer Impuls weniger in Preisniveaueffekten und mehr in Realeinkommens- und Beschäftigungseffekten seinen Niederschlag findet. Unter Bedingungen der Geldwertstabilität, wenn die Geldpolitik glaubwürdig ist, kann die Angebotspolitik den Beschäftigungsgrad erhöhen. Diese Stabilisierungswirkungen erreicht die Angebotspolitik, weil sie den strukturellen Monopolgrad in der Volkswirtschaft verändert und damit das Konfliktpotential zwischen der Notenbank, die ihre Politik auf Geldwertstabilität ausrichtet, und den sozialen Gruppen mit ihren Verteilungsansprüchen vermindert. Die Finanzpolitik hat einen unmittelbaren Effekt, indem sie Ansprüche des Staates auf die am Markt erzielten Einkommen zurücknimmt. Mittelbare Stabilisierungseffekte ergeben sich durch wettbewerbs- und ordungspolitische Maßnahmen, die den strukturellen Monopolgrad beeinflussen. Darüber hinaus hat die Angebotspolitik stabilisierende Wirkungen, weil sie die Glaubwürdigkeit der Finanzpolitik erhöht. Dabei kommt es insbesondere auf die Konsolidierung des Staatshaushalts an, die den künftigen Kurs der Finanzpolitik signalisiert und darüber Auskunft gibt, ob die Finanzpolitik auf Dauer konstante Rahmenbedingungen gewährleisten kann. Damit kann die Finanzpolitik die Befürchtung zerstreuen, die künftigen Investitionserträge seien vor dem Zugriff des Staates nicht sicher. Insoweit trägt eine angebotsorientierte Finanzpolitik zur Stabilisierung der Erwartungen bei den Investoren bei. Dieser Effekt betrifft zwar nur Erwartungen bezüglich des staatlichen Handelns. Auf diesem Gebiet scheint aber die Unsicherheit der Unternehmer besonders groß und ihre Bereitschaft, Risiken einzugehen, besonders gering zu sein. Allemal sind Erwartungen über das künftige staatliche Handeln gleichgerichtete Erwartungen, die leicht makroökonomische Kumulationswirkungen auslösen können.

Literaturhinweise

In die theoretischen Grundlagen der Finanzpolitik führt ein

ZAMECK, W. VON (1996) *Finanzwissenschaft: Grundlagen der Stabilisierungspolitik*. München: Oldenbourg.

Das Konzept des konjunkturneutralen Haushalts wird vom

Sachverständigenrat zur Begutachtung der gesamtwirtschaftlichen Entwicklung, im Jahresgutachten 1967/68, *Stabilität im Wachstum*, Ziffern 184 ff. entwickelt und in den folgenden Jahresgutachten verfeinert. Zur Weiterentwicklung des Konzepts vgl. insbesondere das Jahresgutachten 1993/94, *Zeit zum Handeln – Antriebskräfte stärken*.

Eine kritische Diskussion des Ricardianischen Äquivalenztheorems findet sich in

TOBIN, J. (1991) *Vermögensakkumulation und wirtschaftliche Aktivität*. München: Oldenbourg, S. 55-79.

Die Grenzen der Staatsverschuldung untersuchen

DOMAR, E. D. (1944) The "Burden of the Debt" and the National Income, *American Economic Review*, 34, S. 798-827

sowie

SCHLESINGER, H., WEBER, M. und ZIEBARTH, G. (1993) *Staatsverschuldung – ohne Ende? Zur Rationalität und Problematik des öffentlichen Kredits*. Darmstadt: Wissenschaftliche Buchgesellschaft.

Die Grenzen der Zahlungsbereitschaft souveräner Schuldner bestimmt

NIEHANS, J. (1986) Internationale Kredite mit undurchsetzbaren Forderungen, in: *Die internationale Schuldenkrise*, Schriften des Vereins für Socialpolitik, N.F. Bd. 155, S. 151-79.

Spieltheoretische Analysen des Zusammenhangs von Staatsverschuldung und Inflation gehen zurück auf

SARGENT, T. J. (1986) *Rational Expectations and Inflation.* New York: Harper & Row.

Die Wende zur Angebotsorientierung der Finanzpolitik begründet

SIEVERT, O. (1979) Die Steuerbarkeit der Konjunktur durch den Staat, in: *Staat und Wirtschaft*, Schriften des Vereins für Socialpolitik, N.F. Bd. 102, S. 810-846

—— (1984) Angebotsorientierte versus nachfrageorientierte Wirtschaftspolitik, in: *Friedman contra Keynes,* herausgegeben von P. Hampe. München: Olzog, S. 67-92.

Einen Bedarf an Angebotspolitik unter veränderten monetären Bedingungen sieht auch

OLSON, M. (1982) Stagflation and the Political Economy of the Decline in Productivity, *American Economic Review, Papers and Proceedings*, 72 (2), S. 143-148.

Eine keynesianische Kritik des angebotspolitischen Konzepts liefern

FLASSBECK, H. (1982) Was ist Angebotspolitik? *Konjunkturpolitik*, 28, S. 75-138,

WELFENS, P. J. J. (1985) *Theorie und Praxis angebotsorientierter Stabilitätspolitik.* Baden-Baden: Nomos.

11 Die Rolle der Arbeitsmarktpolitik

Zur Arbeitsmarktpolitik zählen Maßnahmen, durch die der Staat versucht, das Angebotsverhalten von Arbeitssuchenden und das Nachfrageverhalten von Unternehmen am Arbeitsmarkt unmittelbar zu beeinflussen. Die Arbeitsmarktpolitik zielt grundsätzlich auf die Vermeidung bzw. Verringerung von Arbeitslosigkeit. Dabei spielt das Stabilisierungsziel eher eine indirekte Rolle. Denn die Arbeitsmarktpolitik ist nicht in erster Linie auf die Sicherung bzw. Hebung des allgemeinen Beschäftigungsstands ausgerichtet, sondern auf die Verbesserung von Beschäftigungschancen für sogenannte Problemgruppen und die Sicherung der sozialen Lage dieser Gruppen. Entsprechend stehen sozialpolitische und allgemeine verteilungspolitische Motive im Vordergrund. Maßnahmen der Arbeitsmarktpolitik, welche die Beschäftigungschancen von Arbeitslosen erhöhen, lassen sich aber auch aus wachstumspolitischen Zielsetzungen (z.B. in der Regionalpolitik) ableiten.

Im Hinblick auf die makroökonomische Stabilisierungswirkung ist es zweckmäßig, zwischen der sogenannten passiven Arbeitsmarktpolitik und der aktiven Arbeitsmarktpolitik zu unterscheiden. Das Instrument der passiven Arbeitsmarktpolitik sind Lohnersatzleistungen, die von der Arbeitslosenversicherung an arbeitslose Personen gezahlt werden (Arbeitslosengeld; Arbeitslosenhilfe).[34] Diese Zahlungen wirken einkommensstabilisierend. Zwar wird das verfügbare Einkommen nur umverteilt, so daß sich das aggregierte Einkommen nicht ändert, sofern der Arbeitslosenversicherung keine Finanzierungssalden entstehen. Aber die Einkommensumverteilung von den Beschäftigten zu den Arbeitslosen stabilisiert die Konsumquote in der Krise. Ein expansiver Impuls –

---

[34] Dabei rechnen wir die Träger der Arbeitslosenversicherung zum Staat. Die Arbeitslosenversicherung folgt dem Prinzip eines Umlagesystems, das von den versicherungspflichtig Beschäftigten zu den Arbeitslosen umverteilt.

beispielsweise der Finanzpolitik – hat deshalb größere Einkommenseffekte als ohne dieses Umverteilungssystem. Hinzu kommt, daß der Staat einspringt, wenn es in der Arbeitslosenversicherung als Folge eines Anstiegs der Arbeitslosigkeit zu Auszahlungsüberschüssen kommt. In Deutschland werden Defizite in der Arbeitslosenversicherung weitgehend durch Zuschüsse aus dem Bundeshaushalt finanziert. Dieses *deficit spending* wirkt als automatischer Stabilisator und vermeidet bzw. dämpft eine kumulative Entwicklung der Einkommenskontraktion (vgl. Abschnitt 10.1). Der nachteilige Effekt dieser eingebauten Flexibilität ist freilich ihre Asymmetrie. Die Bundesanstalt für Arbeit braucht diese Zuschüsse nicht zurückzuzahlen, so daß die Arbeitsmarktpolitik auf lange Sicht zu einer Erhöhung der Staatsverschuldung beiträgt.

Die Stabilisierungswirkungen der aktiven Arbeitsmarktpolitik sind nicht so einfach zu begründen. Hierunter versteht man die Anwendung unterschiedlicher Instrumente, wie sie im Arbeitsförderungsgesetz (AFG) zusammengefaßt sind:

(1) Informationshilfen und Beratung, Mobilitätshilfen
(2) Qualifizierung von Arbeitskräften (Umschulung, berufliche Weiterbildung)
(3) Eingliederung von Problemgruppen (Arbeitsbeschaffungsmaßnahmen, Einarbeitungszuschüsse)
(4) Beschäftigungssicherung (Kurzarbeitergeld, Beschäftigungsgesellschaften).

Stabilisierungseffekte kann man insbesondere dann erwarten, wenn die Maßnahmen der aktiven Arbeitsmarktpolitik dazu beitragen, die Rigidität des Reallohnes zu mindern und damit die Rückkoppelung vom Arbeitsmarkt zum Gütermarkt und zum Vermögensmarkt zu verbessern.

Das Arbeitsförderungsgesetz trat im Jahr 1969 in Kraft, also zu einer Zeit, als in Deutschland Vollbeschäftigung herrschte und das Angebot an Arbeit als der limitierende Faktor für wirtschaftliches Wachstum angesehen wurde. Es war deshalb deutlich auf Effizienzsteigerung und Wachstumsförderung ausgerichtet. Durch die Beseitigung von Engpässen im Arbeitsangebot sollte die Produktivität erhöht und zusätzliches Angebot mobilisiert werden. Eine solche Politik der Wachstumsförderung ermöglicht höhere Reallöhne, entlastet also die Einkommenspolitik. Zugleich wird durch die Mobilisierung von zusätzlichen Arbeitskräften die Verhandlungsmacht der Gewerkschaften am Arbeitsmarkt begrenzt (was ebenfalls günstige Wachstumsbedingungen sichert).

Seither haben sich mit zunehmender Arbeitslosigkeit die Aufgaben der Arbeitsmarktpolitik geändert. Das Arbeitsförderungsgesetz wurde den veränderten Problemen des Arbeitsmarktes nach und nach angepaßt, wobei sich Maßnahmen der Arbeitsbeschaffung und der Beschäftigungssicherung als neue Schwerpunkte der Arbeitsmarktpolitik etabliert haben.[35] Inzwischen finanziert der Staat über das AFG einen "zweiten Arbeitsmarkt". Die Ausgaben für aktive Arbeitsmarktpolitik sind in den vergangenen zwei Jahrzehnten ebenso dramatisch gestiegen wie die Arbeitslosigkeit (Abb. 11.1). Dieser empirische Zusammenhang kann so interpretiert werden, daß darin der Bedarf an Arbeitsmarktpolitik sichtbar wird, der durch den Anstieg der Arbeitslosigkeit hervorgerufen wurde. Man muß aber angesichts des dramatischen Anstiegs der Ausgaben auch fragen, worin der Effekt der Arbeitsmarktpolitik besteht. Es ist sogar denkbar, daß hier eine interdependente Beziehung gegeben ist und die Arbeitsmarktpolitik dazu beiträgt, die hohe Arbeitslosigkeit zu stabilisieren, indem sie den Zusammenhang von Reallohn und Arbeitslosigkeit unterbricht. In der theoretischen Debatte gibt es inzwischen verschiedene Erklärungen zu der These, der Zusammenhang von Reallohn und Beschäftigung sei gestört. Der im neunten Kapitel unterstellte Einfluß der Arbeitslosigkeit auf die Verhandlungsmacht der Gewerkschaften wird damit in Frage gestellt. Diese Hypothesen über die Gründe der Reallohn-Rigidität müssen wir prüfen, wenn wir zu einem angemessenen Urteil über die aktive Arbeitsmarktpolitik kommen wollen.

11.1 Hypothesen zur Persistenz von Arbeitslosigkeit

Im fünften Kapitel haben wir gesehen, daß die Persistenz von Arbeitslosigkeit entweder keynesianisch – durch einen zu hohen Realzins – oder klassisch – durch einen zu hohen Reallohn – erklärt werden kann. Den zweiten Erklärungsansatz werden wir nun noch einmal präzisieren, weil er am Verhalten der Akteure am Arbeitsmarkt ansetzt und damit einen Maßstab für die Beurteilung von Maßnahmen der Arbeitsmarktpolitik abgibt. Dabei müssen wir uns im Klaren sein, daß sich Stabilisierungseffekte mit diesem partial-analytischen Erklärungsansatz

---

[35] Zu den Novellierungen des AFG vgl. *Lampert* 1989, *Bach* 1989; zur jüngeren Debatte über eine Reform des AFG vgl. *Sachverständigenrat*, Jahresgutachten 1995/96, Ziffern 397ff.

nur ableiten lassen, wenn Rückwirkungen auf den Güter- und Vermögensmarkt begründet werden können.

Im klassischen Modell ist ein zu hoher Reallohn ein Ungleichgewichts-Phänomen und daher mit der Beobachtung einer lang anhaltenden und in der historischen Zeit signifikant steigenden Arbeitslosigkeit nicht zu vereinbaren (Abb. 11.1). Damit wir das empirische Phänomen dauerhafter Arbeitslosigkeit in den Griff bekommen, müssen wir das klassische Modell in zweifacher Hinsicht modifizieren. Einmal setzen wir unvollständige Konkurrenz als Annahme. Der Arbeitsmarkt soll nicht wie ein Auktionsmarkt funktionieren, vielmehr nehmen wir an, daß Löhne in kollektiven Tarifverhandlungen ausgehandelt werden. Bei gegebenen Preissteigerungserwartungen steht der ausgehandelte Reallohn in einem positiven Zusammenhang zum Beschäftigungsniveau (oder, was dasselbe ist, in einer inversen Beziehung zum Ausmaß der Arbeitslosigkeit). Auch auf dem Gütermarkt herrscht unvollständige Konkurrenz, d.h. die Unternehmen haben Preissetzungsmacht. Können sie – bei gegebenen Geldlöhnen – Preissteigerungen realisieren, so sind sie bereit, den Beschäftigungsgrad zu erhöhen. Bei gegebenen Produktionsbedingungen wird die Arbeitsnachfrage daher durch eine inverse Beziehung zwischen Reallohn und Beschäftigungsgrad abgebildet (Preis-Beschäftigungs-Relation). Wir haben dieses Modell der Reallohnbestimmung bereits bei der Analyse der Einkommenspolitik benutzt (vgl. Abschnitt 9.3).

Im gesamtwirtschaftlichen Gleichgewicht ergibt sich ein Beschäftigungsgrad, der von der relativen Machtposition der Gewerkschaften einerseits, der Unternehmen andererseits bestimmt wird ("struktureller Monopolgrad"). Die gleichgewichtige Rate der Arbeitslosigkeit ist jene, bei der vom Arbeitsmarkt keine inflatorischen Impulse ausgehen, das monetäre Gleichgewicht also gewahrt bleibt (NAIRU). Sie ist zu unterscheiden von der natürlichen Rate der Arbeitslosigkeit, die allein durch Friktionskosten und unvollständige Information (auf Wettbewerbsmärkten) begründet ist. Die gleichgewichtige Rate der Arbeitslosigkeit gibt uns einen Schlüssel dafür, warum der Zusammenhang von Reallohn und Beschäftigungsgrad dauerhaft "gestört" sein kann, d.h. warum sich dauerhaft eine Kombination von hohem Reallohn und hoher Arbeitslosigkeit einstellen kann, die sich im klassischen Modell nur als "vorübergehendes" Ungleichgewicht begreifen läßt.

In einer zweiten Modifikation des klassischen Arbeitsmarktes betrachten wir Arbeitslosigkeit als das Ergebnis einer *stock-flow*-Beziehung. Der Bestand an Arbeitslosen am Ende einer Periode wird jeweils bestimmt

Hypothesen zur Persistenz von Arbeitslosigkeit

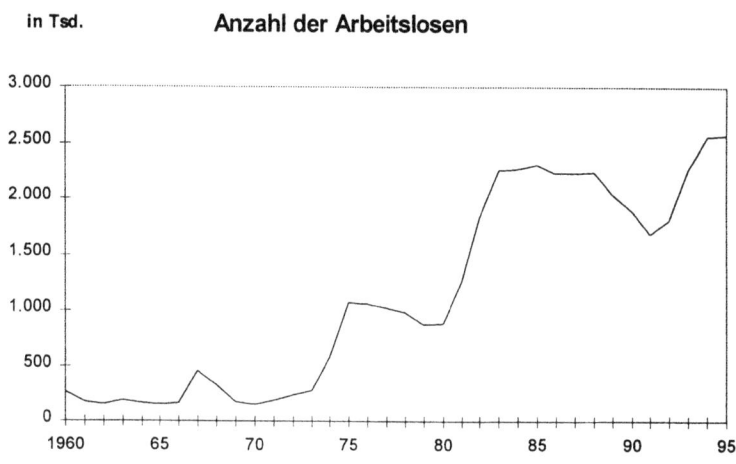

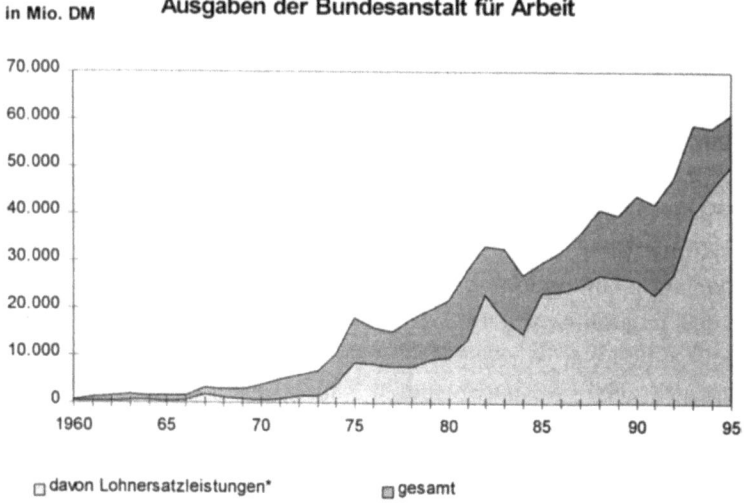

* Lohnersatzleistungen enthalten nur Arbeitslosengeld, Arbeitslosenhilfe und ab 1985 Vorruhestandsgeld; alle Angaben beziehen sich nur auf das Bundesgebiet West

Abb. 11.1 Arbeitslose und Ausgaben der Bundesanstalt für Arbeit. Quelle: Bundesanstalt für Arbeit (BA).

vom Bestand zu Beginn der Periode, von der Anzahl der Personen, die in dieser Periode arbeitslos werden, d.h. von einem Beschäftigungsverhältnis in die Arbeitslosigkeit wechseln, und schließlich von der Anzahl der Personen, die aus der Arbeitslosigkeit ausscheiden, sei es durch Vermittlung in ein Beschäftigungsverhältnis, sei es durch Maßnahmen der aktiven Arbeitsmarktpolitik, sei es dadurch, daß sie dem Arbeitsmarkt nicht mehr zur Verfügung stehen (Ruhestand, stille Reserve). Indem wir diese Dynamik des Arbeitsmarktes ins Bild nehmen, erhält unser Modell auch eine andere analytische Qualität. Die Gleichgewichtsrate der Arbeitslosigkeit ist nämlich nicht mehr allein abhängig von den jeweils aktuellen Einflußgrößen am Arbeitsmarkt sondern auch von dem Niveau der Arbeitslosigkeit in der Vergangenheit. Die Arbeitslosigkeit wird gleichsam durch ihre eigene Geschichte bestimmt, d.h. dadurch, wie sich Schocks im Zeitablauf auf den Arbeitsmarkt auswirken. Arbeitslosigkeit wird zu einer "zustandsabhängigen" Größe (*state dependent*, vgl. *Bean* 1994). Mit dieser Modifikation lassen sich kumulativ wirkende Einflüsse abbilden. Daß solche Kumulationseffekte am Arbeitsmarkt bedeutsam sind, entspricht der empirischen Evidenz. Der langfristige Anstieg der Arbeitslosigkeit, nicht nur in Deutschland sondern in allen europäischen Volkswirtschaften, steht vor allem damit in Zusammenhang, daß die Rate des Ausscheidens aus der Arbeitslosigkeit im langfristigen Trend sinkt (Abb. 11.2).

Mit anderen Worten, das Risiko, arbeitslos zu werden, blieb unverändert; aber die Chance, wieder eine Beschäftigung zu finden, ist signifikant gesunken. Hypothesen, die Persistenz von Arbeitslosigkeit aus der (langfristigen) Rigidität des Reallohns erklären, müssen mit dieser Beobachtung kompatibel sein.

Solche Hypothesen sind im Rahmen sogenannter *insider-outsider-*Modelle entwickelt worden. Diesen Modellen ist gemeinsam, daß sie die Persistenz von Arbeitslosigkeit auf das Lohnsetzungsverhalten zurückführen. Die Grundannahme ist, daß die Interessen der *insider* das Lohnergebnis beeinflussen – in der Regel jene, die Arbeit haben –, während die *outsider* (in der Regel die Arbeitslosen) ohne Einfluß bleiben. Sind auch *insider* arbeitslos, so gibt es bei der Lohnfindung auch ein Interesse, die Beschäftigung zu erhöhen und deshalb auf Lohnerhöhungen zu verzichten, die den gewünschten Beschäftigungsanstieg verhindern würden. Sobald aber alle *insider* beschäftigt sind, richtet sich das Verhandlungsinteresse allein auf die Lohnerhöhung. Die Arbeitslosen verschwinden gleichsam bei Lohnverhandlungen aus der Zielfunktion der

Gewerkschaften. Im Ergebnis wird der Reallohn unabhängig vom Niveau der Arbeitslosigkeit gesetzt.

Die Annahme, daß die Wohlfahrt der *outsider* bei Lohnverhandlungen keine Rolle spielt, ist freilich fragwürdig. Sie schließt nicht nur Solidarität als Zielsetzung aus, sondern impliziert auch, daß im voraus eindeutig unterschieden werden kann, wer künftig *insider* bzw. *outsider* sein wird. Erklärungsbedürftig bleibt außerdem, warum die *outsider* das im Interesse der *insider* ausgehandelte Lohnergebnis nicht unterbieten.

Erst Modelle, die darauf eine Antwort geben, können Erklärungskraft beanspruchen. Diese Antwort finden wir, wenn wir die Zustandsabhängigkeit von Arbeitslosigkeit beachten. Arbeitslose verlieren im Vergleich zu Beschäftigten ihre Arbeitsqualifikation. Sie haben nicht die Möglichkeit, durch *on-the-job-training* Humankapital zu bilden und dieses zu bewahren, und sie verlieren die Arbeitsmotivation. Aus diesen Gründen werden Unternehmen bei der Einstellung Personen, die nur kurze Zeit arbeitslos waren, den Langzeit-Arbeitslosen vorziehen. Da die Unternehmen sich bei der Einstellung nur ein unvollständiges Bild von der tatsächlichen Qualifikation der Bewerber machen können, ist dies aus ihrer Sicht eine rationale Strategie.

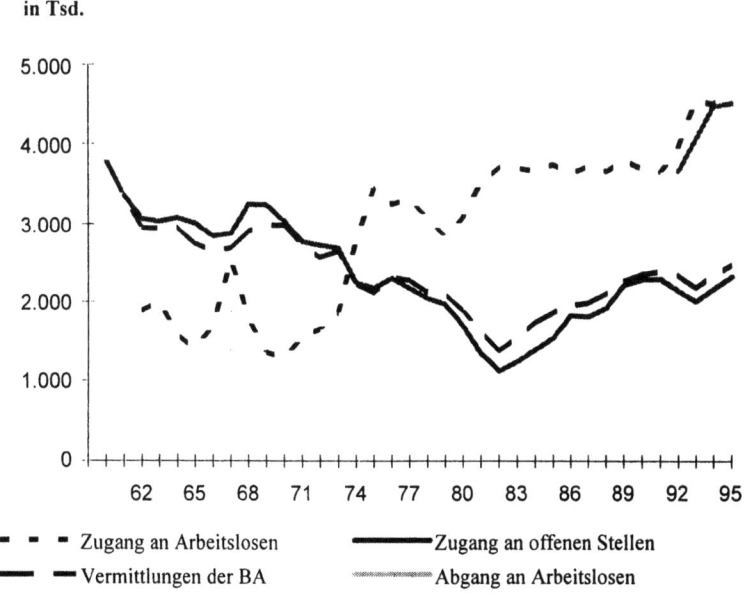

Abb. 11.2 Bewegungen am Arbeitsmarkt. Quelle: Bundesanstalt für Arbeit (BA).

Damit verstärken sich aber die Unterschiede, und es kommt zu einer Segmentierung des Arbeitsmarktes: Die *outsider* werden dem Anforderungsprofil bei Neueinstellungen nicht mehr gerecht. Es bildet sich ein Kern von Langzeit-Arbeitslosigkeit, dessen statistischer Niederschlag ist, daß die Wahrscheinlichkeit, einen Arbeitsplatz zu finden, für Arbeitslose im Durchschnitt immer geringer wird.

Wir können nun drei Hypothesen formulieren, die erklären, warum diese Dynamik des Arbeitsmarktes den Zusammenhang zwischen Reallohn und Beschäftigungsgrad unterbricht.

(1) Die *insider* kennen das *ranking* der Unternehmen bei Einstellungen und vertrauen darauf, daß ihre Chancen auf Wiederbeschäftigung vergleichsweise groß sind, falls sie tatsächlich arbeitslos werden sollten. Das *ranking* hat nämlich zur Folge, daß die Wahrscheinlichkeit, wieder Beschäftigung zu finden, für jemanden, der nur kurze Zeit arbeitslos ist, unabhängig ist vom Ausmaß der Arbeitslosigkeit im Ganzen. Bei Lohnverhandlungen, die das Interesse der *insider* an hohen Reallöhnen verfolgen, findet deshalb das Ausmaß an Arbeitslosigkeit keine Beachtung. Damit wird hohe Arbeitslosigkeit zu einem Gleichgewichtsphänomen, weil sie die Entscheidungen der Akteure, die den Lohn setzen, nicht beeinflußt.

(2) Arbeitslose verlieren mit zunehmender Dauer der Arbeitslosigkeit das Interesse an einer Wiederbeschäftigung, weil der Lohn, zu dem sie Beschäftigung finden könnten, immer geringer wird und schließlich ihren Reservationslohn unterschreitet. Die Minderung des Einstellungslohnes, zu dem die Arbeitslosen erfolgreich gegen die *insider* antreten könnten, ist eine Folge des Verlustes an Arbeitsqualifikation. Je höher der Reservationslohn ist, zu dem sie bereit sind, überhaupt eine Beschäftigung aufzunehmen, um so eher scheiden Arbeitslose aus dem verfügbaren Arbeitskräftepotential aus, obwohl sie noch in der Arbeitslosenstatistik gezählt werden. Der Reservationslohn ist allerdings keine Konstante. Er wird in einem unregulierten Arbeitsmarkt von den Opportunitätskosten der Arbeit, d.h. dem Nutzen der Freizeit bestimmt. Insoweit ist er nicht unabhängig vom Einkommen, das jemand bezieht, aber auch nicht unabhängig vom Ausmaß an Freizeit, d.h. – was die Arbeitslosen betrifft – von der Dauer der Arbeitslosigkeit. Er dürfte mit zunehmender Dauer der Arbeitslosigkeit fallen. Aus Gründen der sozialen Sicherung gibt es aber eine Untergrenze für den Reservationslohn, die durch die Lohnersatzleistungen der Arbeitslosenversicherung (Arbeitslosengeld, Arbeitslosenhilfe) oder die Sozialhilfe gesetzt wird. Darüber hinaus

kann dem Reservationslohn durch tariflich vereinbarte oder gesetzlich vorgeschriebene Mindestlöhne eine Untergrenze gesetzt werden. Im Fall der zuletzt genannten Arbeitsmarktregulierung liegt einfach ein Rationierungsgleichgewicht vor, das die Rigidität des Lohnes nach unten begründet und mit hoher Arbeitslosigkeit vereinbar ist. Die Lohnersatzleistungen, sowie die Sozialhilfe, die das Existenzminimum sichern, bilden dagegen nicht zwingend eine Untergrenze für den Reservationslohn. Sie wirken als solche nur deshalb, weil sie entfallen, wenn jemand Lohneinkommen bezieht. Bei den Leistungen der Arbeitslosenversicherung ist dies die Vertragsgrundlage.[36] Die Sozialhilfe, die der Staat gewährt, muß aber nicht wie eine Prohibitivsteuer auf Arbeit wirken. Sie kann auch so ausgestaltet werden, daß Arbeitseinkommen, das jemand bezieht, der zugleich Sozialhilfe empfängt, nur zum geringeren Teil angerechnet wird (der implizite Steuersatz auf dieses Arbeitseinkommen also kleiner ist als 50 Prozent). In diesem Fall bleibt ein starker Anreiz für den Arbeitslosen, Arbeit aufzunehmen, weil sein Reservationslohn unterhalb der Grenze liegt, die von der Sozialhilfe aus Gründen der sozialen Sicherung gesetzt wird. Ist aber die soziale Sicherung so ausgestaltet, daß sie als Untergrenze für den Reservationslohn wirkt, so beeinflußt dies die Gleichgewichtsrate der Arbeitslosigkeit. Es kommt – bei gegebener Anzahl von offenen Stellen – zu weniger erfolgreichen Arbeitsvermittlungen und, als Folge davon, zu einem verstärkten Lohndruck in Lohnverhandlungen – im Vergleich zu einer Situation, in der die Arbeitslosen auf dem Arbeitsmarkt tatsächlich ein Arbeitsangebot offerieren. Wiederum ergibt sich, daß der Reallohn unabhängig ist vom Ausmaß der – statistisch gemessenen – Arbeitslosigkeit. Hohe Arbeitslosigkeit wird zu einem Gleichgewichtsphänomen.

(3) Arbeitslose verringern mit zunehmender Dauer der Arbeitslosigkeit ihre Suchaktivität, was die gleichen Wirkungen hat wie unter (2).

Die *insider-outsider*-Modelle zeigen die Bedeutung arbeitsmarktpolitischer Maßnahmen, aber auch die Bedeutung der Ausgestaltung von Institutionen der sozialen Sicherung für das Ausmaß an Arbeitslosigkeit auf, das sich langfristig einstellt. Die Rigidität des Reallohnes ist nach

---

[36] Wer Arbeitslosengeld bezieht und zugleich einer Schwarzarbeit nachgeht, bricht diesen Vertrag. Aber sein Reservationslohn wird nicht durch die Lohnersatzleistung begrenzt.

diesen Hypothesen offenbar institutionell bedingt. Wie erklärt sich aber, daß die damit verbundene Persistenz von Arbeitslosigkeit erst seit Mitte der siebziger Jahre zu beobachten ist? Die Institutionen der Arbeitsmarktregulierung und der sozialen Sicherung haben Tradition, d.h. wir können nicht einen *institutional shift* als Ursache der zunehmenden Massenarbeitslosigkeit annehmen. Aber unter den veränderten makroökonomischen, d.h. monetären Bedingungen, die wir seit Mitte der siebziger Jahre beobachten, ergibt sich ein anderes Bild. Die Volkswirtschaft war einerseits starken Angebotschocks (Ölpreisschocks) ausgesetzt, andererseits hat die Geldpolitik mit zunehmendem Erfolg eine Strategie der Härtung der Währung verfolgt. Dies hat die Bedingungen für die Funktionsweise der Institutionen des Arbeitsmarktes und der sozialen Sicherung grundlegend verändert. Insbesondere war der Ausweg in die Inflation als Reaktion auf Angebotschocks versperrt. Die zunehmende Rigidität des Reallohnes mit den gravierenden Folgen für den Arbeitsmarkt ist, so gesehen, eine Folge der Inflationsbekämpfung. Das Maß an Reallohnflexibilität, das sich bei Inflation durch Preissteigerungen ergibt, kann bei Disinflation nicht mehr erreicht werden. Damit kehrt sich *Malinvauds* These um, keynesianische Arbeitslosigkeit sei häufiger als solche vom klassischen Typ. Unter den veränderten monetären Bedingungen ist die Wirtschaftspolitik vor allem mit klassischer Arbeitslosigkeit konfrontiert. Die "klassische" Konsequenz ist: In einem Regime der Geldwertstabilität muß der Rigidität des Reallohnes durch mehr Flexibilität bei der Lohnsetzung entgegen gewirkt werden. Damit steht in erster Linie die Einkommenspolitik vor einer veränderten Aufgabe (vgl. Kapitel 9). Es stellt sich aber auch die Frage, was die aktive Arbeitsmarktpolitik – unterstützend – zu einem Abbau der hohen Arbeitslosigkeit beitragen kann.

11.2 Aktive Arbeitsmarktpolitik

Die Maßnahmen der aktiven Arbeitsmarktpolitik zielen darauf, die Wahrscheinlichkeit, daß arbeitslose Personen Beschäftigung finden, zu erhöhen. Damit tragen sie dazu bei, die Rigidität des Reallohnes abzubauen.

Informationshilfen und Beratung, Mobilitätshilfen. Diese Maßnahmen verringern die Suchkosten für Arbeitslose (und Unternehmen) und verbessern die Chance, daß es zu einem *matching* von Angebot und Nachfrage am Arbeitsmarkt kommt.

Die Vermittlungstätigkeit der Arbeitsämter, welche die *friktionelle Arbeitslosigkeit* reduziert, wird häufig als ineffizient kritisiert. Hier befindet sich die Arbeitsverwaltung in einem Dilemma. Durch die Zahlung von Arbeitslosengeld haben Arbeitslose einen Anreiz, sich registrieren zu lassen. Andererseits gibt es keinen äquivalenten Anreiz für Unternehmen, offene Stellen zu melden. Unternehmen klagen häufig über unzureichende Qualifikation, aber auch über einen Mangel an Arbeitsbereitschaft bei den Arbeitslosen, die von den Arbeitsämtern vermittelt werden. Ihre Bereitschaft, offene Stellen bei den Arbeitsämtern zu melden, ist deshalb vermutlich gering, zumal bei Stellen für qualifizierte Arbeit. Eine bessere Erfolgsquote bei den Vermittlungen könnte diese Bereitschaft erhöhen. Ein größeres Angebot an offenen Stellen hätte wiederum ein größeres Volumen an Vermittlungen zur Folge. Die Arbeitsverwaltung hat auf diese Kritik reagiert. So werden Arbeitslose, die zweimal ein zumutbares Stellenangebot ablehnen, nicht mehr als arbeitslos registriert (und nicht mehr vermittelt). Andererseits wenden sich die Arbeitsämter mit ihrer Vermittlertätigkeit inzwischen auch offensiv an die Betriebe.[37]

Qualifizierung von Arbeitskräften. Qualifizierungsmaßnahmen sind ursprünglich als Instrument gegen *strukturelle Arbeitslosigkeit* konzipiert worden, d.h. Arbeitslosigkeit aufgrund von Merkmalsdifferenzen zwischen Angebot und Nachfrage nach Arbeit (*matching-Problem*). Entsprechend entwickelte sich die Förderung der beruflichen Qualifizierung als ein wichtiger Bereich der Arbeitsmarktpolitik. Hierzu gehört die Umschulung in andere Berufe und die berufliche Weiterbildung. Die Ausgaben für Berufsbildungsförderung sind seit Beginn der achtziger Jahre nicht nur absolut kräftig ausgeweitet worden, sondern sie sind relativ stärker gestiegen als alle anderen Bereiche der Arbeitsmarktpolitik.

Mehr und mehr gilt die Qualifizierung von Arbeitskräften aber als Teil der Angebotspolitik, die das Ziel verfolgt, allgemein die Angebots-

---

[37] Die Konkurrenz durch private Arbeitsvermittlung, die seit 1994 erlaubt ist, scheint die Intensivierung der Vermittlungstätigkeit der Arbeitsämter gefördert zu haben. Eine Modellanalyse des Verhaltens privater und öffentlicher Arbeitsvermittler unternimmt *Zweifel* (1996).

bedingungen zu verbessern. Die Betonung liegt dabei nicht mehr auf der beruflichen Umschulung, die einen *mismatch* in der beruflichen Ausbildungsstruktur beseitigen soll, sondern in einer allgemeinen Höherqualifizierung. Der Bedarf an Qualifizierung ist zunächst durch die technologische Entwicklung bestimmt, wird also durch die Notwendigkeit, international wettbewerbsfähig zu bleiben, vorgegeben. Hinzu kommt in der jüngsten Vergangenheit ein Nachholbedarf an beruflicher Qualifizierung in den neuen Ländern. Bedarf an Qualifizierung bedeutet aber auch, daß neue Berufsfelder entstehen, insbesondere neue Dienstleistungsberufe. Die Freisetzung von Arbeitskräften durch die technologische Entwicklung ist in der Vergangenheit in großem Maßstab durch die Beschäftigungsexpansion in den traditionellen Dienstleistungsbereichen kompensiert worden. Die neuen Kommunikationstechnologien setzen dieser Expansion des tertiären Sektors ein Ende. Andererseits schaffen diese Technologien selbst wieder einen Bedarf an neuen Dienstleistungen, insbesondere Beratung. Die Förderung beruflicher Qualifizierung müßte diesen Strukturwandel einbeziehen. Sie ist, so betrachtet, keine rein angebotsorientierte Strategie.

Wirkungen der Qualifizierung. Berufsqualifizierende Maßnahmen für Arbeitslose oder Personen, die von Arbeitslosigkeit bedroht sind, verbessern die Chance, einen Arbeitsplatz zu erhalten, und eröffnen darüber hinaus den Zugang zu höheren Einkommen. Besonders wirkungsvoll ist die Qualifizierung, wenn damit die Segmentation des Arbeitsmarktes überwunden werden kann, so daß auch das Risiko, arbeitslos zu werden, vermindert wird. In gesamtwirtschaftlicher Sicht werden die durch marktwidrige Mindestlöhne gesetzten Marktzugangsschranken überwunden. Der Produktivitätseffekt der Qualifizierung kompensiert gleichsam die Rigidität des Reallohnes. Über den direkten Effekt einer Vermeidung von Langzeit-Arbeitslosigkeit und ihrer kumulativen Wirkung hinaus kann der Zuwachs der Arbeitsproduktivität indirekt – über eine Erhöhung der Wettbewerbsfähigkeit – mit zusätzlichen Mengeneffekten (Wachstumseffekten) verbunden sein. Die staatliche Förderung der Qualifizierung ist notwendig, weil diese Effekte aus der Sicht des einzelnen Arbeitnehmers unsicher sind und er einer harten Einkommensrestriktion unterliegt. Die Unternehmen können andererseits nicht sicher sein, ob sie die Erträge aus einer Qualifizierung von Arbeitnehmern – anteilig – internalisieren können, solange das Beschäftigungsverhältnis von Seiten der Arbeitnehmer gekündigt werden kann. Ohne staatliche Förderung ist daher das Ausmaß an Qualifizierungsanstrengungen geringer als aus gesamtwirtschaftlicher Sicht wünschenswert wäre. Entsprechende Überlegungen gelten für die Ausbildungsförderung.

Eingliederung von Problemgruppen. Wie erwähnt bildet sich im Selektionsprozeß am Arbeitsmarkt (mehrmalige Umschichtung des Bestandes an Arbeitslosen in einem Jahr) ein harter Kern von Langzeit-Arbeitslosen heraus. Dieser Personenkreis gilt für Arbeitgeber auch deshalb als besondere Risikogruppe, weil sich mit der Dauer der Arbeitslosigkeit die Arbeitsfähigkeit (Qualifikation) und die Arbeitsbereitschaft (Motivation) vermindert. Personen, die längere Zeit arbeitslos waren, haben daher kaum noch eine Chance auf ein normales Beschäftigungsverhältnis, das sie z.B. mit dem üblichen Kündigungsschutz versorgen würde. Maßnahmen der Arbeitsbeschaffung (ABM) sind geeignet, das Risiko dieser Problemgruppe zu vermindern, denn sie stellen im Kern ein Beschäftigungsverhältnis auf Probe mit staatlicher Förderung dar. Während dieses Beschäftigungsverhältnisses besteht die Möglichkeit der Requalifizierung und der Bewährung. Die Förderungswürdigkeit dieser Maßnahmen liegt nicht in der Schaffung von Arbeitsplätzen – häufig wird darin der Zweck gesehen – sondern in der Senkung der sozialen Kosten der Arbeitslosigkeit. ABM haben vor allem unter sozialpolitischen Aspekten einen hohen Stellenwert.[38]

Einarbeitungszuschüsse für schwer vermittelbare Arbeitslose sind in gleicher Weise als eine therapeutische Maßnahme zu sehen. Sie werden vor allem für unqualifizierte Arbeit gezahlt, d.h. für Personen, die auf dem sekundären Arbeitsmarkt bleiben. Die Befristung des Beschäftigungsverhältnisses ist deshalb aus der Sicht der Arbeitgeber nicht in gleicher Weise von Bedeutung wie bei Maßnahmen der Arbeitsbeschaffung.

In gesamtwirtschaftlicher Sicht bilden die Hilfen für die Eingliederung von Problemgruppen den Kern des sogenannten zweiten Arbeitsmarktes, weil sie subventionierte Beschäftigungsverhältnisse begründen. Diese Maßnahmen werden insbesondere im Hinblick auf ihre Beschäftigungswirkungen kontrovers diskutiert (vgl. *Kromphardt* und *Scheidt* 1994). Unsere Analyse des Arbeitsmarktes hat aber gezeigt, daß sie ihre Rechtfertigung nicht in gesamtwirtschaftlichen Beschäftigungseffekten finden. Vielmehr haben sie den direkten Effekt, durch die Lohnsubvention die Marktzutrittsschranke eines zu hohen Reservationslohnes zu überwinden. Dadurch wird das therapeutische Ziel erreicht, die sozialen

---

[38] Zu den Ergebnissen der ABM vgl. das Gutachten des Sachverständigenrats 1990/91, Ziffer 188.

Kosten der Langzeit-Arbeitslosigkeit zu vermeiden bzw. aus dieser Lage heraus zu helfen. Darüber hinaus haben Eingliederungshilfen den indirekten Effekt, daß sie das *ranking* der Unternehmen bei Einstellungen unterlaufen und damit dazu beitragen, den Zusammenhang von Reallohn und Beschäftigung wieder herzustellen.

Beschäftigungssicherung. Maßnahmen der Beschäftigungssicherung zielen darauf ab, die hohen sozialen Kosten, die mit Arbeitslosigkeit verbunden sind, von vornherein zu vermeiden. Aus einer fiskalischen Perspektive sind die Kosten dieser Maßnahmen mit dem Aufwand zu vergleichen, der durch Zuschüsse zur Arbeitslosenversicherung in Krisenphasen entsteht. Aus gesamtwirtschaftlicher Sicht sind die Kosten der Arbeitslosigkeit (Dequalifizierung, Demotivation, sozialer Abstieg) diesen Maßnahmen als Ertrag zuzurechnen.

Beschäftigungssichernde Maßnahmen sind das *Kurzarbeitergeld*, das zunächst zur Überbrückung eines vorübergehenden Nachfrageausfalls entworfen, aber mehr und mehr zur Streckung des Anpassungsprozesses bei Strukturkrisen eingesetzt wurde (z.B. in der Stahlindustrie). Kurzarbeitergeld setzt grundsätzlich den Fortbestand des geförderten Betriebes voraus. Ist die Einstellung der Produktion und die Betriebsschließung unumgänglich, so bietet sich zur Erhaltung des Arbeitskräftepotentials an einem Standort die Gründung von *Beschäftigungsgesellschaften* an. Dieses Instrument wurde während der Stahlkrise der siebziger Jahre erstmals in Luxemburg eingesetzt und kam später auch im Saarland zur Anwendung. Diese Regionen waren in hohem Maße von der Montanindustrie abhängig und konnten auf diese Weise einen dramatischen Anstieg der Arbeitslosigkeit in der Region mit der Folge hoher sozialer Kosten vermeiden. In der jüngsten Vergangenheit ist dieses Instrument in den neuen Ländern zur Milderung des strukturellen Anpassungsprozesses eingesetzt worden.

Beschäftigungsgesellschaften können den Anpassungsdruck in einem notwendigen Strukturwandel mildern. Sie sichern der Region zunächst ein gewisses Mindest-Einkommensniveau sowie darüber hinaus – je nach den Aufgaben, die den Beschäftigten übertragen werden – ein Reservoir an Arbeitspotential und Qualifikation. Sie können aber immer nur eine vorübergehende – stabilisierende – Funktion haben.

Beschäftigungsgutscheine. Die Maßnahmen der Beschäftigungssicherung können zwar so ausgestaltet werden, daß sie ihren Effekt, die hohen sozialen Kosten der Langzeit-Arbeitslosigkeit zu vermeiden, ohne zusätzlichen fiskalischen Aufwand erreichen. Sie halten aber die Arbeitskräfte in einem bestimmten Beschäftigungsverhältnis. Dies kann von Nachteil sein, weil es den gesamtwirtschaftlichen Strukturwandel hemmt. Neutral im Hinblick auf den Strukturwandel ist dagegen ein System von Gutscheinen (*vouchers*), das jenen Unternehmen Lohnkostenzuschüsse in Höhe der Lohnersatzleistungen zuspricht, welche schwer vermittelbare arbeitslose Personen beschäftigen. Der Anspruch auf Lohnkostenzuschuß kann nach der Dauer der zurückliegenden Arbeitslosigkeit gestaffelt werden. Solche Lohnkostenzuschüsse gibt es nach § 249 h AFG in Ostdeutschland für Wirtschaftsunternehmen, wenn sie Personen beschäftigen, die lange arbeitslos waren. Allerdings werden die Lohnkostenzuschüsse nur für "Arbeiten der Umweltsanierung, der Verbesserung der Umwelt, der sozialen Dienste und der Jugendhilfe" (*Buttler* 1993, S. 311) gewährt. Die Grundidee ist wiederum, die Ausschlußwirkung eines zu hohen Reservationslohnes und die damit verbundenen kumulativen Effekte am Arbeitsmarkt zu vermeiden.

Indirekte Maßnahmen. Die aktive Arbeitsmarktpolitik kann in ihrer Wirksamkeit erhöht werden, wenn sie auf indirekte Weise unterstützt wird. Hier kommt zunächst eine Verkürzung der Zeitspanne in Betracht, für die Lohnersatzleistungen der Arbeitslosenversicherung ohne weitere Bedingungen gezahlt werden. Im internationalen Vergleich zeigen empirische Untersuchungen, daß ein signifikanter Zusammenhang besteht zwischen der Dauer der Zahlung von Lohnersatzleistungen und dem Grad der Persistenz von Arbeitslosigkeit (*Layard* u.a. 1991). Der Grund liegt in den kumulativen Wirkungen der Langzeit-Arbeitslosigkeit. Je stärker der Anreiz für Arbeitslose ist, eine lange Dauer von Arbeitslosigkeit zu vermeiden, um so effektiver kann die aktive Arbeitsmarktpolitik sein. Das Modellbeispiel ist hier Schweden. Zweitens ist es wichtig, die Leistungen der Sozialhilfe so zu gestalten, daß ein starker Anreiz bleibt, Arbeit aufzunehmen. Wie erwähnt, lassen sich solche Anreize durch Änderung des Anrechnungsmodus von Arbeitseinkommen bei der Sozialhilfe schaffen.

Die Analyse hat gezeigt, daß die aktive Arbeitsmarktpolitik zu einem großen Teil Kompensation der Inflexibilität des Tariflohnsystems ist. Indem sie den kumulativen Wirkungen der Dequalifizierung, die sich aus der Dynamik des Arbeitsmarktes bei rigidem Reallohn ergeben, vorbeugt, mildert sie die Folgen der Rigidität dieses Systems. Indirekt trägt sie auch zu einer Minderung der Reallohn-Rigidität bei.

11.3 Verknappung des Arbeitsangebots

Rationierungsmaßnahmen, die auf eine Verknappung des Arbeitsangebots hinwirken – Verlängerung der Ausbildungszeiten, vorzeitiger Ruhestand, Arbeitszeitverkürzung –, entlasten die Arbeitsmarktpolitik auf kurze Sicht, müssen aber an ihren langfristigen Wirkungen gemessen werden. Auf lange Sicht können sich nachteilige Wirkungen für die Beschäftigung ergeben, die über eine Dämpfung des Produktivitätszuwachses und/oder eine Erhöhung des Reallohnes effektiv werden.

Produktivitätseffekte. Wird die Rationierung von Arbeit so ausgestaltet, daß die weniger produktiven Arbeitskräfte aus der Beschäftigung ausscheiden und/oder die Produktivität der neu zu Beschäftigenden aufgrund längerer Ausbildungszeiten höher ist, so steigt die durchschnittliche Arbeitsproduktivität. Den gleichen Effekt kann eine Verkürzung der wöchentlichen Arbeitszeit haben.[39] Ein produktivitätsmindernder Effekt stellt sich dagegen ein, wenn mit der Arbeitszeit auch die Betriebslaufzeiten verkürzt werden. In diesem Falle sinkt der Auslastungsgrad der Kapazitäten mit der Folge einer Verringerung der durchschnittlichen Kapitalproduktivität. Diesen Effekt vermeiden nur Modelle, die mit der Arbeitszeitverkürzung eine Flexibilisierung der Arbeitszeit verbinden, so daß Arbeitszeit und Betriebslaufzeit entkoppelt werden.

Indirekte Lohnpolitik. Maßnahmen zur Verknappung des Arbeitsangebots sind Mengenpolitik und sind daher als – indirekte – Lohnpolitik zu werten (vgl. Kapitel 9). Sie verändern die Verteilung der Machtposition im *bargaining* der Tarifparteien zugunsten der Gewerkschaften. Vor allem unter Bedingungen hoher Langzeit-Arbeitslosigkeit, wenn also ein großer Teil der als arbeitslos gemeldeten Personen *de facto* aus dem Arbeitskräftepotential ausgeschieden ist, schafft die Rationierungspolitik ein großes Lohnerhöhungspotential. Ein Reallohnanstieg, der – unter Bedingungen der Geldwertstabilität – auf diese Weise durchgesetzt wird, verringert aber den gesamtwirtschaftlichen Beschäftigungsstand.

---

[39] Dies hängt aber von der Länge der persönlichen Arbeitszeit ab. Die Produktivitätseffekte von *job-sharing*-Modellen sind kontrovers zu beurteilen.

Kostenverlagerung. Wird Arbeitslosigkeit durch die Rationierung von Arbeit verdeckt, z.B. dadurch, daß vermehrt ältere Arbeitnehmer in den vorzeitigen Ruhestand geschickt werden, so hat dies Folgen für die Finanzierung der Sozialversicherungsträger. Auf Dauer unterminiert diese Kostenverlagerung die Finanzierung der Leistungen der sozialen Sicherung. In unserem Beispiel müssen schließlich die Beiträge zur Rentenversicherung erhöht, d.h. die Kosten der Arbeitslosigkeit in Form höherer Lohnnebenkosten auf die Unternehmen zurückgewälzt werden. Auch das wirkt sich nachteilig auf den gesamtwirtschaftlichen Beschäftigungsstand aus. Erst in jüngster Vergangenheit ist in der Öffentlichkeit sichtbar geworden, daß auch die soziale Sicherung unter Geldwertstabilität einer harten Budgetrestriktion ausgesetzt ist, die von der Regierung nicht beliebig zur Kompensation der Reallohn-Rigidität manipuliert werden kann.

Literaturhinweise

Einen Überblick über den theoretischen Hintergrund der Arbeitsmarktpolitik geben

FRANZ, W. (1996) *Arbeitsmarktökonomik*. 3. Aufl. Berlin: Springer,

CARLIN, W. und SOSKICE, D. (1990) *Macroeconomics and the Wage Bargain. A Modern Approach to Employment, Inflation and the Exchange Rate*. Oxford University Press.

Als Zusammenfassung der *insider-outsider*-Modelle empfiehlt sich

BEAN, C. R. (1994) European Unemployment: A Survey, *Journal of Economic Literature*, 32, S. 573-619.

Eine leicht verständliche Einführung in die Dynamik des Arbeitsmarktes ist

LAYARD, R., NICKELL, S. und JACKMAN, R. (1994) *The Unemployment Crisis*. Oxford University Press.

Dieselben Autoren testen den Einfluß der Arbeitsmarktpolitik auf die Persistenz von Arbeitslosigkeit

LAYARD, R., NICKELL, S. und JACKMAN, R. (1991) *Unemployment: Macroeconomic Performance and the labour market.* Oxford University Press.

Die Beschäftigungseffekte der aktiven Arbeitsmarktpolitik diskutieren

KROMPHARDT, J. und SCHEIDT, B. (1994) Chancen des "zweiten Arbeitsmarktes", *Wirtschaftsdienst*, 74 (12), S. 615-622.

Die Arbeitsmarktpolitik für die neuen Länder evaluiert

BUTTLER, F. (1993) Der Wandel der Arbeitsmarktpolitik in Ostdeutschland − Entwicklung, Probleme, Zukunftsperspektiven, in: *Arbeitsmarkt kontrovers: Analysen und Konzepte für Ostdeutschland*, herausgegeben von R. Neubäumer. Darmstadt: Wissenschaftliche Buchgesellschaft, S. 300-316.

Zur Kommentierung aktueller Maßnahmen der Arbeitsmarktpolitik vergleiche

die *Mitteilungen aus der Arbeitsmarkt- und Berufsforschung*, herausgegeben von der Bundesanstalt für Arbeit, laufende Jahrgänge

sowie

die *Jahresgutachten* des Sachverständigenrats zur Begutachtung der gesamtwirtschaftlichen Entwicklung, laufende Jahrgänge.

12 Wirtschaftspolitische Probleme der deutschen Vereinigung

Die dramatischen Ereignisse nach dem Fall der Mauer am 9. November 1989, die bereits im Juli 1990 zu einer Wirtschafts- und Währungsunion der beiden Teile Deutschlands und bald darauf zur Unterzeichnung des Einigungsvertrages führten, liefern uns ein Lehrstück in Wirtschaftspolitik. Der Handlungsbedarf für die Wirtschaftspolitik war außerordentlich groß und die wirtschaftspolitischen Maßnahmen, die ergriffen wurden, hatten massive Wirkungen zur Folge.[40]

Die Aufgabe der Wirtschaftspolitik war, den Rahmen einer einheitlichen Wirtschaftsordnung zu schaffen und dazu beizutragen, daß die Realeinkommensunterschiede zwischen Ost und West möglichst rasch abgebaut werden. Diese Aufgabe drängte, weil es seit der Öffnung der Mauer einen gemeinsamen Arbeitsmarkt gab und das Einkommensgefälle eine starke Wanderungsbewegung ausgelöst hatte. Die Migration vergrößert aber auf absehbare Zeit die Ungleichgewichte, weil sie auf den Arbeitsmarkt selektiv wirkt. Der Anreiz zur Abwanderung und die Chance, einen Arbeitsplatz zu finden, ist für qualifizierte Arbeitskräfte größer als für unqualifizierte. Ein anhaltender Abwanderungsstrom hätte die Entwicklungschancen im Osten zunächst einmal verschlechtert, weil die für den Aufbau erforderliche qualifizierte Arbeit in einem solchen Fall

---

[40] Damit erweist sich die deutsche Vereinigung aus methodischer Sicht als der in den Sozialwissenschaften seltene Fall eines "kontrollierten Experimentes". In den Sozialwissenschaften gilt eine theoretisch deduzierte Wirkungsanalyse noch immer als das sicherste Erkenntnis-Instrument, weil eine empirische Erfolgskontrolle in der Regel mit großen Problemen verbunden ist. Die Wirkungen wirtschaftspolitischer Maßnahmen lassen sich nicht eindeutig ermitteln, weil in der Zeitspanne, in der sie sich entfalten, das wirtschaftliche Umfeld in vielfältiger Weise verändert werden kann. Dies war im Fall der deutschen Vereinigung anders: Hier treten die Wirkungen der Wirtschaftspolitik offen zutage.

erst durch Rückwanderung oder durch Ausbildung gewonnen werden kann.

Was die politische Ökonomie der deutschen Vereinigung betrifft, so wurde nach der Öffnung der Mauer bald klar, daß die Aufgabe, das sozialistische Wirtschaftssystem in Ostdeutschland in die Marktwirtschaft zu überführen, ein gesamtdeutsches Problem werden würde. Bedingt durch die hohe Mobilität der Bevölkerung fehlte der Regierung der DDR der politische Rückhalt für einen eigenständigen Reformkurs wie in den osteuropäischen Staaten. Hinzu kam ein drängender Anspruch an die westdeutsche Regierung, das Versprechen der Wiedervereinigung einzulösen. Die rasch aufeinander folgenden Integrationsschritte im Jahre 1990 sind Ausdruck dieser Konstellation.[41]

Aus ökonomischer Sicht ist die deutsche Vereinigung als ein Versicherungsvertrag interpretiert worden (*Schrettl* 1992). In einem solchen Vertrag mußte sich die Regierung der (alten) Bundesrepublik verpflichten, als Versicherer die Risiken der Transformation des sozialistischen Wirtschaftssystems zu tragen. Die Regierung der DDR mußte ihrerseits das "Vermögen" der DDR als Versicherungsprämie einbringen. Tritt der Versicherungsfall ein, so hat der Versicherer die vereinbarten Zahlungen zu leisten.

Diese Parabel des Versicherungsvertrages trägt nicht nur zur Klärung der Frage bei, wer eigentlich Nutznießer der deutschen Vereinigung war (diese Frage untersucht *Schrettl*), sondern beleuchtet auch die besonderen Probleme der Wirtschaftspolitik, die mit der Vereinigung entstanden sind. Eine Versicherung gegen die Transformationsrisiken bedeutete im Kern, daß das gesamtdeutsche Produktionsergebnis nunmehr anders zu verteilen war (vgl. hierzu *Siebert* 1992). Im Konzert der Ansprüche, die an das Produktionsergebnis gestellt werden, waren die Ansprüche des Ostens durch den Vertrag als gleichberechtigt legitimiert worden. Diese Ansprüche richteten sich zunächst auf eine kaufkräftige Währung und die Freiheit der Konsumwahl sowie auf Teilhabe an der sozialen Sicherung. Mehr und mehr waren es aber Ansprüche auf einen Ausgleich der Einkommensunterschiede. Es gab einen Konsens, daß dieses Ziel auf marktwirtschaftlichem Wege erreicht werden sollte. In der Marktwirtschaft ist ein hohes Einkommensniveau durch hohe Produktivität begründet. Die Aufgabe war also, die ostdeutsche Volkswirtschaft so umzugestalten, daß die Unternehmen unter marktwirtschaftlichen Bedingungen überlebensfähig sein würden, und auf lange Sicht die Produktivität

---

[41] Die Dramatik der Ereignisse des Jahres 1990 wird in der zeitnahen Analyse von *Sinn* und *Sinn* (1. Auflage 1991) besonders gut sichtbar.

auf ein Niveau zu heben, das hohe Realeinkommensansprüche rechtfertigt. Damit stellte sich die Frage einer Entwicklungsstrategie für die neuen Länder. Im Zentrum der ökonomischen Entwicklung einer Region steht die private Investitionstätigkeit. In den neuen Ländern gab es einen erheblichen Nachholbedarf an Investitionen, da der Produktionsapparat technisch und ökonomisch veraltet war. Andererseits waren starke Investitionsanreize nötig, zumal dieser Region die Absatzmärkte fehlten und die Unternehmen weder über das technische *know how* und die Managementkapazität noch über eigene haftende Mittel verfügten.

Aus makroökonomischer Sicht bieten sich zwei Ansatzpunkte für eine Entwicklungsstrategie an. Der erste ist, in der Region einen Prozeß der Einkommensbildung in Gang zu setzen und im Zuge der Einkommensexpansion die Finanzierung der Investitionen aus steigenden Unternehmenseinkommen ("Gewinninflation") zu ermöglichen. Ein solcher Prozeß wirkt selbstverstärkend, wie wir aus der keynesianischen Theorie wissen, weil die Investitionstätigkeit die Unternehmensgewinne speist. Die Realkapitalbildung durch Gewinninflation gelingt insbesondere dann, wenn die Löhne hinter der Produktivität zurückbleiben, und auf diese Weise den Unternehmen die interne Investitionsfinanzierung ermöglicht wird. Die zurückhaltende Lohnpolitik im Westdeutschland der fünfziger Jahre – dem "Entwicklungsmodell" – wird hierfür immer als Beispiel angeführt.[42] Tatsächlich sind in den neuen Ländern die Löhne der Produktivitätsentwicklung voraus geeilt. Wie auch immer man die Lohnpolitik in den neuen Ländern beurteilen mag (vgl. Abschnitt 12.2), das keynesianische Modell der Einkommensbildung konnte als Entwicklungsmodell für Ostdeutschland nicht funktionieren. Es setzt nämlich einen Protektionismus voraus, der mit der neu errungenen Freiheit der Konsumwahl nicht vereinbar war. Obwohl in großem Umfang Einkommenstransfers von West nach Ost flossen,[43] kam ein autonomer Prozeß der Einkommensbildung nicht in Gang, weil die Transfereinkommen über eine hohe Importquote zum großen Teil nach Westen zurückflossen und dort ihre Einkommenswirkungen entfalteten. Auch die durch den Staat finanzierten Beschäftigungsprogramme (im Osten) stimulierten die Nachfrage nach West-Produkten, sowohl nach Investitionsgütern wie auch nach Konsumgütern. Der grundlegende Wandel der Nachfragestruktur im

---

[42] So vor allem *Hagemann* (1993), mit Bezug auf *Riese* und *Spahn*; vgl. auch *Hölscher* (1994).
[43] Die deutsche Vereinigung wurde daher spöttisch "Transformation in eine Marktwirtschaft mit Hilfe eines reichen Onkels" genannt, *Kalmbach* (1993).

Osten hatte zur Folge, daß die "Vereinigungs-Dividende" im Westen anfiel.[44]

Da die einkommensbildende Wirkung der Transfers ausblieb, lag die Hauptverantwortung bei der Angebotspolitik. Als eine Strategie regionaler Entwicklung zielt die Angebotspolitik ebenfalls auf die private Investitionstätigkeit. Denn nur über die Investitionstätigkeit kommt der Produktivitätsfortschritt zustande, der die gewünschte Einkommenssteigerung marktgerecht werden läßt. Die Angebotspolitik setzt dazu bei den Produktionsbedingungen an und versucht durch finanzielle Anreize und die Gestaltung der Rahmenbedingungen die Entstehung finanziell lebensfähiger Unternehmen zu fördern. Die Geldpolitik hatte mit der deutschen Währungsunion frühzeitig einen einheitlichen monetären Rahmen gesetzt. Die Aufgabe der Angebotspolitik war damit, unter Bedingungen der Geldwertstabilität den Prozeß der Realkapitalbildung in Gang zu setzen. Notwendige angebotspolitische Maßnahmen waren die Sanierung und Privatisierung bzw. Liquidierung der bestehenden Betriebe (die Politik der Deutschen Treuhandanstalt) sowie die Förderung der Neugründung von Betrieben.[45] Unter Marktbedingungen kann die Angebotspolitik aber nur den Anstoß für die private Investitionstätigkeit geben. Das heißt, sie ist dann besonders wirksam, wenn sie einen Anreiz für eigenständige Entwicklung gibt und die Chancen zu eigenständiger Entwicklung nicht mindert. Dieses Verständnis der Angebotspolitik paßt zu dem Bild, die deutsche Vereinigung als einen Versicherungsvertrag zu deuten. Die Versicherungsleistung ist nämlich nicht eine Daueraufgabe des Westens, sondern Hilfe zur Selbsthilfe. Notwendige Maßnahmen, die den Anreiz für eigenständige Entwicklung nicht lähmen sondern fördern, sind daher: (1) Die Beseitigung von Altlasten, d.h. die Herstellung gleicher Startchancen. (2) Die Finanzierung des Defizits der sozialen Sicherung, die in dem Maße zu einer staatlichen Aufgabe wird, wie man den Unternehmen des Ostens gleiche Startchancen einräumt. (3) Hilfen beim Aufbau einer Infrastruktur; hierfür ist ein Nachteilausgleich erforderlich, weil heute nachgeholte Infrastruktur-Investitionen zu

---

[44] Die Bedingungen, unter denen eine Vereinigungsdividende erzielt werden kann, hat *von Zameck* (1992) untersucht.

[45] Die Regierung hat deshalb durch massive steuerliche Anreize (insbesondere Sonderabschreibungen in Höhe von 50 Prozent des Anschaffungswertes auf Ausrüstungen und Bauten) einen großen Teil der Investitionsrisiken übernommen und die Bereitstellung von Risikokapital stimuliert. Das deutsche Steuerrecht gewährt diese Förderung aber nur solchen Investoren, die bereits Einkommen bzw. Gewinn zu versteuern haben. Die steuerlichen Anreize haben daher einen breiten Strom westlicher Direktinvestitionen in Ostdeutschland ausgelöst.

heutigen Preisen bezahlt werden müssen und sie damit teurer sind als Infrastrukturinvestitionen der Vergangenheit.

Probleme der Umsetzung angebotspolitischer Maßnahmen in den neuen Ländern ergaben sich unter (1), d.h. der Herstellung gleicher Startchancen für ostdeutsche Unternehmen. Dies betrifft insbesondere die monetäre Seite der Angebotspolitik, nämlich die Vermögensbewertung im Zuge der Währungsumstellung. Diese Probleme behandeln wir in Abschnitt 12.1. Daneben gilt als ein typisches angebotspolitisches Problem die Zurückdrängung der Einkommensansprüche in den neuen Ländern (Abschnitt 12.2). Schließlich entfalten Maßnahmen der Angebotsförderung ihre Wirkungen erst auf längere Sicht. Es waren also für einen längeren Zeitraum Transferleistungen von West nach Ost zu finanzieren, was besondere Finanzierungsprobleme schuf (Abschnitt 12.3).

12.1 Vermögensbewertung

In einer Marktwirtschaft müssen Unternehmen und ihre Kreditgeber ihr Vermögen neu bewerten, wenn sich die Marktbedingungen ändern. Das gilt verstärkt, wenn das Wirtschaftssystem im ganzen umstrukturiert wird. Dieser Bedarf an einer Neubewertung des Vermögens ist im Transformationsprozeß weitgehend vernachlässigt worden. Das Hauptinteresse der Wirtschaftspolitik galt den Einkommensströmen und dem Prozeß der Einkommensbildung: Die Liberalisierung von Preisen, die Öffnung von Märkten für handelbare Güter, die Umstrukturierung von Unternehmen waren kurzfristig auf Produktion und Beschäftigung, und in einer langfristigen Perspektive auf Produktivitätswachstum und die effiziente Nutzung von Ressourcen ausgerichtet. Auf lange Sicht kann ein Unternehmen seine Wettbewerbsfähigkeit auf den Gütermärkten aber nur erhalten, wenn es fähig ist, Investitionschancen wahrzunehmen und Investitionsrisiken zu tragen. Aus diesem Grund muß die Kapitalstruktur eines Unternehmens, d.h. das Verhältnis von Vermögenswerten und Verbindlichkeiten, die das vergangene Ergebnis des Unternehmens reflektiert, in einer Marktwirtschaft ausgeglichen sein. Das heißt, ein Unternehmen muß genügend Eigenkapital als haftende Basis für Investitionsrisiken haben und genügend Liquidität, um seine Gläubiger zu bedienen. Obwohl die Illiquidität der staatlichen Unternehmen frühzeitig erkannt wurde – die Treuhandanstalt sicherte die Liquiditätsposition ihrer

Unternehmen von Anfang an –, wurde die Überschuldung der Unternehmen und damit ihre Insolvenz eher spät erkannt. Ähnlich wie während der Schuldenkrise der Entwicklungsländer in den achtziger Jahren war die Regierung zunächst geneigt, Zahlungsunfähigkeit für Illiquidität zu nehmen.

Es gibt verschiedene Gründe für die systembedingte, versteckte Überschuldung von staatseigenen Unternehmen, die im Transformationsprozeß mit Marktbedingungen konfrontiert werden.[46] Erstens litten selbst Unternehmen, die im Hinblick auf ihre Kostenstruktur wettbewerbsfähig waren, unter einem Mangel an Eigenkapital. Um den Grund für diesen systembedingten Kapitalmangel zu verstehen, müssen wir die Ratio langfristiger Kreditverträge im Sozialismus betrachten. Die Schuldenlast eines Unternehmens war ohne ökonomische Bedeutung, da es für das Unternehmen keine Investitionsrisiken gab. Der Grund für die Verschuldung der Unternehmen war Besteuerung. Den Betrieben war es nicht erlaubt, Gewinne zu akkumulieren, und der "Mehrwert" floß dem Staat zu. Zur Kompensation dieser Abschöpfung durch den Fiskus gewährte die Regierung Kredite und kontrollierte damit das Niveau und die Allokation der Investitionstätigkeit. Im Unterschied dazu muß in einer Marktwirtschaft das Unternehmen eigene Mittel einsetzen, um in der Lage zu sein, Investitionsrisiken zu tragen. Eine simple Übertragung der vergangenen Verbindlichkeiten, die den systembedingten Kapitalmangel der Unternehmen ignoriert, führt daher im Transformationsprozeß zu einer systematischen Überschuldung der Unternehmen.[47]

Hinzu kam eine Überbewertung von Beständen, die den systembedingten Eigenkapitalmangel verdeckte. Auf der betrieblichen Ebene erwiesen sich (geheime) Lagerbestände, die als Liquiditätsersatz fungiert hatten, als überbewertet. Auf der gesamtwirtschaftlichen Ebene ergab sich ein systematischer Bedarf an Neubewertung vor allem hinsichtlich des "reinen sozialistischen Output".[48]

---

[46] Ich habe diese Gründe an anderer Stelle diskutiert, vgl. *Tomann* (1997).
[47] Symptomatisch für das Fehlen einer ökonomischen Bedeutung von Kreditkontrakten im Sozialismus war auch die Tatsache, daß es wie in der Wohnungswirtschaft, keine Unternehmenseinheiten gab, denen diese Kredite zugeordnet waren. Die Zuordnung zu Unternehmen wurde in den neuen Ländern erst nach der deutschen Vereinigung, und in willkürlicher Weise, durchgeführt.
[48] Der polnische Finanzminister der ersten Stunde, *Balcerowicz*, bezeichnete so jenen Teil des gesamtwirtschaftlichen Produktionsergebnisses, der nur unter sozialistischen Bedingungen auf unverändertem Niveau aufrechterhalten werden kann (z.B. ein überdimensionierter Militärkomplex, übergewichtige Schwerindustrie usw.).

Im Ganzen erkennen wir einen durch den Systemwechsel bedingten Bedarf an Neubewertung des Produktivvermögens auch dann, wenn wir verhaltensbedingte oder zufällige Gründe, wie Managementfehler, Präferenzänderungen, das Wegbrechen der Märkte im Osten usw. außer Betracht lassen. Der Übergang zur Marktwirtschaft schafft für sich genommen einen Bedarf an Entschuldung der Unternehmen. Den Forderungen der Banken stehen in der konsolidierten Bankenbilanz Vermögensansprüche, im wesentlichen das Geldvermögen der privaten Haushalte gegenüber. Eine Neubewertung des Unternehmensvermögens im Sinne einer Entschuldung muß also auch die Frage klären, wie diese "Last" zu verteilen ist, d.h. welche Ansprüche revidiert werden.

Optionen zur Lösung des Schuldenproblems. Um diese Frage zu klären, ist zu bedenken, daß es hier um Altlasten geht, die der Zusammenbruch des Sozialismus hinterlassen hat. Das heißt, eine Neubewertung der Vermögensbestände muß die alten Ansprüche an das ökonomische Potential der Volkswirtschaft revidieren. Dies waren nicht in erster Linie private Ansprüche. Vielmehr war die wirtschaftliche Aktivität vor allem auf die Ziele der herrschenden politischen Partei ausgerichtet, und das Realkapital war fast ausschließlich in staatlichem Eigentum. Wertmaßstab der privaten Ansprüche war das Geldvermögen der privaten Haushalte (in der *shortage economy* war dies im wesentlichen Ausdruck zurückgestauten Konsums). Darüber hinaus erfüllten die Betriebe im Sozialismus Ansprüche der Privaten auf subventionierte private Güter, soziale Sicherheit und die uneingeschränkte Sicherheit des Arbeitsplatzes. Von den zuletzt genannten "realen" Ansprüchen wurden die Unternehmen durch den Systemwechsel befreit.[49] Aber auch die alten, aufgeschobenen Konsumansprüche der privaten Haushalte, die im akkumulierten Geldvermögen ihren Ausdruck finden, müssen revidiert werden. Eine systematische Überschuldung der Unternehmen bedeutet, daß die mit dem Geldvermögen verbundenen Ansprüche auf Kaufkraft unter Marktbedingungen nicht mehr eingelöst werden können. Schließt man Inflation als

---

[49] Die einschränkende Bedingung der Treuhandanstalt, bei der Privatisierung von Staatsbetrieben eine Arbeitsplatzgarantie zu verlangen, ist hier die Ausnahme. Diese Arbeitsplatzgarantie wurde aber durch staatliche Subventionen kompensiert, die "Last" fiel also auch insoweit dem Staat zu.

einfachen Weg zur Entwertung des Geldvermögens aus,[50] so gibt es grundsätzlich drei Optionen, die "Last" der Alt-Ansprüche zu verteilen.

(1) Die direkte Lösung ist, die Verbindlichkeiten der Unternehmen und das Geldvermögen der privaten Haushalte im Rahmen einer Währungsreform neu zu bewerten. Eine Währungsreform wertet die Geldvermögensbestände (Forderungen und Verbindlichkeiten) zu einer höheren Konversionsrate ab als die Einkommensströme. Sie wirkt damit ähnlich wie ein Konkursverfahren auf der Unternehmensebene. Die Eröffnungsbilanzen der Unternehmen werden von den Altschulden entlastet. Dies schafft die Vorbedingung dafür, daß Unternehmen und Banken finanziell überlebensfähig sind. Andererseits werden die Konsummöglichkeiten der privaten Haushalte an die Produktionsmöglichkeiten einer sich entwickelnden Marktwirtschaft angepaßt. Durch die Kappung des "Geldüberhangs" entstehen günstige monetäre Bedingungen für Geldwertstabilität. Dies ist besonders wichtig, wenn zugleich im Zuge der Umstrukturierung Märkte dereguliert und Preise freigegeben werden.

Der Nachteil einer Währungsreform ist offensichtlich: Sie legt die Last des Systemwechsels jenen auf, die im alten System Geldvermögen gehalten haben. Deren Vertrauen in das Geld kann erschüttert werden. Die Währungsreform muß daher als ein einmaliger Schritt glaubwürdig sein, da sonst die Privaten zögern, im neuen Währungssystem Geldvermögen zu halten. Hinzu kommt, daß im Prozeß des Übergangs zur Marktwirtschaft viele ihren Arbeitsplatz verlieren. In dieser Konstellation sind die Ersparnisse für viele Haushalte unverzichtbar für ihre soziale Sicherheit. Die privaten Haushalte könnten für den Verlust ihrer Ansprüche aus Geldvermögen durch reale Vermögenswerte kompensiert werden. Dieses Ziel verfolgt die Strategie der Massenprivatisierung, wie sie zum Beispiel in Tschechien durchgeführt wurde und auch für Ostdeutschland zur Diskussion stand (*Sinn* und *Sinn* 1991). Ein direkter Anspruch auf das Unternehmensvermögen, zu Marktpreisen bewertet kann aber den Sicherheitsbedarf der privaten Haushalte nur schlecht erfüllen. Insbesondere ist der Gegenwartswert erwarteter Gewinne und damit der Marktpreis von Unternehmensanteilen wegen der hohen

---

[50] Eine Inflation kann das Bewertungsproblem nicht lösen, weil sie Bestände und Ströme in gleicher Weise entwertet. Sie kann nicht auf die nötige Revision der *alten* Ansprüche begrenzt werden.

Unsicherheit während der Umgestaltung des Wirtschaftssystems gering.
(2) Die den Konsum beschränkende Wirkung einer Währungsreform läßt sich vermeiden, wenn statt dessen die Altschulden der Unternehmen in öffentliche Schulden umgewandelt werden. Bei dieser Strategie der Neubewertung von Vermögen ersetzen die Banken in ihren Portefeuilles die "schlechten" Forderungen an Unternehmen durch Schuldverschreibungen der öffentlichen Hand.[51] Der Staat kann entweder die Forderungen gegenüber den Unternehmen selbst übernehmen und als Gläubiger deren Sanierung und Privatisierung, gegebenenfalls die Liquidierung betreiben. Oder er begnügt sich damit, den Banken Kapital zur Verfügung zu stellen. Die Aufgabe der Umstrukturierung der Unternehmen fällt dann den Banken zu. Im Unterschied zu einer Währungsreform entstehen bei dieser Strategie fiskalische Kosten in Höhe der Zinsen auf die öffentliche Schuld. Diese Last wird aber über die Zeit verteilt.
(3) Die dritte Option ist, die Entlastung der Unternehmen von den Alt-Ansprüchen aus dem laufenden Einkommensstrom zu finanzieren. Dazu müssen die Banken die Zinsspanne zwischen Kreditzinsen und Einlagenzinsen erhöhen und den Gegenwert zur Wertberichtigung der Alt- Kredite in ihren Portefeuilles nutzen. Diese "Marktlösung" wurde von den US-Banken während der achtziger Jahre als ein Mittel gegen die Schuldenkrise der Entwicklungsländer eingesetzt. Sie läßt die Konsummöglichkeiten der privaten Haushalte nahezu unverändert und verteilt die Anpassungslasten – wie bei der Staatsverschuldung – über die Zeit. Dafür schränkt sie aber über die notwendige Erhöhung des Kreditzinses die Investitionstätigkeit ein. Sie behindert damit nicht nur die Umstrukturierung der Staatsbetriebe sondern auch die Neugründung von Unternehmen und die Entwicklung eines privaten Sektors.

Die deutsche Währungsunion. Die in der politischen Debatte und im Staatsvertrag als "Schaffung einer Währungsunion" bezeichnete Währungsumstellung in Ostdeutschland war aus ökonomischer Sicht eine Währungssubstitution. Zum Stichtag 1. Juli 1990 wurde die D-Mark als gesetzliches Zahlungsmittel in Ostdeutschland eingeführt und die Mark der DDR wurde liquidiert (Deutsche Bundesbank 1990). Dies schien die sicherste Methode im Hinblick auf das Ziel zu sein, den Wert der D-Mark

---

[51] Ein reiner Schuldenerlaß für Unternehmen würde im Vergleich dazu die Banken in die Insolvenz treiben.

als Anlagewährung durch die Währungsunion nicht zu gefährden. Entsprechend orientierte sich die Bundesbank bei der Bestimmung des Satzes für die Konversion von Geldvermögen (Forderungen und Verbindlichkeiten) vor allem an dem Zweck, für das zusätzlich erwartete Transaktionsvolumen die erforderliche Geldmenge zur Verfügung zu stellen und einer inflatorischen Nachfrageexpansion von vornherein entgegen zu wirken.[52] Dem entsprach ein Konversionssatz für Geldvermögen von zwei Mark der DDR zu einer D-Mark. Dieser Satz schien ein annehmbarer Kompromiß zu sein, der die Kaufkraft der Bevölkerung und damit die soziale Akzeptanz sicherte. Tatsächlich hat die Konversion der Geldvermögensbestände das reale Vermögen der privaten Haushalte und der kleinen selbständigen Unternehmen erhöht.[53] Es war aber von vornherein klar, daß die ostdeutschen Unternehmen die in DM nominierten Schulden zu diesem Satz nicht würden tragen können (König 1996). Damit hatte die deutsche Währungsunion zwar Züge einer Währungsreform – die Geldvermögens*bestände* wurden zu einem niedrigeren Satz konvertiert als die Einkommens*ströme* – aber das Problem der Altschulden blieb zunächst ungelöst. Eine realistische Wertberichtigung der Bankenforderungen – bei gleicher Bewertung der Verbindlichkeiten der Banken – hätte erfordert, den Banken zusätzliche Ausgleichsforderungen und entsprechende Zinsansprüche gegenüber dem Bund einzuräumen. Dies wurde im September 1990 mit der *Entschuldungsverordnung* nachgeholt, die der Treuhandanstalt die Möglichkeit gab, ein Unternehmen im Zusammenhang mit der Feststellung der Eröffnungsbilanz ganz oder teilweise zu entschulden, wenn die Sanierungsfähigkeit des Unternehmens nachgewiesen wurde. Dazu mußte die Unternehmensleitung einen Sanierungsplan vorlegen, der durch die Treuhandanstalt vor der Bilanzfeststellung nach § 35 DM-Bilanzgesetz zu prüfen war. Diese Entschuldung von Altkrediten wurde durch Verrechnung mit Ausgleichsforderungen an die Treuhandanstalt (§ 24 DM-Bilanzgesetz) vorgenommen, darüber hinaus durch

---

[52] Die Expansion des Geldangebots, die durch die Währungsunion bedingt war, wurde auf 120 Mrd. DM (10% von M3) geschätzt, etwa ebenso groß wie das erwartete zusätzliche potentielle Sozialprodukt (Deutsche Bundesbank 1990). Tatsächlich wuchs die Geldmenge mit einer größeren Zuwachsrate (14%).

[53] Verstärkend wirkte, daß der Konversionssatz für Geldvermögen nach sozialen Kriterien differenziert war. Bis zu einem bestimmten Betrag pro Person wurde ein Satz von 1:1 angewandt, darüber hinaus betrug der Satz 2:1. Auf diese Weise wurde eine Ausgleichsforderung nötig, um die Bilanz der Forderungen und Verbindlichkeiten nach der Konversion zu einem Ausgleich zu bringen. Diese Ausgleichsforderung betrug 26,4 Mrd. DM.

Umwandlung in Sonderrücklagen (§ 27,2 DM-Bilanzgesetz). Bei der Auffüllung des Eigenkapitals durch die Sonderrücklage orientierte sich die Treuhandanstalt am üblichen Eigenkapitalsatz der jeweiligen Branche; diesen entnahm sie den von der Bundesbank veröffentlichten Bilanzkennzahlen über die Relation von Umsatz, Anlagevermögen und Eigenkapital. Sie verhielt sich dabei wie eine Bank: Unternehmen, die in ihrem Unternehmenskonzept eine voraussichtlich gute Umsatzentwicklung angaben, wurden vergleichsweise stark entschuldet. Der fiskalische Aspekt wurde dabei offensichtlich zurückgestellt.

Dieses aufwendige Verfahren der Entschuldung durch Einzelfallprüfung hat den Umstrukturierungsprozeß in Ostdeutschland in erheblichem Maße verzögert. Es ist unumgänglich, wenn die Überschuldung tatsächlich individuell verursacht ist, um *moral hazard* Probleme zu vermeiden. Im Falle der systembedingten Überschuldung, die sich in der Folge der deutschen Vereinigung ergab, wäre diese Verzögerung jedoch vermeidbar gewesen.

Tatsächlich sind bis Ende 1994 im Zuge der deutschen Vereinigung mehr als 300 Mrd. DM an öffentlicher Schuld entstanden. Ein großer Teil davon sind direkt oder indirekt die Folge der unvermeidlichen Neubewertung der Kredite und der Kapitalhilfen für die ostdeutschen Banken. Die Bundesregierung hat während dieser Zeit mehrere Fonds gegründet, um die nötigen Finanzmittel bereitzustellen und die Haushalte des Bundes und der (westdeutschen) Länder von den fiskalischen Lasten freizuhalten. Die Verbindlichkeiten aus den verschiedenen Fonds wurden zusammen mit den Schulden der Treuhandanstalt, die ihre Arbeit 1994 beendete, in einen neu gegründeten Fond, den sogenannten Erblastentilgungsfond eingebracht.[54] Die fiskalischen Kosten dieses Fonds – eine Annuität von 7,5% p.a. – werden teilweise aus dem Bundeshaushalt, teilweise aus dem Gewinn der Bundesbank finanziert. Es wird erwartet, daß diese Schuld innerhalb einer Generation getilgt sein wird.[55]

---

[54] Die Treuhandanstalt hat ihre Tätigkeit der Sanierung, Privatisierung oder Liquidation von staatseigenen Betrieben in Ostdeutschland mit einem Defizit von mehr als 100 Mrd. DM abgeschlossen. Hinzu kommen allein aus der Rekapitalisierung von Unternehmen und der Übernahme von Altkrediten im Zuge der Privatisierung Verbindlichkeiten in Höhe von 90 Mrd. DM. Insgesamt hat die Treuhandanstalt eine Schuld in Höhe von mehr als 250 Mrd. DM auf den Erblastentilgungsfond übertragen. Dabei sind finanzielle Risiken aus Garantien, die von der Treuhandanstalt gewährt wurden und aus ökologischen Altlasten nicht eingerechnet.

[55] Einschränkend ist anzumerken, daß die fiskalischen Kosten des Erblastentilgungsfonds überzeichnet werden, sofern die Gläubiger des Fonds in öffentlicher Hand sind. Wie

Es zeigt sich, daß die notwendige Neubewertung der Vermögensbestände im Zuge der deutschen Vereinigung schließlich doch zu Lasten des Staatshaushalts vorgenommen wurde. Die hohen fiskalischen Kosten des Erblastentilgungsfonds sind zu einem erheblichen Teil die Folge eines Wertberichtigungsbedarfs bei den Vermögensbeständen, der nunmehr die laufenden Einkommen belastet (zur Analyse der Finanzierungslasten vgl. Abschnitt 12.3). Insofern kann man hier von einem *stock-flow*-Problem sprechen. Andererseits hat die gewählte Lösung des Schuldenproblems die Entwicklung des Bankensektors nicht nachteilig beeinflußt. *Carlin* und *Richthofen* (1994) haben darauf hingewiesen, daß die deutsche Währungsunion insofern günstige Bedingungen für die ökonomische Entwicklung der Region schuf, als die westdeutschen Banken ein existierendes Bankennetzwerk in Ostdeutschland erwarben und in bestehende Bankbeziehungen mit Unternehmen einsteigen konnten, ohne verpflichtet zu sein, den Bestand alter Kredite zu übernehmen. Weder die Aufgabe der Sanierung noch der Rekapitalisierung staatseigener Betriebe belastete den sich entwickelnden Bankensektor. Hinzu kam, daß eine gut organisierte Entwicklungsbank, die Kreditanstalt für Wiederaufbau, neu gegründete Unternehmen mit subventionierter langfristiger Finanzierung versorgte.

Neben den alten Ansprüchen war die zu erwartende Lohnentwicklung ein wichtiger Bestimmungsgrund bei der Unternehmensbewertung. Es wird behauptet, daß die Lohnentwicklung in Ostdeutschland die Defizite der Treuhandanstalt im Privatisierungsgeschäft wesentlich beeinflußt hat. Den Problemen der Lohnfindung wenden wir uns im Folgenden zu.

12.2 Lohnfindung

Im neoklassischen Modell des Arbeitsmarktes können wir – unter der Annahme eines gegebenen Preisniveaus – einen Zusammenhang von Lohnhöhe und Beschäftigung ableiten. Wir kennen die keynesianische Skepsis hinsichtlich der Bedingung, daß sich die Arbeitsnachfrage nach

---

groß die konsolidierte Schuldenlast des Fonds ist, hat der Finanzminister nicht veröffentlicht (vgl. *Gawel* 1994, S. 296).

dem Reallohn richtet: Es darf in einem gesamtwirtschaftlichen Zusammenhang nicht einfach das Preisniveau als gegeben genommen werden. Aussagen über die Wirkung der Lohnpolitik auf die Beschäftigung müssen daher in einer keynesianischen Welt relativiert werden. Mit dem Lohnniveau steigt das Preisniveau und umgekehrt, jeweils im Vergleich zu einer Situation ohne Lohnpolitik. Der Monetarismus hat diese Aussagen insofern wieder eingeschränkt, als die Reaktion der Geldpolitik dann doch die erwarteten Beschäftigungswirkungen einer Änderung des Lohnniveaus herbeiführt – Stagflation im Fall der Lohnsteigerungen. Im umgekehrten Fall ist die monetaristische Position aber weniger überzeugend: Eine Lohndeflation stimuliert nicht notwendig die für eine Beschäftigungsexpansion erforderliche Nachfrage. Dies gilt vor allem dann, wenn – wie zu Beginn der achtziger Jahre – die Geldpolitik nachgreifend den monetären Spielraum eng hält, so daß Realkasseneffekte nicht wirksam werden können.

In den neuen Ländern ist die Lohnpolitik mit einer völlig anderen Situation konfrontiert: Hier gilt der klassische Fall. Das Preisniveau ist exogen vorgegeben – determiniert durch die nationale Geldpolitik. Lohnniveauänderungen in Ostdeutschland bedeuten daher definitiv Reallohnänderungen und bewirken unmittelbare Beschäftigungseffekte. Ökonomen haben deshalb von Anfang an vor Lohnerhöhungen, die nicht durch Produktivitätssteigerungen gedeckt sind, gewarnt.

Lohnhöhe und Beschäftigung. Vor der Währungsunion betrugen die Arbeitnehmereinkommen in Ostdeutschland durchschnittlich weniger als ein Drittel vergleichbarer Einkommen in Westdeutschland. Es war daher zu erwarten, daß mit Beginn der Währungsunion mit Nachdruck Ansprüche auf Lohnerhöhungen gestellt werden würden. Die Frage war, wie weit diesen Ansprüchen nachgegeben werden sollte. Bereits in Erwartung der Währungsunion waren in verschiedenen Industrien substantielle Lohnerhöhungen ausgehandelt worden, mit der Folge, daß das allgemeine Lohnniveau in Ostdeutschland 1990 um schätzungsweise 20 Prozent stieg. Diese Lohnkontrakte waren kurzfristig angelegt, so daß weitere substantielle Lohnerhöhungen zu erwarten waren. Anfang 1991 gab es Anzeichen einer Eskalation der Instabilität des Arbeitsmarktes. Erste Streiks und hohe Lohnforderungen schienen auch die politische Stabilität zu gefährden. In dieser Situation handelten die Tarifparteien in den wichtigsten Wirtschaftszweigen einvernehmlich Lohnabschlüsse aus, die den Tariflohn in Prozentpunkten des westdeutschen Lohnniveaus festlegten; im allgemeinen wurden dabei Tariflöhne in Höhe von mindestens 60 Prozent des westdeutschen Lohnniveaus vereinbart. Diese Verträge sicherten nicht nur erneut substantielle Lohnerhöhungen zu, sondern wirkten auch als ein Signal, das ein Aufholen des Einkommensrückstandes gegenüber dem Westen garantierte. Die Metallindustrie ging hier am weitesten. Hier wurden in einem mehrjährigen Tarifvertrag Lohnerhöhungen in Stufen vereinbart, die den tariflichen Stundenlohn Ost bis zum Jahre 1994 auf 100 Prozent des westlichen Tariflohnniveaus anheben sollten (Parität).

Ausgewählte Tarifvereinbarungen für Ostdeutschland nach der Währungsunion vom 1. Juli 1990

Metall- und Elektroindustrie
Beschäftigte: 1.100.000[1]

Lohn- bzw. Gehaltserhöhung
Für die Monate Juli bis September 1990 um jeweils 250 DM, ab Oktober um monatlich 300 DM; daraus resultierten Einkommensverbesserungen um durchschnittlich *25 vH*.
Ab April 1991 Anhebung der Tariflöhne und Gehälter *in vier Stufen* (letzte Stufe April 1994) *auf 100 vH des dann im jeweiligen westdeutschen Partnergebiet geltenden Tarifverdienstniveaus*. Die erste Stufe führte im Durchschnitt zu Lohnerhöhungen um *40 vH*.
Laufzeit: bis Ende März 1995.
Arbeitszeitverkürzung (bei rechnerisch vollem Lohnausgleich)
Ab Oktober 1990 auf 40 Stunden, ab April 1994 auf 39 Stunden und ab Oktober 1996 auf 38 Stunden pro Woche.
Laufzeit: bis Ende Dezember 1998.

Außerdem: *13. Monatseinkommen* (bis 1994 stufenweise Angleichung an die westdeutschen Regelungen); *Urlaubsgeld* (ab 1995 in Höhe von rund 70 vH eines Monatsverdienstes); *Jahresurlaub* (bis 1996 schrittweise Anpassung an die westdeutsche 30-Tage-Regelung für alle Beschäftigten).

Baugewerbe
Beschäftigte: 450.000[1]

Lohn- bzw. Gehaltserhöhung
Ab Juli 1990 Erhöhung der Löhne der gewerblichen Arbeitnehmer um durchschnittlich *60 vH* und der Gehälter der kaufmännischen und technischen Angestellten um durchschnittlich *50 vH.*
Laufzeit: bis Ende Oktober 1990 (de facto bis Dezember).
Ab Januar 1991 Anhebung der Tariflöhne und Gehälter auf *60 vH* ab April 1991 auf 65 vH *des dann geltenden Westniveaus.* Die *erste Stufe* dürfte durchschnittlich Einkommensverbesserungen um *20 vH* bewirkt haben.
(In Berlin-Ost erreichen die Löhne bereits ab April *75 vH* und die Gehälter *70 vH des Westniveaus.*)
Laufzeit: bis Ende September 1991.

Arbeitszeitverkürzung (bei rechnerisch vollem Lohnausgleich)
Ab Januar 1991 gilt für alle Beschäftigten die 42-Stunden-Woche.
Laufzeit: bis Ende Dezember 1991.

Außerdem: *Jahresurlaub* (ab 1991 je nach Lebensalter 23 oder 26 Tage).

Einzelhandel
Beschäftigte: 600.000[1]

Lohn- bzw. Gehaltserhöhung
Für August 1990 um 300 DM, ab September 1990 um jeweils 150 DM pro Monat (gegenüber Juli).
Ab Februar 1991 Anhebung der Tariflöhne und Gehälter in drei Stufen (letzte Stufe Januar 1992) *auf 75 vH des entsprechenden Westniveaus.*
Die *erste Stufe* dürfte durchschnittliche Einkommensverbesserungen um *17 vH* bewirkt haben.
Laufzeit: bis Ende März 1992.

Arbeitszeitverkürzung (bei rechnerisch vollem Lohnausgleich)
Ab November 1990 auf 42 Stunden, ab Januar 1991 auf 40 Stunden pro Woche.
Laufzeit: bis Ende Dezember 1992.

Außerdem: *13. Monatseinkommen* (ab 1991 in Höhe eines halben Monatsverdienstes); *Urlaubsgeld* (ab 1992 in Höhe eines halben Monatsverdienstes); *Vermögenswirksame Leistungen* (Ab Juli 1992 pro Monat 13DM, ab Januar 1993 pro Monat 26DM); *Jahresurlaub* (1991: 26

bis 32 Werktage, 1992: 28 bis 34 Werktage, 1993: 30 bis 36 Werktage; jeweils nach dem Lebensalter gestaffelt).

Öffentlicher Dienst
Beschäftigte: 1.700.000[1]

Lohn- bzw. Gehaltserhöhung
Ab September 1990 um monatlich 200 DM.
Laufzeit: bis Ende Mai 1991 (de facto bis Juni).
Ab Juli 1991 Anhebung der Tariflöhne und Gehälter *auf 60 vH des westdeutschen Tarifverdienstniveaus.* Dies dürfte zu durchschnittlichen Einkommensverbesserungen um *rund ein Drittel* geführt haben.
Laufzeit: bis Ende März 1992.

Arbeitszeitverkürzung (bei rechnerisch vollem Lohnausgleich)
Ab April 1991 gilt für alle Beschäftigten die 40-Stunden-Woche.

Außerdem: *Sozialzuschlag*: Ab Juli 1990 pro Monat 50 DM; ab April 1991 pro Monat 80 DM je kindergeldberechtigtes Kind;
13. Monatseinkommen (ab 1991 in Höhe von 75 vH eines Monatsverdienstes); *Urlaubsgeld* (ab 1991 in Höhe von 300 DM); *Vermögenswirksame Leistungen* (ab Juli 1991 pro Monat 13 DM); *Jahresurlaub* (ab 1991 je nach Lebensalter 26, 29 oder 30 Tage).

[1] Schätzung.
Quelle: Deutsche Bundesbank, *Monatsbericht* 43/7, Juli 1991

Dieser einvernehmlich ausgehandelte Lohnschub ist von Ökonomen weithin kritisiert worden. Den Tarifparteien wurde vorgeworfen, daß ihre Lohnpolitik das Ausmaß der Beschäftigungskrise, die durch den notwendigen Strukturwandel und den Abbau der versteckten Arbeitslosigkeit in den Staatsbetrieben zu erwarten war, verschärft hat. Die Rate der offenen Arbeitslosigkeit, die 1990 noch 2,7 vH betragen hatte, stieg im folgenden Jahr auf über 11 vH und erreichte mit nahezu 16 vH ihren Höchststand im Jahre 1992. Seither verharrt sie auf diesem hohen Niveau.

Wir wollen die ostdeutsche Lohnpolitik zunächst unter der Annahme unvollständiger Konkurrenz untersuchen und dann nach Gründen für die

Persistenz von Arbeitslosigkeit suchen.[56] In Kapitel 9 haben wir gesehen, daß das Modell der Einkommenspolitik bei unvollständiger Konkurrenz eine Gleichgewichtsrate der Arbeitslosigkeit erklärt. Die Arbeitslosigkeit fungiert dabei als das Mittel, Ansprüche in der Gesellschaft zu koordinieren, die ansonsten (ohne diese Koordination) in ihrer Summe zu einer Inflation führen würden (Anspruchsinflation). Auch für den Fall, daß die Geldwertstabilität durch eine glaubwürdige Geldpolitik gesichert ist, besitzt das Modell Erklärungskraft. Es demonstriert die Folgen von Reallohn-Rigidität, die sich ergibt, wenn über Einkommensansprüche in Verhandlungen (mit Marktmacht) entschieden wird. Das Modell erklärt einen Zusammenhang von Beschäftigungsgrad und Reallohn einerseits durch die Tarifverhandlungen auf dem Arbeitsmarkt, wobei die Gewerkschaften ihre Reallohnvorstellungen durchzusetzen versuchen, andererseits durch das Preissetzungsverhalten der Unternehmen auf den Gütermärkten (Abschnitt 9.3).

Wenden wir das Modell auf den ostdeutschen Arbeitsmarkt an. Die Verhandlungsmacht der Gewerkschaften nach der deutschen Vereinigung war offensichtlich bestimmt durch die Erwartung, die Abwanderung der ostdeutschen Arbeitskräfte nach Westdeutschland, die unmittelbar nach dem Fall der Mauer eingesetzt hatte, würde anhalten und sich verstärken.[57] Um diese Abwanderung zu stoppen, mußten die Gewerkschaften einen realen "Bleibelohn" durchsetzen, der sich nach dem westdeutschen Reallohnniveau abzüglich der "Wanderungskosten" für die Arbeitskräfte bestimmt. Die Wanderungskosten nehmen mit zunehmendem Wanderungsstrom zu, nicht zuletzt weil die Aufnahmefähigkeit des westdeutschen Arbeitsmarktes begrenzt ist. Bei gegebenem Reallohnniveau in Westdeutschland ergibt sich somit für Ostdeutschland, daß die Macht der Gewerkschaften, Reallohnsteigerungen durchzusetzen mit dem Beschäftigungsgrad steigt (der ausgehandelte Reallohn ist eine positive Funktion des Beschäftigungsgrades). Andererseits können die Unternehmen den ausgehandelten Reallohn durch ihre Preispolitik korrigieren. Bei zunehmendem Beschäftigungsgrad ist zu erwarten, daß allgemein Preissteigerungen durchgesetzt werden können mit der Folge

---

[56] Eine ausführliche Analyse vor dem Hintergrund des klassischen Konkurrenzmodells findet sich bei *Sinn* und *Sinn* (1991), Teil V.

[57] Innerhalb eines Jahres, d.h. bis Ende 1990 waren 470 000 Erwerbspersonen, das sind 5% des Arbeitskräftepotentials, aus Ostdeutschland abgewandert oder hatten als Pendler im Westen Arbeit aufgenommen. Vgl. den Siebten Bericht des Deutschen Instituts für Wirtschaftsforschung, Berlin, und des Instituts für Weltwirtschaft an der Universität Kiel über "Gesamtwirtschaftliche und unternehmerische Anpassungsprozesse in Ostdeutschland", DIW-Wochenbericht 52/92 vom 23. Dezember 1992.

einer Korrektur des Reallohns. Die "Preis-Beschäftigungs-Funktion" bildet daher eine inverse Beziehung zwischen dem Reallohn und dem Beschäftigungsgrad ab. Diese Möglichkeit ist aber für ostdeutsche Unternehmen äußerst begrenzt. Erstens ist für sie wegen des Verbundes der Gütermärkte das nationale Preisniveau maßgeblich. Nur über eine Erhöhung des Beschäftigungsgrades in ganz Deutschland könnte man daher einen Preiserhöhungsspielraum ableiten. Zweitens wird dieser allgemeine Preiserhöhungsspielraum durch die nationale Geldpolitik begrenzt. Aus diesem Grund ist die Preis-Beschäftigungs-Funktion für Ostdeutschland als sehr elastisch anzunehmen.

Offensichtlich sind in den ersten Jahren nach der deutschen Vereinigung in Ostdeutschland Bleibelöhne ausgehandelt worden, die weit über den "Produktivitätslöhnen" lagen, welche überlebensfähige Unternehmen zu zahlen bereit sind. Dafür sind aus ökonomischer Sicht vor allem drei Gründe anzuführen.

Erstens: In der ersten Phase haben die (alten) Betriebsleitungen *end-game*-Strategien gespielt. Hohe Lohnerhöhungen zu akzeptieren ist rational, wenn die Erwartung vorherrscht, daß der überwiegende Teil der Arbeitskräfte ohnehin in die Arbeitslosigkeit entlassen werden muß und auch die Betriebsleitung selbst vor der Entlassung steht. Der Anreiz zu dieser Lohnpolitik wird noch dadurch verstärkt, daß die Betriebsleitung damit Einfluß auf die Höhe des Arbeitslosengeldes hat, das den Entlassenen gezahlt wird, weil sich das Arbeitslosengeld nach dem zuletzt bezogenen Lohn richtet.[58]

Zweitens: So lange die bestehenden Staatsbetriebe noch nicht privatisiert waren, sondern unter der Verwaltung der Treuhandanstalt geführt wurden, konnten die Arbeitgeber in den Tarifverhandlungen darauf vertrauen, daß die Kosten übermäßiger Lohnsteigerungen abgewälzt werden würden. In dieser Konstellation bedeuteten nämlich hohe Reallöhne und entsprechend niedrige Gewinnerwartungen von Staatsbetrieben, die zur Privatisierung standen, daß die potentiellen Investoren den Vermögenswert dieser Betriebe nach unten korrigieren konnten. Die Treuhandanstalt hatte mit der Zusicherung, die Liquidität der Betriebe bis zur Privatisierung zu garantieren, die Politik hoher Lohnsteigerungen indirekt erleichtert. Sie erlaubte den Unternehmen damit eine Abwälzung der Lohnkosten, in diesem Falle nicht in Form höherer Produktpreise (wie im NAIRU-Modell) sondern zu Lasten der Allgemeinheit in Form höherer Staatsverschuldung und schließlich höherer Steuern. Im Verhandlungs-

---

[58] Maßgeblich sind die Lohnbezüge der letzten drei Monate vor Entlassung.

modell, das Abbildung 12.1 zeigt, kommt dies darin zum Ausdruck, daß die Arbeitgeber einen hohen Bleibelohn (A) akzeptieren, in der Erwartung, die Korrektur auf den Produktivitätslohn (B) in anderen Verhandlungen – hier mit der Treuhandanstalt – zu erreichen, in denen ihre Verhandlungsmacht stärker ist als in den Tarifverhandlungen.

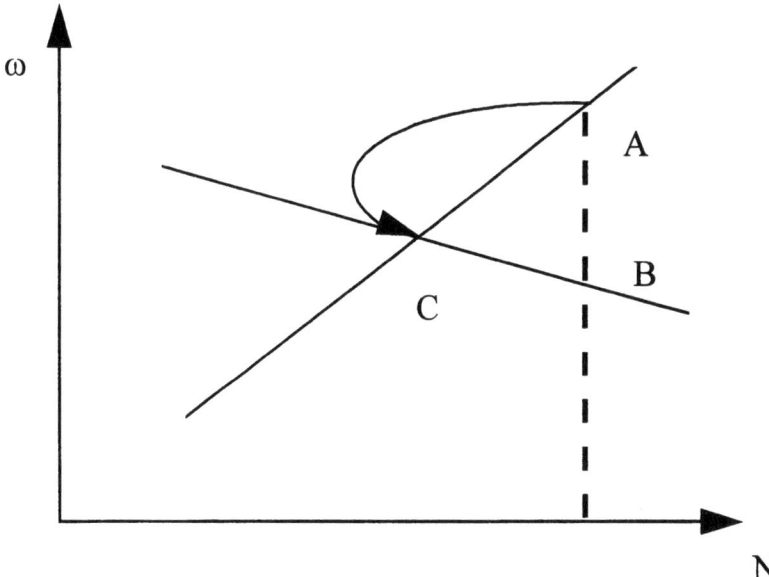

Legende: Eine erwartete Welle der Abwanderung nach Westdeutschland stärkt die Verhandlungsmacht der Gewerkschaften. Fehleinschätzungen der Produktivitätsentwicklung kommen hinzu. Der ausgehandelte Reallohn (Punkt A) liegt über dem "Produktivitätslohn", der den Unternehmen einen angemessenen Profit sichern würde (Punkt B). Das Preisniveau ist vorgegeben, so daß den ostdeutschen Unternehmen die Korrektur des Reallohns über allgemeine Preissteigerungen verwehrt ist. Bedingt durch diese Reallohn-Rigidität kommt es zu einem Überschießen im Beschäftigungsabbau, bis die Reallohnkorrektur durch "recontracting" erreicht wird (Punkt C).

Abb. 12.1 Der ostdeutsche Arbeitsmarkt bei unvollständiger Konkurrenz.

Drittens: Das Produktivitätspotential der staatseigenen Betriebe und damit das Niveau des Gleichgewichts-Reallohns in Ostdeutschland wurde zu Beginn allgemein überschätzt.

Aus diesen Gründen erklärt sich die Divergenz zwischen dem ausgehandelten Bleibelohn (A) und dem tatsächlichen Produktivitätslohn (B), die in Abbildung 12.1 dargestellt ist.[59]

Bei dieser Ausgangskonstellation stellt sich die Frage, wie das Gleichgewicht (Punkt C) auf dem ostdeutschen Arbeitsmarkt erreicht werden kann. Der Weg der Anspruchsinflation zur Aufrechterhaltung des Beschäftigungsgrades scheidet von vornherein aus. Die Divergenz im Reallohnniveau führt unmittelbar zu Beschäftigungswirkungen, jedenfalls in dem Maße, wie die Treuhandanstalt nicht kompensierend eingreift. Je weniger dies geschieht, um so mehr wird eine Korrektur der Lohnkontrakte erforderlich. Das *recontracting* ist auf dem ostdeutschen Arbeitsmarkt tatsächlich zu beobachten. Sei es in der Form einer vorzeitigen Kündigung langfristiger Tarifverträge mit dem Ziel, die Lohnanpassung zu strecken (diesen Versuch starteten die Arbeitgeber der Metallindustrie bereits im Jahre 1993); sei es in der Form, daß tarifliche Härtefall-Regeln für einzelne Unternehmen genutzt werden; sei es, daß Unternehmen aus dem Tarifverband ausscheiden bzw. – im Fall neu gegründeter Unternehmen – diesem Verband gar nicht erst beitreten und unter Tarif entlohnen.[60] Hinzu kommt, daß neue Lohnkontrakte gemäßigter ausfallen, nachdem die Möglichkeit, Lohnkosten extern anzulasten, mit dem Abschluß der Privatisierungspolitik der Treuhandanstalt nicht mehr besteht. All dies sind Strategien, die den ostdeutschen Arbeitsmarkt allmählich in Richtung höherer Beschäftigung führen (Punkt C in der Abbildung). Und es geht immer darum, trotz vorgegebenen Preisniveaus die Rigidität des Reallohnes nach unten aufzulösen. Zwei Einflüsse erleichtern diesen Prozeß: Einmal sinkt die Verhandlungsmacht der Gewerkschaften in Ostdeutschland. Dies ist insbesondere die Folge der Rezession in Westdeutschland, weil diese die Chancen für Ostdeutsche, in Westdeutschland einen Arbeitsplatz zu finden, verringert und damit den Bleibelohn bei gegebenem Beschäftigungsgrad senkt (die Funktion des ausgehandelten Reallohns verschiebt sich nach unten). Zum anderen werden im Zuge der wirtschaftlichen Entwicklung in Ostdeutschland Produktivitätssteige-

---

[59] Aus ökonomischer Sicht erscheint das häufig vorgetragene Argument, die westdeutschen Unternehmen wollten sich lästige Konkurrenz aus Ostdeutschland vom Leibe halten und hätten deshalb die Lohnverhandlungen beeinflußt, eher fragwürdig. Die darin implizierte Verschwörungstheorie ist wenig überzeugend.

[60] Das Deutsche Institut für Wirtschaftsforschung schätzt, daß ein Drittel der Betriebe in Ostdeutschland unter Tarif entlohnen. Diese Praxis betrifft etwa ein Sechstel der Arbeitskräfte.

rungen realisiert, so daß ein hoher Reallohn für immer mehr Unternehmen die Überlebensfähigkeit nicht beeinträchtigt (die Preis-Beschäftigungs-Funktion verschiebt sich nach oben). Beide Einflüsse verringern die Rate der gleichgewichtigen Arbeitslosigkeit. Die Produktivitätsfortschritte, die sich langfristig ergeben, erlauben zugleich einen Reallohnanstieg.

Persistenz von Arbeitslosigkeit. Bis in die jüngste Vergangenheit (1996) ist die hohe Arbeitslosigkeit in Ostdeutschland indessen nicht abgebaut worden. Wir müssen daher auch prüfen, ob der Zusammenhang von Reallohn und Beschäftigung unterbrochen wurde. Treffen die Hypothesen zur Persistenz von Arbeitslosigkeit zu, die wir in Kapitel 11 untersucht haben?

Dem *insider-outsider*-Modell entspricht, daß in Ostdeutschland in den vergangenen Jahren ein "zweiter Arbeitsmarkt" etabliert wurde, der kaum noch in Verbund zum wirklichen Arbeitsmarkt steht. Tatsächlich hat die Regierung nach der deutschen Vereinigung großzügige Hilfsprogramme für die berufliche Qualifizierung, die Eingliederung von Problemgruppen (ABM) und Beschäftigungssicherung (ABS) aufgelegt, mit der Zielsetzung, den notwendigen Strukturwandel zu unterstützen und sozial abzusichern. Im Jahre 1995 waren 700.000 Erwerbspersonen, das sind knapp ein Zehntel des Erwerbspersonenpotentials in solchen Maßnahmen beschäftigt. Wie empirische Untersuchungen belegen (*Staudt* u.a. 1996), haben diese Maßnahmen die ihnen zugedachte "Brückenfunktion" aber nicht erfüllt. Ein großer Teil der dort beschäftigten Personen beschränkt die eigene Perspektive auf diesen zweiten Arbeitsmarkt.[61] Sie sehen sich als *outsider*. Dies wird allgemein als Indiz dafür genommen, daß die Arbeitsmarktpolitik für Ostdeutschland im bisherigen Umfang fortgeführt werden muß. Damit wird aber festgeschrieben, daß der zweite Arbeitsmarkt außerhalb der Verantwortung der Tarifparteien steht. In der weit verbreiteten Auffassung, den zweiten Arbeitsmarkt als eine Obliegenheit des Staates zu betrachten, spiegelt sich, daß die Interessen der *outsider* bei der Lohnfindung keine Rolle zu spielen brauchen. Der zweite Arbeitsmarkt wird so zu einer Institution, die hohe Arbeitslosigkeit als ein Gleichgewichtsphänomen perpetuiert.

Zu dem gleichen Ergebnis kommt man, wenn man das Verhalten der *outsider* betrachtet. Nicht nur Personen, die als arbeitslos gemeldet sind, sondern auch, wer durch Maßnahmen des zweiten Arbeitsmarktes betreut

---

[61] Bezeichnend hierfür ist die Strategie, vom zweiten Arbeitsmarkt in die Arbeitslosigkeit zu wechseln, um von dort wieder auf den zweiten Arbeitsmarkt zu gelangen ("Drehtür-Effekt").

wird, erleidet einen Verlust an beruflicher Qualifikation (vgl. hierzu *Staudt* u.a. 1996). Damit verstärkt sich die Diskrepanz zwischen dem Lohn, zu dem solche Personen wieder Beschäftigung finden können, und ihrem Reservationslohn, und das Interesse an einer Wiederbeschäftigung und die Suchaktivität vermindern sich. Dieser Effekt ist besonders durchschlagend, wenn – wie bei Maßnahmen der Arbeitsbeschaffung – vom Staat der volle Nettolohn ersetzt wird, der Reservationslohn also besonders hoch ist.

Tabelle 12.1 Der ostdeutsche Arbeitsmarkt
(in 1.000 Personen)

	1990	1992	1993	1994	1995*
Erwerbstätige im Inland	8.820	6.386	6.196	6.267	6.402
darunter:					
ABM-Beschäftigte	-	388	260	280	312
Kurzarbeiter[1]	758	370	181	97	37
Altersregelungen	239	812	853	652	377
Berufliche Vollzeitweiterbildung	-	425	345	241	243
Arbeitslose	249	1.170	1.149	1.142	1.047
Wanderungssaldo	252	62	37	20	-
Pendlersaldo	79	338	325	326	328
Erwerbspersonen	9.139	7.894	7.670	7.735	7.920
Erwerbstätige Inländer	8.899	6.724	6.521	6.593	6.290
Selbständige und mithelfende Familienangehörige	252	417	452	478	-
Abhängig Beschäftigte	8647	6307	6059	6115	-

[1] Ausfall durch Kurzarbeit in Vollzeitäquivalenten

Quellen:
DIW, u.a. Dreizehnter Bericht: "Gesamtwirtschaftliche und unternehmerische Anpassungs-fortschritte in Ostdeutschland. Wochenbericht 27-28/95, S. 266
* IWH; Wirtschaft im Wandel 12/96, S. 12

Beschäftigungssicherung durch Lohnsubventionen? Zur Abwendung der Beschäftigungswirkungen eines überhöhten Reallohnniveaus in Ostdeutschland ist vorgeschlagen worden, den Unternehmen Lohnsubventionen zu gewähren (*Akerlof* u.a. 1991, *Kantzenbach* 1992). Durch eine Subventionszahlung, die den Unternehmen die Differenz zwischen dem Bleibelohn, den sie zahlen, und dem Produktivitätslohn, bei dem sie einen Gewinn erwirtschaften, erstattet, so wird behauptet, kann die Beschäftigung auf dem ursprünglichen Niveau gehalten werden. Die fiskalischen und sozialen Kosten einer Lohnsubvention werden als gering angesehen. Denn die Regierung vermeidet mit dem Beschäftigungsabbau die Kosten der Lohnersatzleistungen für Arbeitslose bzw. die Kosten, die durch die Einrichtung eines zweiten Arbeitsmarktes verursacht werden, sowie die sozialen Folgekosten der Demotivation und Dequalifizierung, die damit verbunden sind. Obendrein wird behauptet, durch Lohnsubventionen lasse sich eine Verzerrung der Faktorpreisrelationen vermeiden, wie sie unweigerlich entsteht, wenn die Kapitalkosten subventioniert werden (Investitionsförderung) und die Löhne zugleich überhöht sind. Der Aufbau einer (zu) kapitalintensiven Produktionsstruktur, die langfristig nicht wettbewerbsfähig sei, werde also vermieden.

Die Begründungen der Lohnsubvention sind dem (neoklassischen) Konkurrenzmodell entliehen. Dies offenbart die zugrundeliegende Norm, die hier in der Auffassung zum Ausdruck kommt, der notwendige Strukturwandel könne sich – sieht man von Friktionskosten ab – im Prinzip unter Bedingungen der Vollbeschäftigung vollziehen. Diesem Vertrauen in die Stabilität des Marktes stehen aber zwei gewichtige Einwände entgegen.

Erstens: Allgemeine Lohnsubventionen untergraben die Tarifautonomie. Sie stellen eine Einladung an die Gewerkschaften zu überhöhten Lohnforderungen dar und schaffen zugleich die Bedingungen, die solche Lohnforderungen durchsetzungsfähig machen. Dieser Zusammenhang wird im Konkurrenzmodell nicht sichtbar, läßt sich aber unter der Annahme unvollständiger Konkurrenz (im Verhandlungsmodell) modellieren. Um der Lohnsubvention diesen Anreiz zu nehmen, ist vorgeschlagen worden, sie so auszugestalten, daß sie sich bei Lohnerhöhungen verringert.

Das Modell einer Lohnsubvention für ostdeutsche Betriebe

Zur Kompensation eines Lohnkosten-Nachteils wird vorgeschlagen, ostdeutschen Betrieben eine Lohnsubvention zu gewähren. Es sei w_0 der ostdeutsche Lohnsatz in einem Referenzzeitraum der Vergangenheit (beispielsweise Juli 1990); w_t der aktuelle Lohnsatz; w^* der vergleichbare Lohnsatz in Westdeutschland; τ der Subventionssatz. Dann beträgt die Subvention (je geleistete Arbeitsstunde)

$$b = w_0 \tau \frac{w_t^* - w_t}{w_t^* - w_0};$$

sie hat die Eigenschaft, daß sie sich mit zunehmender Annäherung des ostdeutschen Lohnniveaus an das Lohnniveau Westdeutschlands abbaut.

Diese Ausgleichszahlung wirkt wie eine Steuer auf Lohnerhöhungen. Schreibt man die Subventionsformel mit Hilfe von Zuwachsfaktoren,

$$b = w_0 \tau \frac{\dfrac{w_t^*}{w_0} - \dfrac{w_t}{w_0}}{\dfrac{w_t^*}{w_0} - 1};$$

und setzt für

$$\frac{w_0}{\dfrac{w_t^*}{w_0} - 1} = g;$$

so ergibt sich

$$b = g\tau \frac{w_t^*}{w_0} - g\tau \frac{w_t}{w_0}.$$

Der erste Term dieses Aggregats ist eine Transferzahlung (je geleistete Arbeitsstunde), deren Höhe vom empfangenden Unternehmen nicht beeinflußt werden kann. Sie richtet sich nach dem Unterschied zwischen dem aktuellen westdeutschen Lohnsatz und dem ostdeutschen Lohnsatz im Referenzzeitraum. Der zweite Term ist eine Steuer auf die Lohnsatzsteigerung in Ostdeutschland. Ostdeutsche Betriebe erhalten damit einen Anreiz, die Beschäftigung zu steigern, sowie einen Anreiz, sich Lohnerhöhungen zu widersetzen. Auch hier wird sichtbar, daß sich die Subvention mit zunehmender Annäherung des ostdeutschen an das westdeutsche Lohnniveau abbaut.

Quelle: *Akerlof* u.a. 1991, vgl. auch *Kalmbach* 1993

Um dies zu erreichen, muß man die Subvention als Kombination eines Transferbetrages (der vom empfangenden Unternehmen nicht beeinflußt werden kann) und einer Steuer auf Lohnerhöhungen gestalten. Eine solche Subvention hebt sich selbst auf, sobald ihr Zweck (hier: die Angleichung des Tariflohnniveaus Ost an das Westniveau bei Vollbeschäftigung) erfüllt ist. Die "anreizkompatible" Ausgestaltung der Lohnsubvention, die strategisches Verhalten unterbindet, setzt aber voraus, daß der Staat als Regulierer gut informiert ist. Insbesondere sollte er Kenntnis des Produktivitätslohnes haben (was sich nur durch ein *trial-and-error*-Verfahren erreichen läßt). Dies macht den ganzen Vorschlag im Bereich der Lohnpolitik unpraktikabel.[62]

Der *zweite Einwand* ist, daß Lohnsubventionen, soweit sie der Lohnpolitik entgegen wirken, den *status quo* konservieren. Hier erweist sich der Vorschlag einer Lohnsubvention als ein partial-analytisch begründetes Argument. Dieser Vorschlag setzt nämlich voraus, daß es sich beim *status quo* um eine in der Marktwirtschaft überlebensfähige Produktionsstruktur handelt. Damit werden die spezifischen Gründe für den notwendigen Strukturwandel beim Übergang in die Marktwirtschaft ignoriert (vgl. hierzu Abschnitt 12.1).

Lohnkosten als Indikator der Wettbewerbsfähigkeit.[63] In einem klassischen Modell des Arbeitsmarktes (bei vollständiger Konkurrenz) können wir nicht nur einen Zusammenhang von Lohnhöhe und Beschäftigung erklären, sondern auch den Einfluß der Lohnhöhe auf die Wettbewerbsfähigkeit der Unternehmen untersuchen. Die Botschaft des Modells ist evident: Eine relative Lohnsenkung erhöht die Beschäftigung, weil sich die Menge der rentablen Produktionsmöglichkeiten vergrößert. Aus diesem Zusammenhang hat man in der empirischen Wirtschaftsforschung die Frage abgeleitet, um wieviel das Lohnniveau in Ostdeutschland gesenkt werden müßte (relativ zu Westdeutschland), damit die ostdeutschen Unternehmen wettbewerbsfähig produzieren könnten. Zur Beantwortung dieser Frage stützt man sich auf den Indikator der Lohnkosten je Produkteinheit, der die Löhne ins Verhältnis zur Arbeitsproduktivität setzt. Ein Vergleich des westdeutschen und

---

[62] In der Umweltpolitik werden ähnliche Subventionsanreize gesetzt, um umweltschädigende Unternehmen anzuregen, ihre Aktivitäten auf ein "optimales" Maß zu reduzieren.

[63] Diesem Abschnitt liegt mein Beitrag "Sind die Ost-Löhne zu hoch?" *Wirtschaftsdienst*, Heft 12/96 zugrunde.

ostdeutschen Lohnkostenniveaus liefert eindeutig den Befund überhöhter Lohnkosten in den neuen Ländern. Die Lohnkosten je Produkteinheit im verarbeitenden Gewerbe und ebenso die Lohnkosten je Wertschöpfungseinheit im Durchschnitt der Gesamtwirtschaft liegen im Osten um etwa ein Drittel höher als im Westen (Abb. 12.2).[64] Von Anfang 1991 bis Anfang 1993 hatte sich diese Lohnkostenrelation zugunsten der neuen Länder deutlich verringert, weil versteckte Arbeitslosigkeit in den Betrieben abgebaut wurde. Seither ist sie aber praktisch unverändert geblieben. Damit scheint evident zu sein, daß die ostdeutsche Wirtschaft durch deutlich höhere Lohnkosten (trotz niedrigerer Löhne) in ihrer Wettbewerbsfähigkeit behindert ist.[65]

Der Schluß von relativ hohen Lohnkosten auf einen Mangel an Wettbewerbsfähigkeit hat aber seine Tücken. Es soll im folgenden gezeigt werden, daß der Vergleich von Lohnkosten-Niveaus systematisch verzerrt

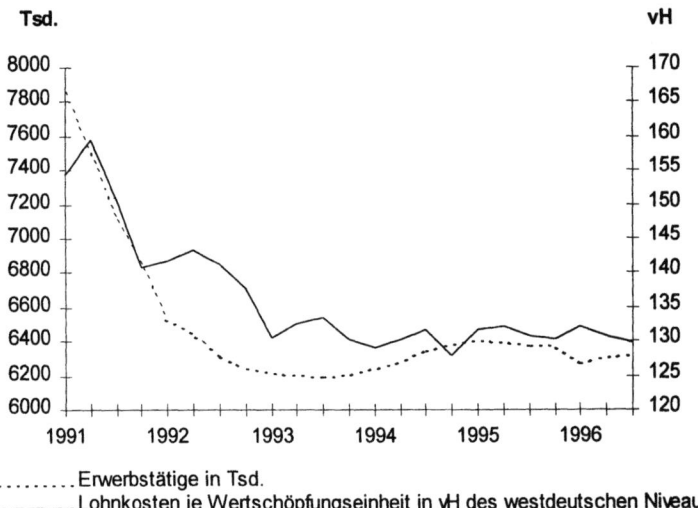

Abb. 12.2 Beschäftigung und Lohnkosten in Ostdeutschland. Quelle: Institut für Wirtschaftsforschung Halle (IWH).

---

[64] Deutsches Institut für Wirtschaftsforschung, Berlin, Institut für Weltwirtschaft an der Universität Kiel, Institut für Wirtschaftsforschung Halle (1996), Gesamtwirtschaftliche und unternehmerische Anpassungsfortschritte in Ostdeutschland, Vierzehnter Bericht, *Wochenbericht* des DIW 27/96 vom 4. Juli.

[65] Es wird erwartet, daß mit einer Verringerung der Löhne "die Wertschöpfung insgesamt höher ausfallen (könnte), weil die Unternehmen mit niedrigeren Lohnkosten in eine günstigere Wettbewerbssituation an ihren Märkten gelangen würden". R. *Pohl* (1996) Situation und Perspektiven der Wirtschaft in den neuen Bundesländern, *Wirtschaft im Wandel*, 8, S. 9.

ist, mit der Folge, daß dieser Indikator der Wettbewerbsfähigkeit, der im Zeitreihenvergleich brauchbare Dienste leistet, im Querschnittsvergleich (Ost/West) nicht aussagefähig ist.

Die Produktivitätsfalle. Die These eines Mangels an Wettbewerbsfähigkeit der ostdeutschen Wirtschaft wird durch eine Produktivitätslücke begründet: Der Rückstand der Arbeitsproduktivität in den neuen Ländern gegenüber dem westdeutschen Produktivitätsniveau ist größer als der Lohnrückstand, so daß sich rein rechnerisch im Osten höhere Lohnkosten (je Wertschöpfungseinheit) ergeben.[66] Mit dieser These der Produktivitätslücke ist offensichtlich die Vorstellung verbunden, ein Reallohn, der über der Arbeitsproduktivität liegt, stelle keine wettbewerbsfähige Kostenstruktur dar. Tatsächlich ist das Maß der Lohnkosten je Wertschöpfungseinheit, das *Pohl* (1996) verwendet, identisch mit der Reallohn-Produktivitäts-Relation.[67] Bezeichnet man die Bruttoeinkommen aus unselbständiger Arbeit je Beschäftigten mit w, das reale Bruttoinlandsprodukt je Erwerbstätigen mit π und den Preisindex des Bruttoinlandsprodukts mit P, so sind die Lohnkosten je Wertschöpfungseinheit definiert als

$$\frac{w}{P} / \pi \qquad (12.1)$$

Eine Angleichung der Reallohn-Produktivitäts-Relation zwischen Ost und West würde die Lohnkostenunterschiede aufheben. Diese Angleichung ist aber keine notwendige Bedingung für die Wettbewerbsfähigkeit der ostdeutschen Wirtschaft. Das zeigt sich, wenn wir die Grenzproduktivität des Faktors Arbeit und die Durchschnittsproduktivität unterscheiden. Im neoklassischen Modell können wir die gewinnmaximale Beschäftigungsmenge eines Unternehmens feststellen, indem wir den Reallohn mit der *Grenzproduktivität* der Arbeit vergleichen. Dabei muß man allerdings annehmen, die Faktoreinsatzmengen seien im übrigen konstant. Ein Vergleich des Reallohns mit der *durchschnittlichen* Arbeitsproduktivität sagt dagegen nichts über die (relative) Gewinnsituation zweier Unternehmen aus, weil eben diese Annahme nicht mehr zutrifft. Die Arbeitsproduktivität ist insbesondere eine Funktion der Kapitalintensität der Produktion. Bei Produktion mit Kapitalgütern (K) läßt sich die Produktionsfunktion bekanntlich schreiben als

---

[66] Im folgenden beziehen wir uns – wie *Pohl* – auf die Lohnkosten je Wertschöpfungseinheit, zu jeweiligen Preisen bewertet, weil dieses Maß die Kostensituation besser abbildet als die Lohnkosten je Produkteinheit (zu konstanten Preisen bewertet).
[67] Von Unterschieden der Beschäftigtenstruktur bereinigt.

$$Y/N = \pi = f(1, K/N) \tag{12.2}$$

wobei N für die Beschäftigungsmenge und K/N für die Kapitalintensität steht. Ein relativ hohes Niveau der Lohnkosten kann daher einfach Ausdruck einer relativ geringen Kapitalintensität der Produktion sein. Gerade bei relativ niedrigen Löhnen müssen wir vermuten, daß dies der Fall ist.

Komparative Kostenvorteile. Sofern die Kapitalintensität der Produktion variiert werden kann, richtet sie sich im marktwirtschaftlichen Strukturwandel nach den relativen Faktorpreisen. Wir haben damit aus ökonomischer Sicht eine Erklärung für die paradoxe Beobachtung, daß die Löhne im Osten vergleichsweise niedrig und dennoch die (durchschnittlichen) Lohnkosten vergleichsweise hoch sind. Wenn nämlich die Unternehmen ihre komparativen Kostenvorteile im Strukturwandel nutzen, so werden sie im Osten relativ arbeitsintensiv, im Westen relativ kapitalintensiv produzieren. Im Ergebnis sind die Lohnkosten je Wertschöpfungseinheit im Osten höher, auch wenn alle Unternehmen rentabel wirtschaften. Dieses Ergebnis stellt sich deshalb ein, weil die Unterschiede in der Grenzproduktivität der Arbeit – und damit die Reallohnunterschiede – geringer sind als die Unterschiede in der Durchschnittsproduktivität der Arbeit. Der Grund dafür sind erstens Substitutionsprozesse bei gleicher Produktionstechnologie: es wird im Osten mehr Arbeitszeit je Maschine eingesetzt; zweitens die Wahl unterschiedlicher Produktionstechnologien: bei niedrigen Löhnen sind einfache Produktionstechnologien wettbewerbsfähig. Damit ist nicht bewiesen, daß die Löhne im Osten marktgerecht sind. Nur: Der Vergleich der Lohnkosten je Wertschöpfungseinheit kann ihre Marktwidrigkeit nicht belegen. Aussagen über die Wettbewerbsfähigkeit erfordern vielmehr einen regionalen Vergleich der totalen Durchschnittskosten. Dazu muß man aber die totale Faktorproduktivität abschätzen.

Kostenstruktureffekte. Relativ hohe Lohnkosten können allgemein Reflex von Unterschieden bei anderen Kostenkomponenten sein. Hier fallen im Ost-West-Vergleich insbesondere auch die Subventionen (als Komponente der indirekten Steuern) ins Gewicht.[68] Bewertet man – wie *Pohl* – die Wertschöpfung zu Marktpreisen (statt zu Faktorkosten), so bewirken relativ hohe Subventionen, wie sie im Osten gezahlt werden, daß

---

[68] Zur Berechnung der Kostenstruktureffekte bei sektoralen Lohnkostenvergleichen siehe *Tomann* (1971)

die Marktpreise dort unter den Faktorkosten liegen. Entsprechend erhöht sich die Reallohn-Produktivitäts-Relation im Osten. Subventionen sind allerdings ein Indikator für einen Mangel an Wettbewerbsfähigkeit. Sie können sowohl Ursache als auch Folge zu hoher Löhne sein. Insofern wird der Zusammenhang zwischen Lohnkosten und Wettbewerbsfähigkeit richtig angezeigt.

Auf einen Mangel an Wettbewerbsfähigkeit darf man dagegen nicht schließen, wenn relativ hohe Lohnkosten eine Folge von Gewinnverlagerungen sind. Mit der Treuhandpolitik, ostdeutsche Betriebe durch Verkauf an Investoren zu privatisieren, hat sich in den neuen Ländern eine spezifische Unternehmensstruktur herausgebildet. Dabei haben Tochterunternehmen einen großen Anteil, deren Konzernmütter in Westdeutschland beziehungsweise im Ausland sitzen. Bei solchen Unternehmen ist es übliche Geschäftspraxis, die Gewinne durch eine entsprechende Preispolitik auf die Konzernmutter zu verlagern. Wir beobachten dann relativ höhere Lohnkosten als bei selbständig geführten Unternehmen, obwohl die Betriebe rentabel produzieren.

Das Indexproblem. Schließlich ist zu beachten, daß den Lohnkostenvergleichen der Wirtschaftsforschungsinstitute aggregierte Größen zugrunde liegen. Das heißt, es werden nicht die Lohnkosten je Produkt sondern je Wirtschaftszweig oder der gesamten Region berechnet. Dadurch wird der Lohnkostenvergleich von Struktureffekten beeinflußt, die auf der überbetrieblichen Ebene wirksam werden. In einer Phase des intensiven Strukturwandels – wie in den neuen Ländern – folgt auch die sektorale Produktionsstruktur den komparativen Vorteilen. Die Spezialisierung auf arbeitsintensive Produktionszweige vergrößert die Lohnkostenunterschiede, selbst wenn auf der Betriebsebene (d.h. bei den Produkten) limitationale Produktionsbedingungen herrschen, das Faktoreinsatzverhältnis also nicht auf Faktorpreisänderungen reagiert.

Hinzu kommt ein von der Nachfrageseite induzierter Strukturwandel. So hat die relativ arbeitsintensive Bauwirtschaft in den neuen Ländern bedingt durch die Umstrukturierung ein sehr viel größeres Gewicht unter den Wirtschaftszweigen als im Westen.

Diese Struktureffekte kann die empirische Wirtschaftsforschung bei Lohnkostenvergleichen eliminieren.[69] Ein bereinigter Lohnkostenindex müßte die Lohnkosten je Produkteinheit des Ostens – zusammen gewogen

---

[69] Zu den methodischen Problemen eines Vergleichs von Produktivitätsniveaus siehe Sachverständigenrat zur Begutachtung der gesamtwirtschaftlichen Entwicklung, Jahresgutachten 1994/95, Ziffer 80.

mit dem realen Produkt dieser Region – mit jenen Lohnkosten vergleichen, die sich im Osten ergeben hätten, wenn in allen Bereichen die spezifischen Lohnkosten des Westens aufgewendet worden wären. Diese Methode entspricht der Konstruktion eines Paasche-Index.

Fazit. Es hat sich gezeigt, daß die üblichen Lohnkostenvergleiche zwischen Ost und West systematisch verzerrt sind. Auch auf unregulierten Märkten muß man aus ökonomischer Sicht erwarten, daß eine Region mit niedrigem Lohnniveau zu höheren Lohnkosten je Wertschöpfungseinheit produziert als eine Hochlohn-Region. Diese Schlußfolgerung gilt sowohl auf der betrieblichen Ebene als auch auf der gesamtwirtschaftlichen Ebene.

12.3 Finanzierungslasten

Interpretiert man den Einigungsvertrag als einen Versicherungsvertrag, so stellen die von den Gebietskörperschaften und den Sozialversicherungsträgern geleisteten Transfers (von West nach Ost) nicht Almosen dar, sondern vertragliche Zahlungsverpflichtungen, für die sich der Versicherer die nötige Liquidität beschaffen muß.[70] Damit stellt sich die Frage nach ihrer Finanzierung.

Optionen der Lastenverteilung. Grundsätzlich hatte die Regierung vier Möglichkeiten, die Kosten der deutschen Einheit zu finanzieren: (1) Eine Finanzierung aus dem laufenden Steueraufkommen erfordert die Senkung öffentlicher Ausgaben an anderer Stelle; obwohl dadurch Entzugseffekte entstehen, bleibt der Auslastungsgrad des gesamtwirtschaftlichen Produktionspotentials im Ganzen unverändert. Mit dem Finanzausgleich zwischen Bund und Ländern (*vertikaler Finanzausgleich*) und unter den

---

[70] Dieses Versicherungsmodell setzt die Berechtigung von Ansprüchen aus der Vereinigung in ein neues Licht, insbesondere auch die Berechtigung von Lohnansprüchen (*Schrettl*, S. 149). Wir wollen ihm hier nur soweit folgen, als wir die Notwendigkeit von Transfers zum Ausgleich der Einkommenslücke und zur Förderung der Realkapitalbildung in den neuen Ländern für gegeben nehmen. Was die Höhe der Transfers betrifft, also das Ausmaß der unentgeltlichen Übertragung von Ressourcen von West nach Ost, so ist die Aussagekraft der üblichen Transfer-Rechnungen begrenzt. Vgl. hierzu Deutsche Bundesbank, Zur Diskussion über die öffentlichen Transfers im Gefolge der Wiedervereinigung, *Monatsbericht* Oktober 1996, S. 17-31.

Ländern (*horizontaler Finanzausgleich*) stand ein Instrument dafür zur Verfügung, die Sparlast "gerecht" zu verteilen. (2) Eine Finanzierung durch Steuererhöhungen (Einkommensteuer, Umsatzsteuer) drängt private Ausgaben an anderer Stelle zurück; die vereinigungsbedingten zusätzlichen öffentlichen Ausgaben lassen auch in diesem Fall die Auslastung des gesamtwirtschaftlichen Produktionspotentials im wesentlichen unverändert. Steuererhöhungen können aber nachteilige Anreizwirkungen und allokative Verzerrungen auslösen. Steuererhöhungen müssen gesetzlich geregelt werden. (3) Eine Finanzierung über eine einmalige Vermögensabgabe (*Lastenausgleich*) ist anders als die Erhöhung der laufenden Steuerbelastung allokationsneutral. Sie löst auch nur geringe Entzugseffekte aus und wirkt damit stimulierend auf die gesamtwirtschaftliche Nachfrage. Auch die Vermögensabgabe verlangt eine gesetzliche Regelung. (4) Eine Finanzierung durch staatliche Kreditaufnahme wirkt ebenfalls stimulierend auf die gesamtwirtschaftliche Nachfrage, belastet aber die künftigen Staatsbudgets. Sie kann im Rahmen des normalen Budgetverfahrens (z.B. durch Nachtragshaushalte) ins Parlament eingebracht werden. Das parlamentarische Verfahren ist vergleichsweise unproblematisch, zumal da noch offen bleibt, wer die künftigen Lasten zu tragen hat.

Grenzen fiskalischer Umverteilung. Unter den gegebenen Umständen eines großen Finanzbedarfs zur Deckung der Einkommenslücke und zur Bereitstellung von Fördermitteln für die Realkapitalbildung im Osten war von vornherein klar, daß die Transfers nicht aus dem laufenden Einkommen, d.h. durch Ausgabenkürzung, finanziert werden konnten. Tatsächlich erwies es sich als sehr schwierig, das eigentlich verfügbare Instrument des Finanzausgleichs anzuwenden. Die westdeutschen Länder waren zunächst nicht bereit, die fünf neuen Länder am Finanzausgleich zu beteiligen, obwohl diese dem Geltungsbereich des Grundgesetzes "beigetreten" waren. Der horizontale Finanzausgleich erwies sich als nicht tragfähig, um so große Steuerkraftunterschiede auszugleichen, wie sie zwischen alten und neuen Ländern auftraten. Erst nach einer grundsätzlichen Neugestaltung des Finanzausgleichs (unter Mitwirkung des Bundes) war es möglich, die neuen Länder von 1995 an in diese fiskalische Umverteilungsregel einzubeziehen.

Die Frage der Steuererhöhung war der Hauptgegenstand der politischen Auseinandersetzung. Zur Jahresmitte 1991 wurde ein Solidaritätszuschlag auf die Einkommen- und Körperschaftsteuer in Höhe von 7,5 Prozent eingeführt, der zunächst auf ein Jahr befristet war, und es wurden einige der speziellen Verbrauchsteuern angehoben. Der Solidaritätszuschlag wurde im Jahre 1993 durch eine Anhebung der Mehrwertsteuer abgelöst, er wurde dann aber im Jahre 1995 erneut eingeführt. Die fiskalische Ergiebigkeit des Solidaritätszuschlags war allerdings begrenzt. Darüber hinaus wurden die Transfers dadurch finanziert, daß die Beiträge zur Sozialversicherung angepaßt wurden, weil die Sozialversicherungsträger durch die Auszahlungsverpflichtungen in den neuen Ländern ins Defizit gerieten. Faktisch hat der Staat den sozialversicherungspflichtig Beschäftigten eine Sonderabgabe auferlegt.[71] Insgesamt ist die Abgabenlast so stark angestiegen, daß nun doch eine Revision der Staatsausgaben erforderlich wird. Will man nicht noch zusätzliche Lasten in die Zukunft verschieben, so müssen die Staatsausgaben – einschließlich der Leistungsgesetze der sozialen Sicherung – auf den Prüfstand. Die deutsche Vereinigung hat damit den Bedarf an Angebotspolitik erhöht, d.h. an einer Reformpolitik, die überhöhte Ansprüche an das Produktionsergebnis zurückdrängt. Dabei mischen sich nun die Ansprüche des Ostens in den alten Verteilungsstreit zwischen Arbeitgebern und Gewerkschaften, und die Ansprüche der Leistungsempfänger der sozialen Sicherung, die nicht mehr im bisherigen Umfang gesichert erscheinen, kommen hinzu. In diesem vielschichtigen Szenario nimmt es nicht Wunder, daß ein Großteil der politischen Anstrengungen auf Problemverlagerung statt Problemlösung ausgerichtet ist. Eine Problemlösung kann aber nur darin bestehen, im Ganzen die Ansprüche, die über den Staat gestellt werden, zu reduzieren.

Diese Zuspitzung der Probleme hätte durch eine zeitlich begrenzte Vermögensabgabe vermieden werden können. Eine Vermögensabgabe zur Lösung des Finanzierungsproblems wäre nicht nur allokationsneutral gewesen, sie hätte auch die anfangs vorhandene hohe Zahlungsbereitschaft für einen Nachteilausgleich genutzt, ohne nachhaltige Anreizwirkungen (Steuervermeidung) auszulösen. Der Vorschlag einer Vermögensabgabe (z.B. von *Richard von Weizsäcker*, dem damaligen Bundespräsidenten) wurde aber von der Regierung aus politischer Opportunität verworfen. Damit blieb für einen großen Teil der Finanzierungslast nur die Variante, die Neuverschuldung zu erhöhen. Der Bundesfinanzminister hat insbesondere angesichts der anfänglichen Blockade des Finanzausgleichs die Zahlungsfähigkeit der öffentlichen Hand in den neuen Ländern durch einen *Fond der deutschen Einheit* gewährleistet. Dieser Fond wurde zusammen mit den Schulden, die aus

---

[71] Zu den sozialpolitischen und verteilungspolitischen Implikationen dieser Lastverteilung vgl. *Vesper* (1995).

dem Privatisierungs- und Sanierungsgeschäft der Treuhand blieben, in den *Erblastentilgungsfond* übertragen (vgl. Abschnitt 12.1).

Makroökonomische Wirkungen der Verschuldung. Bei einer massiven Erhöhung der staatlichen Kreditaufnahme muß man befürchten, daß es zu einem *crowding out* über den Zins kommt und das Vertrauen in die Stabilität der Währung schwindet. Tatsächlich hat die Finanzierung der deutschen Vereinigung weder das eine noch das andere bewirkt. Wie ist das zu erklären?

Die makroökonomische Konstellation war für eine zusätzliche Staatsverschuldung günstig. Nicht nur hatte die Bundesregierung während der achtziger Jahre einen Konsolidierungskurs eingeschlagen und die Nettoneuverschuldung des Bundes deutlich verringert. Sondern die Bundesrepublik Deutschland erwirtschaftete auch Leistungsbilanzüberschüsse und hatte ihre Gläubigerposition so stark ausgebaut, daß sich die Leistungsbilanzüberschüsse durch den Zinsenüberschuß im internationalen Kapitalverkehr kumulativ verstärkten. Dies hatte der deutschen Wirtschaftspolitik international immer den Vorwurf eingetragen, zu wenig für die Stimulierung der gesamtwirtschaftlichen Nachfrage zu tun. Die deutsche Vereinigung führte zu einem Abbau dieses "Ungleichgewichts". Der Leistungsbilanzüberschuß, der 1989 noch 107 Mrd. DM betragen hatte, baute sich im Verlauf des Jahres 1990 rasch ab. Im Jahre 1991 betrug das Leistungsbilanzdefizit 32 Mrd. DM. Auch in den folgenden Jahren hatte Deutschland Defizite in dieser Größenordnung. Der Wechsel zu einem Absorptionsüberschuß ermöglichte Kapitalimporte, welche die zusätzliche Staatsverschuldung fundierten. Im internationalen Verbund hat Deutschland damit den Ressourcentransfer eingefordert, den es während der zurückliegenden Jahrzehnte dem Ausland kreditiert hatte.[72] Dies hat auch die ausländische Konjunktur stimuliert. Die zusätzliche Staatsverschuldung im Inland hat dagegen – anders als häufig behauptet wird – den Kapitalmarktzins nicht nachhaltig beeinflußt.[73] Zu einem *crowding out* brauchte es nicht zu

---

[72] Seit 1951 hatte Deutschland nur nach der Aufwertung der Mark von 1961, im Hochkonjunkturjahr 1965 und in den Jahren 1979 bis 1981, nach der zweiten Ölpreiskrise, ein Leistungsbilanzdefizit.

[73] Vgl. z.B. *Hagemann* (1993), S. 25f.; *Siebert* (1992), S. 182ff. – Tatsächlich hat sich der deutsche Kapitalmarktzins Ende 1989 auf das Niveau des Kapitalmarktzinses in den Vereinigten Staaten erhöht. Dies könnte Ausdruck einer Erhöhung der Liquiditätsprämie für deutsche Anleihen sein. Betrachtet man jedoch die langfristigen Realzinsen so zeigt sich sowohl vor der deutschen Vereinigung als auch von 1991 an ein sehr enger Verbund zwischen dem deutschen und dem amerikanischen Zinsniveau.

kommen, weil nicht inländische Absorption zurückgedrängt werden mußte, sondern die zusätzliche Absorption ein zusätzliches (ausländisches) Angebot auf den Gütermärkten induziert hat. Der *shift* von Leistungsbilanzüberschüssen zu Leistungsbilanzdefiziten kam problemlos und überwiegend aufgrund privater (d.h. autonomer) Transaktionen zustande. Dies erklärt, warum es praktisch auch keine Auswirkungen auf den Wechselkurs gab.[74] Das Leistungsbilanzdefizit als Ausdruck eines durch Kapitalimport finanzierten Ressourcentransfers hat keine Inflationsfurcht ausgelöst, und das Vertrauen in die Mark als Anlagewährung ist nicht gesunken. Damit zeigt sich die Leistungsfähigkeit offener Güter- und Kapitalmärkte, wenn es darum geht, asymmetrische Schocks aufzufangen. In einer protektionistischen Welt wäre dies nicht in gleicher Weise möglich gewesen.

Literaturhinweise

Die deutsche Vereinigung hat eine Flut von Forschungsarbeiten und entsprechend von Veröffentlichungen ausgelöst. Eine kleine Auswahl von Zeitdokumenten und ökonomischen Analysen für das Studium der wirtschaftspolitischen Probleme ist:

Sachverständigenrat zur Begutachtung der gesamtwirtschaftlichen Entwicklung (1990) *Zur Unterstützung der Wirtschaftsreform in der DDR: Voraussetzungen und Möglichkeiten*, Sondergutachten vom 20. Januar,

derselbe, *Auf dem Wege zur wirtschaftlichen Einheit Deutschlands*, Jahresgutachten 1990/91. Stuttgart: Metzler-Poeschel, Kapitel 4,

---

Das bedeutet, daß der Realzins in den neunziger Jahren niedriger war als Ende der achtziger Jahre.

[74] Eine ausführliche Analyse der Auswirkungen der deutschen Vereinigung auf den Wechselkurs der Mark liefert *König* (1996).

Deutsche Bundesbank (1990) Die Währungsunion mit der Deutschen Demokratischen Republik, *Monatsbericht* 42 (7), S. 14-29,

SINN, G. und SINN, H.-W. (1992) *Kaltstart. Volkswirtschaftliche Aspekte der deutschen Vereinigung.* 2. Aufl. Tübingen: Mohr,

GAHLEN, B. u.a. (Hrsg.) (1992) *Von der Plan- zur Marktwirtschaft. Eine Zwischenbilanz.* Schriftenreihe des wirtschaftswissenschaftlichen Seminars Ottobeuren, Bd. 21. Tübingen: Mohr,

SIEBERT, H. (1992) *Das Wagnis der Einheit. Eine wirtschaftspolitische Therapie.* Stuttgart: DVA (Aktualisierte Neuauflage 1993),

HAGEMANN, H. (Hrsg.) (1993) *Produktivitätswachstum, Verteilungskonflikte und Beschäftigungsniveau.* Probleme der Einheit, Bd. 11. Marburg: Metropolis,

Deutsches Institut für Wirtschaftsforschung (Hrsg.) (1995) Fünf Jahre Deutsche Einheit, Schwerpunktheft *Vierteljahrshefte zur Wirtschaftsforschung* 64 (3),

FROWEN, S. F. und HÖLSCHER, J. (Hrsg.) (1997) *The German Currency Union of 1990 – A Critical Assessment.* London: MacMillan.

Die Idee, die deutsche Vereinigung als Versicherungsvertrag zu interpretieren, stammt von

SCHRETTL, W. (1992) Transition with Insurance: German Unification Reconsidered, *Oxford Review of Economic Policy*, 8 (1), S. 144-155.

Die Entstehungsgeschichte der Währungsunion dokumentiert ausführlich

GAWEL, E. (1994) *Die deutsch-deutsche Währungsunion – Verlauf und geldpolitische Konsequenzen.* Baden-Baden: Nomos.

Das Konzept einer Lohnsubvention für Ostdeutschland haben entwickelt

AKERLOF, G. A. u.a. (1991) East Germany In From the Cold: The Economic Aftermath of Currency Union. *Brookings Papers on Economic Activity*, Bd. I, S.1-101.

Dritter Teil

Die Stabilisierungsaufgabe in einem integrierten Europa

Le traité, tout le traité, rien que le traité!

Jacques Delors

13 Theorie des optimalen Währungsraumes

Die Theorie des optimalen Währungsraumes geht auf zwei Grundlinien zurück. Einmal rückt die wirtschaftliche Integration nach dem Zweiten Weltkrieg – in Europa die Gründung von EWG und EFTA – Probleme des Zahlungsbilanzausgleichs in den Vordergrund des wirtschaftspolitischen Interesses. Bei festen Wechselkursen erfordert der Ausgleich der Zahlungsbilanzen eine internationale Koordination der Geldpolitik. Die extreme Form dieser Koordination ist die Schaffung eines einheitlichen Währungsraumes. Die zweite Grundlinie ist die Debatte über feste und flexible Wechselkurse. Diese Debatte führte zu keinem eindeutigen Ergebnis, sondern es setzte sich eine differenzierende Sichtweise durch, die nach dem Zusammenbruch des Währungssystems von Bretton Woods auch im Entstehen der großen "Währungsblöcke" ihren Ausdruck fand. Hier bildet der stabilisierungspolitische Aspekt der Wechselkursflexibilität das Kriterium. Die "neue" Frage ist, wie ein Wirtschaftsraum abzugrenzen ist, der sich im Innenverhältnis für feste Wechselkurse und die entsprechende Koordination der Geldpolitik eignet und im Außenverhältnis mit Rückgriff auf die Flexibilität der Wechselkurse in seiner Stabilisierungspolitik autonom bleibt.

Die Theorie des optimalen Währungsraumes steht – anders als ihr Name vermuten läßt – in keynesianischer Tradition, d.h. sie nimmt an, daß Preisniveau und Lohnniveau rigide sind. Die Frage, die sich bei der Abgrenzung eines "optimalen" Währungsraumes stellt, ist also, ob die Flexibilität von Preisen und Löhnen groß genug ist, um destabilisierende Schocks auszugleichen oder ob der Wechselkurs als Stabilisierungsinstrument unverzichtbar bleibt. In der Debatte sind verschiedene Kriterien für den Bedarf an Flexibilität der Wechselkurse genannt worden. Wir werden uns in diesem Kapitel vor allem mit dem Kriterium der Faktormobilität (*Mundell* 1961) und dem Kriterium der Offenheit der

Gütermärkte (*McKinnon* 1963) befassen. Die Frage, wie weit das Ausmaß an Koordination in der Finanzpolitik (*Kenen* 1969, *Tavlas* 1993) für eine Währungsunion konstitutiv ist, werden wir in Kapitel 16 behandeln.

13.1 Nutzen und Kosten einer gemeinsamen Währung

Die Einführung einer gemeinsamen Währung oder – aus der Sicht eines einzelnen Landes – der Beitritt zu einer Währungsunion wird in ökonomischen Lehrbüchern üblicherweise als ein Nutzen-Kosten-Kalkül dargestellt (vgl. z.B. *De Grauwe* 1994). Auch die EG-Kommission gibt in ihren Vorlagen an den Ministerrat und den Hintergrundstudien in entsprechender Weise Entscheidungshilfe (vgl. die Beiträge in *European Economy*). Für jedes Land sind die Nutzen, die es aus einer Währungsunion erwartet, mit den damit verbundenen Kosten zu vergleichen. Offensichtlich empfiehlt sich aus ökonomischer Sicht die Einführung einer Währungsunion, wenn für die beteiligten Länder die Nutzen größer sind als die Kosten. Dieses Verfahren hat freilich einen methodischen Defekt. Sieht man einmal von den Schwierigkeiten ab, Nutzen und Kosten zu messen und richtig zu bewerten, so würde doch der ökonomische Wert einer gemeinsamen Währung systematisch unterschätzt, ginge man tatsächlich nach dieser Methode vor. Dies wird deutlich, wenn wir die mit einer Währungsunion verbundenen Nutzen und Kosten näher betrachten.

Zu den Nutzen einer gemeinsamen Währung zählen zunächst verringerte Transaktionskosten, weil es sich erübrigt, Preise in unterschiedlichen Währungen zu berechnen und Tauschmittel in unterschiedlichen Währungen zu halten. Diese Kosten fallen vor allem dann ins Gewicht, wenn die Konvertibilität dieser Währungen nicht gesichert ist. Die Vorteile der Geldwirtschaft gegenüber einer Tauschwirtschaft sind offensichtlich um so größer, je geringer die Anzahl der Währungen ist. Auch die Unsicherheit über den Wert des Geldes wird geringer. Dies schafft mehr Sicherheit in Kreditbeziehungen und vermindert die Liquiditätsprämie, die von den Geldgebern verlangt wird. Die Instabilität der Geldnachfrage geht zurück oder wirkt sich jedenfalls nicht mehr störend auf den Kurs der Geldpolitik aus. Für die meisten Länder ist damit ein Gewinn an Glaubwürdigkeit der Geldpolitik verbunden.

Andererseits liegen die vermutlichen Kosten einer gemeinsamen Währung in dem Verzicht auf nationale Autonomie in der Währungspolitik. Hier sind zwei Aspekte hervorzuheben. Einmal reduziert sich der Anspruch der beteiligten Länder auf *seignorage* darauf, einen Anteil am gemeinsamen Notenbankgewinn zu erhalten. Die nationale Finanzpolitik kann öffentliche Defizite nicht mehr nach Belieben durch Monetisierung finanzieren (Inflationsteuer). Dies verschafft einer gemeinsamen Währung gerade ihre Glaubwürdigkeit. Es ist also fraglich, ob hier überhaupt von Kosten in einem volkswirtschaftlichen Sinn gesprochen werden kann. Zum anderen verzichten die beteiligten Länder in einer Währungsunion darauf, den Wechselkurs als Instrument der nationalen Stabilisierungspolitik einzusetzen. Die mit diesem Verzicht verbundenen Kosten richten sich danach, wie die Volkswirtschaft ohne Wechselkursänderung im Falle asymmetrischer Schocks der Nachfrage oder des Angebots stabilisiert werden kann. Die Alternative zu Wechselkursänderungen ist eine Anpassung über Preis- und Lohnflexibilität. Die volkswirtschaftlichen Kosten eines Verzichts auf Änderung der Wechselkurse sind daher um so größer, je geringer die Flexibilität von Preisen und Löhnen ist und je länger es dauert bis die Volkswirtschaft asymmetrische Schocks verarbeitet hat und ein Gütermarktgleichgewicht wieder hergestellt worden ist.

Einen optimalen Währungsraum bilden demnach Länder, welche die nötige Flexibilität am Arbeitsmarkt aufweisen, um ohne Änderung der Wechselkurse auf asymmetrische Schocks reagieren zu können. In solchen Ländern muß entweder die Bereitschaft groß sein, im Falle negativer Schocks Reallohnsenkungen hinzunehmen, oder die Mobilität des Faktors Arbeit muß so groß sein, daß (regionale) Ungleichgewichte durch Wanderungen ausgeglichen werden. Zu einem gewissen Grad läßt sich die fehlende Anpassungsfähigkeit am Arbeitsmarkt in einer Währungsunion auch durch fiskalische Transfers ersetzen.

Das Nutzen-Kosten-Kriterium im konkreten Fall anzuwenden, erscheint allerdings voreilig. Seiner Aussagefähigkeit stehen zwei gewichtige Einwände entgegen. Der erste Einwand betrifft den Wert der Wechselkurspolitik als Instrument zur Bekämpfung asymmetrischer Schocks. *McKinnon* (1963) hat diesen Wert in Frage gestellt, jedenfalls für Volkswirtschaften, deren außenwirtschaftlicher Sektor ein vergleichsweise großes Gewicht hat. Je geringer aber der Wert der Wechselkurspolitik als Stabilsierungsinstrument zu veranschlagen ist, um so geringer sind die volkswirtschaftlichen Kosten einer Währungsunion.

Der zweite Einwand betrifft die Flexibilität von Preisen und Löhnen. Das Gegenargument lautet hier, daß das Ausmaß an Flexibilität selbst eine Funktion des Währungsregimes ist. Mit anderen Worten, die Flexibilität von Preisen und Löhnen kann mit Einführung einer Währungsunion steigen, weil die Glaubwürdigkeit der Geldpolitik steigt und sich damit die Verhaltensweisen der Tarifparteien am Arbeitsmarkt verändern (*Sievert* 1993). Auch dies würde die Opportunitätskosten eines Verzichts auf Wechselkursanpassungen verringern.[75]

13.2 Lohnrigidität und Geldillusion

Welchen Wert hat die Flexibilität von Wechselkursen bei Lohnrigidität? *Mundell* untersucht diese Frage am Beispiel der wirtschaftlichen Verflechtung zwischen den USA und Kanada. Der aktuelle Hintergrund war ein währungspolitisches Experiment Kanadas, das den kanadischen Dollar zu Beginn der sechziger Jahre floaten ließ.

Angenommen sei ein asymmetrischer realer Schock: Die Nachfrage verlagert sich von Produkten der Ostküste (z.B. Autos) nach Produkten der Westküste (z.B. Holz). Flexible Wechselkurse zwischen Kanada und den USA helfen in diesem Fall nicht, das Stabilisierungsproblem zu lösen. In beiden Ländern kommt es zu regionalen Ungleichgewichten – Unterbeschäftigung an der Ostküste und Inflation an der Westküste –, die kurzfristig durch Fiskaltransfers gemildert werden können und die sich langfristig durch Faktormobilität ausgleichen. Der Fall läge anders, wäre die Autoproduktion in den USA, die Holzproduktion in Kanada konzentriert. Dann würde die Anpassung über den Wechselkurs das Stabilisierungsproblem lösen, die Faktormobilität zwischen den Ländern wäre nicht erforderlich. Kanada könnte sogar durch eine Strategie der Einwanderungsbeschränkungen die Faktormobilität künstlich begrenzen und damit den einheimischen Arbeitern die Teilhabe an den terms-of-trade-Gewinnen der Aufwertung des kanadischen Dollar auf Dauer sichern.

---

[75] Ähnlich argumentiert Scitovsky (1957), daß die für eine Anpassung an asymmetrische Schocks erforderliche Kapitalmobilität nach Einführung einer Währungsunion steigt.

Das Beispiel lehrt, daß flexible Wechselkurse zwischen nationalen Währungen nur von begrenztem Wert für den Ausgleich asymmetrischer realer Schocks sind. *Mundell* (1961, S. 660) zieht als Fazit:

> if the case for flexible exchange rates is a strong one, it is, in logic, a case for flexible exchange rates based on *regional* currencies, not on national currencies. The optimum currency area is the region.

Eine andere Frage ist, welcher Wert der Flexibilität des Wechselkurses zukommt, wenn es sich nicht um Ein-Produkt-Länder handelt wie im vorigen Beispiel sondern um Länder, die einen ausgeprägten intra-industriellen Handel miteinander treiben, beispielsweise Frankreich und Deutschland. Es ist recht unwahrscheinlich, daß diese Länder von realen Schocks asymmetrisch getroffen werden – etwa als Folge von Produktivitätsunterschieden oder einer allgemeinen Präferenzverschiebung zugunsten der Produkte des einen Landes – und dies ein Problem für die Stabilisierungspolitik darstellt. Gleichwohl gibt es Unterschiede (*De Grauwe*: "countries are different"), die sich in einer Währungsunion, d.h. bei einheitlicher Geldverfassung als reale Schocks darstellen, aber tatsächlich das (nationale) monetäre Gleichgewicht betreffen. Dabei handelt es sich vor allem um nationale Unterschiede hinsichtlich der Bedingungen auf dem Arbeitsmarkt (Lohnniveau) und in der Fiskalpolitik, soweit diese Unterschiede das Preisniveau und den Zins beeinflussen. Dies wird klarer, wenn wir den Wechselkurs nicht – in der Sicht *Mundells* – als ein Instrument zum Ausgleich relativer Preise, sondern – in der Sicht *McKinnons* und der Monetären Zahlungsbilanztheorie – als ein Instrument zum Ausgleich nationaler Unterschiede in der monetären Expansion betrachten. Wenn wir die Probleme so sortieren, wird deutlich, daß der Wert der Flexibilität des Wechselkurses nicht durch die Asymmetrie realer Schocks (z.B. einer Energieverteuerung) begründet ist, sondern durch die Asymmetrie in der Reaktion der Länder auf solche Schocks.

Ein Beispiel zur Rolle des Arbeitsmarktes mag dies klären.[76] Es sei angenommen, daß zwei Länder eine Währungsunion bilden, die sich wesentlich hinsichtlich der Verhandlungsmacht der Gewerkschaften unterscheiden. Das Land mit "aggressiven" Gewerkschaften, die vergleichsweise hohe Reallohnforderungen stellen (Frankreich), wird im Laufe der Zeit an Wettbewerbsfähigkeit auf dem gemeinsamen

---

[76] Zur Fiskalpolitik in der Währungsunion vgl. Kapitel 16.

Binnenmarkt verlieren, das Land mit "kooperativen" Gewerkschaften (Deutschland) wird entsprechend gewinnen. Es bildet sich ein externes Ungleichgewicht heraus: In Frankreich übersteigt die reale Absorption (a) das Realeinkommen (y), in Deutschland gilt umgekehrt y > a. In einem Währungsregime, das Anpassung der Wechselkurse zuläßt, könnte das externe Gleichgewicht durch eine Korrektur des Wechselkurses wieder hergestellt werden (Abwertung des Franc), mit der Folge, daß in Frankreich die reale Absorption im Verhältnis zum Realeinkommen sinkt. Die Wiederherstellung des Gleichgewichts über einen Rückgang der Absorption setzt aber voraus, daß der Reallohn sinkt. Das bedeutet, die Gewerkschaften müssen die Anpassung über niedrigere Reallöhne, die sich durch den Anstieg der Importpreise ergibt, akzeptieren. Es gibt zwar Lohnrigidität – die Reallohnsenkung läßt sich nicht durch eine zurückhaltende Nominallohnpolitik, also geringere Nominallohnsteigerungen als sonst, erreichen –, aber hinsichtlich der Importpreise besteht Geldillusion. In der Währungsunion dagegen bleibt dieser "sanfte" Weg, die Absorption zu vermindern, ausgeschlossen. Frankreich hat jetzt nur die Möglichkeit, den Reallohn durch eine veränderte Nominallohnpolitik zu korrigieren.[77] Damit zeigt sich, daß es eine unterstellte Geldillusion hinsichtlich der Importpreisentwicklung ist, die den Wert der Wechselkursflexibilität begründet. Hier setzt *McKinnons* Gegenargument an. In der (kleinen) offenen Volkswirtschaft haben die Importpreise ein so starkes Gewicht im Preisindex, daß das Argument der Geldillusion nicht mehr trägt. Streben die Gewerkschaften nach Reallohnsicherung, so werden sie auch den Verlust an realer Kaufkraft nicht hinnehmen, der durch die Korrektur des Wechselkurses entsteht. Die Folge ist, daß die Absorption nicht zurückgeht. Eine Abwertung des Franc hat in diesem Fall rein monetäre Effekte (beschleunigte Inflation in Frankreich), das externe Ungleichgewicht bleibt erhalten.

Nimmt man also die nationalen Unterschiede in den Bedingungen am Arbeitsmarkt für gegeben ("countries are different"), so leistet der Wechselkurs nur scheinbar die reale Anpassung. Die Gewerkschaften müssen zum Ausgleich asymmetrischer Schocks unabhängig vom

---

[77] Von einem spiegelbildlichen Anpassungsprozeß in Deutschland, nämlich entsprechend höheren Nominallohnsteigerungen, sei einmal abgesehen, weil dies den Zielen einer Währungsunion zuwider läuft, vgl. Kapitel 15.

Währungsregime auf Reallohnsicherung verzichten. Je weniger Geldillusion sie in der offenen Volkswirtschaft haben, um so geringer ist das Ausmaß an "Flexibilität", das durch Wechselkurskorrekturen erzielt werden kann. Die volkswirtschaftlichen Kosten einer Währungsunion sind dann entsprechend gering.

Fazit: Asymmetrische reale Schocks und Rigiditäten am Arbeitsmarkt können nicht als Argument gegen eine Währungsunion ins Feld geführt werden. Es sei denn, die Gewerkschaften handeln unter Geldillusion, sofern sie mit Importpreissteigerungen konfrontiert werden.

13.3 Die Glaubwürdigkeit einer gemeinsamen Währung

Bisher haben wir argumentiert, daß asymmetrische Schocks in einer Währungsunion geringere Bedeutung für die Stabilitätspolitik haben als gemeinhin angenommen wird. Das zweite Argument zugunsten einer Währungsunion lautet, daß das Ausmaß an Flexibilität von Preisen und Löhnen nicht unabhängig vom Währungsregime ist. Mit Einführung einer gemeinsamen Währung steigt die Flexibilität der Märkte und die Fähigkeit, asymmetrische Schocks aufzufangen, nimmt entsprechend zu. Auch aus diesem Grund verursacht der "Verlust" der Wechselkursflexibilität geringere volkswirtschaftliche Kosten als vermutet.

Die größere Flexibilität von Preisen und Löhnen in der Währungsunion wird unter der Annahme unvollständiger Konkurrenz begründet. Das klingt paradox, weil Preisflexibilität ein typisches Merkmal von Konkurrenzmärkten ist. Tatsächlich findet man sowohl auf Gütermärkten als auch auf dem Arbeitsmarkt in der Regel Preissetzungsmacht. Für diese Marktform der monopolistischen Konkurrenz ist aber Preisrigidität typisch. Insbesondere im Oligopol kann sie eine Strategie darstellen, die Marktstruktur zu stabilisieren. Ist aber die Rigidität von Preisen und Löhnen das Ergebnis strategischen Verhaltens, so steht sie in Frage, wenn durch die Stabilitätspolitik in der Währungsunion die Bedingungen dieses Verhaltens verändert werden.

Nehmen wir das Beispiel des Arbeitsmarktes. Der Arbeitsmarkt ist – wie der Gütermarkt – typischerweise durch Preissetzungsmacht gekennzeichnet (vgl. Kapitel 9). Die monetäre Integration schränkt die Verhandlungsmacht der Gewerkschaften tendenziell ein, mit der Folge, daß ihnen mehr Flexibilität abverlangt wird. Der Grund liegt darin, daß die

Zuständigkeit für die Geldpolitik von der nationalen auf die supranationale Ebene verlagert wird. Die historische Erfahrung ist, daß die nationale Geldpolitik in Konflikt mit der Einkommenspolitik der Tarifparteien am Arbeitsmarkt gerät, sofern diese ihre Marktmacht nutzen, um Ansprüche an das Sozialprodukt durchzusetzen, die in der Summe größer sind als das verteilbare Produkt. Eine solche Konstellation ist gekennzeichnet durch vergleichsweise große Verhandlungsmacht der Gewerkschaften (insbesondere bei hohem Beschäftigungsgrad) und Bedingungen auf den Gütermärkten, die es den Unternehmen erlauben, einen Anstieg der Lohnkosten in Preiserhöhungen zu überwälzen. Der resultierende Anstieg des Preisniveaus entwertet zwar die Reallohnansprüche im Ganzen, aber für die einzelne Gewerkschaft – bzw. die durch sie vertretenen Arbeitnehmer – kann sich doch ein Vorteil ergeben. Die Geldpolitik hat nur indirekt Einfluß auf das *bargaining* der Tarifparteien, indem sie die Bedingungen am Gütermarkt verändert. Sie kann den monetären Spielraum für Preiserhöhungen begrenzen, allerdings nur im Ganzen, nicht für den einzelnen Markt. Mehr noch: Indem sie restriktive Maßnahmen ergreift, steigt der Zins, so daß sich die Investitionsbedingungen verschlechtern. Auf diesem indirekten Weg, über die Verminderung von aggregierter Nachfrage und Beschäftigungsgrad, wirkt sich die Geldpolitik auf die Verhandlungspositionen am Arbeitsmarkt aus. Ihre Drohung, der Volkswirtschaft im Interesse der Geldwertstabilität diese Kosten aufzuerlegen, ist nicht immer glaubwürdig. Vor allem kann es wiederum der Fall sein, daß sich die einzelne Gewerkschaft von der drohenden allgemeinen Arbeitslosigkeit in ihrer Verhandlungsmacht nicht eingeschränkt fühlt.

Wenn wir die Frage beantworten wollen, wie sich der Konflikt zwischen Einkommenspolitik und Geldpolitik mit der Einführung einer gemeinsamen Währung verändert, müssen wir klären, unter welchen Bedingungen die Glaubwürdigkeit der Geldpolitik steht. Hier interessiert nicht die Frage, ob wir es mit starken oder schwachen Regierungen (*De Grauwe*: "hard nosed or wet governments") zu tun haben. Vielmehr ist zu klären, unter welchen strukturellen Bedingungen die Tarifparteien in Lohnverhandlungen einen angekündigten geldpolitischen Kurs ernst nehmen.

Dabei typisieren wir, einer Analyse von *Calmfors* und *Driffill* folgend, nach (1) Lohnverhandlungen auf der Unternehmensebene (dezentrale Verhandlungen), (2) kollektiven Lohnverhandlungen für alle Unternehmen einer Branche und (3) kollektiven Lohnverhandlungen für alle

Branchen einer Volkswirtschaft (zentrale Verhandlungen).[78] In Abhängigkeit von der Organisation der Lohnverhandlungen müssen die Tarifparteien offenbar in unterschiedlichem Maß mit Rückwirkungen eines Lohnabschlusses auf die Beschäftigung rechnen. Die Geldpolitik ist glaubwürdig, wenn ein unmittelbarer Zusammenhang zwischen Lohnabschluß und Beschäftigungswirkung besteht, d.h. wenn stabilitätswidrige Lohnerhöhungen, die über das Maß des Produktivitätsfortschritts hinausgehen, zu entsprechenden Beschäftigungseinbußen führen. *Calmfors* und *Driffill* haben in einer international vergleichenden Studie gezeigt, daß es keinen linearen Zusammenhang zwischen Zentralisierungsgrad der Lohnverhandlungen und dem Beschäftigungsgrad in der Volkswirtschaft gibt. Der Grund dafür ist, daß die Verhandlungsmacht der Tarifparteien von unterschiedlichen Einflußgrößen bestimmt wird. Bei dezentralen Verhandlungen unter unvollständiger Konkurrenz auf den Gütermärkten ist es vor allem der Grad der Substituierbarkeit der Güter, von dem das Ergebnis der Lohnverhandlungen abhängt. Auf der Unternehmensebene besteht damit ein unmittelbarer Zusammenhang zwischen Lohnhöhe und Beschäftigungsgrad. Je größer der Substitutionsgrad, um so geringer ist der Spielraum für Lohnerhöhungen ohne Beschäftigungsminderung. Bei zentralen Lohnverhandlungen dagegen treten die gesamtwirtschaftlichen Folgen von Lohnabschlüssen als Bestimmungsgrund der Verhandlungsposition in den Vordergrund. Allgemeine Lohnerhöhungen, die stabilitätswidrig sind, würden die Geldpolitik auf den Plan rufen, und die Folgen einer restriktiven Geldpolitik, nämlich ein allgemeiner Anstieg der Arbeitslosigkeit, gehen daher in das Verhandlungskalkül der Tarifparteien ein. Diese Organisationsstruktur ist günstig für ein "kooperatives Spiel" zwischen Gewerkschaften und Geldpolitik (vgl. Kapitel 9).

Anders verhält es sich bei kollektiven Lohnverhandlungen auf der Branchenebene. Hier ist einerseits der Einfluß des Substitutionsgrades gering, weil alle Unternehmen einer Branche, d.h. alle Anbieter von "Substituten", von einer Lohnerhöhung betroffen sind. Andererseits verteilen sich die gesamtwirtschaftlichen Folgen einer aggressiven Verteilungsstrategie der Gewerkschaften – entweder die Reallohnminderung durch einen Anstieg des allgemeinen Preisniveaus oder die höhere Arbeitslosigkeit falls die Geldpolitik bremst – auf alle Bereiche der Volkswirtschaft. Die Tarifparteien bei Lohnverhandlungen auf der Branchenebene befinden sich in einem Gefangenendilemma. Alle

---

[78] *Calmfors* und *Driffill* (1988) nennen darüber hinaus noch das korporatistische Modell, das auch dem Staat eine Rolle bei Lohnverhandlungen zuweist.

Branchen gemeinsam haben ein Interesse an stabilitätskonformer Lohnpolitik (kooperatives Spiel), jede einzelne kann aber ihre Position auf Kosten der anderen verbessern (nicht-kooperatives Spiel).

Die Einführung einer Währungsunion verändert diese Konfliktsituation insofern, als sie generell den Einfluß des Substitutionsgrades stärkt. Kollektive Lohnverhandlungen in einem Land, seien sie auf Branchenebene oder zentral geführt, sind der Konkurrenz der Lohnverhandlungen in den anderen Mitgliedstaaten ausgesetzt. Diese Konkurrenzsituation ist deshalb unausweichlich, weil das Instrument der Wechselkursanpassung fehlt. Die Selbstbindung der Regierungen, die in der Akzeptanz einer gemeinsamen Währungsordnung liegt, verschafft der Geldpolitik das Mehr an Glaubwürdigkeit. Keine Regierung kann in einem nationalen Verteilungsstreit noch den Ausweg bieten, durch monetäre Maßnahmen (akkommodierende Geldpolitik, Abwertung der Währung) unter Ausnutzung von Geldillusion kurzfristig Schadensbegrenzung zu betreiben. Das wirkt auf die Verhandlungsposition der Tarifparteien in Lohnverhandlungen zurück. Insbesondere die Gewerkschaften wissen, daß das Ergebnis von Lohnverhandlungen aufgrund des erhöhten Substitutionsgrades unmittelbare Rückwirkungen auf die Beschäftigung hat. Die Währungsunion schafft der Lohnpolitik der Tarifparteien – sei es auf der Branchenebene, sei es auf der nationalen Ebene – gleichsam einen Rahmen, der dem Modell des neoklassischen Arbeitsmarktes entspricht.

Zusammenfassung. Die Theorie des optimalen Währungsraumes klärt die Funktionsbedingungen einer Währungsunion. Es zeigt sich, daß eine Währungsunion falsch eingeschätzt wird, wenn man sie vom *status quo* aus beurteilt. Die Einführung einer gemeinsamen Währung ist eine institutionelle Neuerung, die Einfluß hat auf die Funktionsweise der anderen Politikbereiche und deshalb auch die Rollenverteilung zwischen diesen Politikbereichen verändert. Es zeigt sich ferner, daß die Anwendung der Nutzen-Kosten-Theorie auf die makroökonomischen Probleme, die hier in Frage stehen, nicht taugt.

Diese Frage sei abschließend noch einmal angesprochen. Die Nutzen einer Währungsunion fallen weitgehend extern an, und diese Effekte gehen in das Kalkül des einzelnen Landes nicht ein. Tritt beispielsweise ein Land zusätzlich einer Währungsunion bei, so erhöht sich dadurch nicht nur der Gesamtnutzen, sondern der Nutzen für jedes der bisherigen Mitgliedsländer steigt. Mit anderen Worten, der Nutzen einer Währungsunion ist für jedes Land davon abhängig, wieviele andere Länder teilnehmen. Diesen Effekt bezeichnet man in der ökonomischen Theorie als "erschöpflichen externen Effekt".[79] Auch bei den Kosten einer gemeinsamen Währungsunion läßt sich dieser Effekt feststellen, soweit sie nämlich von der Glaubwürdigkeit der Geldpolitik beeinflußt werden. Die Konsequenz ist, daß sich die Entscheidung über die Einführung einer Währungsunion auch aus ökonomischer Sicht nicht auf die Nutzen-Kosten-Analyse der einzelnen Länder stützen kann. Eine Währungsunion hat Eigenschaften eines Kollektivgutes, und die Entscheidung über ihre Einrichtung kann daher rational nur in einem kollektiven Entscheidungsverfahren getroffen werden. Die Addition von individuellen Kalkülen führt nicht zu einem rationalen Ergebnis.[80]

Literaturhinweise

Die Theorie des optimalen Währungsraumes geht zurück auf zwei Artikel von *Mundell* und *McKinnon*:

MUNDELL, R. A. (1961) A Theory of Optimum Currency Areas, *American Economic Review*, 51, S. 657-664,

MCKINNON, R. I. (1963) Optimum Currency Areas, *American Economic Review*, 53, S. 717-725.

Die Debatte über Nutzen und Kosten einer gemeinsamen Währung faßt zusammen

---

[79] Ein anschauliches Beispiel dafür sind die Staukosten im Straßenverkehr.
[80] Hier werden Grenzen des demokratischen Entscheidungsverfahrens deutlich: Die Ratifizierung durch die nationalen Parlamente oder durch ein Referendum trägt in stärkerem Maße Züge eines individualisierten Verfahrens als die Entscheidung durch den Ministerrat.

DE GRAUWE, P. (1994) *The Economics of Monetary Integration*. 2. Aufl. Oxford University Press.

Vergleiche hierzu auch den von der EG-Kommission veröffentlichten Bericht

One market, one money. *European Economy*, No 44, Oktober 1990

sowie die Hintergrund-Studien zu diesem Bericht in

The economics of EMU, *European Economy*, Special edition, No 1, 1991.

Zu den Auswirkungen einer gemeinsamen Währung auf den Arbeitsmarkt sei als Lektüre empfohlen

SIEVERT, O. (1993) Geld, das man nicht selbst herstellen kann – Ein ordnungspolitisches Plädoyer für die Europäische Währungsunion, in: *Währungsunion oder Währungschaos? Was kommt nach der D-Mark?* Herausgegeben von P. Bofinger u.a. Wiesbaden: Gabler, S. 13-24.

CALMFORS, L. und DRIFFILL, J. (1988) Bargaining structure, corporatism and macroeconomic performance, *Economic Policy*, 6, S. 13-61.

14 Das Europäische Währungssystem (EWS)

14.1 Konstruktionsprinzipien

Das Europäische Währungssystem wurde Anfang 1979 gegründet und Mitte 1993 de facto wieder außer Kraft gesetzt. Seine Konstruktion muß vor dem Hintergrund der Erfahrungen mit den vorangegangenen Währungsregimen beurteilt werden. Man wollte einerseits die Risiken eindämmen, die mit einem Regime flexibler Wechselkurse verbunden sind. Andererseits sollten die Fehlentwicklungen einer auf feste Wechselkurse gegründeten Währungsordnung vermieden werden.

Während der siebziger Jahre hatten die Notenbanken den Wechselkurs weitgehend den Marktkräften überlassen. Es gab zwar Kapitalverkehrskontrollen und gelegentlich massive Interventionen an den Devisenmärkten zur Beeinflussung der Wechselkursentwicklung, aber im Grundsatz hatte man sich nach dem Zusammenbruch des Währungssystems von Bretton Woods (1944-1971) auf ein "system without commitments" (*De Grauwe* 1996) verständigt. Als Vorteil eines Regimes flexibler Wechselkurse gilt in der theoretischen Debatte die Autonomie der nationalen monetären Politik. Die nationale Geldpolitik ist nicht mehr dem Ziel der externen Stabilisierung (d.h. in der Regel: Sicherung der Währungsreserven) verpflichtet. Vielmehr ist die Erreichung des externen Gleichgewichts – über die Anpassung der Wechselkurse – den Marktkräften anvertraut. Die Erfahrung war aber, daß es im Entwicklungsprozeß der Märkte zu starken Schwankungen der realen Wechselkurse kommen kann, was die Unsicherheit der Produzenten hinsichtlich ihrer Wettbewerbsfähigkeit auf den internationalen Gütermärkten vergrößert. Hinzu kam, daß sich die Regierungen auch der Kehrseite des Autonomie-Effektes bewußt wurden: Bei flexiblen Wechselkursen gibt es keine internationale Solidarität; Krisen müssen allein durch binnenwirtschaftliche Anpassung gemeistert werden.

Andererseits waren den Politikern auch die Nachteile des Systems von Bretton Woods noch in guter Erinnerung. In diesem System fungierte der US-Dollar als Leitwährung, d.h. der Wert der beteiligten Währungen war fest an den Dollar gebunden. Die Stabilität des Systems war im wesentlichen durch das Versprechen der Vereinigten Staaten gesichert, die Dollar-Forderungen (Reserven) der beteiligten Notenbanken jederzeit zu einem festen Kurs in Gold einzutauschen. Bei "fundamentalen Ungleichgewichten" in den Zahlungsbilanzen konnten zudem die Wechselkurse angepaßt werden. Es sind vor allem zwei Eigenschaften dieses Währungsregimes, die schließlich bei zunehmender internationaler Mobilität des Kapitals seinen Zusammenbruch herbeigeführt haben. Einmal kann das Leitwährungsland in einen Konflikt zwischen den Zielen interner und externer Stabilisierung geraten, wobei es im Zweifel nicht bereit ist, die interne Zielsetzung zurückzustellen. Ein solcher Konflikt markiert das Ende des Systems von Bretton Woods. Die Regierung der Vereinigten Staaten hatte Ende der sechziger Jahre im Gefolge des Vietnam-Krieges eine Politik hoher Ausgabenüberschüsse betrieben, deren inflatorische Wirkungen sich auf das Weltwährungssystem übertrugen. Die "Dollarschwemme" führte schließlich dazu, daß hohe Goldforderungen an die Vereinigten Staaten gestellt wurden. Insbesondere die französische Regierung tauschte Reserven in Höhe von knapp einer halben Milliarde Dollar gegen Gold. Daraufhin schlossen die Vereinigten Staaten am 15. August 1971 das "Goldfenster", d.h. sie hoben die Goldeinlösepflicht auf. Zu einem internen Restriktionskurs, der in dieser Konstellation nötig gewesen wäre, um die Stabilität des Weltwährungssystems zu sichern, waren sie nicht bereit.

Die zweite Erfahrung ist ein Mangel an Flexibilität des Währungssystems bei regionalen Ungleichgewichten. Die Wechselkurse anzupassen sollte im System von Bretton Woods die *ultima ratio* (im Falle eines fundamentalen Ungleichgewichts) sein. Dieser Grundsatz, der aus der Idee geboren war, einen allgemeinen Abwertungswettlauf wie in den dreißiger Jahren zu vermeiden, hatte aber zur Folge, daß notwendige Wechselkurskorrekturen verzögert wurden. Damit wurde die risikolose Spekulation auf Wechselkursänderungen begünstigt, was jeweils im Vorfeld von allgemein erwarteten Paritätsänderungen große Spekulationswellen ausgelöst hat. Dies hat insgesamt zur Instabilität des Währungssystems beigetragen.

Vor dem Hintergrund dieser Erfahrungen sollte das Europäische Währungssystem eine "Insel der monetären Stabilität" in Europa schaffen, als ein Regime im Grundsatz fester Wechselkurse, das

- nicht auf der Dominanz einer einzigen Währung beruhen sollte (Symmetrie),
- eine größere Bandbreite für Wechselkursschwankungen zwischen den beteiligten Währungen erlauben und auf regionale monetäre Ungleichgewichte rascher durch Wechselkursanpassungen reagieren sollte als das System von Bretton Woods (Flexibilität).

Symmetrie und Flexibilität des EWS

(1) Symmetrie

Die Symmetrie des EWS soll durch folgende Interventionsregeln gesichert werden:

- Bilaterale Interventionskurse zwischen den beteiligten Währungen werden festgelegt (Bandbreite: zweimal 2,25 vH; Italien: zweimal 6 vH; das Vereinigte Königreich nimmt nicht am Interventionsmechanismus teil). Die Notenbanken verpflichten sich, zu den Interventionskursen in unbegrenzter Höhe Währungen zu kaufen und zu verkaufen.
- Aus den bilateralen Kursen (Paritäten) wird ein Leitkurs gegenüber einer Gemeinschaftswährung, dem ECU, ermittelt. Der ECU dient als zentraler Bezugspunkt für die Währungspolitik. Er ist als Währungskorb definiert, der bestimmte Beträge der beteiligten Währungen enthält (einschließlich des Pfund-Sterling).
- Das Kursband gegenüber dem ECU dient als Interventions*indikator*: Die Abweichungsschwelle ist erreicht, wenn der ECU-Kurs 75 vH des halben Kursbandes vom ECU-Leitkurs entfernt ist.
- Die Breite des Kursbandes wird vom Gewicht der Währungen im Währungskorb bestimmt; damit wird die Symmetrie in den Anpassungsmaßnahmen gesichert: Sowohl Überschußländer als auch Defizitländer haben zu intervenieren.
- Solche Anpassungsmaßnahmen werden von den nationalen Regierungen erwartet (d.h. sie sind nicht obligatorisch) in der Form von
  a) "diversifizierten Interventionen,
  b) interne währungspolitische Maßnahmen,
  c) Änderungen der Leitkurse,

d) oder andere wirtschaftspolitische Maßnahmen" (Entschließung des Europäischen Rates vom 5. Dezember 1978).

- Die beteiligten Notenbanken hinterlegen 20 vH ihrer Gold- und Dollarreserven (Außengeld) beim Fond für währungspolitische Zusammenarbeit. Damit werden ECU-Guthaben geschaffen, die für den Saldenausgleich genutzt werden können.
- Das Kreditvolumen für Beistandskredite wird durch Quoten begrenzt, aber im ganzen erheblich aufgestockt (gegenüber dem Vorläufer, dem Europäischen Wechselkursverbund). Gemeinsam mit der symmetrischen Interventionspflicht verschafft diese Vorschrift dem EWS Glaubwürdigkeit.

(2) Flexibilität

Flexibilität erhält das EWS durch veränderte Regeln der wirtschaftspolitischen Koordination:

- Der Divergenzindikator (Interventionsindikator) soll schon für frühzeitige Anpassungsmaßnahmen sorgen.
- Paritätsanpassungen bei monetären Ungleichgewichten sind als "normale" Politikmaßnahme vorgesehen und stellen nicht eine *ultima ratio* wie im System von Bretton Woods dar.

Quelle: Sachverständigenrat, Jahresgutachten 1979

Der Grundsatz der Symmetrie war auf Gleichbehandlung ausgerichtet (auch das Überschußland muß intervenieren). Ein solches "demokratisches" System (*De Grauwe*) impliziert freilich, daß sich die Gemeinschaft auf einem mittleren Pfad der monetären Expansion bewegt. Die Chance, monetäre Konvergenz bei monetärer Stabilität zu erreichen, lag in frühzeitigen Anpassungsmaßnahmen, die ein Realignment der Wechselkurse unnötig machen. Das Signal für solche frühzeitigen Maßnahmen sollte der Divergenzindikator geben. Es war der Versuch, durch Regeln gleichsam automatisch, nämlich unter Ausschaltung des politischen Entscheidungsprozesses, Interventionen auszulösen. Dies ist ein spätes Kind einer Philosophie des *fine tuning* wirtschaftspolitischer Interventionen, wie sie bis in die siebziger Jahre vorherrschte. Es stellte sich heraus, daß diesem Konstrukt keine große Wirkung zukam. Im übrigen sollte der Grundsatz einer begrenzten Flexibilität hinsichtlich der Wechselkursanpassungen die gewünschte Autonomie nationaler Politik (in Grenzen) sichern.

Grundsätzlich ist zu fragen, ob periodische Realignments das gewünschte Ausmaß an nationaler Autonomie sichern können, wie dies immer wieder angenommen wird.[81] Dagegen ist die monetäre Skepsis zu setzen, daß Wechselkursänderungen keine realen Effekte haben können, wenn nicht die damit verbundenen Absorptionswirkungen hingenommen werden (*McKinnon*): In einem abwertenden Land die Realeinkommenssenkung, in einem aufwertenden Land der Realeinkommensanstieg. Damit zeigt sich, daß die Autonomie nationaler Wirtschaftspolitik im EWS durch die Möglichkeit zu Realignments zwar formal gegeben ist, aber ohne ökonomische Substanz bleibt. Ein bißchen mehr Inflation als die Partnerländer zuzulassen, nützt letztendlich nichts, weil der schmerzhafte Anpassungsprozeß der Reallohnsenkung schließlich doch nicht erspart bleibt. Angesichts des in den siebziger Jahren vorherrschenden keynesianischen Voluntarismus war die Deutsche Bundesbank zurecht skeptisch hinsichtlich der Stabilitätsbedingungen des EWS. Was sie aber nicht voraussehen konnte, war die Einsicht der beteiligten Regierungen in diese Zusammenhänge und eine zunehmende Bereitschaft zu einer stabilitätsorientierten Politik.

14.2 Die Deutsche Mark in der Rolle der Leitwährung

Asymmetrie. Das im EWS angelegte *laissez-faire*-Prinzip, nämlich jedem Land seine individuelle Rate der monetären Expansion zu belassen, mußte auf Dauer die Stabilität des Systems gefährden. Die Erfahrung war, daß periodische Realignments von Wechselkursen die externen Ungleichgewichte nicht beseitigten.

Tatsächlich setzt sich im Europäischen Währungssystem Asymmetrie in zwei Schritten durch. Erstens: Die deutsche Mark startet aus einer Position der Unterbewertung wegen des Stabilitätsvorsprungs der deutschen Geldpolitik. Deutschland wächst damit zunehmend in die Rolle eines Gläubigerlandes. Zweitens: Die anderen Mitgliedsländer schwenken auf einen geldpolitischen Kurs der externen Stabilisierung (Stabilisierung des Wechselkurses) ein. Damit wächst der Mark die Rolle der Leitwährung zu. Deutschland gibt zunehmend das Maß an monetärer Expansion im Währungssystem vor.

---

[81] So auch *Riese* (1993), der das EWS als institutionellen Rahmen für eine marktkonforme Währungspolitik betrachtet.

Entwicklungsphasen für die Herausbildung der Leitwährungsfunktion. In einer ersten Phase, von 1979 bis 1983, sind die noch bestehenden Inflationsdifferenzen im EWS mit der Stabilität des Wechselkurssystems vereinbar. Es besteht zunächst kaum Bedarf an einer Anpassung der ECU-Leitkurse (Realignments). Das liegt darin begründet, daß die Mark als Anlagewährung in dieser Phase gegenüber dem Dollar schwach ist, als Folge eines Kurswechsels der Geldpolitik in den Vereinigten Staaten, deren Restriktionskurs den Dollar wieder zu einer gefragten Anlagewährung macht. Dies hat zur Konsequenz, daß die Mark innerhalb des EWS trotz des deutschen Stabilitätsvorsprungs zur Schwäche neigt. Zwischen 1981 und 1983 werden dann aber die Leitkurse im EWS mehrfach korrigiert. Die immer noch großen Inflationsunterschiede erzwingen nun wie erwartet Realignments innerhalb des EWS. Dennoch bleiben die Wechselkursschwankungen innerhalb des EWS geringer als gegenüber Drittwährungen.

Die Phase der Dollarstärke endet im Jahre 1985. Seither gewinnt die Mark als Anlagewährung an Attraktivität. Die Aufwertung der Mark gegenüber dem Dollar (der Dollar verbilligt sich bis Januar 1988 auf etwa die Hälfte seines Wertes vom März 1985) zwingt die anderen Mitgliedsländer des EWS, ihre Währungen gegenüber dem Dollar ebenfalls aufzuwerten – was sie nicht wünschen. Bei noch bestehenden Inflationsdifferenzen ist ihre *reale* Aufwertung größer als die der Mark und ihre Wettbewerbsposition auf den internationalen Gütermärkten entsprechend stärker geschwächt. Die Option dieser Länder ist jetzt, entweder ihre Währungen im EWS im Rahmen eines Realignments abzuwerten oder durch interne Stabilisierungsmaßnahmen bei gegebenen Wechselkursen eine Verbesserung der Wettbewerbsfähigkeit zu suchen. In dieser Phase kommt es im April 1986 und im Januar 1987 zu zwei größeren Realignments.

In der dritten Phase des EWS, von 1987 bis 1992 verzichten die beteiligten Länder vollständig auf ein Realignment der Wechselkurse. Diese Phase ist einmal dadurch charakterisiert, daß der Wechselkurs der Mark gegenüber Drittwährungen, insbesondere dem Dollar, nur geringfügige Schwankungen aufweist. Zum anderen schwenken die übrigen Mitgliedsländer des EWS – nach eher negativen Erfahrungen mit einer Politik des Realignments – auf eine Politik der externen Stabilisierung ein. Das typische Beispiel für die neue Richtung der Geldpolitik liefert das Vereinigte Königreich, das dem EWS 1990 beitritt, nachdem eine binnenwirtschaftliche Strategie der Inflationsbekämpfung gescheitert ist.

Die Deutsche Mark in der Rolle der Leitwährung 247

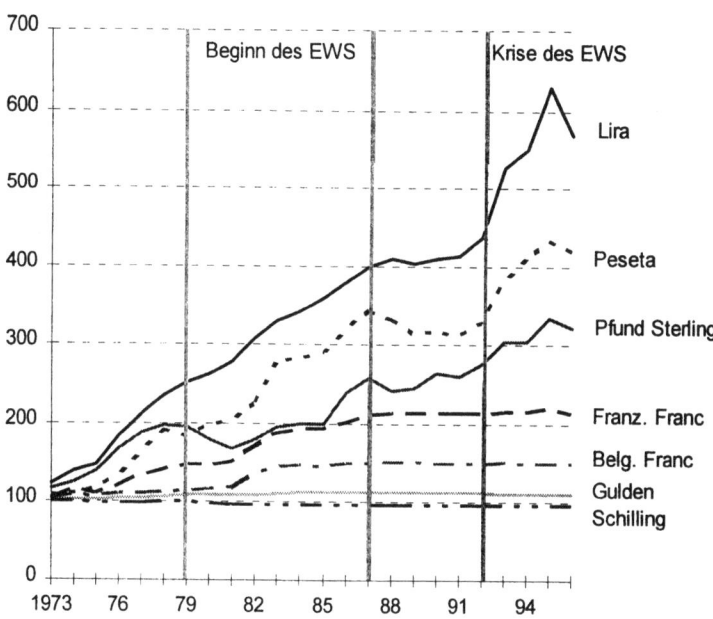

Legende: Größere Realignments im EWS fanden 1983, 1986 und 1987 statt; 1993 wurde das Band erweitert.

Abb. 14.1 Außenwert der Mark gegenüber ausgewählten europäischen Währungen

Strategie der externen Stabilisierung. Die Stabilitätsphase im EWS ist Ausdruck eines Konsensus, daß Geldwertstabilität Priorität haben soll. Es ist dieser Konsens, der der Mark die Rolle der Leitwährung zuweist. Die Mitgliedsländer des EWS verzichten, indem sie die Option von Realignments nicht wahrnehmen, auf Autonomie in der Gestaltung der monetären Expansion.

Es wird kontrovers diskutiert, ob das EWS zur Dämpfung der monetären Expansion seiner Mitgliedsländer beigetragen hat. Empirische Befunde hierzu sind nicht eindeutig (*Thomasberger* 1993). Dies überrascht nicht. Die entscheidende Frage ist nicht, ob das EWS als währungspolitische Institution sowohl das Tempo der Inflation als auch deren Streuung vermindert. Vielmehr hat sich die Erfahrung durchgesetzt, daß auch im Rahmen dieses Währungsregimes der Spielraum für die monetäre Expansion nicht beliebig gewählt werden kann. Aus veränderten wirtschaftspolitischen Prioritäten – im EWS wie anderswo – entwickelt sich die Asymmetrie des Systems, d.h. wächst die Mark in die Rolle der Leitwährung.

Belege für Asymmetrie. Nach *Giavazzi* und *Giovannini* (1989) zeigt sich die Asymmetrie eines Währungssystems an der *Sterilisierung* von monetären Schocks. Grundsätzlich können nicht alle Länder eine Politik der Sterilisierung betreiben, wenn ein monetäres Ungleichgewicht beseitigt werden soll. In einem Leitwährungssystem sind es die Länder mit schwächeren Währungen, die auf Sterilisierung verzichten. Denn die Sterilisierung von monetären Schocks durch ein Land mit schwacher Währung würde die Wahrscheinlichkeit erhöhen, daß dieses Land Währungsreserven verliert. Die Rollen in einem Leitwährungssystem sind daher so verteilt, daß das Leitwährungsland das eigene Geldangebot kontrolliert (monetäre Schocks also gegebenenfalls sterilisiert), während die "Satelliten" ihre Währungsreserven kontrollieren (und damit auf die Sterilisierung von Schocks verzichten). Dies hat asymmetrische Zinsbewegungen vor den Realignments zur Folge: Der Zins steigt in Ländern mit schwächeren Währungen, weil diese versuchen, ihre Reserven und damit bei festen Kursen die Konvertibilität ihrer Währung zu sichern. Die entsprechende Zinssenkung im Leitwährungsland bleibt als Folge von Sterilisierungsoperationen aus. *Giavazzi* und *Giovannini* testen die Zinsbewegungen vor den Realignments im EWS und finden die Leitwährungsfunktion der Mark bestätigt.

De Grauwe (1994) stellt diesen Befund in Frage und weist darauf hin, daß sich die Unterschiede in der Zinsbewegung nur auf den Euro-Märkten zeigen. Der Inlandszins kann dagegen in Ländern mit schwachen Währungen (im EWS vor allem Frankreich und Italien) durch Kapitalverkehrskontrollen gehalten werden. Diese Länder behalten damit Einfluß auf die Geldmengenexpansion, was *De Grauwe* als ein Zeichen von Symmetrie wertet. Diese Symmetrie besteht allerdings darin, daß ein Land mit schwächerer Währung durch die Kapitalverkehrskontrollen Spielraum für eine eigene Zinspolitik behält. Es ist aber keine Symmetrie in der Verteilung der Anpassungslasten gegeben. Denn solange die Kapitalverkehrskontrollen aufrecht erhalten werden, bleiben die Ungleichgewichte bestehen.

14.3 Glaubwürdigkeit der Geldpolitik im EWS

Unter dem Regime des EWS seit 1979 haben sich die Inflationsraten in allen Staaten der Europäischen Gemeinschaft beträchtlich verringert. Mit Ausnahme von Griechenland und Portugal beträgt die Teuerungsrate überall seit 1993 weniger als fünf Prozent p.a. Ein allgemeiner Rückgang der Inflation war insbesondere in der Stabilitätsphase des EWS, von 1987 bis 1992 zu beobachten. Eine Analyse der langfristigen Entwicklung der Verbraucherpreise, die das Europäische Währungsinstitut in anderer zeitlicher Abgrenzung durchgeführt hat, bestätigt diese Ergebnisse (Tabelle 14.1). Der Rückgang der Teuerung hat der These Auftrieb gegeben, der Erfolg der Stabilisierungspolitik in Europa sei auf das EWS zurückzuführen. Ein gängiges Gegenargument ist, daß auch andere Industrieländer, die nicht dem EWS angehören, seit Beginn der achtziger Jahre beachtliche Erfolge in der Inflationsbekämpfung erzielt haben. Der Streit darüber, ob das EWS den Stabilisierungserfolg verursacht habe, ist müßig, weil empirisch nicht zu "beweisen". Ein empirischer Nachweis des Stabilitätsbeitrags des EWS müßte den tatsächlichen Stabilisierungserfolg mit einer hypothetischen Entwicklung vergleichen, die unter einem anderen Währungsregime zu erwarten gewesen wäre. Dieses methodisch angemessene "with-and-without-Prinzip" verlangt aber nach einer theoretischen Begründung. Das theoretische Argument ist, daß das EWS zur monetären Disziplin beigetragen hat, weil es die Glaubwürdigkeit der Geldpolitik in den Mitgliedsländern erhöhte.[82]

Dem EWS kann ein positiver Effekt auf die Glaubwürdigkeit der nationalen Stabilitätspolitik zugeschrieben werden, wenn anzunehmen ist, daß es die sozialen Kosten einer Politik der nicht-antizipierten Inflation erhöht (*Giavazzi* und *Pagano* 1988) und diese damit weniger wahrscheinlich macht. Das EWS ist zwar so konstruiert, daß es Spielraum für unterschiedliche Inflationspfade gibt, die durch gelegentliche Realignments ausgeglichen werden. Aber eine solche Politik hat auf Dauer hohe Kosten: Zwischen den Realignments führt ein inflatorischer Kurs der Wirtschaftspolitik zu einer realen Aufwertung der Währung des betreffenden Landes, was dessen Wettbewerbsfähigkeit auf den Gütermärkten der Gemeinschaft beeinträchtigt. Und: Ein Realignment der Wechselkurse kann diesen Wettbewerbsnachteil zwar wieder ausgleichen, es liegt aber nicht bzw. nicht allein in der Kompetenz der Länder mit

---

[82] Zur Glaubwürdigkeit der Geldpolitik vgl. Abschnitt 7.2.

schwächeren Währungen. Tatsächlich haben die Realignments im EWS die Inflationsdifferenzen nicht voll kompensiert. Jedes Land muß also die Unsicherheit über die Wirkungen eines inflatorischen Kurses seiner Politik ins Kalkül ziehen. Dies macht das Stabilitätsziel der geldpolitischen Instanz in den Augen des Publikums glaubwürdiger. Auch in einem "nicht-kooperativen" Spiel zwischen der Geldpolitik und der Einkommenspolitik kommt es deshalb zu mehr Geldwertstabilität.

Tabelle 14.1 Entwicklung der Verbraucherpreise in der EU, 1961–96
– Jährliche Veränderungsraten in vH –

	1961-1996		1961-1972		1973-1987		1988-1996	
	μ	σ	μ	σ	μ	σ	μ	σ
Belgien	4,6	3,0	3,3	1,4	6,8	3,4	2,4	0,8
Dänemark	6,4	3,5	5,9	1,6	8,9	3,5	2,7	1,2
Deutschland	3,4	1,8	3,0	1,3	4,0	2,2	2,9	1,4
Finnland	6,7	4,4	5,2	2,7	9,9	4,4	3,3	2,3
Frankreich	6,0	3,8	4,4	1,5	9,3	3,5	2,5	0,7
Griechenland	12,1	8,3	2,4	1,8	18,7	5,6	14,0	4,2
Großbritannien	7,3	5,4	4,7	2,3	11,0	6,3	4,6	2,7
Irland	7,8	6,0	5,4	2,6	12,6	6,1	2,7	0,9
Italien	8,6	6,0	4,0	2,0	14,1	5,3	5,4	0,9
Luxemburg	4,2	2,9	2,9	1,4	6,2	2,5	2,7	0,9
Niederlande	4,3	2,8	4,9	2,5	5,2	3,2	2,2	0,9
Österreich	4,4	2,1	4,2	1,3	5,3	2,4	2,9	0,8
Portugal	12,2	8,9	4,7	3,0	20,5	7,1	8,3	3,7
Schweden	6,4	3,4	4,5	2,0	8,8	2,8	4,9	3,3
Spanien	9,4	5,5	6,6	3,3	14,2	4,9	5,3	1,1
EU - 15	7,1	3,7	4,6	1,5	9,7	3,5	4,2	1,0

μ – Durchschnitt
σ – Standardabweichung

Quelle: EWI Jahresbericht 1996, S. 30

Externe Stabilisierung der schwächeren Währung. Das Mittel, Glaubwürdigkeit der Stabilitätspolitik zu erreichen, liegt für ein Land mit schwacher Währung darin, die Geldpolitik auf die Stabilisierung des Wechselkurses auszurichten ("externe Stabilisierung"). Innerhalb des EWS bedeutet dies, auf Realignments der Wechselkurse zu verzichten (die

Phase 1987 bis 1992). Damit wählt das Land einen geldpolitischen Kurs der Selbstbindung. Durch die Stabilisierung des Wechselkurses gegenüber der Leitwährung (dem "Anker"), wird bei Abwesenheit von Kapitalverkehrskontrollen die Geldmengenexpansion exogen (durch das Leitwährungsland) kontrolliert. Die heimische Geldpolitik verschafft sich den Gewinn an Glaubwürdigkeit gleichsam dadurch, daß sie die Kontrolle über das Geldangebot abgibt. Während seiner Stabilitätsphase, von 1987 bis 1992, funktionierte das EWS im Prinzip wie eine Währungsunion. Durch die Selbstbindung der Teilnehmerländer war ihnen die Kontrolle über das Geldangebot und damit über das heimische Zinsniveau entzogen.

Es muß kein Nachteil sein, daß ein Land mit schwacher Währung in seiner Zinspolitik dem Leitwährungsland folgt. Solange die Wechselkursbindung glaubwürdig ist (Konvertibilitätskriterium), gibt es keine Zinsunterschiede oder jedenfalls keine Zinsunterschiede, die eine erwartete Wechselkursänderung reflektieren. Insofern spiegelt sich der Gewinn an Glaubwürdigkeit in einem Zinsvorteil, auch wenn noch Inflationsunterschiede bestehen.

Dieser Vorteil muß aber auch genutzt werden. Das EWS schafft durch seinen Beistandsmechanismus gute Voraussetzungen dafür, daß eine Politik der Wechselkursstabilisierung glaubwürdig ist (das heißt, daß die Währungsreserven eines Landes mit schwacher Währung nicht vorzeitig aufgebraucht sind). Diese Glaubwürdigkeit erwirbt sich die Geldpolitik zunächst bei den Vermögenseignern, welche die Stabilität des nominalen Wechselkurses und den Zins als die maßgeblichen Kriterien betrachten. Die Produzenten dagegen richten sich nach der Stabilität des realen Wechselkurses. Für sie fallen daher noch bestehende Inflationsunterschiede ins Gewicht. Bei gegebenen nominalen Wechselkursen wird der reale Wechselkurs durch die Tarifpolitik am Arbeitsmarkt und die Budgetdefizite des Staates bestimmt. Die Glaubwürdigkeits-These besagt nun, daß auch von diesen Bereichen geringere inflatorische Impulse zu erwarten sind. Die Selbstbindung der Geldpolitik diszipliniert auch die Tarifparteien bei Lohnverhandlungen und begrenzt die Ausgabefreudigkeit der öffentlichen Hände.

Falls dies nicht gelingt, beispielsweise trotz der Stabilisierung des Wechselkurses weiterhin eine Lohninflation das heimische Preisniveau treibt, so wird ein Realignment der Wechselkurse unausweichlich. Die inflationsbedingte, reale Aufwertung der heimischen Währung bewirkt ein Leistungsbilanz-Defizit. Der zusätzliche Bedarf an Kapitalimporten erfordert, solange das Defizit der Leistungsbilanz anhält, höhere Zinsen und begründet die Erwartung einer Wechselkurskorrektur. Ein

Realignment stellt das Gütermarktgleichgewicht wieder her. Damit ist das Stabilisierungsproblem aber nicht gelöst. Denn ein Vermögensmarktgleichgewicht kann sich erst dann einstellen, wenn nicht weitere Realignments erwartet werden. Solange diese Erwartung vorherrscht, bleibt ein Zinsdifferential bestehen. Wegen der Unsicherheit bildet sich vermutlich auch ein Realzins-Gefälle heraus, das über Einkommenseffekte auf den Gütermarkt zurückwirkt und die Last der Staatsschuld vergrößert. Eine Politik des Realignments kann daher aus Sicht der Vermögenseigner nur glaubwürdig sein, d.h. zu einem Abbau des Zinsgefälles beitragen, wenn sie darauf zielt, die künftigen Inflationsunterschiede zu vermindern. Dies gelingt nur, wenn die Absorptionswirkung des Realignments (eine Reallohnsenkung im abwertenden Land) hingenommen wird.

Das Ausmaß der Zinsdifferenzen kann durch Kapitalverkehrskontrollen begrenzt werden. Dies war beispielsweise lange Zeit die Politik Frankreichs und Italiens im EWS. Eine solche Politik ist aber marktinkonform. Es ist fraglich, ob damit auf Dauer Realzinsunterschiede bzw. Unterschiede der Liquiditätsprämie wirksam verhindert werden (*Giavazzi* und *Pagano* 1988). Ein Gewinn an Glaubwürdigkeit läßt sich damit jedenfalls nicht erreichen.

Glaubwürdigkeit der Leitwährung. In einem Leitwährungsregime, wie es das EWS de facto darstellt, hat das Leitwährungsland die Funktion der Reservebank. Die Geldpolitik des Leitwährungslandes bestimmt die monetäre Expansion der Gemeinschaft, soweit die anderen Länder von Realignments der Wechselkurse absehen. Die Glaubwürdigkeit der Leitwährung, ihre Funktion als Anker des Regimes, resultiert aus ihrem Stabilitätsvorsprung. Die laufenden Inflationsunterschiede sind dafür nur ein Symptom. Letztlich ist der Vorsprung in der Geldordnung des Leitwährungslandes begründet. Indem es die Funktionsbedingungen dieser Geldordnung sichert, gewährleistet das Leitwährungsland zugleich die Stabilität des Währungsregimes im Ganzen.

Im EWS stand deshalb die Rolle der Leitwährung nicht auch schon zur Disposition, als Deutschland im Gefolge der deutschen Vereinigung in seinen Stabilisierungserfolgen hinter Frankreich zurückfiel. Ein Problem des EWS ist vielmehr, daß die Mark nicht nur Leitwährung dieses Regimes sondern zugleich eine Anlagewährung ist, die mit Drittwährungen (Dollar, Yen) in Konkurrenz steht. Damit kann eine Instabilität der Geldnachfrage auf den globalen Finanzmärkten auch die Stabilität des EWS gefährden.

Nehmen wir an, es komme zu einer Flucht aus dem Dollar in die Mark. Die deutsche Notenbank steht damit vor der Frage, ob sie die Wirkungen dieses Liquiditätszuflusses auf die heimische Geldmenge – und damit letztlich auf die monetäre Expansion des EWS – zulassen soll. Je mehr sie dazu bereit ist, um so weniger muß der Wechselkurs des Dollar steigen (die Mark aufwerten). Wie wir in Kapitel 8 gesehen haben, ist eine solche Strategie der Wechselkurs-Stabilisierung durchaus vereinbar mit einem monetaristischen Konzept der Geldpolitik. Den Schwankungen der Geldnachfrage kann die Geldpolitik akkommodierend folgen, ohne daß dies die Stabilität des Geldwertes gefährden muß. Die Ratio dieser Politik der externen Stabilisierung besteht darin, das Gütermarktgleichgewicht zu erhalten, d.h. reale Effekte der Wechselkursbewegung zu vermeiden. Im EWS kommt hinzu, daß sich mit der Mark alle Gemeinschaftswährungen gegenüber dem Dollar aufwerten müßten, wenn die deutsche Geldpolitik abstinent bleibt. Die realen Effekte würden sich auf alle Länder verteilen (wären allerdings für Deutschland entsprechend kleiner).

Was den Vermögensmarkt betrifft, verlangt eine Politik der Stabilisierung des Wechselkurses in diesem Fall eine Zinssenkung. Anderenfalls könnte sich ein Gleichgewicht am Vermögensmarkt erst einstellen, wenn die Mark, die nun als Anlagewährung eine höhere Liquiditätsprämie erzielt, so viel aufgewertet worden ist, daß sich auf den Devisenmärkten eine Abwertungserwartung einstellt (Überschießungseffekt). In der Zinssenkung kommt zum Ausdruck, daß der Wert der Mark als Anlagewährung gestiegen ist.

Versucht die Notenbank dagegen die Wechselkursbewegungen zu kontrollieren und zugleich die Wirkungen auf die heimische Geldmenge (hier: Erhöhung der Geldbasis) zu neutralisieren (Politik der "Sterilisierung"), so muß sie restriktiv wirken, d.h. eine Zinserhöhung in Kauf nehmen. Es wird deutlich, daß damit ein Vermögensmarktgleichgewicht nicht hergestellt werden kann. Diese Konstellation kennzeichnet ein anhaltendes monetäres Ungleichgewicht.

Die Glaubwürdigkeit der Leitwährung in einem Währungsregime wie dem EWS erfordert deshalb, daß die Rolle der Leitwährung als Anlagewährung von der Geldpolitik ins Kalkül genommen wird. Die Selbstbindung der Notenbank des Leitwährungslandes an eine strenge Geldmengenregel ist damit nicht vereinbar.

Lehren aus der Krise 1992/93. Nach einer Phase lang anhaltender Stabilität der Jahre 1987 bis 1992 war das EWS im Sommer 1992 in eine Krise geraten, die schließlich zwölf Monate später zu seiner de-facto-

Aufhebung führte. Diese Stabilitätskrise scheint jenen Recht zu geben, die die Eignung solcher Währungsregime, auf Dauer für stabile Wechselkurse zu sorgen, grundsätzlich bestreiten. Dies läßt sich leicht zeigen, wenn man bei den beteiligten Regierungen unterschiedliche "Präferenzen" für Geldwertstabilität voraussetzt und diese Haltung ähnlich wie Präferenzen von Individuen für bestimmte Güter als unveränderlich annimmt. Betrachtet man dagegen das EWS als ein Regime mit Leitwährung, so wird auch eine andere Deutung der Krise möglich, nämlich als eine Krise der Glaubwürdigkeit der Leitwährung (*Riese* 1993). Einige Aspekte der Krise sind nur aus dieser Sicht erklärbar.

Im Verlauf der Krise geraten zunächst die italienische Lira und die spanische Peseta in Bedrängnis, also die klassischen "schwachen" Währungen, sowie das britische Pfund, das erst 1990 zu einem überbewerteten Kurs dem EWS beigetreten war. Die spanische Peseta kann durch ein Realignment vorerst innerhalb des Bandes gehalten werden. Pfund und Lira scheiden am 17. September 1992 aus dem EWS aus. Im weiteren Verlauf der Krise richtet sich die Devisenspekulation zunehmend gegen den französischen Franc, dessen Binnenwert bereits seit 1991 stabiler ist als jener der deutschen Mark. Im August 1993 werden schließlich die früheren Bandbreiten (2¼ bzw. 6 Prozent) auf einheitlich 15 Prozent erweitert, nachdem wiederholte, massive DM-Interventionen die Krise nicht bereinigen können.[83] Damit ist der spekulativen Geldnachfrage die Basis entzogen. Zugleich aber ist der in Aussicht genommene baldige Einstieg in die Währungsunion vertagt.

Erklärungsbedürftig ist, warum sich die Spekulation gegen Franc und Pfund richtet, die nicht als "schwache" Währungen angesehen werden können. Es wäre vordergründig, allein aufgrund der langen Dauer der vorangegangenen Periode stabiler Wechselkurse zu behaupten, daß sich auch außenwirtschaftliche Ungleichgewichte aufgestaut haben und ein entsprechender Bedarf an Wechselkurskorrektur gegeben sei. Das auslösende Moment für die Krise ist vielmehr in der Erwartung zu sehen, daß es vor dem Übergang zu "unwiderruflich fixen" Wechselkursen und einer darauf folgenden Währungsunion noch einmal zu kräftigen Korrekturen der Wechselkurse kommen würde. Diese Erwartung erhielt durch den in Maastricht vereinbarten Katalog von Kriterien Auftrieb, der

---

[83] Die am Wechselkursverbund beteiligten Notenbanken haben 1992 insgesamt 260 Mrd. DM verkauft, die Geldbasis in Deutschland hat sich im Zuge dieser Interventionen per Saldo um 60 Mrd. DM erhöht. Im Juli 1993 führen die Devisenmarktinterventionen noch einmal zu einem Liquiditätseffekt gleichen Ausmaßes (Deutsche Bundesbank, Geschäftsbericht 1994).

die Beitrittsbedingungen zur Währungsunion regelt (Kapitel 15).[84] In dieser Konstellation instabiler Geldnachfrage kam es darauf an, wie sich die Notenbank des Leitwährungslandes verhalten würde. Die Deutsche Bundesbank hatte im Hinblick auf eine übermäßige Expansion der Geldmenge und einen zunehmenden Preisauftrieb in den Jahren nach der deutschen Vereinigung einen restriktiven Kurs der Geldpolitik eingeschlagen. Im Sommer 1992 sieht sie sich in einem Dilemma zwischen externer und interner Stabilisierung. In dieser Konstellation gibt sie am 17. Juli 1992 das Zinssignal. Sie erhöht den Diskontsatz von 8% auf 8¾% und signalisiert damit, daß sie nicht bereit ist, eine zusätzliche monetäre Expansion im Interesse der Stabilität des EWS zu akzeptieren. Sie begründet dies damit, daß die Stabilisierung des Preisniveaus Vorrang habe und eine Abweichung von der Geldmengenregel, die als inflatorisches Signal gewertet würde, daher nicht in Betracht komme.

> Mit dieser Maßnahme will die Bundesbank auf eine Eindämmung des Preisauftriebs hinwirken sowie das Vertrauen in die Aufrechterhaltung der Stabilität der D-Mark auch unter den zur Zeit erschwerten Verhältnissen im vereinten Deutschland stärken. (Monatsbericht August 1992, S. 15)

Nach Auffassung der Bundesbank ist der Zentralbankrat mit der Entscheidung, den Diskontsatz zu erhöhen, auch seiner internationalen Verantwortung gerecht geworden.

> Bei einer anhaltenden Gefährdung der Preisstabilität in Deutschland würden ... schwerwiegende Rückschläge für die Stabilitätsbemühungen in (den europäischen) Partnerländern drohen, die die Stabilitätsorientierung im Europäischen Währungssystem ingesamt aufweichen könnten. (Monatsbericht August 1992, S. 20)

Die Bekämpfung der monetären Schocks im EWS hätte eine Zinssenkung erfordert. Was wäre geschehen, wenn die Deutsche Bundesbank den Diskontsatz nicht erhöht, sondern – im Hinblick auf die Stabilisierung der Wechselkurse im EWS – kräftig gesenkt hätte, beispielsweise von 8% auf 6%? Die europäischen Notenbanken wären ihr unmittelbar gefolgt (was sie auch taten, als sich die Bundesbank am 15.

---

[84] Sie wurde zusätzlich durch Äußerungen von deutschen Politikern genährt.

September 1992 dann doch zu einer ersten – kleinen – Diskontsatzsenkung entschloß). Für die Länder mit schwächerer Währung hätte dies Spielraum für ein problemloses Realignment gegeben. Für internationale Vermögenseigner hätte die Mark als Anlagewährung an Attraktivität verloren, teils wegen des Zinseffekts (an den Euro-Geldmärkten waren DM-Anlagen zu dieser Zeit um etwa fünf Prozent-Punkte teurer als Anlagen in Dollar und Yen), teils wegen des Signals, daß die Notenbank des Leitwährungslandes bereit ist, die Stabilität des EWS zu verteidigen, was die Wahrscheinlichkeit spekulativer Aufwertungsgewinne vermindert. Die befürchtete, unerwünschte Abweichung von der Geldmengenregel wäre – bei rückläufiger spekulativer Geldnachfrage – gar nicht notwendig geworden. Hinzu kommt, daß eine Diskontsenkung sich auch aus binnenwirtschaftlicher Sicht – die ersten Anzeichen einer Rezession wurden auch in Deutschland sichtbar – als eine frühzeitige Kurskorrektur der Geldpolitik dargestellt hätte.

Das Dilemma der Deutschen Bundesbank besteht darin, daß sich die Mark in der Marktkonstellation der Nachkriegs-Ära sowohl zu einer internationalen Anlagewährung als auch zur Leitwährung im EWS entwickelt hat. Zu dieser Marktkonstellation hat die Unabhängigkeit der Notenbank, die durch die deutsche Geldordnung gewährleistet ist, wesentlich beigetragen. Die Folge ist aber, daß die Bundesbank die externen Restriktionen, die einem Leitwährungsland gesetzt sind, beachten muß. Damit verbietet sich bei Abwesenheit von Kapitalverkehrskontrollen die Anwendung einer strengen Geldmengenregel für die deutsche Geldpolitik. Die Geldmengensteuerung des Leitwährungslandes muß die Instabilität der Geldnachfrage beachten. Sie hat Änderungen der Geldmenge, die aus veränderter Geldnachfrage resultieren, hinzunehmen und kann sie auch hinnehmen: Sie tut dies, indem sie bei monetären Schocks, die eine instabile Geldnachfrage reflektieren, dem Ziel der Stabilisierung des Wechselkurses Priorität gibt und eine entsprechende Zinspolitik betreibt. Der Binnenwert des Geldes ist in diesem Fall nicht gefährdet. Es ist nicht einmal wahrscheinlich, daß die Geldmenge aus dem Ruder läuft. Gefährdet ist dagegen die externe Stabilität dieses Währungsregimes.

14.4 Das EWS nach 1993 als Wechselkurs-Zielzone

Im August 1993 wurden die Bandbreiten für die am EWS-Wechselkursmechanismus teilnehmenden Währungen von zweimal 2 ¼ Prozent auf zweimal 15 Prozent erweitert. Diese Maßnahme, die zunächst als ein Befreiungsschlag gegen die Devisenspekulation wirkte, weil sie das Risiko von Wechselkursänderungen auf die Vermögenseigner zurückverlagerte, hat die Funktionsbedingungen des EWS grundlegend verändert. Die Bedeutung von einvernehmlichen Realignments für die Flexibilität des Regimes ist gesunken. Denn die erweiterten Bandbreiten geben ausreichend Spielraum, monetäre Schocks durch Wechselkursschwankungen aufzufangen, so daß insoweit Auswirkungen auf den binnenwirtschaftlichen Kurs der Geldpolitik nicht zu befürchten sind. Ein Realignment von Wechselkursen ist im "neuen" EWS der Korrektur von kumulierten Inflationsdivergenzen vorbehalten. Zu diesem Zweck wurden im März 1995 die Leitkurse der spanischen Peseta (um 7 Prozent) und des portugiesischen Eskudo (um 3,5 Prozent) abgewertet. Im übrigen haben die am Wechselkursverbund beteiligten Notenbanken kaum noch interveniert (Deutsche Bundesbank, Geschäftsbericht 1994).

Der veränderte Wechselkurs-Mechanismus des EWS entspricht dem Modell einer Wechselkurs-Zielzone (*Williamson* 1987). Im Unterschied zu einem Festkursregime sind die Schwankungsmargen für den Wechselkurs groß bemessen, so daß die Volatilität der Geldnachfrage ihren Niederschlag in Wechselkursbewegungen finden kann. Die Zielzone begrenzt aber den Spielraum für Wechselkursschwankungen und schließt damit auf dem Gütermarkt eine fundamentale Veränderung der *terms of trade*, soweit diese monetär bestimmt sind, aus.[85] Diese Verbindung von begrenzter Flexibilität der nominalen Wechselkurse und dem Versprechen, daß der reale Wechselkurs bestimmte Grenzen nicht überschreiten wird, mit der Folge, daß auch die Auswirkungen auf den Gütermarkt begrenzt bleiben, bestimmt die Glaubwürdigkeit des Regimes.

Eine Wechselkurs-Zielzone, die Bestand hat, also glaubwürdig verteidigt werden kann, hat bestimmte Implikationen für die Geldpolitik der beteiligten Länder. Außerdem übt dieses Regime einen dämpfenden Einfluß auf Wechselkursschwankungen innerhalb des Bandes aus, und zwar um so mehr, je glaubwürdiger es ist (*Krugman* 1991).

---

[85] Bei dauerhaft erwarteten Inflationsunterschieden wird die Zielzone zweckmäßig als eine Zone mit gleitender Paritätsentwicklung (*crawling peg*) definiert. Der *crawling peg* ist aber nicht die Hauptsache, und das EWS ist auch nicht so angelegt.

Solange sich die Wechselkurse innerhalb der Zielzone bewegen (und nicht einem eindeutigen Trend folgen), ist die Autonomie der nationalen Geldpolitik gegenüber dem früheren EWS vergrößert. Es gibt mehr nationalen Spielraum in der Gestaltung von Geldmengenexpansion und Zins. Zugleich ist die Leitwährung in ihrer Rolle als Anker des Regimes entlastet. Damit ist einerseits ein Gewinn an Glaubwürdigkeit verbunden, weil die geldpolitischen Instanzen ihre Politik auf längerfristige Ziele ausrichten können. Andererseits bedeutet dies aber auch einen Verlust an Glaubwürdigkeit, weil die sozialen Kosten der Inflation (d.h. die Wirkungen einer realen Aufwertung) sich vermindern und insoweit die Notenbank von dem Druck entlastet wird, ihre Ziele auch einzuhalten.

Wie davon der Prozeß der monetären Integration in Europa beeinflußt wird, ist also eine offene Frage. Obwohl die größere Flexibilität des Wechselkurses eine entsprechend verminderte Solidarität unter den Teilnehmerländern bedeutet,[86] scheint das Zielzonen-Regime die Stabilisierung der Wechselkurse unterstützt zu haben. Drei Länder (die Niederlande, Österreich, seit 1994 Belgien) haben ihre Währungen de facto fest an die Mark gebunden. Die übrigen Teilnehmer am Wechselkurs-Verbund (Irland, Dänemark, Portugal und Spanien) orientieren sich am französischen Franc und liegen mit diesem seit 1994 – mit Ausnahme Spaniens – knapp außerhalb des ursprünglich engen Bandes.

Krugman (1991) hat theoretisch begründet, daß eine Zielzone einen Dämpfungseffekt auf die Wechselkurs-Bewegungen haben kann. Wechselkursänderungen innerhalb einer Zielzone unterscheiden sich von Kursänderungen bei völlig flexiblen Wechselkursen, weil die Existenz des Bandes (d.h. der Obergrenzen für den Wechselkurs) die Erwartungsbildung beeinflußt. Mit Hilfe eines Options-Preis-Modells läßt sich zeigen, daß Schocks der Geldnachfrage nur einen gedämpften Einfluß auf die Wechselkursbewegung innerhalb einer Zielzone haben. Der Dämpfungseffekt ist um so größer, je glaubwürdiger es ist, daß das Band tatsächlich verteidigt wird. Dabei wird unterstellt, daß die Notenbanken nur obligatorische Interventionen durchführen (wenn der Wechselkurs den "Interventionspunkt" erreicht hat), intra-marginale Eingriffe aber unterlassen. Tatsächlich haben die Notenbanken im Wechselkursverbund des EWS seit August 1993 noch in geringem Umfang intra-marginal interveniert. Auch als die spanische Peseta im März 1995 in die Nähe des Interventionspunktes fiel, kam es nicht zum Glaubwürdigkeitstest der

---

[86] Die Bundesbank spricht von verminderten "Ansteckungseffekten", Geschäftsbericht 1994, S. 102

obligatorischen Interventionen. Vielmehr wurde diese offensichtlich überbewertete Währung – vorbeugend – abgewertet.

Literaturhinweise

Die Interventionsregeln in Festkurssystemen untersuchen

BOFINGER, P. (1991) *Festkurssysteme und geldpolitische Koordination*, Schriften zur monetären Ökonomie, Bd. 29. Baden-Baden: Nomos,

GIAVAZZI, F. und GIOVANNINI, A. (1989) *Limiting Exchange Rate Flexibility.* Cambridge: MIT Press, Kapitel 4.

Zu den Konstruktionsprinzipien des EWS vgl. das *Jahresgutachten* 1979/80 des Sachverständigenrats zur Begutachtung der gesamtwirtschaftlichen Entwicklung (Ziffern 28-36) sowie den *Geschäftsbericht* 1980 der Deutschen Bundesbank.

Die Leitwährungsfunktion der D-Mark analysieren

THOMASBERGER, C. (1993) *Europäische Währungsintegration und globale Währungskonkurrenz.* Tübingen: Mohr, Kapitel 3, 10, 11,

DE GRAUWE, P. (1994) *The Economics of Monetary Integration.* 2. Aufl. Oxford University Press.

Zur Frage, ob das EWS disziplinierend auf die Geldpolitik gewirkt hat, vergleiche insbesondere

GIAVAZZI, F. und PAGANO, M. (1988) The Advantage of Tying One's Hands: EMS Discipline and Central Bank Credibility, *European Economic Review*, 32, S. 1055-74.

Den Konflikt der Notenbank des Leitwährungslandes zwischen interner und externer Stabilisierung diskutieren

RIESE, H. (1993) Schwäche des Pfundes und Versagen der Deutschen Mark – Anmerkungen zur gegenwärtigen Krise des Europäischen Währungssystems, in: *Währungsunion oder Währungschaos? Was kommt nach der D-Mark?* Herausgegeben von P. Bofinger u.a. Wiesbaden: Gabler, S. 161-188.

THOMASBERGER, C. (1993) "Schlingerkurs" oder externe Stabilisierung? Anmerkungen zur Politik der Deutschen Bundesbank nach den Währungsturbulenzen vom Herbst '92, *Konjunkturpolitik*, 39, S. 265-285.

Den Dämpfungseffekt von Wechselkurs-Zielzonen hat modelliert

KRUGMAN, P. (1991) Target Zones and Exchange Rate Dynamics, *Quarterly Journal of Economics*, 106, S. 669-682.

15 Die Europäische Währungsunion und der Vertrag von Maastricht

Der "Vertrag über die Europäische Union" wurde am 7. Februar 1992 in Maastricht unterzeichnet. Mit diesem Vertrag vereinbarten die Mitgliedstaaten der Europäischen Gemeinschaft ein umfassendes Regelwerk für eine Wirtschafts- und Währungsunion (WWU) sowie Schritte zu einer verstärkten politischen Integration. Kern des Vertrages ist die Schaffung einer Europäischen Währungsunion (EWU). Die Geld- und Währungspolitik wird spätestens 1999 auf eine Europäische Zentralbank übergehen. Das Budgetrecht wird dagegen bei den nationalen Parlamenten bleiben und die Handlungskompetenz in der Finanzpolitik entsprechend bei den nationalen Regierungen. Die Rollenverteilung in der künftigen europäischen Wirtschaftspolitik wird sich also grundlegend von jener in einem großen Bundesstaat, wie es die Vereinigten Staaten sind, unterscheiden.[87]

Die Europäische Währungsunion soll in drei Stufen geschaffen werden. Der Plan dazu wurde 1989 von einer Expertengruppe unter der Leitung von *Jacques Delors*, damals Präsident der EG-Kommission, ausgearbeitet ("Delors-Bericht"). Der Plan verlangt eine Selbstbindung der Mitgliedstaaten, d.h. wer sich an der ersten Stufe beteiligt, verpflichtet sich damit, auch die weiteren Integrationsschritte mitzutragen. Für die Abfolge der Integrationsschritte sind feste Termine vorgesehen. Damit gewinnt der Prozeß der monetären Integration eine politische Eigendynamik. In der Stufenfolge genügt der Plan für eine EWU den Kriterien, die an eine monetäre Integration zu stellen sind. Er sieht eine explizite Harmonisierung der Geldpolitik, gemeinsame Währungsreserven und (schließlich) eine einheitliche Zentralbank vor.

---

[87] Kritiker der Union, wie *Ralf Dahrendorf*, sehen im Fehlen eines Budgetrechts für das Europäische Parlament den Hauptgrund dafür, daß die Gemeinschaftsinstitutionen nicht demokratisch legitimiert sind.

15.1 Drei Stufen zur Europäischen Währungsunion

Die erste Stufe. Auf dem EG-Gipfel von Madrid im Juni 1989 wird der Delors-Bericht von allen EG-Mitgliedstaaten gebilligt. Die "Erste Stufe einer Europäischen Wirtschafts- und Währungsunion" (WWU) beginnt am 1. Juli 1990 auf der Grundlage dieses Berichts. Die Mitgliedstaaten der EG verstärken ihre Zusammenarbeit in der Wirtschafts- und Währungspolitik. Dazu gehören insbesondere Maßnahmen zum Abbau von Hemmnissen und zur Stärkung der Konvergenz:

- Die Regulierungsmaßnahmen zur Vollendung des Europäischen Binnenmarktes auf der Grundlage der Einheitlichen Akte von 1987.
- Die Budgetkonsolidierung zur Verringerung von Disparitäten (hierzu können Mittel eines Kohäsionsfonds in Anspruch genommen werden).
- Die vollständige Liberalisierung des Kapitalverkehrs bis 1993.

Die monetäre Integration im engeren Sinn wird dadurch vorangetrieben, daß alle Mitgliedstaaten ihre Währungen in das EWS einbringen (betrifft das Vereinigte Königreich) und ein Ausschuß der EG-Notenbankpräsidenten zur "währungspolitischen Koordination" gegründet wird.

Die zweite Stufe. Nach der Verabschiedung und Ratifizierung des Vertrags von Maastricht beginnt am 1. Januar 1994 die zweite Stufe der WWU. Auf dieser Stufe soll die Errichtung einer Europäischen Zentralbank vorbereitet werden.

- Das Europäische Währungsinstitut (EWI) mit Sitz in Frankfurt wird gegründet. Seine Aufgaben sind erstens, die geldpolitische Koordination zu fördern, insbesondere neue Instrumente der Geldpolitik zu entwickeln; zweitens das Europäische System der Zentralbanken (ESZB) organisatorisch vorzubereiten. Eine intensive Debatte über die geldpolitische Strategie im ESZB setzt ein. Die Deutsche Bundesbank würde ein Geldmengenkonzept vorziehen, kann sich damit aber zunächst nicht durchsetzen (Geschäftsbericht 1994, S. 103).
- Die Mitgliedstaaten sorgen bis zum Ende der zweiten Stufe für die Unabhängigkeit ihrer Notenbanken und sichern damit die Autonomie der Geldpolitik. (Dies sollte nach dem Delors-Bericht schon in der ersten Stufe geschehen, siehe Punkt 52 des Berichts). In Deutschland wird das Bundesbankgesetz geändert. Die Deutsche Bundesbank gibt künftig keine Kassenkredite mehr an öffentliche Haushalte (§ 20 BBankG). Zugleich wird die "Einlagen-Politik" (§ 17) aufgehoben, d.h.

die öffentlichen Haushalte werden von der Verpflichtung befreit, liquide Mittel bei der Bundesbank zu halten.[88]

Kritiker der EWU halten diese Vorsorgemaßnahmen nicht für ausreichend. Erforderlich wäre, auch die indirekte Versorgung des Staates mit Zentralbankgeld durch Offenmarktpolitik zu unterbinden. Die Notenbank, sofern sie *debt management* betreibt, spielt die Rolle einer Bank des Staates. Auf diese Weise kann der Staat doch die Monetisierung seiner Schuld erreichen (vgl. Kapitel 16).

Die dritte Stufe. Die Einführung einheitlicher Geldpolitik durch eine Europäische Zentralbank und der Übergang zu unwiderruflich festen Wechselkursen soll spätestens 1999 realisiert werden.[89] Eine einheitliche Währung (Euro) kann zu einem späteren Zeitpunkt eingeführt werden. Ein früherer Zeitpunkt für die monetäre Integration (1997) war vorgesehen, falls die Mehrheit der EWS-Mitglieder bestimmte Konvergenzkriterien erfüllt. Nach der EWS-Krise 1992/93 und zunehmenden Schwierigkeiten vieler Länder, die vorgegebenen Konvergenzkriterien zu erfüllen, ist diese Option nicht realisiert worden (vgl. Abschnitt 15.3).

Es wird also ab 1999 ein "Europa der zwei Geschwindigkeiten" geben. Die Länder, die die Konvergenzkriterien erfüllen, bilden ab 1999 eine Währungsunion. Die übrigen haben die Möglichkeit des *opting in*.

Revision. Im Jahre 1996 wird der Vertrag von Maastricht durch eine Regierungskonferenz revidiert. Was die ökonomischen Aspekte betrifft, so beschließt der Europäische Rat am 13. und 14. Dezember 1996 einen Stabilitäts- und Wachstumspakt. Dieser Pakt soll die Haushaltsdisziplin in der dritten Stufe der WWU sichern und verpflichtet die einzelnen Mitgliedstaaten, "mittelfristig einen nahezu ausgeglichenen oder einen Überschuß aufweisenden Haushaltssaldo anzustreben". Stellt der Europäische Rat ein übermäßiges Defizit fest, so verhängt er Sanktionen (verzinsliche Einlage oder Geldbuße). Als übermäßig wird ein öffentliches Defizit angesehen, wenn es den Referenzwert von 3% des Bruttosozialprodukts überschreitet, es sei denn die Überschreitung ist auf ein außergewöhnliches Ereignis zurückzuführen oder Folge einer schweren Rezession. Nach Auffassung des Europäischen Rates ist eine

---

[88] In der Bankstatistik werden entsprechend "Einlagen des Bundes im Bankensystem" ausgewiesen.
[89] Dänemark und das Vereinigte Königreich erreichen allerdings in Nachverhandlungen ein Optionsrecht für die dritte Stufe.

schwere Rezession durch eine Schrumpfung des realen BIP von mindestens zwei Prozent (auf Jahresbasis berechnet) gekennzeichnet.

In diesen Zusätzen und Erläuterungen zum Vertrag von Maastricht findet eine weitverbreitete Befürchtung ihren Niederschlag, daß der Vertrag die Haushaltsführung der Mitgliedstaaten im Hinblick auf das Stabilitätsziel unzureichend regelt.

Vorrang für den Geldwert. Die institutionellen Voraussetzungen der Europäischen Zentralbank zur Absicherung des Geldwertes sind vorbildlich (Sachverständigenrat, Jahresgutachten 1992, Ziffern 420, 428).

- Die EZB ist gegenüber den Organen der Gemeinschaft und den Regierungen der Mitgliedstaaten unabhängig.
- Sie darf den Staaten keine Kredite einräumen.
- Sie ist vorrangig dem Ziel der Geldwertstabilität verpflichtet.
- Sie ist nicht gehalten, die allgemeine Wirtschaftspolitik in der Gemeinschaft zu unterstützen (eine solche Verpflichtung gibt es für die Deutsche Bundesbank).
- Sie hat strenge Regeln bei der Berufung des Direktoriums zu befolgen.

Andererseits gibt es auch Schwachstellen:

- Das ESZB ist ein System nach dem Muster der Bank deutscher Länder; die Europäische Zentralbank und die nationalen Zentralbanken bilden gemeinsam den *board*, der den Kurs der Währungspolitik bestimmt. Die Unabhängigkeit der nationalen Zentralbanken muß daher ebenfalls gesichert sein, wenn eine unabhängige Europäische Geldpolitik gewährleistet sein soll.
- Die Kompetenz für die Wechselkurspolitik gegenüber Drittländern liegt weiterhin beim Ministerrat.
- Das Budgetrecht bleibt bei den nationalen Parlamenten.

Diese Schwachstellen sind es vor allem, die den Verdacht auf eine unzureichende Glaubwürdigkeit der künftigen europäischen Währungspolitik nähren. Sie zeigen, daß Glaubwürdigkeit nicht schon durch die Einrichtung von Institutionen und das Setzen von Spielregeln geschaffen wird, sondern daß sich diese Institutionen bewähren müssen. Positiv gewendet, wird sich die ESZB die Glaubwürdigkeit ihres geldpolitischen Kurses erarbeiten müssen. Das betrifft insbesondere die Frage, wie die Vertreter der nationalen Zentralbanken und die Vertreter der EZB im europäischen "Zentralbankrat" zusammenarbeiten werden.

Gibt die EZB aber einen eindeutigen Kurs der Geldpolitik vor, so stellen externe Einflüsse keine ernsthafte Gefahr dar. Es ist unwahrscheinlich, daß der Stabilitätskurs einer Europäischen Zentralbank durch eine stabilitätswidrige Wechselkurspolitik (nach außen) gefährdet wird. Zwar kann es zu einer unerwünschten monetären Expansion in der Währungsunion kommen, falls auf den internationalen Finanzmärkten die Bereitschaft steigt, Geld in Euro zu halten, und der Ministerrat zugleich versucht, den Außenwert der europäischen Währung zu stabilisieren (Wechselkursziel). Aus dieser Instabilität der internationalen Geldnachfrage resultiert aber keine wirkliche Gefahr für den Geldwert, zumal die Europäische Zentralbank dieser Volatilität durch die Zinspolitik (hier: Zinssenkungen) begegnen kann (vgl. Kapitel 14). Auch die nationale Finanzpolitik kann im Grunde den Stabilisierungskurs einer Europäischen Zentralbank nicht erschüttern. Zwar ist in der theoretischen Diskussion das Argument durch Modellanalysen gehärtet worden, in einem Konflikt mit der Regierung ziehe die Notenbank im Ernstfall doch den Kürzeren. Aber selbst wenn man dieses Argument überzeugend findet (gestützt auf den Mangel an demokratischer Legitimation einer Institution wie der Notenbank), so darf man es doch nicht unbesehen auf die ordnungspolitische Neuerung einer Währungsunion übertragen. Diesen kontroversen Fragen ist Kapitel 16 gewidmet.

15.2 Ist die Union ein optimaler Währungsraum?

In der ökonomischen Debatte um die Einführung einer Europäischen Währungsunion gibt es einen breiten Konsens, daß die EG-12 oder gar die EG-15 keinen optimalen Währungsraum darstellen.[90] Dieser Konsens stützt sich im wesentlichen auf empirische Tests der Flexibilität von Arbeitsmärkten. So ist die EG beispielsweise im Vergleich zu den Vereinigten Staaten etwa in ähnlichem Ausmaß asymmetrischen realen Schocks ausgesetzt (gemessen an den regionalen Unterschieden in den Wachstumsraten von Produktion und Beschäftigung), aber die Flexibilität der Arbeitsmärkte (gemessen an der Reallohnentwicklung und der regionalen Mobilität von Arbeitskräften) ist hier sehr viel geringer als dort. Hinzu kommt, daß es in Europa nicht wie in den Vereinigten Staaten

---

[90] Ein Resümee dieser Debatte gibt *De Grauwe* (1994), S. 86 f.

eine zentralisierte Finanzpolitik gibt, die Einkommenschocks durch die stabilisierende Wirkung des Steuer- und Transfersystems dämpft. Daraus wird der Schluß gezogen, daß der Übergang zu einer Europäischen Währungsunion aus ökonomischer Sicht nicht rational wäre.

> As a result, from an economic point of view, a monetary union involving all EC member countries is a bad idea. The economic costs of a monetary union are likely to be larger than the benefits for a significant number of countries.
> (*De Grauwe* 1994, S. 87)

Wie die Analyse in Kapitel 13 gezeigt hat, steht diese Schlußfolgerung auf schwachen Füßen. Erstens können asymmetrische reale Schocks und Rigiditäten am Arbeitsmarkt nur dann als Argument gegen eine Währungsunion ins Feld geführt werden, wenn angenommen wird, daß die Gewerkschaften hinsichtlich der Importpreissteigerungen unter Geldillusion handeln. Anderenfalls gehen auch von einer Anpassung der Wechselkurse keine realen Wirkungen aus. Zweitens wird das Ausmaß an Flexibilität von Preisen und Löhnen in einer (künftigen) Währungsunion systematisch unterschätzt, wenn man vom status quo aus argumentiert. Empirische Untersuchungen auf der Grundlage des status quo enthalten eine systematische Verzerrung, weil dabei übersehen wird, daß das Ausmaß an Flexibilität vom Währungsregime selbst abhängt.

In der Europäischen Gemeinschaft hat bereits der Prozeß der ökonomischen Integration – der Übergang zu einem einheitlichen Binnenmarkt im Jahre 1993 – die Flexibilität der Güterpreise erhöht. Starre Oligopolstrukturen wurden aufgebrochen und die Preissetzungsspielräume der Unternehmen wurden kleiner, mit entsprechenden Rückwirkungen auf den Arbeitsmarkt. Hinzu kommt die größere Mobilität der Unternehmen im einheitlichen Binnenmarkt. Standortentscheidungen werden in stärkerem Maße als früher im Hinblick auf Lohnkostenunterschiede getroffen. Auch dies hat Rückwirkungen auf den Arbeitsmarkt. Die monetäre Integration zu einer Währungsunion hat Einfluß auf diesen Prozeß der Flexibilisierung am Arbeitsmarkt, weil sie die Bedingungen für nationale Lohnrunden fundamental verändert.

> Die Europäische Währungsunion wird die nationalen Arbeitsmärkte im Verhältnis zueinander zu echten Wettbewerbsmärkten machen. ... allmählich zwar, doch verläßlich, (wird es) zu Verhaltensänderungen in der Lohnpolitik kommen.

Das kartellartige Ritual nationaler Lohnrunden als Streit um die Einkommensverteilung wird mehr und mehr geprägt sein vom Wettbewerb der Länder und Regionen um Arbeitsplätze. (*Sievert* 1993, S. 16 ff).

Die Konkurrenz der regionalen Arbeitsmärkte, die sich in einer Währungsunion einstellt, wird auch als Sozialdumping bezeichnet. Im gemeinsamen Währungsraum stehen die Regionen nicht nur hinsichtlich des Lohnniveaus sondern auch der anderen Komponenten der Arbeitskosten (einschließlich der sozialen Sicherung) im Wettbewerb um Arbeitsplätze. Es wird vermutet, daß als Kehrseite der Flexibilisierung der Arbeitsmärkte ein allgemeiner Unterbietungswettlauf einsetzt, zum Schaden der Arbeitnehmer im Ganzen. Die Gewerkschaften fordern daher eine Vereinheitlichung der Lohnpolitik und der Sozialpolitik auf der europäischen Ebene. Bei der Definition von Arbeitsbedingungen gibt es schon Ansätze für einen "Sozialraum Europa".

Die These des Sozialdumping ist aber ambivalent. Dumping heißt, bei unvollständiger Konkurrenz Preise unterhalb der Kosten zu setzen. Ein solches Verhalten kann den Markt destabilisieren und führt schließlich zur Marktbeherrschung. Es gilt im internationalen Handel als unlauterer Wettbewerb und wird nach den GATT-Regeln sanktioniert. Auf dem Arbeitsmarkt wird es dazu nicht kommen, weil die Gewerkschaften als Organisation kollektiver Interessen nicht das Ziel der Marktexpansion und der Marktbeherrschung verfolgen. Tatsächlich wird es aber in einer Europäischen Währungsunion zwischen den Regionen große Unterschiede in den Lohnniveaus und noch größere Unterschiede in den Kosten der sozialen Sicherung geben. Darin spiegeln sich Produktivitätsunterschiede, darüber hinaus aber auch Unterschiede des Entwicklungsstandes, so daß beträchtliche Kostendifferenzen resultieren. Diese Kostendifferenzen durch eine konvergente Lohn- und Sozialpolitik einzuebnen hieße aber, die peripheren Regionen (mit niedrigem Entwicklungsstand) ihrer Wettbewerbsvorteile berauben. Die Peripherie verfügt nicht über die Agglomerationsvorteile der zentralen Regionen, welche dort ein hohes Lohnniveau und hohe Sozialstandards finanzierbar machen. Der Vorwurf des Sozialdumping entpuppt sich deshalb in der Regel als ein vorgeschütztes Argument (der zentralen Regionen), das in der Absicht vorgetragen wird, den Wettbewerb der Arbeitsmärkte zu verhindern.

Falls die Lohnverhandlungen in einer Währungsunion auf der supranationalen Ebene angesiedelt werden, wäre der Druck zur Flexibilisierung der Arbeitsmärkte wieder aufgehoben. Wie unsere Analyse gezeigt hat, ergäbe sich ein Konflikt mit der Stabilisierungspolitik vor allem bei Branchenabschlüssen auf der Ebene der Währungsunion. In Europa ist die Wahrscheinlichkeit gering, daß es in der absehbaren Zukunft dazu kommt. Die lohnpolitischen und beschäftigungspolitischen Interessen der Länder und Regionen sind zu unterschiedlich und die dauerhaften Mobilitätsbeschränkungen sind zu groß, als daß "die Voraussetzungen für eine umfassende Abstimmung der Lohnpolitik, mit der sich Durchsetzungskraft verbinden ließe, erfüllt sein könnten" (*Sievert* 1993, S. 18).

Ein europäisches Lohnkartell. Eine einfache Modellüberlegung zeigt, welche Wirkungen von einer einheitlichen Lohn- und Sozialpolitik zu erwarten sind.

Wir betrachten die ökonomische Integration zweier Regionen, eines Zentrums mit hohem technologischen Entwicklungsniveau, hoher Arbeitsproduktivität und hohen Realeinkommen (beispielsweise Deutschland) und einer Peripherie mit geringer Arbeitsproduktivität und geringen Realeinkommen (beispielsweise Spanien). Beide Länder betreiben bereits Handel miteinander, aber es gibt noch den geschützten Bereich der "nichthandelbaren Güter". Die Integration steigert die regionale Mobilität der Produktionsfaktoren. Dabei unterscheiden wir zwei Effekte. Einmal kommt es vermehrt zu Direktinvestitionen aus Deutschland in Spanien mit der Folge, daß dort die Arbeitsproduktivität in den Sektoren, die Güter für den gemeinsamen Markt herstellen, steigt und die Wettbewerbsfähigkeit spanischer Produkte im internationalen Handel zunimmt. Diesen Effekt erwarten wir von der Einführung einer Währungsunion, weil diese die monetären Investitionsbedingungen in Spanien verbessert. Der zweite Effekt ergibt sich aus der Wanderung von Arbeitskräften aus der Peripherie ins Zentrum. Die Wanderung führt zu einem Abbau der regionalen Lohnunterschiede im Bereich der nichthandelbaren Güter. Die regionalen Arbeitsmärkte stehen also im integrierten Wirtschaftsraum sowohl durch Handel als auch durch die Mobilität des Faktors Arbeit in Konkurrenz zueinander.

Welche Wirkungen hat dieser Integrationsprozeß auf das Realeinkommen der beiden Regionen? Um den Einfluß der Arbeitsmobilität sichtbar zu machen, unterscheiden wir in jeder Region zwei Wirtschaftssektoren, einen für handelbare und einen für nichthandelbare Güter. In jedem Sektor (i) wird die Lohnhöhe (w_i) bestimmt durch die Arbeitsproduktivität des Sektors (π_i) und einen Aufschlag (m_i), der von der regionalen Mobilität des Faktors Arbeit abhängt.

$$w_i = w_i(\pi_i, m_i); \qquad (15.1)$$
$$\frac{dw}{d\pi} > 0; \quad \frac{dw}{dm} < 0;$$

Ist Arbeit immobil, so kann im produktivitätsschwachen Sektor ein Aufschlag auf den Produktivitätslohn durchgesetzt werden. Auf diese Weise erfassen wir die Tendenz, daß sich in einer Hochproduktivitätsregion (Deutschland) ein einheitliches Lohnniveau herausbildet. Auch im Sektor für nichthandelbare Güter mit in der Regel niedriger Arbeitsproduktivität orientiert sich die Lohnhöhe an der vergleichsweise hohen Produktivität des Sektors für handelbare Güter. Dieser "Schutz" des Sektors für nichthandelbare Güter wird durch die Mobilität der Arbeit abgebaut.

Die Preise (P_i) der Sektoren – und damit die Wettbewerbsfähigkeit für handelbare Güter – sind proportional den Lohnkosten je Produkteinheit

$$P_i = k \frac{w_i}{\pi_i}; \qquad (15.2)$$
$$k > 1;$$

Dabei steht k für das Preisverhalten der Unternehmen. Bei unvollständiger Konkurrenz nehmen sie einen Aufschlag auf die Lohnstückkosten, zur Deckung der Kapitalkosten und des Gewinns. Dieser Aufschlag wird der Einfachheit halber als konstant angenommen.

Das Preisniveau einer Region ergibt sich als gewichtete Summe der Preise der Wirtschaftssektoren

$$P = \sum g_i P_i = k \sum g_i \frac{w_i}{P_i}; \qquad (15.3)$$
$$0 < g < 1;$$

Der Reallohn für die Beschäftigten eines Wirtschaftssektors

$$\omega_i = \omega_i(\pi_i, m_i, P); \qquad (15.4)$$
$$\frac{d\omega_i}{dP} < 0;$$

richtet sich nach der Arbeitsproduktivität dieses Sektors, dem Grad der Arbeitsmobilität und dem Preisniveau.

Im gesamtwirtschaftlichen Durchschnitt entspricht der Reallohn einer Region dem bekannten Quotienten aus der durchschnittlichen Arbeitsproduktivität und dem Kapitalkostenaufschlag der Unternehmen.

$$\omega = \frac{w}{P} = \frac{\pi}{k}; \qquad (15.2a)$$

Da das Modell regionale Unterschiede des Realeinkommens erklären soll, ist in Gleichung (15.1) der Einfachheit halber Geldillusion unterstellt. Die Arbeitsproduktivität wird als Ressourcenbeschränkung exogen vorgegeben. Der Anteil der Sektoren (g_i) ist konstant, d.h. handelbare und nichthandelbare Güter werden nicht als Substitute betrachtet.

Die Realeinkommenswirkungen der Integration, die dieses Modell abbildet, lassen sich am besten an einem numerischen Beispiel veranschaulichen. Dabei nehmen wir zur Vereinfachung in allen Sektoren eine "normale" Lohnquote an (k = 1,5).

Im Ausgangszustand sei die Produktivität der Arbeit im Sektor für handelbare Güter des Zentrums doppelt so hoch wie an der Peripherie. Dennoch ist die Peripherie wettbewerbsfähig, weil der niedrigeren Produktivität ein niedrigeres Lohnniveau entspricht. Arbeit sei nicht mobil und im Zentrum herrsche ein "Lohnkartell": Im geschützten Sektor für nichthandelbare Güter werden die gleichen Löhne gezahlt wie im (produktiveren) Sektor für handelbare Güter. Damit ist das Preisniveau im Zentrum höher als an der Peripherie. Entsprechend ergibt sich eine Reallohndifferenz zwischen Zentrum und Peripherie, die geringer ist als die Unterschiede im Lohnniveau.

Ausgangsszenario

	Annahmen		Ergebnis		
	handelbare Güter ($g_h = 0,6$)	nicht handelbare Güter ($g_n = 0,4$)	P	w	$\frac{w}{P}$
Zentrum					
π_i	2	1			
w_i	2	2	2,1	2	0,95
Peripherie					
π_i	1	1			
w_i	1	1	1,5	1	0,67

Der Integrationsprozeß löst nun zwei unterschiedliche Wirkungen aus. Einmal kommt es über Direktinvestitionen im Sektor für handelbare Güter der Peripherie zur Angleichung der Produktivität und der Löhne an jene des Zentrums. Das Niveau des Realeinkommens an der Peripherie steigt. Zum anderen gerät der geschützte Sektor im Zentrum durch die Wanderung von Arbeitskräften unter den Druck der Arbeitsmärkte der Peripherie und verliert seinen Lohnvorteil. Im Ergebnis sinkt das Preisniveau im Zentrum und das Realeinkommensniveau steigt. Damit verbunden ist aber – im Zentrum wie an der Peripherie – eine Differenzierung der Lohnstruktur: Der Zuwachs an Realeinkommen ergibt sich als ein (unechter) Durchschnitt. Während im Sektor für handelbare Güter die Reallöhne steigen, bleiben sie im Sektor für nichthandelbare Güter unverändert (in der Peripherie) bzw. fallen im vormals geschützten Bereich des Zentrums auf das niedrigere Reallohnniveau der Peripherie zurück.[91] Dieser Prozeß unterliegt keiner Mengenrestriktion, d.h. das Angebot an Arbeit wird als vollkommen elastisch angenommen. Erst wenn eine allgemeine Knappheit an Arbeitskräften einsetzt, kann der Reallohn auch im Sektor für nichthandelbare Güter steigen.

Integrationseffekte

	Annahmen		**Ergebnis**		
	handelbare Güter ($g_h = 0{,}6$)	nichthandelbare Güter ($g_n = 0{,}4$)	P	w	$\dfrac{w}{P}$
Zentrum					
π_i	2	1			
w_i	2	1	1,5	1,6	1,07
Peripherie					
π_i	2	1			
w_i	2	1	1,5	1,6	1,07

Eine einheitliche Lohnpolitik (ein europäisches Lohnkartell zwischen Deutschland und Spanien) hat vor diesem Hintergrund folgende Wirkung: Sie nimmt der Wanderung von Arbeitskräften den Anreiz und verhindert

---

[91] In einem Regime der Geldwertstabilität kann die Reallohnsenkung nur durch ein Sinken der Nominallöhne zustande kommen. Diese Annahme widerspricht der empirischen Evidenz (*Akerlof* u.a. 1996). Es wird aber kontrovers diskutiert, ob die Rigidität von Nominallöhnen nach unten unabhängig vom stabilitätspolitischen Regime gegeben ist; vgl. z.B. *Ball* und *Mankiw* (1994).

damit die Reallohnsenkung im geschützten Sektor des Zentrums. Eine entsprechende Streuung der Einkommensverteilung bleibt aus. Die Folge ist aber, daß das Realeinkommen im Zentrum nicht steigt, und auch der Realeinkommenszuwachs an der Peripherie fällt geringer aus. Im ungünstigen Fall, wenn die Lohnpolitik bereits ein einheitliches Lohnniveau durchsetzt, obwohl die Produktivität an der Peripherie noch zurückbleibt (dieser Fall entspricht der deutschen Wirtschafts- und Währungsunion nach der Wiedervereinigung), bleibt das Realeinkommen auch an der Peripherie unverändert.

Einheitliche Lohnpolitik

	Annahmen		Ergebnis		
	handelbare Güter ($g_h = 0,6$)	nichthandelbare Güter ($g_n = 0,4$)	P	w	$\dfrac{w}{P}$
Zentrum					
π_i	2	1			
w_i	2	2	2,1	2	0,95
Peripherie					
Variante 1					
π_i	2	1			
w_i	2	2	2,1	2	0,95
Variante 2					
π_i	1	1			
w_i	2	2	3	2	0,67

Im Ergebnis kann eine einheitliche Lohn- und Sozialpolitik den status quo konservieren. Sie vermeidet eine Differenzierung der Lohnstruktur, die sich im Zuge des Integrationsprozesses ergibt, erkauft dies aber mit einem Verzicht auf Realeinkommenszuwachs, auch an der Peripherie. Dabei sind die indirekten Effekte, die sich aus einer Verschlechterung der Wettbewerbsposition der heimischen Industriebasis an der Peripherie ergeben, nicht berücksichtigt.

15.3 Die Konvergenzkriterien

Wer in den Club Europäische Währungsunion eintreten will, muß bestimmte Bedingungen des stabilitätspolitischen Wohlverhaltens erfüllen. Die Kriterien für den Eintritt in die dritte Stufe (Konvergenzkriterien) sind:

- Die Inflationsrate des Landes soll um nicht mehr als 1,5 Prozentpunkte über dem Durchschnitt der drei Länder mit der niedrigsten Inflation im EWS liegen.
- Der langfristige Zinssatz des Landes soll den Durchschnitt der drei Länder mit der niedrigsten Inflation um nicht mehr als zwei Prozentpunkte übersteigen.
- Die Währung des Landes soll in den beiden Jahren vor Eintritt in die Währungsunion nicht abgewertet worden sein.
- Das Defizit des Staatshaushalts soll nicht mehr als drei Prozent des Bruttoinlandsprodukts betragen.
- Die Staatsschuld soll sich einer Norm von sechzig Prozent des Bruttoinlandsprodukts deutlich angenähert haben.

Diese Eintrittsbedingungen, die der Vertrag von Maastricht setzt, sind aus ökonomischer Sicht keineswegs zwingend begründet. Die Konvergenzkriterien sind vielmehr Ausdruck einer Kompromißlinie, die den Delors-Bericht prägt, hinsichtlich der Frage, ob die Schaffung einer neuen Institution – nämlich der Europäischen Zentralbank – hinreichend ist, bei allen beteiligten Ländern einen Stabilisierungskurs zu begründen oder nicht. Diese Frage stand im Zentrum einer langen Debatte über den richtigen Weg der monetären Integration. Den "Monetaristen", die von der Schaffung einer europäischen Zentralbank die entscheidende Stabilisierungswirkung erwarten, stand die Skepsis der "Ökonomisten/Fiskalisten" gegenüber, die den Erfolg monetärer Konvergenz vor allem davon abhängig machen, daß die Wirtschaftspolitik der Mitgliedstaaten im Ganzen harmonisiert wird.

Die Anforderungen an monetäre Konvergenz. Die Europäische Zentralbank, die 1999 geschaffen werden soll, wird von den institutionellen Bedingungen her die Voraussetzungen für einen glaubwürdigen Kurs der Geldpolitik schaffen. In einer künftigen Währungsunion wird es keine nationalen Inflationsunterschiede und – bei vollständiger Kapitalmobilität – keine Zinsunterschiede mehr geben. Wechselkursänderungen sind in einer Währungsunion per definitionem ausgeschlossen. Warum also sollen beitrittswillige Länder Bedingungen der monetären Konvergenz erfüllen, die sie mit dem Beitritt zur Währungsunion ohnehin erreichen? Hier wird der Einfluß der Ökonomisten auf den Vertrag von Maastricht sichtbar. Der Kern ihres Arguments ist, daß die Glaubwürdigkeit der europäischen Geldpolitik nicht schon mit der Errichtung einer europäischen Zentralbank gegeben ist. Die europäische Geldpolitik muß sich diese Glaubwürdigkeit vielmehr erst erwerben. Dabei könnte sich die Aufnahme eines Landes, das nicht hinreichend monetäre Disziplin eingeübt hat, als störend für die Reputation der Geldpolitik im Ganzen erweisen. Die Konvergenzkriterien haben gleichsam die Funktion, bereits vor dem Beitritt zur Währungsunion einen Harmonisierungsdruck für die monetäre Politik zu erreichen, damit "Störenfriede" außen vor bleiben.

Tabelle 15.1 Stand des Konvergenzfortschritts nach Maßgabe der WWU-Kriterien (Ohne Wechselkurskriterien)

Land	Veränderung der Verbraucherpreise gegen Vorjahr in %			Finanzierungssaldo der öffentlichen Haushalte in % des BIP[2)]	
	Teilharmonisierter Index		Harmonisierter Index[1)]		
	1995	1996		1995	1996
WWU-Schwellenwert[3)]	2,7	2,6	2,5	-3,0	-3,0
Belgien	1,4	2,0	1,8	-4,1	-3,4
Dänemark	2,3	2,3	1,9	-1,9	-1,7
Deutschland	1,5	1,3	1,2	-3,5	-3,8
Finnland	1,0	1,2	1,0	-5,1	-2,6
Frankreich	1,7	2,1	2,1	-4,8	-4,1
Griechenland	9,0	8,2	7,9	-9,2	-7,4
Großbritannien	3,1	3,0	3,0	-5,8	-4,8
Irland	2,4	2,1	2,1	-2,0	-0,9
Italien	5,4	3,9	4,0	-7,1	-6,8
Luxemburg	1,9	1,5	1,2	1,7	1,4
Niederlande	1,1	1,5	1,5	-4,0	-2,4
Österreich	2,0	1,9	1,8	-5,3	-3,9
Portugal	3,8	2,9	2,9	-6,0	-4,1
Schweden	2,9	0,9	0,8	-7,7	-3,6
Spanien	4,7	3,5	3,6	-6,6	-4,4

Die Konvergenzkriterien

	Rendite langfristiger öffentlicher Anleihen in%		Bruttoschuldenstand der öffentlichen Haushalte in % des BIP[2)]	
	1995	1996	1995	1996
WWU-Schwellenwert[3)]	9,7	9,1	60,0	60,0
Belgien	7,5	6,5	133,5	130,0
Dänemark	8,3	7,2	72,1	70,2
Deutschland	6,9	6,2	58,1	60,7
Finnland	8,8	7,1	58,8	58,8
Frankreich	7,5	6,3	52,8	56,2
Griechenland	17,4	14,8	111,8	111,8
Großbritannien	8,3	7,9	54,2	56,3
Irland	8,3	7,3	81,5	72,8
Italien	12,2	9,4	124,4	123,6
Luxemburg	7,2	6,3	5,9	6,4
Niederlande	6,9	6,2	79,6	78,5
Österreich	7,1	6,3	69,3	69,8
Portugal	11,5	8,6	66,6	65,8
Schweden	10,2	8,0	78,2	77,7
Spanien	11,3	8,7	65,7	70,3

[1)] Teilharmonisierter Index für Großbritannien und Irland, da für 1996 keine Inflationsraten auf der Grundlage von harmonisierten Verbraucherindizes vorliegen.
[2)] In der Abgrenzung der Volkswirtschaftlichen Gesamtrechnungen (einschl. der Sozialversicherungen).
[3)] Ungewogener Durchschnitt der drei preisstabilsten Länder.

Quelle: Deutsche Bundesbank, Geschäftsbericht 1996

Damit wird die Meßlatte für die Auswahl der Beitrittskandidaten aber sehr hoch gehängt. Jedes Land muß nun (weitgehend) aus eigener Kraft die Glaubwürdigkeit seiner Geldpolitik herstellen, die ihm in einer Währungsunion durch die Bindungswirkung der europäischen Geldordnung ohnehin zufiele. *De Grauwe* (1994a) hat darauf hingewiesen, daß die Anstrengungen der Beitrittskandidaten, schon im Übergang zur Währungsunion Glaubwürdigkeit der Geldpolitik herzustellen, einen Deflationsdruck und politische Instabilität auslösen können. Vor Eintritt in die Währungsunion unterscheidet sich die Reputation der nationalen Geldpolitik von Land zu Land, also gibt es Zinsunterschiede. Die Spekulation auf ein letztes Realignment vor Eintritt in die Währungsunion macht es schwierig, den Wechselkurs für zwei Jahre zu halten. In dieser Situation ist es für ein Land mit schwacher Währung besonders schwierig, die Konvergenzkriterien zu erfüllen. Eine Stabilisierungskrise, die von der Geldpolitik ausgelöst wird, kann zwar die Inflation eindämmen und den Wechselkurs stützen. Sie erfordert aber einen hohen Zins. Der Zins kann nur sinken, wenn glaubwürdig ist, daß es zu keiner Abwertung der Währung mehr kommen wird. Dazu müssen auch die Einkommenspolitik und die Finanzpolitik ihren Part spielen, damit sich die krisenbedingte Liquiditätspräferenz der Vermögenshalter auflöst.

Fazit: In den monetären Konvergenzkriterien kommt die alte These der Ökonomisten vom Vorrang der Harmonisierung zum Ausdruck: Eine Harmonisierung von Politik signalisiert die Bereitschaft aller beteiligten Länder, einen Autonomie-Verzicht zu praktizieren. Damit leisten die Beitrittskandidaten einen Vorschuß an Vertrauenskapital in die zu schaffenden gemeinsamen Institutionen (der Europäischen Zentralbank). Die Gründung einer neuen Institution und die vertragliche Selbstbindung der Regierungen leistet dies nach Ansicht der Ökonomisten nicht in gleicher Weise. Zugleich wird sichtbar, daß dieser Weg der monetären Integration kostspielig ist. Für viele Länder ist eine Stabilisierungskrise unvermeidlich, wenn sie die geforderte Glaubwürdigkeit der Geldpolitik aus eigener Kraft erreichen wollen. Dies begünstigt eine Neigung der Regierungen, die monetäre Konvergenz in kleinen Schritten anzugehen und im Zweifel eher zu vertagen. *De Grauwe* hat die Strategie der Ökonomisten daher als den gradualistischen Weg der monetären Integration bezeichnet. Er weist darauf hin, daß Gradualismus immer die Gefahr in sich trägt, das Ziel aufzugeben bevor man ihm wesentlich näher gekommen ist.

Die aktuellen Bestrebungen, den Beginn der Währungsunion zu vertagen – anstatt eine "weiche" Interpretation der Konvergenzkriterien zu akzeptieren – spiegeln, soweit sie ökonomisch begründet sind, den Einfluß des ökonomistischen Denkens. Das Harmonisierungsgebot wird aber auch von jenen vehement gefordert, die einer monetären Integration aus anderen Gründen ablehnend gegenüberstehen.

Verschuldungskriterien. Vor Eintritt in die Europäische Währungsunion sollen die Beitrittskandidaten nicht nur monetäre Konvergenz erreicht haben, sondern sie sollen auch hinsichtlich ihrer Staatsverschuldung bestimmte Normen erfüllen. Die Vorgabe einer Defizitquote von drei Prozent und einer Verschuldungsquote von sechzig Prozent des Bruttoinlandprodukts soll Länder mit "exzessiver" Staatsverschuldung ausschließen. In der Tat kann es in einer Währungsunion zu einem Konflikt zwischen der (supra-nationalen) Geldpolitik und der (nationalen) Finanzpolitik kommen. Zur Vermeidung dieses Konflikts in der

Europäischen Währungsunion hat der Vertrag von Maastricht strenge Regeln vorgesehen: Die Staatsverschuldung darf nicht durch die Zentralbank finanziert werden (*no-monetisation-clause*) und ein übermäßig verschuldetes Land darf nicht auf den Beistand anderer Mitgliedstaaten rechnen (*no-bailing-out-clause*). Diese Regeln werden in Kapitel 16 diskutiert. Die fiskalischen Konvergenzkriterien, die schon in der Übergangsphase erfüllt sein müssen, stellen dagegen keine Regeln zur Verhaltenssteuerung dar, sondern beziehen sich auf das Ergebnis der Fiskalpolitik. Es ist deshalb fraglich, welche Bedeutung ihnen zukommt. Die Kritik an den Verschuldungskriterien zielt vor allem darauf, daß ihnen eine ökonomische Begründung fehlt (*Buiter* und *Kletzer* 1991, *De Grauwe* 1994). Sie sind weder notwendig noch hinreichend für stabilitätspolitisches Wohlverhalten; und sie stellen kein adäquates Maß der Fiskalpolitik und der Haushaltskonsolidierung dar, sondern geben eher arbiträre quantitative Ziele vor.

Im Allgemeinen werden Maßnahmen zur Konsolidierung des Staatshaushalts als förderlich für das Stabilisierungsziel angesehen, weil die Regierungen damit wieder Handlungsspielraum gewinnen. Dies erscheint insbesondere vor einer wirtschaftspolitischen Grundsatzentscheidung wie dem Beitritt zu einer Währungsunion vorteilhaft. Auch ist es gut, eine notwendig gewordene Konsolidierung frühzeitig zu beginnen, wenn die gesamtwirtschaftliche Lage dies zuläßt. Aber eine Harmonisierung von Defizitquoten und Staatsschuldenquoten ist für den Beitritt zu einer Währungsunion weder notwendig noch hinreichend. Insbesondere die Harmonisierung der Staatsschuldenquote ist keine notwendige Bedingung der Stabilitätspolitik, weil eine hohe Staatsschuld das Ergebnis vergangener Wirtschaftspolitik ist und nichts über den aktuellen stabilitätspolitischen Kurs aussagt. Dies zeigt sich deutlich am Beispiel Belgiens, das von allen Ländern der EU die höchste Staatsschuldenquote aufweist (1996: 130 Prozent). Belgien praktiziert seit langem *de facto* eine Währungsunion mit Deutschland, wie die enge Wechselkursanbindung an die Mark bei freiem Kapitalverkehr zeigt. Dennoch würde es nach dem Schuldenkriterium vom Beitritt zur Europäischen Währungsunion ausgeschlossen werden.[92] Andererseits ist die Erfüllung der fiskalischen Konvergenzkriterien auch nicht hinreichend, da sie nur für ein Jahr gemessen werden. Es wäre also für

---

[92] Eine besondere Ironie ist, daß Belgien seit Gründung der EWG im Jahre 1957 eine tatsächliche Währungsunion mit Luxemburg praktiziert, dem Land, das alle Konvergenzkriterien erfüllt und daher auf jeden Fall Mitglied einer europäischen Währungsunion sein wird.

jede Regierung ein Leichtes, durch Schuldenrückzahlung im Referenzjahr (und eventuelle zusätzliche Schuldenaufnahme im Vorjahr) die Defizitquote zu unterschreiten.

Damit wird bereits der arbiträre Charakter quantitativer Vorgaben für die Fiskalpolitik sichtbar. Für die Defizitquote kommt hinzu, daß sie systematisch verzerrt ist, sofern man die Endogenität von Budgetsalden nicht beachtet. Dieses Grundpostulat der Bewertung finanzpolitischer Indikatoren (vgl. Kapitel 10) hat man zwar zunächst berücksichtigt. Denn das Defizitkriterium sollte sich zunächst auf Planungsgrößen beziehen, so daß Schwankungen im Auslastungsgrad des Produktionspotentials, die im Budgetsaldo ex post ihren Niederschlag finden, das Kriterium nicht beeinflußt hätten. Diese Vorgabe hat man aber nachträglich geändert. Maßgeblich soll nunmehr die im Jahre 1997 tatsächlich realisierte Defizitquote sein. Auch die Debatte darüber, welche Länder die Konvergenzkriterien erfüllen würden, geht von den tatsächlichen Defizitquoten aus. Auf diese Weise wird die Finanzpolitik in einer Rezessionsphase, wie 1996 in Deutschland, einem Zwang zu kontraktiven Maßnahmen ausgesetzt, von denen kumulative Kontraktionswirkungen auf das Einkommen ausgehen können, ohne daß dies durch das Harmonisierungsgebot für die Finanzpolitik begründet wäre. Sollen diese destabilisierenden Effekte vermieden werden, so muß man sich darauf verständigen, bei der Berechnung von Defizitquoten das "strukturelle" Defizit des Staatshaushaltes zu messen. Das strukturelle Defizit ist als Indikator der Finanzpolitik besser geeignet als der tatsächliche Budgetsaldo, weil es unter der Annahme eines normalen Auslastungsgrades des gesamtwirtschaftlichen Produktionspotentials berechnet wird. Nach diesem Maßstab würden alle Mitgliedstaaten des EWS – mit Ausnahme Griechenlands – im Jahre 1997 voraussichtlich das Defizitkriterium erfüllen.

Was die Staatsschuldenquote betrifft, so gibt sie Auskunft über die Stabilitätspolitik der Regierungen in der Vergangenheit. Dies zeigt sich schon daran, daß die Höhe der Staatsschuld in einem formalen Sinne der kumulierten Nettoneuverschuldung entspricht. Ist die Monetisierung von Budgetdefiziten ausgeschlossen, so konvergiert die Staatsschuldenquote auf lange Sicht gegen einen Wert, der von der Defizitquote und der nominalen Wachstumsrate des Bruttoinlandsprodukts bestimmt wird (vgl. Kapitel 10, Gleichung 10.15).

Aus Gleichung (10.15) läßt sich die Relation von Defizitquote und nominaler Wachstumsrate ableiten, die erforderlich ist, damit sich die Staatsschuldenquote nicht verändert. Soll die Staatsschuldenquote sechzig Prozent des Bruttoinlandsprodukts nicht überschreiten, so impliziert eine

Defizitquote von drei Prozent (auf lange Sicht) eine Wachstumsrate von fünf Prozent. Diese Relation wurde Anfang der neunziger Jahre, als man die Konvergenzkriterien festgelegt hat, im Durchschnitt der Länder beobachtet (*Matthes* 1992)[93]. Sie als Norm für eine Harmonisierung der Finanzpolitik festzuschreiben, ist gleichwohl arbiträr. Denn diese Norm impliziert, daß auf Dauer ein nominales Wachstum des Bruttoinlandsprodukts von fünf Prozent erreicht wird. Auch in einem Referenzjahr vor Beitritt zur Währungsunion sind die mit den Verschuldungskriterien verbundenen Anforderungen unterschiedlich hoch, insbesondere sofern es noch Inflationsunterschiede gibt. Für ein Land mit hoher Inflationsrate – und entsprechend hoher Wachstumsrate des nominalen Bruttoinlandsprodukts – bedeuten die mit den Verschuldungskriterien gesetzten quantitativen Vorgaben eine strengere Norm als für Länder mit niedriger Inflation (*Buiter* u.a. 1993; vgl. auch Abschnitt 10.2). Eine Ratio für einheitliche Verschuldungskriterien könnte allenfalls darin gesehen werden, Länder mit noch hoher Inflation einem stärkeren Disziplinierungszwang zu unterwerfen (hier: einem stärkeren Zwang zum Abbau der Staatsschuld), aus der Befürchtung heraus, diese Länder könnten in der künftigen Währungsunion ihren Einfluß geltend machen, um sich durch eine Inflationspolitik der Last ihrer Staatsschuld zu entledigen. Diesen Fragen wenden wir uns um nächsten Kapitel zu.

Literaturhinweise

Die Kontroverse zwischen Monetaristen und Ökonomisten über den richtigen Weg der monetären Integration Europas hat ihren Niederschlag im sogenannten *Delors*-Bericht gefunden:

---

[93] Die durchschnittliche Defizitquote war tatsächlich höher (1991: 4,3%). Die Setzung einer Defizitquote von 3% ist daher normativ; sie entspricht der Quote der öffentlichen Investitionen in der EG, die im längerfristigen Durchschnitt realisiert wurde (*Buiter* u.a. 1993).

Kommission der Europäischen Gemeinschaften (1989) *Bericht über eine Wirtschafts- und Währungsunion in der Europäischen Gemeinschaft.* Luxemburg.

Die gleichen Argumente finden sich schon im Vorläufer, dem sogenannten *Werner*-Bericht:

Kommission der Europäischen Gemeinschaften (1970) Bericht an den Ministerrat und die Kommission über die stufenweise Verwirklichung einer Wirtschafts- und Währungsunion in der Gemeinschaft, *Bulletin der Europäischen Gemeinschaften*, Supplement, Nr. 11.

Zur institutionellen Ausgestaltung der Europäischen Währungsunion vergleiche

European Monetary Institute (1995) *The Changeover to the Single Currency*. Frankfurt/Main,

Deutsche Bundesbank (1996b) Szenarium für den Übergang auf die einheitliche europäische Währung, *Monatsbericht* 48/1, S. 55-63,

das Jahresgutachten 1992 des Sachverständigenrats, Kapitel 4

sowie

WAGNER, H. (1995) *Europäische Wirtschaftspolitik: Perspektiven einer Europäischen Wirtschafts- und Währungsunion (EWWU)*. Berlin: Springer.

Die Anforderungen an eine unabhängige Europäische Zentralbank analysiert

NEUMANN, M. J. M. (1991) Central bank independence as a prerequisite of price stability, *European Economy*, Special edition, No 1 (The economics of EMU), S. 79-92.

Die Frage, ob die Europäische Gemeinschaft ein optimaler Währungsraum sei, stellt

DE GRAUWE, P. (1994) *The Economics of Monetary Integration*. 2. Aufl. Oxford University Press, Kapitel 4.

Vergleiche hierzu auch die Debatte in

Währungsunion oder Währungschaos? Was kommt nach der D-Mark, herausgegeben von P. BOFINGER u.a. Wiesbaden: Gabler 1993.

Die ökonomische Ratio der Konvergenzkritierien untersuchen

DE GRAUWE, P. (1994a) Towards European Monetary Union without the EMS, *Economic Policy*, 18, S. 149-185. Mit einem Kommentar von J. von Hagen, S. 178-180,

BUITER, W., CORSETTI, G. und ROUBINI, N. (1993) Excessive deficits: sense and nonsense in the Treaty of Maastricht, *Economic Policy*, 16, S. 57-100,

MATTHES, H. (1992) Adäquate Regeln für die Fiskalpolitik der EG-Länder? *Wirtschaftsdienst*, 72 (8), S. 409-414,

sowie

JARCHOW, H.-J. (1994) Die währungspolitischen Beschlüsse von Maastricht, in: *Wirtschaftspolitik in offenen Volkswirtschaften*, herausgegeben von H. Sautter. Göttingen: Vandenhoeck & Ruprecht, S. 73-91.

Zur Kontroverse um die Rigidität der Nominallöhne bei Geldwertstabilität vergleiche

AKERLOF, G., DICKENS, W. und PERRY, G. (1996) The Macroeconomics of Low Inflation, *Brookings Papers on Economic Activity*, H.1, S. 1-76.

BALL, L. und MANKIW, G. (1994) Asymmetric Price Adjustment and Economic Fluctuations, *Economic Journal*, 104, S. 247-261.

16 Finanzpolitik in einer Währungsunion

Der Vertrag von Maastricht sieht für die Europäische Währungsunion vor, daß die Zuständigkeit für die Geldpolitik dem Europäischen System der Zentralbanken (ESZB) übertragen wird. Alle Mitgliedstaaten geben also ihre Autonomie in der geldpolitischen Steuerung auf. Sie behalten aber ihre Handlungskompetenz in der Finanzpolitik. Über die öffentlichen Ausgaben, die Besteuerung und die Kreditaufnahme durch die öffentliche Hand soll weiterhin auf der nationalen Ebene entschieden werden. Dieses Modell der Kompetenzverteilung in der Wirtschaftspolitik ist noch ohne Vorbild. In den föderalen Staaten, die üblicherweise als das Modell für die Währungsunion dienen (USA, Deutschland), steht der zentralen geldpolitischen Instanz auch ein zentraler Fiskus gegenüber. Gegründet auf diese historischen Erfahrungen hat sich daher in der politischen Debatte ein Konsens gebildet, die Währungsunion könne nur Bestand haben, wenn sich die Mitgliedsländer entschließen, ihre Finanzpolitik zu koordinieren und damit die einheitliche Geldpolitik zu unterstützen.

In diesem Kapitel untersuchen wir die These des Koordinationsbedarfs in der Finanzpolitik. Die erste Frage ist, wie sich die Rolle der Finanzpolitik mit dem Übergang zu einer Währungsunion ändert. Hier ist insbesondere zu prüfen, ob die Finanzpolitik in der Währungsunion eine Rolle als *shock absorber* zu spielen hat. Zweitens ist die Frage zu klären, ob es in der Währungsunion eine Tendenz zu "exzessiver" Staatsverschuldung geben wird. Drittens stellt sich das Problem veränderter Bedingungen in der Umverteilungspolitik. Wir beginnen mit einer kurzen Darstellung der Koordinationsregeln, die für die Europäische Währungsunion vorgesehen sind.

16.1 Regeln des EG-Vertrages für die Finanzpolitik

Der Delors-Bericht zur Europäischen Währungsunion hatte noch allgemein strenge Regeln für die Koordination der Finanzpolitik gefordert. Im Vertrag von Maastricht ist man dieser Forderung nicht gefolgt, vor allem weil nicht geklärt werden konnte, wie strenge Regeln durchzusetzen sind, wenn man nicht die nationale Autonomie in der Finanzpolitik aufgeben will.[94] Durchsetzbare Gemeinschaftsregeln bedeuten faktisch eine Zentralisierung der Finanzpolitik und unterlaufen damit das im Vertrag verankerte Subsidiaritätsprinzip. Vor diesem Hintergrund erklärt sich, warum im Vertrag von Maastricht zwei Gruppen von Regeln zu finden sind: "Weiche" Regeln, was die Koordination der Finanzpolitik im Allgemeinen betrifft; "harte" Regeln dagegen, was die Abgrenzung der Finanzpolitik von der Geldpolitik angeht.

Die Forderung nach einer Koordination der Finanzpolitik ist in Artikel 104c des Vertrages verankert: "Die Mitgliedstaaten vermeiden übermäßige öffentliche Defizite". Ein Vertragsprotokoll nennt als Referenzwerte für die Überwachung der "Haushaltsdisziplin" eine Defizitquote von drei Prozent des Bruttoinlandsprodukts sowie eine Staatsschuldenquote von sechzig Prozent des Bruttoinlandsprodukts. Artikel 104c räumt aber eine flexible Handhabung dieser Referenzwerte ein. So gilt die Haushaltsdisziplin als nicht verletzt, wenn die öffentlichen Defizite hoch sind – und damit im Vergleich zu den Referenzwerten "übermäßig" –, aber über mehrere Jahre hinweg eine rückläufige Tendenz zeigen. Das gleiche gilt, wenn der Referenzwert für öffentliche Defizite nur ausnahmsweise überschritten wird. Auch ist bei der Beurteilung öffentlicher Defizite zu beachten, wie weit sie zur Finanzierung öffentlicher Investitionen dienen (die "goldene Regel") und wie weit sie durch Staatskonsum verursacht werden.

Ähnlich flexibel ist der Referenzwert für die Staatsschuldenquote zu handhaben. Hier muß insbesondere beachtet werden, daß eine hohe Staatsschuldenquote aus der Vergangenheit resultiert und – für sich genommen – nichts über die Solidität der aktuellen Finanzpolitik aussagt. Die Bedeutung der Staatsschuldenquote ist schon deshalb zu relativieren, weil sie gegen ihren Normwert konvergiert, sofern die Defizitquote über einen längeren Zeitraum eingehalten wird. Die Annahmen, unter denen

---

[94] Die Schwierigkeiten, einen "Stabilitäts- und Wachstumspakt" konkret zu gestalten, wie ihn der Europäische Rat auf der Regierungskonferenz 1996 beschlossen hat, unterstreichen die Bedeutung dieses Arguments.

eine Defizitquote von drei Prozent und eine Schuldenquote von sechzig Prozent des BIP zueinander "passen", sind freilich als zu optimistisch kritisiert worden. Die Konvergenz der Schuldenquote setzt in diesem Fall ein reales Wachstum von drei Prozent bei einem Realzins von fünf Prozent voraus. Andererseits gilt aber, daß die Einhaltung der Defizitquote um so schwerer fällt, je höher die Staatsschuldenquote ist: Die höhere Zinslast verlangt einen größeren Überschuß im Primärbudget, wenn die Defizitquote im Ganzen eingehalten werden soll (vgl. Abschnitt 10.2).

Die Sanktionen zur Einhaltung der Haushaltsdisziplin, die Artikel 104c vorsieht, haben eher symbolischen Wert: So können die Empfehlungen des Rates zum Haushaltsgebaren der Mitgliedsländer veröffentlicht werden. Es kann aber auch – die stärkste Sanktion im Falle übermäßiger öffentlicher Defizite – gefordert werden, daß die betreffende Regierung eine zinslose Einlage bei der Gemeinschaft hinterlegt.[95]

Im Ganzen sind die Regeln zur Koordinierung der Finanzpolitik als weich einzustufen: Sie sind interpretationsfähig und sie lassen im Grunde nur Sanktionen zu, die den Charakter von Empfehlungen haben.

Anders die Regeln, die der Vertrag zur Sicherung der Unabhängigkeit der Geldpolitik setzt. Hier werden der Finanzpolitik strenge Vorgaben gemacht: Die monetäre Finanzierung der Staatsschuld durch die nationalen Zentralbanken oder die EZB ist ausdrücklich verboten (Art. 104c) und den öffentlichen Händen darf durch die Zentralbank kein bevorrechtigter Zugang zum Kreditmarkt gewährt werden (Art. 104a). Damit wird sowohl der direkte Notenbankkredit als auch eine indirekte Defizitfinanzierung durch die Notenbank über den Weg des staatlichen Schulden-Managements ausgeschlossen. Diese Vorschriften sichern eine eindeutige Kompetenzzuweisung, indem sie erlauben, Geldpolitik und Finanzpolitik klar zu trennen. Schließlich schließt der Vertrag auch eine Solidarhaftung ausdrücklich aus: Die Gemeinschaft haftet nicht für Verbindlichkeiten der Mitgliedstaaten (Artikel 104b). Dieses sind strenge Regeln. Sie lassen sowohl die Kompetenz als auch die Verantwortung für finanzpolitisches Handeln definitiv bei den nationalen Instanzen. Daß es im Ernstfall tatsächlich beim Ausschluß der Solidarhaftung bleibt, mag man in Zweifel ziehen. Der Vertrag setzt aber die richtigen Anreize für eigenverantwortliches Handeln. Wichtig ist, daß die nationalen

---

[95] Im "Stabilitäts- und Wachstumspakt" von 1996 ist zusätzlich beschlossen worden, daß unter bestimmten Bedingungen Geldbußen verhängt werden.

Regierungen bei ihrer Schuldenpolitik nicht mit der Solidarhaftung der Gemeinschaft rechnen können.

16.2 Finanzpolitik als shock absorber?

Die Vorstellung, daß die Finanzpolitik in einer Währungsunion verstärkt die Rolle übernehmen muß, asymmetrische Schocks auszugleichen, ist durch die Rigidität von Löhnen und Preisen begründet. In einer Währungsordnung mit nationalen Währungen kann ein Land auf Nachfrageschocks und Angebotsschocks, die das Gütermarktgleichgewicht gefährden, durch Wechselkursanpassungen reagieren, wenn Löhne und Preise nicht ausreichend flexibel sind. In der Währungsunion dagegen steht das Instrument der Wechselkursanpassung dem einzelnen Land nicht mehr zur Verfügung. Daraus haben verschiedene Nationalökonomen den Schluß gezogen, eine Währungsunion sei zum Scheitern verurteilt, wenn insbesondere die Arbeitsmärkte nicht hinreichend flexibel sind, d.h. wenn sie keinen optimalen Währungsraum im Sinne *Mundell*s bilden (Kapitel 13). In abgeschwächter Form findet sich diese Skepsis in dem Argument, die Finanzpolitik müsse nunmehr den Part des *shock absorbers* übernehmen, insbesondere in kleinen Ländern, die solchen asymmetrischen Schocks stärker ausgesetzt sind als die großen.

Der ideale *shock absorber* wäre eine zentralisierte Finanzpolitik. Das heißt im Grundsatz, die Regeln der Besteuerung und der Transferzahlungen werden zentral festgesetzt und Einnahmen und Ausgaben werden auf der Gemeinschaftsebene gepoolt. *Sala-I-Martin* und *Sachs* (1992) haben für die Vereinigten Staaten berechnet, daß ein Einkommensrückgang in einer Region um einen Dollar die Steuerzahlungen um 35 bis 45 Cent vermindert und die Transferzahlungen um 8 Cent erhöht. Bei nicht koordinierter Finanzpolitik wirkt dieser "automatische Stabilisator" zwar auch, das resultierende öffentliche Defizit hat aber allein die Region zu tragen. Will man regionale Divergenzen in den öffentlichen Defiziten vermeiden, erscheint daher ein System innergemeinschaftlicher Transferzahlungen unabweisbar.

Dieses Urteil über den Bedarf (koordinierter) Finanzpolitik muß allerdings in zweifacher Hinsicht modifiziert werden. Das wird klar, wenn wir die Zusammenhänge etwas näher beleuchten. Erstens: Der Wechselkurs, an dessen Stelle hier die Finanzpolitik gesetzt wird, ist ein monetäres Instrument. Er eignet sich also zur Kompensation monetärer Schocks. Asymmetrische monetäre Schocks können in einer Währungsunion aber nicht mehr auftreten. Was die realen Schocks betrifft, so sind auch Wechselkursänderungen keineswegs eine angemessene Kompensationsmaßnahme. Sie mögen kurzfristig Abhilfe schaffen. Aber auf Dauer kann sich ein Land auch durch die Wechselkursänderung nicht der Notwendigkeit entziehen, den realen Schock durch eine Realeinkommensänderung auszugleichen. Mit anderen Worten, die reale Absorptionswirkung der Wechselkursänderung muß hingenommen werden (Kapitel 13). Damit reduziert sich der Vorteil einer Wechselkursänderung darauf, daß Geldillusion genutzt werden kann: Im Beispiel eines negativen Schocks wird die erforderliche Reallohnsenkung durch den Preisniveau-Schub der Abwertung erreicht.

Zweitens: Sofern die Rigidität von Löhnen und Preisen Ausdruck von Marktmacht ist, ist zu vermuten, daß sie mit Einführung einer Währungsunion abnimmt. Die erhöhte Flexibilität von Löhnen und Preisen in einer Währungsunion – und damit die verbesserte Anpassungsfähigkeit im Falle asymmetrischer realer Schocks – folgt aus der größeren Glaubwürdigkeit der Geldpolitik. In einer Währungsunion können die Akteure am Markt nicht mehr damit rechnen, daß einer Regierung zum Ausgleich realer Schocks der Ausweg in höhere Inflation und/oder eine Abwertung offensteht. Die einheitliche Geldpolitik der Gemeinschaft gerät durch nationale oder regionale Schocks nicht unter Handlungsdruck. Sie kann gegenüber "nationalen Idiosynkrasien" gelassen sein (*Wyplosz* 1991). Wer mit Marktmacht Einkommensansprüche durchsetzen oder erhalten will, ist daher eher bereit, die Konsequenzen seines Verhaltens zu bedenken. Die Bereitschaft zu Lohnanpassungen und Preisanpassungen steigt.

Beide Einschränkungen stützen die Vermutung, daß die Finanzpolitik in einer Währungsunion durch die Aufgabe, asymmetrische reale Schocks zu absorbieren, nicht sehr in Anspruch genommen wird. Sofern den Beteiligten klar ist, daß der Ausweg über eine nationale Geldpolitik versperrt ist und daher Einkommensansprüche immer auch Realeinkommensansprüche sind, braucht die Finanzpolitik nicht die Rolle des Lückenbüßers für mangelnde Flexibilität zu spielen. Und von Wechselkursänderungen, die in der Währungsunion nicht mehr möglich sind, darf man sich ohnehin keine große Entlastungswirkung bei realen Schocks versprechen. Im Gegenteil: Der Verzicht auf Wechselkursänderungen verteilt die Einkommenswirkungen asymmetrischer realer Schocks über den Verbund der Gütermärkte (Multiplikatoreffekte) auf die Gemeinschaft. So hat die EG-Kommission berechnet, daß der Nachfrageschock der deutschen Vereinigung in den Jahren 1990/91 das Wirtschaftswachstum in der Gemeinschaft um einen halben Prozentpunkt beschleunigte. Eine Wechselkursänderung (Abwertung der DM, um das außenwirtschaftliche Gleichgewicht wieder herzustellen) hätte diesen Ausbreitungseffekt unterbunden (*Matthes* 1992).

16.3 Das Problem exzessiver Staatsverschuldung

Ein Koordinationsbedarf für die Finanzpolitik in der Währungsunion wird vor allem damit begründet, ein unkoordiniertes *deficit spending* wirke stabilitätsgefährdend. Dafür gibt es zwei Begründungslinien: Einmal wird befürchtet, daß es zu einer Monetisierung der Staatsschuld kommt, entweder direkt durch den Notenbankkredit oder indirekt über das Schuldenmanagement, was die Geldpolitik beeinträchtigt. Zum anderen wird vermutet, daß die Neigung zur öffentlichen Kreditaufnahme in der Währungsunion zunimmt. Dies wird wie folgt begründet. Erstens entfällt die disziplinierende Wirkung von Zahlungsbilanzungleichgewichten als Folge des *deficit spending*. Hinzu kommt ein niedriges Zinsniveau: Alle Länder profitieren von dem Stabilitätsgewinn einer Währungsunion. Auch muß in einer Währungsunion weniger befürchtet werden, daß der Zins als Folge öffentlicher Verschuldung steigt. Ein Zinsanstieg verteilt sich auf alle Länder, mit der Folge einer zunehmenden Neigung, sich auf Kosten anderer – gleichsam als Freifahrer – zu verschulden. Schließlich wird ein Konsolidierungsbedarf für die Finanzpolitik darin gesehen, daß Konsolidierungslasten hoch verschuldeter Länder in einer Währungsunion von der Gemeinschaft mitzutragen sind. Alle Länder haben daher ein gemeinsames Interesse, der Entstehung solcher Lasten vorzubeugen.

Monetisierung der Staatsschuld. Aus der Budgetrestriktion für den öffentlichen Haushalt geht hervor, daß die Staatsschuld nicht steigt sofern die laufenden Defizite im Staatshaushalt durch Notenbankkredit oder andere Elemente der *seignorage* (Abführung des Notenbankgewinns) finanziert werden (vgl. Gleichung 10.1). Sofern der Realzins der Wachstumsrate des Bruttoinlandprodukts entspricht, läßt sich auf diese Weise – d.h. schuldenneutral – sogar ein Defizit im Primärhaushalt finanzieren (vgl. Gleichung 10.2a).

In einer Währungsunion darf diese Art der Defizitfinanzierung nicht mehr in der Kompetenz des einzelnen Landes stehen. Anderenfalls wäre die Grundidee einer Währungsunion, nämlich die Entnationalisierung des Geldes verletzt. Jedes einzelne Land hätte einen Anreiz, öffentliche Defizite durch "Geldschöpfung" zu finanzieren, und die Gemeinschaft müßte dieses Geld akzeptieren bzw. die so entstandenen Geldmengeneffekte neutralisieren, damit Geldwertstabilität gewahrt bleibt. In einer Währungsunion muß also den Regierungen der Weg, ihre Staatsschuld zu monetisieren, verwehrt sein, damit ein destabilisierender Einfluß der Finanzpolitik auf die Geldpolitik vermieden wird. Dies ist aber auch hinreichend. Ein weitergehender Koordinierungsbedarf für die Finanzpolitik läßt sich auf diese Weise nicht begründen.

Eine gemeinschaftliche Geldpolitik, die gegen den Einfluß der nationalen Defizitfinanzierung abgesichert ist, läßt den Regierungen der Mitgliedsländer nämlich keine Möglichkeit mehr, den realen Wert der bestehenden Staatsschuld durch eine inflatorische Politik zu mindern ("Inflationsteuer"). Die Regierungen können in einer Währungsunion weder auf besondere Entlastungseffekte aus einer antizipierten Inflation (kalte Progression des Einkommensteuertarifs) noch auf die Effekte einer nichtantizipierten Inflation, die sich über eine Verminderung der Realverzinsung von festverzinslichen Wertpapieren ergibt, rechnen (*Buiter* und *Kletzer* 1991).

Indirekte Effekte auf die Geldpolitik. Es wird bezweifelt, ob eine eindeutige Abgrenzung der Handlungskompetenz zwischen (gemeinschaftlicher) Geldpolitik und (nationaler) Finanzpolitik hinreichend ist, die Geldpolitik gegen destabilisierende Einflüsse eines "unsoliden" Finanzgebarens der öffentlichen Hände abzuschirmen.

Die Kritik gründet sich darauf, daß auch eine Europäische Zentralbank nicht vollkommen unabhängig von der Haushaltspolitik der Regierungen agieren kann. So behauptet *Neumann* (1991), daß die Offenmarktpolitik mit öffentlichen Schuldverschreibungen auch in einer Währungsunion eine offene Flanke der Geldpolitik bildet. Er fordert den Verzicht auf dieses Instrument, aus der Befürchtung, die Budgetrestriktion für die öffentlichen Hände werde aufgeweicht, wenn die Zentralbank öffentliche Schuldverschreibungen zum Zwecke der Offenmarktpolitik hereinnimmt. Tatsächlich ist diese Gefahr gering, wenn sich die Notenbank wie ein Marktteilnehmer verhält und im übrigen in ihren geldpolitischen Zielen unabhängig bleibt. Das Problem liegt nicht im Instrument der Offenmarktpolitik mit verbrieften Schulden der Mitgliedsländer. Eine

Stabilitätsgefährdung ist allein darin zu sehen, daß die Zentralbank ihre geldpolitischen Ziele ändert, nämlich einer Kurspflege der staatlichen Wertpapiere Priorität einräumt und damit die Marktbedingungen für staatliche Kreditaufnahme manipuliert (Politik des Schuldenmanagements). In diesem Fall verhält sich die Zentralbank der Union als "Bank der Mitgliedsländer", d.h. ihr Handlungsspielraum in der Stabilitätspolitik ist eingeschränkt.

Eine politökonomische Variante der Kritik ist, daß auch eine unabhängige Notenbank in einem strategischen Spiel gegen die Regierungen der Union letztlich unterliegt. Im Konflikt zwischen einer stabilitätsorientierten Geldpolitik und einem Hang der Regierungen zu kreditfinanzierter Expansion öffentlicher Ausgaben, mit der Folge einer kumulativen Ausweitung der Staatsverschuldung, komme die Notenbank letztlich nicht um eine Monetisierung der Staatsschuld herum. Diese Argumentation stützt sich auf einen Beitrag von *Sargent* und *Wallace* (1985), mit dem die Autoren das paradoxe Ergebnis modellieren, die Geldfinanzierung der Staatsausgaben sei das kleinere Übel gegenüber der Kreditfinanzierung. Mit diesem Argument stützt man sich auch auf die Erfahrung, daß eine unabhängige Notenbank im Konfliktfall nachgibt. Das spektakuläre Beispiel ist der Konflikt der Deutschen Bundesbank mit der Bundesregierung über die Deutsche Währungsunion. Die Notenbank willigte in den Plan der Regierung ein, das Währungsgebiet der DM auf die neuen Länder auszudehnen. Allerdings kam es auch nicht zu den befürchteten inflatorischen Konsequenzen. In einer Währungsunion ist die Konfliktsituation freilich anders gelagert, weil hier eine entnationalisierte Geldpolitik einer Gruppe von Spielern mit divergierenden Interessen – den nationalen Regierungen – gegenübersteht. Auch die Spieltheorie lehrt, daß in einer solchen Konstellation die Chancen der Notenbank, ihr Stabilisierungsziel zu verfolgen, sehr viel besser stehen als in einem "nationalen" Spiel.

Externe Effekte der Staatsverschuldung. Die Budgetrestriktion der öffentlichen Haushalte läßt sich als eine Solvenzbedingung interpretieren (*Niehans* 1986). Eine Regierung ist solvent, solange die Staatsschuld nicht größer ist als der Erwartungswert der künftigen Budgetüberschüsse. Dieser wird vom Spielraum für künftige Steuererhöhungen und/oder Ausgabensenkungen bestimmt. Die Einschätzung der Kapitalgeber, wie groß dieser Spielraum für eine Regierung noch ist, bestimmt letztlich die Finanzierungsbedingungen der Kreditaufnahme (*Wyplosz* 1991). Damit gibt es auch in einer Währungsunion unterschiedliche Zinsen. Verletzt eine Regierung nach Einschätzung der Kapitalgeber die Solvenzbedingung, so steigt der Zins für ihre Schuldverschreibungen. Die Frage ist, ob die Überschuldung eines Landes auch die Finanzierungsbedingungen für die anderen Mitgliedsländer verschlechtert. In diesem Fall wären die Funktionsbedingungen des Kapitalmarktes in der Währungsunion verletzt und es ergäbe sich ein Koordinationsbedarf in der Finanzpolitik.

Zur Beantwortung dieser Frage ist es zweckmäßig, zwischen Effekten auf die Zinsstruktur und Effekten auf das Zinsniveau zu unterscheiden. Zinsunterschiede, die unterschiedliche Insolvenzrisiken reflektieren, sind Ausdruck eines effizienten Kapitalmarktes. Die Regierung eines Landes, das als insolvent angesehen wird, hat die Last ihrer Staatsschuld allein zu verantworten. Hieraus ergibt sich kein Argument für eine vorbeugende Koordination der Finanzpolitik.

Es wird aber befürchtet, daß die zusätzliche Verschuldung *eines* Landes den Zins für *alle* Mitglieder der Währungsunion erhöht, besonders wenn dieses Land bereits hoch verschuldet ist. Dies wird als ein *externer Effekt* angesehen: Die Verschuldungsbedingungen irgendeines Landes hängen davon ab, wieviel die anderen Teilnehmer in einem gemeinsamen Kapitalmarkt sich bereits verschuldet haben. Jedes Land kann die Kosten der Staatsverschuldung gleichsam exportieren. Dies zerstört die Anreize für wirtschaftspolitisches Wohlverhalten und führt bei allen Ländern zu übermäßiger Staatsverschuldung.

Ein Koordinierungsbedarf für die Finanzpolitik ergibt sich danach insbesondere bei großen Schuldnern, welche die Finanzierungsbedingungen im Ganzen dominieren.

Es fragt sich, ob die Währungsunion einen solchen Anstieg des allgemeinen Zinsniveaus bewirkt (zur *crowding-out*-Debatte vgl. Kapitel 10). Zwar mag die Neigung zur Staatsverschuldung steigen, z.B. weil die Zahlungsbilanzrisiken der Mitgliedsländer geringer werden. Aber jede Regierung muß in stärkerem Maß auf die Solvenzbedingungen achten, weil der Ausweg in die Inflation versperrt ist. Ein allgemeiner Anstieg des Zinsniveaus läßt sich nur so begründen, daß die zunehmende Verschuldung eines Landes das Risiko von Steuererhöhungen vergrößert und damit die erwartete Rendite auf private Investitionen senkt. Das erhöhte Insolvenzrisiko von privaten Schuldnern, das darin zum Ausdruck kommt, bewirkt den Zinsanstieg. Dies hat allerdings die Wirkung, daß sich auch die Budgetrestriktion für öffentliche Schuldner verschärft (*Wyplosz* 1991).

Ein Anstieg des Zinsniveaus ist aber keineswegs sicher. In der Währungsunion spiegelt sich im Zinsniveau letztlich die Glaubwürdigkeit der Geldpolitik, die Stabilitätsbedingungen zu sichern. Ist diese Glaubwürdigkeit erst einmal gewährleistet – was in den ersten Jahren der Union noch fraglich sein mag – , so wird dies durch ein niedriges Zinsniveau manifest, wovon alle Mitgliedsländer profitieren.

Angenommen, der Zins steigt in der Währungsunion als Folge einer "übermäßigen" öffentlichen Kreditaufnahme. Ist darin eine Fehlentwicklung zu sehen, die eine Koordinierung der Finanzpolitik rechtfertigt? Ein Zinsanstieg verändert die Einkommensverteilung: zugunsten der Gläubiger, zu Lasten der Schuldner. Die Effizienz der Finanzmärkte wird dadurch aber nicht beeinträchtigt. Denn jeder Schuldner verpflichtet sich, die Opportunitätskosten der Kapitalverwendung zu tragen. Die sogenannten externen Wirkungen sind rein pekuniäre Wirkungen, d.h. alle, die über Geldvermögen disponieren – sei es als Gläubiger, die bereit sind, Liquidität aufzugeben, sei es als Schuldner, die diese Liquidität zur Finanzierung von Ausgabeüberschüssen suchen – orientieren sich bei ihren Entscheidungen am Marktzins. Es wäre absurd, sich den europäischen Kapitalmarkt als eine gemeinsame Ressource vorzustellen, die durch "Überfischen" erschöpft werden könnte (der Fall der externen Effekte), so daß man den Zugang begrenzen muß. Über unerwünschte Zinseffekte läßt sich ein Koordinierungsbedarf nicht begründen. Die Koordination der Finanzpolitik müßte nämlich die Funktion des Kapitalmarktzinses ersetzen: Sie müßte das Volumen einer marktkonformen öffentlichen Kreditaufnahme *ex ante* bestimmen und auf die öffentlichen Hände verteilen. Letztlich bedeutet dies, einen Ziel-Zinssatz vorzugeben.

Im Vergleich hierzu stellt eine Währungsunion mit unkoordinierter Finanzpolitik eine robuste institutionelle Lösung dar: Jeder Mitgliedstaat bleibt für die aufzunehmenden Schulden selbst verantwortlich. Der Anreiz, diese Verantwortung wahrzunehmen, liegt letztlich darin, daß eine "überschuldete" Regierung, die ihren Zahlungsverpflichtungen in der Währungsunion nicht mehr nachkommen kann (der Weg in die Inflation ist ausgeschlossen), ihre finanzpolitische Autonomie verliert. Dieser drohende Autonomie-Verlust ist es, der eine *no-bailing-out*-Klausel im Vertrag wirkungsvoll macht.

Buiter und *Kletzer* (1991) wenden dagegen ein, daß der europäische Kapitalmarkt nicht wie ein Auktionsmarkt funktioniere, auf dem Kreditanbieter und Nachfrager sich wie Preisnehmer verhalten. Vielmehr müsse man mit asymmetrischer Information, Unsicherheit über künftige

Preise und der Möglichkeit einzelner Akteure, den Marktpreis zu beeinflussen, rechnen. Unter solchen Bedingungen sei die Unterscheidung der traditionellen Wohlfahrtsökonomie zwischen pekuniären und technologischen externen Effekten hinfällig. Da die Möglichkeit eines Akteurs, den Preis zu beeinflussen, die Handlungsbedingungen und damit die Wohlfahrt anderer Akteure verändert, sei ein Fall für Kooperation gegeben. Daraus leiten *Buiter* und *Kletzer* ein meritorisches (erzieherisches) Argument ab. Der Konsolidierungsbedarf eines hochverschuldeten Landes zwinge die Regierung dieses Landes, in der Zukunft Budgetüberschüsse zu erzielen. Kommt es auf diese Weise in mehreren Ländern zu einem kontraktiven Kurs der Finanzpolitik, so kann dies über den Verbund der Märkte durch Mengeneffekte und Preiseffekte auch die anderen Mitgliedsländer in eine Rezession ziehen. Diese *spillover*-Effekte seien ein prima-facie-Fall für Koordination: Es sei besser, die Übeltäter von vornherein an der übermäßigen Verschuldung zu hindern. Die methodische Schwäche dieses Arguments ist sein status-quo-Charakter. Es unterstellt der (nationalen) Finanzpolitik einen Einfluß auf die Einkommensbildung in der Gemeinschaft, die sie in einer Währungsunion nicht mehr haben kann. Die monetären Bedingungen werden schließlich von der gemeinschaftlichen Geldpolitik gesetzt.

16.4 Die Steuerlast als Standortfaktor

Bei einheitlichen monetären Rahmenbedingungen in einer Währungsunion treten nicht nur die regionalen Arbeitsmärkte, sondern auch die Besteuerungssysteme sowie das Angebot an öffentlichen Dienstleistungen in Konkurrenz zueinander. In Europa gibt es große nationale Unterschiede der Besteuerung. Die einzelnen Mitgliedstaaten verfolgen unterschiedliche Ziele der Besteuerung und sie haben ihre Steuersysteme unterschiedlich ausgestaltet. Daneben gibt es regionale Unterschiede: In den Zentren ist die "Steuerlast" in der Regel höher als an der Peripherie.
  Die Frage ist, ob sich auf lange Sicht in der Währungsunion eine Vereinheitlichung der Besteuerungssysteme durchsetzen wird. Als Grund dafür kann die erhöhte Mobilität der Produktionsfaktoren Kapital und Arbeit angeführt werden, die es den Einkommensbeziehern erleichtert, sich einer (unerwünscht hohen) Besteuerung zu entziehen. Damit stehen die nationalen Besteuerungssysteme gleichsam im Wettbewerb unter-

einander. Im gemeinsamen europäischen Binnenmarkt mit einheitlicher Währung wird insbesondere die Besteuerung von Kapitaleinkommen und Unternehmenseinkommen zu einem wichtigen Standortfaktor. Der Wettbewerb der Besteuerungssysteme kann zu dem paradoxen Ergebnis führen, daß verteilungspolitische Ziele der Finanzpolitik nicht realisierbar sind. Aus diesem Grunde wird eine Koordinierung der Besteuerung bzw. die Verlagerung der Steuerhoheit auf die Gemeinschaftsebene vorgeschlagen (*Sinn* 1994). Die Gegenthese ist, den Wettbewerb der Besteuerungssysteme zu erhalten, weil dieser Wettbewerb die Effizienz der öffentlichen Institutionen fördert (*Siebert* und *Koop* 1993).

Betrachten wir das Kalkül eines Investors. Vor der Investition ist der Investor mobil, d.h. er kann sich der Besteuerung entziehen. Die Frage ist daher, ob in einer Währungsunion, die einheitliche monetäre Investitionsbedingungen schafft, eine nationale Besteuerung von Investitionserträgen noch möglich ist. Im Zweifel werden Unternehmen den Standort mit der geringsten Steuer auf Investitionserträge wählen. Dies kann im "Wettbewerb der Systeme" zu einer Steuer von null führen. Mehr noch: Bei der Standortentscheidung, d.h. solange ein Investor noch die Alternative der Abwanderung hat, kann er die sozialen Erträge seiner Investition (einschließlich der politischen Rente) im Grenzfall voll abschöpfen. Dieses "Konkurrenzparadoxon", das Politiker erpressbar macht, hat in der EG bereits zur Einführung eines einheitlichen Subventionskodex geführt. Damit ist allerdings wirklich ein Grenzfall in einem strategischen Spiel markiert. Investitionsentscheidungen sind Entscheidungen über einen längeren Zeithorizont, d.h. nachdem die Investition getätigt ist, wird das Unternehmen immobil: Die Investitionsausgaben sind zum großen Teil "versenkt". Für die Standortentscheidung spielt deshalb nicht nur die Steuerlast, sondern auch das Angebot an öffentlichen Gütern, insbesondere der unternehmensnahen Infrastruktur eine Rolle, von denen der Investitionsertrag abhängt. Ein Investor wird daher eine höhere Besteuerung akzeptieren, wenn dem ein entsprechend größeres Angebot an öffentlichen Gütern gegenübersteht. Auch in einer Währungsunion kann es deshalb dauerhafte Unterschiede in der "Steuerlast" geben.

Hier setzt nun das Argument gegen einheitliche Besteuerung an. Offenbar kommt es dem Investor nicht auf die "Steuerlast" sondern *das Verhältnis* zwischen Steuern und Angebot an öffentlichen Gütern an.[96]

Die regionalen und nationalen Instanzen der Finanzpolitik haben aber, sofern sie im Wettbewerb zueinander stehen, einen Anreiz, dieses "Preis-

---

[96] Steuerlastvergleiche beachten in der Regel nicht den Wert der öffentlichen Güter an einem Standort und sind schon deshalb ohne Aussagekraft.

Leistungs-Verhältnis" zu verbessern. Vom Wettbewerb der Institutionen wird insbesondere erwartet, daß er die Produktivität öffentlicher Investitionen erhöht, institutionellen Neuerungen zum Durchbruch verhilft und die Effizienz der öffentlichen Verwaltung fördert.

Produktivität öffentlicher Investitionen. Die Entwicklungsdynamik von Märkten wird in großem Maße von externen Effekten bestimmt, die auf öffentliche Investitionen zurückgehen. Das klassische Beispiel sind Investitionen in die Infrastruktur (Verkehr, Kommunikation, Bildung, Wissenschaft). Aber auch "weiche" Standortfaktoren (Kultur, Umweltqualität) sind von öffentlichen Investitionen beeinflußbar. Solche Infrastrukturfaktoren haben den Charakter von öffentlichen Gütern im ökonomischen Sinn. Ihre externen Erträge sind weitgehend von Synergieeffekten bestimmt, die sich bei räumlicher Konzentration der wirtschaftlichen Aktivität ergeben. Andererseits sind bei der Bereitstellung einer öffentlichen Infrastruktur Unteilbarkeiten zu überwinden. Die Festsetzung eines einheitlichen Steuerniveaus würde daher den Spielraum bei der Finanzierung öffentlicher Investitionen unnötig einschränken. Dies spricht dafür, den regionalen Instanzen einen Freiheitsgrad bei der Besteuerung zu belassen. Allemal sind öffentliche Investitionen in die Infrastruktur, von denen externe Erträge ausgehen, rentierlich in einem volkswirtschaftlichen Sinn, d.h. der volkswirtschaftliche Ertrag übersteigt den Aufwand (die durch sie verursachte Steuerlast).

Kosten-Krankheit. Da der öffentliche Sektor keine Marktgüter produziert, wird der Wert öffentlicher Leistungen am *input* bemessen. In der Volkswirtschaftlichen Gesamtrechnung wird eine fiktive (niedrige) Produktivitätsentwicklung für den öffentlichen Sektor geschätzt. Die tatsächliche Produktivität öffentlicher Leistungen kann sich also in den gemessenen Kosten gar nicht niederschlagen. Hinzu kommt, daß der Wert öffentlicher Leistungen zu einem Großteil in externen Erträgen besteht, die grundsätzlich schwer zu erfassen und zuzurechnen sind. Es ist also nicht verwunderlich, daß die Kosten öffentlicher Leistungen – rein statistisch betrachtet – explodieren.

Wir müssen daraus schließen, daß auch in einem effizient organisierten öffentlichen Sektor die öffentlichen Leistungen sich relativ verteuern würden. Das Gesetz steigender Staatsausgaben (*Adolf Wagner*) hat nun allerdings auch eine zweite Wurzel, nämlich den *organisational slack* in den öffentlichen Institutionen. Diese Ineffizienz läßt sich durch

Wettbewerb abbauen. Die Währungsunion gibt hierbei eine Chance – indem sie den Wettbewerb der Institutionen verschärft –, die Effizienz im öffentlichen Sektor zu erhöhen. Politiker stehen unter dem Druck, die Kosten für das Angebot an öffentlichen Leistungen zu senken. Teils bietet sich dafür die Privatisierung und Regulierung an, soweit es sich um Marktgüter handelt. Zum anderen Teil, soweit es sich um öffentliche Güter im engeren Sinn handelt, geht es darum, mehr Effizienz in der Organisation des Angebots zu erreichen. Dies ist ein Teil der für den Beitritt zur Währungsunion geforderten Konsolidierungsanstrengungen. Das Defizitkriterium kann auch als ein Signal für mehr Effizienz im öffentlichen Sektor betrachtet werden. Die Vertreter des Wettbewerbs der Institutionen setzen darauf, daß dieser Effekt erreicht wird, gerade weil es nicht zu einer Zentralisierung der Finanzpolitik kommt. Wettbewerb der Institutionen ist insoweit ein Heilmittel gegen die "Kostenkrankheit". Der Anreiz dazu ist größer, wenn dieser Wettbewerb nicht nur auf der Ausgabenseite und der Einführung institutioneller Neuerungen stattfindet, sondern auch bei der Gestaltung der Steuersätze.

Besteuerung und Umverteilung. Wir müssen uns nunmehr noch mit dem Kern des Zentralisierungsarguments auseinandersetzen. Danach gibt es eine klare Grenze für eine differenzierende Besteuerung, sobald die Besteuerungssysteme im Wettbewerb untereinander stehen: Die Besteuerung der mobilen Produktionsfaktoren (Investitionen) zum Zwecke der Umverteilung zugunsten von immobilen Faktoren (Arbeit) ist dann nicht mehr möglich.

Daraus wird der Schluß gezogen, daß der Spielraum für verteilungspolitische Korrekturen des Marktergebnisses durch Besteuerung gegen null tendiert, sofern es nicht zu einer Zentralisierung bzw. Koordination der Finanzpolitik kommt. Es sind die übergeordneten verteilungspolitischen Zielsetzungen der Finanzpolitik, die in einer Währungsunion einen Koordinationsbedarf begründen (*Sinn* 1994). Dieses Argument gewinnt mit zunehmender Mobilität von Arbeitnehmern Gewicht, weil sich damit die nationale Steuerbasis für Umverteilungszwecke zunehmend verringert. Das Prinzip der Besteuerung nach der "Leistungsfähigkeit" als ein allgemeines verteilungspolitisches Prinzip findet offenbar seine Grenze in der Mobilität der zu besteuernden Faktoren. Es ist fraglich, ob eine Vereinheitlichung der Besteuerung hilft, dieses verteilungspolitische Problem zu lösen. Mehrere Gründe sprechen dagegen.

Erstens: Einheitliche Besteuerungsregeln in einer europäischen Währungsunion sind nicht hinreichend zur Lösung des verteilungspolitischen Problems. Im Zuge der Globalisierung der Märkte sind die Produktionsfaktoren, insbesondere Kapital, zunehmend über die Grenzen Europas hinaus mobil geworden. Der Spielraum für die Verteilungspolitik, den man sich durch eine einheitliche Besteuerung erhofft, ist also von vornherein begrenzt.

Zweitens: Einheitliche Besteuerungsregeln sind nicht notwendig. Auch auf der dezentralen Ebene bleibt Raum für eine Besteuerung zum Zwecke der Umverteilung, soweit diese Umverteilung innerhalb der immobilen Faktoren stattfindet. Zwar wird eine Umverteilung mit zunehmender Mobilität der Arbeit innerhalb der Gruppe der Bezieher von Arbeitseinkommen nicht mehr möglich sein. Aber es bleibt die Besteuerung der Bodenrente. Diese Möglichkeit zur Korrektur des Marktergebnisses bietet sich insbesondere in den Zentren an. Sie wurde bislang nur wenig genutzt.[97] Die Notwendigkeit einer differenzierten Bodenbesteuerung wird mit zunehmender regionaler Mobilität des Faktors Arbeit steigen. Wie unsere Analyse des Integrationsprozesses gezeigt hat, erhöht sich mit zunehmender Mobilität der Faktoren das Realeinkommen – und damit die Bodenrente – während sich zugleich die Einkommensstreuung vergrößert (vgl. Abschnitt 15.2). Durch eine Besteuerung der Bodenrente kann der Bedarf an Existenzsicherung für die vom Integrationsprozeß Benachteiligten auf der regionalen und lokalen Ebene finanziert werden, ohne daß dies nachteilige Allokationswirkungen zur Folge hätte.

Drittens: Die Legitimität einer zentralisierten Verteilungspolitik ist fraglich. Eine Politik der Umverteilung ist begründet, wenn sie sich an persönlichen Kriterien orientiert. Hier stehen sich Leistungsfähigkeit auf der einen Seite und Bedürftigkeit auf der anderen Seite gegenüber. Eine zentralisierte Verteilungspolitik (beispielsweise in einer Währungsunion) macht aber zwangsläufig allgemeine Einkommensunterschiede, die zwischen Regionen bestehen, zum Gegenstand der Umverteilung. Sie müßte also, um ihre verteilungspolitische Legitimität zu wahren, alle Personen einer Region für bedürftig (im Falle der empfangenden Region) bzw. für leistungsfähig (im Falle der leistenden Region) erklären. Das trägt nicht weit. Vielmehr zeigt sich, daß die zentralisierte Verteilungspolitik de facto eine Regionalpolitik bzw. eine Politik des

---

[97] Beispielsweise steht Deutschland vor einer Reform der Bodenbesteuerung, nachdem das Bundesverfassungsgericht die bisherige Praxis der Bewertung des Bodens nach pauschalierten "Einheitswerten" bei der Vermögensteuer und der Erbschaftsteuer als eine Diskriminierung von Geldvermögen verurteilt hat, die dem Verfassungsgrundsatz der Gleichbehandlung widerspricht.

regionalen Finanzausgleichs darstellt, die einer besonderen Begründung bedarf. Ein "Verteilungsziel" (in Deutschland das raumordnerische Ziel der "Einheitlichkeit der Lebensverhältnisse") kann sich nur auf die Einhaltung von minimalen Standards beziehen. Die Zielsetzung, der Verteilungspolitik durch die Zentralisierung darüber hinaus Spielraum zu verschaffen, läßt sich auf diese Weise nicht erfüllen.

Was die Regionalpolitik betrifft, so bieten sich zwei Begründungslinien an, die für eine regionale "Umverteilung" und insoweit für eine Koordination in der Finanzpolitik sprechen. Einmal kann die Regionalpolitik einen Risikoausgleich leisten und damit asymmetrische regionale Schocks abfedern (vgl. Abschnitt 16.2). Ein Bedarf dazu besteht insbesondere, wenn eine Region nicht über eine ausdifferenzierte Struktur verfügt. Dabei darf man freilich nicht übersehen, daß asymmetrische reale Schocks in einer Währungsunion durch den Verbund der Märkte gemildert werden – im Vergleich zu einem Währungsregime mit Wechselkursanpassung. Darüber hinaus ist zu beachten, daß die Asymmetrie weniger in den Schocks als in der Reaktion auf Schocks liegen kann. Mit anderen Worten, ein regionaler Finanzausgleich, der großzügig bemessen wird, läuft Gefahr, die Flexibilisierung der Arbeitsmärkte, die von einer Währungsunion zu erwarten ist, zu unterbinden. Die Gewerkschaften einer Region könnten darauf vertrauen, daß überhöhte Reallohnforderungen und deren Beschäftigungsfolgen durch fiskalische Transfers in die Region aufgefangen werden. Sie erhielten gleichsam durch fiskalische Transfers jene Verhandlungsmacht zurück, die ihnen durch die Entnationalisierung des Geldes entzogen wurde. Diese Gefahr sollte man allerdings nicht überschätzen. Denn auch der regionale Finanzausgleich wird – als ein Risikoausgleich – auf der supranationalen Ebene geregelt. Gleichwohl zeigt dies an, daß auch für die Finanzpolitik – wie für die Geldpolitik – ein Glaubwürdigkeitsproblem besteht.

Zum anderen kann eine zentralisierte Regionalpolitik als regionale Entwicklungspolitik begründet werden. Der Mangel an Infrastruktur in den Regionen mit Entwicklungsrückstand gehört zu den Hauptgründen für *backwash*-Effekte (*Hirschman* 1958). Grundsätzlich könnte die Peripherie die nötigen Investitionen zur Überwindung dieses Mangels in einer Währungsunion aus eigener Kraft tätigen, zumal ihr der gemeinsame Kapitalmarkt zur Verfügung steht und ein Ressourcentransfer nicht durch Zahlungsbilanzprobleme behindert wird. Die Risiken für den Staatshaushalt in den peripheren Regionen sind aber groß. Insofern scheint es angemessen, daß sich die zentrale Regionalpolitik an diesen Risiken beteiligt und auf diese Weise Entwicklungsanstöße gibt. Allerdings ist auch für eine zentralisierte Entwicklungspolitik wichtig, den Grundsatz der Subsidiarität zu beachten, damit sich in den peripheren Regionen nicht eine Empfänger-Mentalität ausbreitet und die Idee eines Wettbewerbs der Regionen nicht verloren geht.

Literaturhinweise

Welche Rolle die Koordination der Fiskalpolitik für die Funktionsfähigkeit einer Währungsunion spielt, untersuchen

KENEN, P. B. (1969) The Theory of Optimum Currency Areas: An Eclectic View, in: *Monetay Problems of the International Economy*, herausgegeben von R.A. Mundell and A. Swoboda. University of Chicago Press.

TAVLAS, G. S. (1993) The "New" Theory of Optimum Currency Areas, *The World Economy*, 16, S. 663-683.

Die Regeln des EG-Vertrages für die Finanzpolitik prüft

FUEST, C. (1993) Budgetdefizite in einer Europäischen Währungsunion: Bedarf es gemeinsamer Verschuldungsregeln? *Zeitschrift für Wirtschaftspolitik*, 42 (2), S. 123-149.

Die Rolle der Finanzpolitik als *shock absorber* analysieren

SALA-I-MARTIN, X.und SACHS, J. (1992*) Fiscal Federalism and Optimum Currency Areas: Evidence for Europe from the United States*, in: *Establishing a central bank*, herausgegeben von M. B. Canzoneri u.a. Cambridge, S. 195-227.

Zum Problem exzessiver Staatsverschuldung in einer Währungsunion vergleiche insbesondere

BUITER, W. und KLETZER, K. (1991) Reflections on the fiscal implications of a common currency, in: *European Financial Integration*, herausgegeben von A. Giovannini und C. Mayer. Cambridge University Press 1991,

WYPLOSZ, C. (1991) Monetary Union and Fiscal Policy Discipline, EC Commission *European Economy*, Special Edition, No 1, S. 165-184,

MCKINNON, R. I. (1994) A Common Monetary Standard or a Common Currency for Europe? Fiscal Lessons from the United States, *Scottish Journal of Political Economy*, 41 (4), S. 337-357,

EICHENGREEN, B. und HAGEN, J. VON (1996) Fiscal Policy and Monetary Union: federalism, fiscal restrictions, and the no-bailout rule, in: *Monetary policy in an integrated world economy*, herausgegeben von H. Siebert. Tübingen: Mohr, S. 211-231.

Zur Frage einer Zentralisierung des Steuersystems werden konträre Positionen vertreten von

SINN, H.-W. (1994) Wieviel Brüssel braucht Europa? *Staatswissenschaften und Staatspraxis, Rechts-, wirtschafts- und sozialwissenschaftliche Beiträge zum staatlichen Handeln*, 5 (2), S. 155-186

und

SIEBERT, H. und KOOP, M. (1993) Institutional Competition versus Centralization: Quo vadis Europe, *Oxford Review of Economic Policy*, 9 (1), S. 15-30.

Literaturverzeichnis

AKERLOF, G. A., ROSE, A. K., YELLEN, J. L. und HESSENIUS, H. (1991) East Germany in from the Cold: The Economic Aftermath of Currency Union, *Brookings Papers on Economic Activity*, H.1, S. 1-101.

AKERLOF, G. A., DICKENS, W. T. und PERRY, G. L. (1996) The Macroeconomics of Low Inflation, *Brookings Papers on Economic Activity*, H.1, S. 1-76.

BACH, H. W. (1989) 20 Jahre Arbeitsförderungsgesetz, *Sozialer Fortschritt*, 38, S. 106-113.

BALL, L. und MANKIW, G. (1994) Asymmetric Price Adjustment and Economic Fluctuations, *Economic Journal*, 104, S. 247-261.

BALTENSPERGER, E. und BÖHM, P. (1982) Stand und Entwicklungstendenzen der Wechselkurstheorie – Ein Überblick, *Aussenwirtschaft*, 37, S. 109-157.

BALTENSPERGER, E. (1992) Monetäre Aussenwirtschaftstheorie, *Zeitschrift für Wirtschafts- und Sozialwissenschaften*, 112, S. 505-565.

BEAN, C. R. (1994) European Unemployment: A Survey, *Journal of Economic Literature*, 32, S. 573-619.

BELKE, A. und GÖCKE, M. (1994) Starke Hysteresis auf dem Arbeitsmarkt, *Zeitschrift für Wirtschafts- und Sozialwissenschaften*, 114 (3), S. 345-377.

BLUM (1994) Das Verhältnis von Wirtschaft und Politik in der Marktwirtschaft, in: *Wirtschaftspolitik in offenen Volkswirtschaften*, Festschrift für Helmut Hesse zum 60. Geburtstag. Göttingen: Vandenhoeck & Ruprecht, S. 365-385.

BÖHM-BAWERK, E. VON (1914) Macht oder ökonomisches Gesetz? Wiederabdruck in: *Gesammelte Schriften von Eugen von Böhm-Bawerk*, herausgegeben von F. X. Weiss. Wien: Hölder-Pichler-Tempsky, 1924, S. 230-300.

BOFINGER, P. (1991) *Festkurssysteme und geldpolitische Koordination*, Schriften zur monetären Ökonomie, Bd. 29. Baden-Baden: Nomos.

BOFINGER, P. u.a. (Hrsg.) (1993) Währungsunion oder Währungschaos? Was kommt nach der D-Mark. Wiesbaden: Gabler.

BOGAI, D. (1994) Arbeitszeitverkürzung und Beschäftigung, *Wirtschaftsdienst*, 74 (9), S. 457-462.

BUITER, W. und KLETZER, K. (1991) Reflections on the fiscal implications of a common currency, in: *European Financial Integration*, herausgegeben von A. Giovannini und C. Mayer. Cambridge University Press.

BUITER, W., CORSETTI, G. und ROUBINI, N. (1993) Excessive deficits: sense and nonsense in the Treaty of Maastricht, *Economic Policy*, 16, S. 57-100.

BUTTLER, F. (1993) Der Wandel der Arbeitsmarktpolitik in Ostdeutschland - Entwicklung, Probleme, Zukunftsperspektiven, in: *Arbeitsmarkt kontrovers: Analysen und Konzepte für Ostdeutschland*, herausgegeben von R. Neubäumer. Darmstadt: Wissenschaftliche Buchgesellschaft, S. 300-316.

CALMFORS, L. und DRIFFILL, J. (1988) Bargaining structure, corporatism and macroeconomic performance, *Economic Policy*, 6, S. 13-61.

CARLIN, W. und RICHTHOFEN, P. (1994), *Finance, Economic Development and the Transition: the East German Case*. Berlin: Wissenschaftszentrum.

CARLIN, W. und SOSKICE, D. (1990) *Macroeconomics and the Wage Bargain. A Modern Approach to Employment, Inflation and the Exchange Rate*. Oxford University Press.

CLASSEN, E.-M. (1974) Die Definitionskriterien der Geldmenge: M1, M2, ... oder Mx? *Kredit und Kapital*, 7 (3), S. 273-289.

—— (1975) Der monetäre Ansatz der Zahlungsbilanztheorie, *Weltwirtschaftliches Archiv*, 111, S. 1-23.

CLOWER, R. W. (1963) Die Keynesianische Gegenrevolution: eine theoretische Kritik, *Schweizerische Zeitschrift für Volkswirtschaft und Statistik*, 99, S. 8-31.

DE GRAUWE, P. (1994) *The Economics of Monetary Integration*. 2. Aufl. Oxford University Press.

—— (1994a) Towards European Monetary Union without the EMS, *Economic Policy*, 18, S. 149-185. Mit einem Kommentar von J. von Hagen, S. 178-180.

—— (1996) *International Money - Postwar Trends and Theories*. 2. Aufl. Oxford University Press.

Deutsche Bundesbank (1990) Die Währungsunion mit der Deutschen Demokratischen Republik, *Monatsbericht* 42 (7), S. 14-29.
—— (1995) *Die Geldpolitik der Bundesbank,* Sonderveröffentlichung. Frankfurt/Main.
—— (1995a) *Geschäftsbericht 1994.* Frankfurt/Main.
—— (1996) *Geschäftsbericht 1995.* Frankfurt/Main.
—— (1996a) Zur Diskussion über die öffentlichen Transfers im Gefolge der Wiedervereinigung, *Monatsbericht* 48 (10), S. 17-31.
—— (1996b) Szenarium für den Übergang auf die einheitliche europäische Währung, *Monatsbericht* 48 (1), S. 55-63.
—— (1997) *Geschäftsbericht 1996.* Frankfurt/Main.
—— (1997a) Geldmengenstrategie 1997/98, *Monatsbericht* 49 (1), S. 17-25.
Deutsches Institut für Wirtschaftsforschung (Hrsg.) (1995) Fünf Jahre Deutsche Einheit, Schwerpunktheft *Vierteljahrshefte zur Wirtschaftsforschung* 64 (3).
DIXIT, A. (1992) Investment und Hysteresis, *Journal of Economic Perspectives*, 6 (1), S. 107-132.
DOMAR, E. D. (1944) The "Burden of the Debt" and the National Income, *American Economic Review*, 34, S. 798-827.
DORNBUSCH, R. (1978) Managed Floating: Eine Würdigung des internationalen Finanzsystems nach Bretton Woods, *Zeitschrift für die gesamte Staatswissenschaft*, 134, S. 37-56.
—— (1987) Exchange Rate Economics: 1986, *Economic Journal*, 97, S. 1-18.
DORNBUSCH, R. und FRANKEL, J. A. (1988) The Flexible Exchange Rate System: Experience and Alternatives, in: *International Finance and Trade in a Polycentric World,* herausgegeben von S. Borner. Basingstoke: MacMillan, S. 151-197.
DORNBUSCH, R. und FISCHER, S. (1995) *Makroökonomik.* 6. Aufl. München: Oldenbourg.
DUWENDAG, D. (1988) Geldmengenpolitik: Eine schwierige Gratwanderung, *Wirtschaftsdienst*, 68 (2), S. 80-85.
EHRLICHER, W. (1984) Monetarismus und Keynesianismus in der "Neuen Geldpolitik", *Kredit und Kapital*, 17, S. 1-17.
EHRLICHER, W. und SIMMERT, D. B. (Hrsg.) (1982) Geld- und Währungspolitik in der Bundesrepublik Deutschland, Beihefte zu *Kredit und Kapital*, 7.
—— (Hrsg.) (1988) Wandlungen des geldpolitischen Instrumentariums der Deutschen Bundesbank, Beihefte zu *Kredit und Kapital*, 10.

EICHENGREEN, B. und HAGEN, J. VON (1996) Fiscal Policy and Monetary Union: federalism, fiscal restrictions, and the no-bailout rule, in: *Monetary policy in an integrated world economy*, herausgegeben von H. Siebert. Tübingen: Mohr, S. 211-231.

EMMINGER, O. (1981) Internationale Währungsentwicklung und Stabilitätspolitik, in: *Probleme der Währungspolitik*, herausgegeben von W. Ehrlicher und E. Richter. Berlin: Duncker & Humblot, S. 9-38.

Europäisches Währungsinstitut (1995) *The Changeover to the Single Currency*. Frankfurt/Main.

—— (1997) *Jahresbericht 1996*. Frankfurt/Main.

European Commission (Hrsg.) (1991) The economics of EMU. *European Economy*, Special edition, No 1.

—— (Hrsg.) (1993) One market, one money. *European Economy*, No 44.

FLASSBECK, H. (1982) Was ist Angebotspolitik? *Konjunkturpolitik*, 28, S. 75-138.

—— (Hrsg.) (1987) *Müssen die Rollen von Geldpolitik und Lohnpolitik in einem beschäftigungsorientierten Konzept neu überdacht werden?* DIW-Symposium, Berlin.

FLEMING, J. M. (1962) Domestic Financial Policies Under Fixed and Under Floating Exchange Rates, *International Monetary Fund Staff Papers*, 9, S. 369-379.

FOLDVARY, F. und SELGIN, G. (1995) The Dependency of Wage Contracts on Monetary Policy, *Zeitschrift für die gesamte Staatswissenschaft*, 151, S. 658-676.

FRANKE, H.-H. und KETZEL E. (Hrsg.) (1995) Konzepte und Erfahrungen der Geldpolitik, Beihefte zu *Kredit und Kapital*, 13.

FRANZ, W. (1996) *Arbeitsmarktökonomik*. 3. Aufl. Berlin: Springer.

FRIEDMAN, M. (1968) The Role of Monetary Policy, *American Economic Review*, 58, S. 1-17. Deutsche Fassung: Die Rolle der Geldpolitik, in: M. Friedman (1970) *Die optimale Geldmenge*. München: Verlag Moderne Industrie, S. 135-156; Wiederabdruck in: *Geldtheorie*, herausgegeben von K. Brunner u.a. Köln: Kiepenheuer & Witsch 1974, S. 314-331.

FROWEN, S. F. und HÖLSCHER, J. (Hrsg.) (1996) *The German Currency Union of 1990 - A Critical Assessment*. London: MacMillan.

FUEST, C. (1993) Budgetdefizite in einer Europäischen Währungsunion: Bedarf es gemeinsamer Verschuldungsregeln? *Zeitschrift für Wirtschaftspolitik*, 42 (2), S. 123-149.

GAHLEN, B. u.a. (Hrsg.) (1992) *Von der Plan- zur Marktwirtschaft. Eine Zwischenbilanz*. Schriftenreihe des wirtschaftswissenschaftlichen Seminars Ottobeuren, Bd. 21. Tübingen: Mohr.

GAWEL, E. (1994) *Die deutsch-deutsche Währungsunion - Verlauf und geldpolitische Konsequenzen*. Baden-Baden: Nomos.

GIAVAZZI, F. und GIOVANNINI, A. (1989) *Limiting Exchange Rate Flexibility*. Cambridge: MIT Press.

GIAVAZZI, F. und PAGANO, M. (1988) The Advantage of Tying One's Hands: EMS Discipline and Central Bank Credibility, *European Economic Review*, 32, S. 1055-74.

GIERSCH, H. (1960) *Allgemeine Wirtschaftspolitik - Erster Band, Grundlagen*. Wiesbaden: Gabler.

—— (1977) Konjunktur- und Wachstumspolitik in der offenen Wirtschaft - *Allgemeine Wirtschaftspolitik*, Zweiter Band. Wiesbaden: Gabler.

GUTOWSKI, A. (Hrsg.) (1987) *Geldpolitische Regelbindung: theoretische Entwicklung und empirische Befunde*, Schriften des Vereins für Socialpolitik, N.F. Bd. 161.

HAGEMANN, H. (Hrsg.) (1993) *Produktivitätswachstum, Verteilungskonflikte und Beschäftigungsniveau*. Probleme der Einheit, Bd. 11, Marburg: Metropolis.

HAYEK, F. A. (1948) *Individualism and Economic Order*. University of Chicago Press.

—— (1969) Der Wettbewerb als Entdeckungsverfahren, in: Ders., *Freiburger Studien*. Tübingen: Mohr, S. 249-265.

HIRSCHMAN, A. O. (1958) *The Strategy of Economic Development*. New Haven, Conn.: Yale University Press.

HOELSCHER, J. (1994) *Entwicklungsmodell Westdeutschland. Aspekte der Akkumulation in der Geldwirtschaft*. Berlin: Duncker & Humblot.

JARCHOW, H.-J. (1994) Die währungspolitischen Beschlüsse von Maastricht, in: *Wirtschaftspolitik einer offenen Volkswirtschaft*, herausgegeben von H. Sautter. Göttingen: Vandenhoeck & Ruprecht, S. 73-91.

JOHNSON, H. G. (1967) A Survey of Theories of Inflation, in: Ders., *Essays in Monetary Economics*. London: Allen & Unwin.

KALMBACH, P. (1993) *Transformation in eine Marktwirtschaft mit Hilfe eines reichen Onkels - Zwei Jahre Währungs-, Wirtschafts- und Sozialunion*, in: Probleme der Einheit, Bd. 11, herausgegeben von H. Hagemann, a.a.O., S. 35-68.

KANTZENBACH, E. (Hrsg.) (1990): *Probleme der internationalen Koordinierung der Wirtschaftspolitik*, Schriften des Vereins für Socialpolitik, N.F. Bd. 198.
—— (1992) Thesen zur deutschen Wirtschaftspolitik, *Wirtschaftsdienst*, 72 (5), S. 239-246.
KENEN, P. B. (1969) The Theory of Optimum Currency Areas: An Eclectic View, in: *Monetary Problems of the International Economy*, herausgegeben von R. A. Mundell and A. Swoboda. University of Chicago Press.
—— (Hrsg.) (1995) *Understanding Interdependence: The Macroeconomics of the Open Economy*. Princeton University Press.
KEYNES, J. M. (1930) A Treatise on Money, 2 The Applied Theory of Money. *The Collected Writings of John Maynard Keynes*, herausgegeben von D. E. Moggridge und E. Johnson, Vol. VI. London: MacMillan
—— (1933) A Monetary Theory of Production, in: *The Collected Writings of John Maynard Keynes*, herausgegeben von D. E. Moggridge und E. Johnson, Vol. XIII. London: MacMillan, S. 408-412.
—— (1936) *The General Theory of Employment, Interest and Money*. London: MacMillan.
—— (1937) The General Theory of Employment. Summary, *Quarterly Journal of Economics*, zitiert nach dem Wiederabdruck in: *The Collected Writings of John Maynard Keynes*, herausgegeben von D. Moggridge. London: MacMillan 1973, vol. XIV, S. 109-123.
KLOTEN, N. (1988) Paradigma-Wechsel in der Geldpolitik? Thünen-Vorlesung anläßlich der Jahrestagung des Vereins für Socialpolitik 1987, *Zeitschrift für Wirtschafts- und Sozialwissenschaften*, 108, S. 1-23.
KÖNIG, R. (1996) German Currency Union - The D-Mark Exchange Rate Impact, in: *The German Currency Union of 1990 - A Critical Assessment*, herausgegeben von S. F. Frowen und J. Hölscher. London: MacMillan 1997.
Kommission der Europäischen Gemeinschaften (1970) Bericht an den Ministerrat und die Kommission über die stufenweise Verwirklichung einer Wirtschafts- und Währungsunion in der Gemeinschaft, *Bulletin der Europäischen Gemeinschaften*, Supplement, Nr. 11 ("Werner-Bericht").
—— (1989) Bericht über eine Wirtschafts- und Währungsunion in der Europäischen Gemeinschaft. Luxemburg ("Delors-Bericht").

KROMPHARDT, J. (1987) *Arbeitslosigkeit und Inflation.* Eine Einführung in die makroökonomischen Kontroversen. Göttingen: Vandenhoeck.

KROMPHARDT, J. und SCHEIDT, B. (1994) Chancen des "zweiten Arbeitsmarktes", *Wirtschaftsdienst,* 74 (12), S. 615-622.

KRUGMAN, P. (1991) Target Zones and Exchange Rate Dynamics, *Quarterly Journal of Economics,* 106, S. 669-82.

KYDLAND, F. E. und PRESCOTT, E. C. (1977) Rules Rather than Discretion: The Inconsistency of Optimal Plans, *Journal of Political Economy,* 85 (3), S. 473-491.

LAMPERT, H. (1989) 20 Jahre Arbeitsförderungsgesetz, in: *Mitteilungen aus der Arbeitsmarkt- und Berufsforschung,* 2/89, S. 173-186.

LANDMANN, O. (1981) Keynes in der heutigen Wirtschaftstheorie, in: *Der Keynesianismus I - Theorie und Praxis keynesianischer Wirtschaftspolitik,* herausgegegen von G. Bombach u.a. Berlin: Springer, S. 133-210.

—— (1984) Löhne, Preise, Einkommen und Beschäftigung in der offenen Volkswirtschaft, in: *Der Keynesianismus V - Makroökonomik nach Keynes,* herausgegeben von G. Bombach u.a. Berlin: Springer, S. 101-218.

LAYARD, R., NICKELL, S. und JACKMAN, R. (1991) *Unemployment: Macroeconomic Performance and the labour market.* Oxford University Press.

—— (1994) *The Unemployment Crisis.* Oxford University Press.

LEIJONHUFVUD, A. (1967) Keynes and the Keynesians: A Suggested Interpretation. *American Economic Review, Papers and Proceedings,* 57, S. 401-410; Wiederabdruck in: *Modern Macroeconomics,* herausgegeben von G. Panayotis u.a. New York: Harper & Row 1979, S. 305-311.

MALINVAUD, E. (1977) *The Theory of Unemployment Reconsidered.* Oxford: Basil Blackwell.

MATTHES, H. (1992) Adäquate Regeln für die Fiskalpolitik der EG-Länder? *Wirtschaftsdienst,* 72 (8), August, S. 409-414,

MAYER, T. (1982) Money Stock versus Interest Rates as the Intermediate Target. An Institutional Approach, Beihefte zu *Kredit und Kapital,* 7, S. 131-145.

MCKINNON, R. I. (1963) Optimum Currency Areas, *American Economic Review,* 53, S. 717-725.

—— (1988) Monetary and Exchange Rate Policies for International Financial Stability: A Proposal, *Journal of Economic Perspectives,* 2, S. 83-104.

────── (1994) A Common Monetary Standard or a Common Currency for Europe? Fiscal Lessons from the United States, *Scottish Journal of Political Economy*, 41 (4), S. 337-357.

MEADE, J. E. (1951) *The Theory of International Economic Policy*, Vol. 1: The Balance of Payments. Oxford University Press.

────── (1981) *Targets and Weapons for Domestic Stabilisation and the Balance of Payments*. Hamburg: HWWA.

MEADOWS, D. u.a. (Hrsg.) (1972) *Die Grenzen des Wachstums*, Bericht des Club of Rome zur Lage der Menschheit. Stuttgart: Deutsche Verlags-Anstalt.

MUCHLINSKI, E. (1996) *Keynes als Philosoph*. Berlin: Duncker & Humblot.

MUNDELL, R. A. (1961) A Theory of Optimum Currency Areas, *American Economic Review*, 51, S. 657-664.

────── (1963) Capital Mobility and Stabilization Under Fixed and Flexible Exchange Rates, *Canadian Journal of Economics and Political Science*, 29, S. 475-485.

NEUMANN, M. J. M. (1991) Central bank independence as a prerequisite of price stability, *European Economy*, Special edition, No 1 (The economics of EMU), S. 79-92.

NIEHANS, J. (1975) Stabilisierung in einer offenen Volkswirtschaft, in: *Stabilisierungspolitik in der Marktwirtschaft*, Schriften des Vereins für Socialpolitik, N.F. Bd. 85, S. 651-671.

────── (1984) *International Monetary Economics*. Baltimore: John Hopkins University Press.

────── (1986) Internationale Kredite mit undurchsetzbaren Forderungen, in: *Die internationale Schuldenkrise*, Schriften des Vereins für Socialpolitik, N.F. Bd. 155, S. 151-179.

────── (1995) *Geschichte der Außenwirtschaftstheorie im Überblick*. Tübingen: Mohr.

NOWOTNY, E. (1994) Wirtschaftsordnung und Sozialpartnerschaft im internationalen Wettbewerb, *Wirtschaftspolitische Blätter*, S. 482-494.

OESTERLIN, S. (1982) Zwischen autoritärer und marktwirtschaftlicher Zentralbankpolitik, in: *Geld- und Währungspolitik in der Bundesrepubik Deutschland*, Beihefte zu *Kredit und Kapital*, 7, S. 179-192.

OKUN, A. M. (1963) *Potential GNP: Its measurement and significance*, Cowles Foundation Paper No 190.

OLSON, M. (1965) *The Logic of Collective Action. Public Goods and the Theory of Groups*. Cambridge, Mass.: Havard University Press.

―― (1982) Stagflation and the Political Economy of the Decline in Productivity, *American Economic Review, Papers and Proceedings,* 72 (2), S. 143-148.

POHL, R. (1996) Situation und Perspektiven der Wirtschaft in den neuen Bundesländern, *Wirtschaft im Wandel,* H. 8, S. 9.

PREISER, E. (1964) *Wachstum und Einkommensverteilung.* 2. Aufl. Heidelberg: Carl Winter Universitätsverlag.

PRIOR, B. und TOMANN, H. (Hrsg.) (1986) *Theoretische Grundlagen der Beschäftigungspolitik.* Berlin: Freie Universität.

RIESE, H. (1986) *Theorie der Inflation.* Tübingen: Mohr.

―― (1986a): Keynes, Schumpeter und die Krise, *Konjunkturpolitik,* 32, S. 1-26.

―― (1988) Wider den Dezisionismus der Theorie der Wirtschaftspolitik, in: *Politische Ökonomie heute. Beiträge zur Tagung des Arbeitskreises Politische Ökonomie im Herbst 1987,* S. 91-117.

―― (1993) Schwäche des Pfundes und Versagen der Deutschen Mark - Anmerkungen zur gegenwärtigen Krise des Europäischen Währungssystems, in: *Währungsunion oder Währungschaos? Was kommt nach der D-Mark?* Herausgegeben von P. Bofinger u.a. Wiesbaden: Gabler, S. 161-188.

―― (1995) Das Grundproblem der Wirtschaftspolitik, in: *Wirtschaftspolitik in einer Geldwirtschaft,* Studien zur monetären Ökonomie, 14, herausgegeben von K. Betz u.a. Marburg: Metropolis 1995, S. 9-28.

ROBBINS, LORD (1952) *The Theory of Economic Policy in English Classical Political Economy.* 2. Aufl. 1978, London: MacMillan.

ROTHSCHILD, K. W. (1985) Lohnhöhe und Beschäftigung. Einige theoretische Bemerkungen. Wiederabdruck in: *Arbeitslose: Gibt's die? Ausgewählte Beiträge zu den ökonomischen und gesellschaftspolitischen Aspekten der Arbeitslosigkeit,* herausgegeben von K. W. Rothschild. Marburg: Metropolis 1990, S. 105-113.

―― (1988) Mikroökonomische Fundierung, Ad-Hockery und keynesianische Theorie. In: *Keynes aus nachkeynesianischer Sicht,* herausgegeben von K. G. Zinn. Wiesbaden: Deutscher Universitätsverlag, S. 107-125.

―― (1994) *Theorien der Arbeitslosigkeit - Einführung.* 2. Aufl. München: Oldenbourg.

Sachverständigenrat zur Begutachtung der gesamtwirtschaftlichen Entwicklung, *Stabiles Geld - Stetiges Wachstum.* Jahresgutachten 1964/65. Stuttgart: Kohlhammer 1965.

―― *Stabilität im Wachstum*. Jahresgutachten 1967/68. Stuttgart: Kohlhammer 1967.
―― *Gleicher Rang für den Geldwert*, Jahresgutachten 1972/73. Stuttgart: Kohlhammer 1972.
―― *Herausforderung von außen*. Jahresgutachten 1979/80. Stuttgart: Kohlhammer 1979.
―― *Investieren für mehr Beschäftigung*. Jahresgutachten 1981/82. Stuttgart: Kohlhammer 1981.
―― *Weiter auf Wachstumskurs*. Jahresgutachten 1986/87. Stuttgart: Kohlhammer 1986.
―― *Zur Unterstützung der Wirtschaftsreform in der DDR: Voraussetzungen und Möglichkeiten*. Sondergutachten vom 20. Januar 1990. Stuttgart: Metzler-Poeschel 1990.
―― *Auf dem Wege zur wirtschaftlichen Einheit Deutschlands*, Jahresgutachten 1990/91. Stuttgart: Metzler-Poeschel 1990.
―― *Für Wachstumsorientierung – Gegen lähmenden Verteilungstreit*. Jahresgutachten 1992/93. Stuttgart: Metzler-Poeschel 1992.
―― *Zeit zum Handeln – Antriebskräfte stärken*. Jahresgutachten 1993/94. Stuttgart: Metzler-Poeschel 1993.
―― *Den Aufschwung sichern – Arbeitsplätze schaffen*. Jahresgutachten 1994/95. Stuttgart: Metzler-Poeschel 1994.
―― *Im Standortwettbewerb*. Jahresgutachten 1995/96. Stuttgart: Metzler-Poeschel 1995.
SALA-I-MARTIN, X. und SACHS, J. (1992) Fiscal Federalism and Optimum Currency Areas: Evidence for Europe from the United States, in: *Establishung a Central Bank*, herausgegeben von M. B. Canzoneri u.a. Cambridge, S. 195-227.
SAMUELSON, P. A. (1939) Interaction between the multiplier analysis and the principle of acceleration, *Review of Economics and Statistics*, 21, S. 75-78.
SARGENT, T. J. (1986) *Rational Expectations and Inflation*. New York: Harper & Row.
SARGENT, T. J. und WALLACE, N. (1985) Some Unpleasant Monetarist Arithmetic, *Quarterly Review*, Winter, Federal Reserve Bank of Minneapolis, S. 15-31.
SCHLESINGER, H., WEBER, M. und ZIEBARTH, G. (1993) *Staatsverschuldung - ohne Ende? Zur Rationalität und Problematik des öffentlichen Kredits*. Darmstadt: Wissenschaftliche Buchgesellschaft.
SCHRETTL, W. (1992) Transition with Insurance: German Unification Reconsidered, *Oxford Review of Economic Policy*, 8 (1), S. 144-155.

SCHUMPETER, J. (1911) *Theorie der wirtschaftlichen Entwicklung*, Eine Untersuchung über Unternehmergewinnn, Kapital, Kredit, Zins und den Konjunkturzyklus. 6. Aufl. 1964, Berlin: Duncker & Humblot.
SCITOVSKY, T. (1957) The Theory of the Balance of Payments and the Problem of a Common European Currency, *Kyklos*, 10, S. 18ff.
SIEBERT, H. (1992) *Das Wagnis der Einheit. Eine wirtschaftspolitische Therapie*. Stuttgart: DVA (Aktualisierte Neuauflage 1993).
SIEBERT, H. und KOOP, M. (1993) Institutional Competition versus Centralization: Quo vadis Europe? *Oxford Review of Economic Policy*, 9 (1), S. 15-30.
SIEBKE, J. (1982) Steuerung der Geldmengenaggregate: zwischen Können und Wollen, in: *Geld und Währungspolitik in der Bundesrepublik Deutschland*, Beihefte zu *Kredit und Kapital*, 7, S. 147-157.
——— (1985) Geldmengen- und Zinspolitik unter den Bedingungen internationaler Wirtschaftsverflechtungen, in: *Staat und Beschäftigung*, Beiträge zur Arbeitsmarkt- und Berufsforschung, 88, herausgegeben von F. Buttler u.a. Nürnberg: Institut für Arbeitsmarkt- und Berufsforschung.
SIEBKE, J. und THIEME, H. J. (Hrsg.) (1995) *Geldpolitik. Zwanzig Jahre Geldmengensteuerung in Deutschland*. Baden-Baden: Nomos.
SIEVERT, O. (1979) Die Steuerbarkeit der Konjunktur durch den Staat, in: *Staat und Wirtschaft*, Schriften des Vereins für Socialpolitik, N.F. Bd. 102, S. 809-846.
——— (1983) Disillusionment in the Conduct of Exchange-rate Policies, in: *Reflections on a Troubled World Economy. Essays in Honour of Herbert Giersch*, herausgegeben von F. Machlup u.a. London: MacMillan, S. 188-208.
——— (1984) Angebotsorientierte versus nachfrageorientierte Wirtschaftspolitik, in: *Friedman contra Keynes*, herausgegeben von P. Hampe. München: Olzog, S. 67-92.
——— (1988) Außenwirtschaftliche Zwänge der Wirtschaftspolitik, *Kieler Vorträge*, 112.
——— (1993) Geld, das man nicht selbst herstellen kann - Ein ordnungspolitisches Plädoyer für die Europäische Währungsunion, in: *Währungsunion oder Währungschaos? Was kommt nach der D-Mark?* Herausgegeben von P. Bofinger u.a. Wiesbaden: Gabler, S. 13-24.
SINN, H.-W. (1994) Wieviel Brüssel braucht Europa? In: *Staatswissenschaften und Staatspraxis*, Rechts-, wirtschafts- und sozialwissenschaftliche Beiträge zum staatlichen Handeln, 5 (2), S. 155-186.

SINN, G. und SINN, H.-W. (1992) *Kaltstart. Volkswirtschaftliche Aspekte der deutschen Vereinigung*. 2. Aufl. Tübingen: Mohr.
SPAHN, H.-P. (1986) *Stagnation in der Geldwirtschaft*. Frankfurt: Campus.
—— (1996) *Makroökonomie. Theoretische Grundlagen und stabilitätspolitische Strategien*. Berlin: Springer.
STARBATTY, J. (1984) Zur Rollenverteilung in der Konjunkturpolitik, *ORDO*, 35, S. 151-166.
STAUDT, E. u.a. (1996) *Weiterbildung von Fach- und Führungskräften in den neuen Bundesländern*. Münster: Waxmann.
STREISSLER, E. (1983) Stagnation - Analyse und Therapie, in: *Makroökonomik heute: Gemeinsamkeiten und Gegensätze*, herausgegeben von G. Bombach u.a. Tübingen: Mohr, S. 457-476.
STREIT, M. (1979) Zum Stellenwert der Einkommenspolitik im Rahmen stabilitätspolitischer Bemühungen, in: *Wirtschaftspolitik in Theorie und Praxis*, herausgegeben von E. Mändle. Wiesbaden: Gabler, S. 109-118.
TAVLAS, G. S. (1993) The "New" Theory of Optimum Currency Areas, *The World Economy*, 16, S. 663-683.
THOMASBERGER, C. (1993) *Europäische Währungsintegration und globale Währungskonkurrenz*. Tübingen: Mohr.
—— (1993a) "Schlingerkurs" oder externe Stabilisierung? Anmerkungen zur Politik der Deutschen Bundesbank nach den Währungsturbulenzen vom Herbst '92, *Konjunkturpolitik*, 39, S. 265-285.
TICHY, G. (1994) *Konjunktur. Stilisierte Fakten, Theorie, Prognose*. 2. Aufl. Berlin: Springer.
—— (1997) Wie real sind die realen Konjunkturschwankungen? In: *Beiträge zur angewandten Wirtschaftsforschung*, Festschrift für Karl-Heinrich Oppenländer, herausgegeben von E. Helmstädter u.a. Berlin: Duncker & Humblot, S. 11-27.
TINBERGEN, J. (1952): On the Theory of Economic Policy. Amsterdam. Deutsch: Über die Theorie der Wirtschaftspolitik, in: *Grundlagen der Wirtschaftspolitik*. Neue Wissenschaftliche Bibliothek, herausgegeben von G. Gäfgen, Bd. 11, 4. Aufl. Köln: Kiepenheuer & Witsch, S. 383-396.
TOBIN, J. (1957/58) Liquidity Preference as Behavior Towards Risk, *Review of Economic Studies*, 25, S. 65-86.
—— (1978) Monetary Policy and the Economy: The Transmission Mechanism, *Southern Economic Journal*, 44 (3), S. 3-13.
—— (1980) *A Proposal für International Monetary Reform*, Cowles Foundation Discussion Paper No 506.

―― (1991) *Vermögensakkumulation und wirtschaftliche Aktivität*. München: Oldenbourg.

TOMANN, H. (1971) Funktionelle Einkommensverteilung im produzierenden Gewerbe, 1960 - 1969, *Mitteilungen* des Rheinisch-Westfälischen Instituts für Wirtschaftsforschung Essen, S. 87-111.

―― (1982) Bundesbank, Leistungsbilanz und Staatsverschuldung, *Konjunkturpolitik*, 28, S. 275-297.

―― (Hrsg.) (1986) *Wirtschaftspolitische Antworten auf die Stagnation*, Essays zu Ehren von Bernhard Filusch. Berlin: Duncker & Humblot.

―― (1990) Geldpolitik, Realzins und realer Wechselkurs, in: *Geldpolitik und ökonomische Entwicklung - Ein Symposion*, Studien zur monetären Ökonomie, 4, herausgegeben von H. Riese und H.-P. Spahn, S. 81-94.

―― (1997) Options for Resolving the 'Bad Asset Problem', in: *The German Currency Union of 1990 – A Critical Assessment*, herausgegeben von S. F. Frowen und J. Hölscher, a.a.O., S. 101-115.

VESPER, D. (1995) Finanzpolitisches Handeln und Vereinigungsprozeß - ein Rückblick auf fünf Jahre Deutsche Einheit, *Vierteljahreshefte zur Wirtschaftsforschung*, 64 (3), Schwerpunktheft Fünf Jahre Deutsche Einheit. Berlin: Deutsches Institut für Wirtschaftsforschung, S. 367-385.

WAGNER, H. (1989) *Stabilitätspolitik*. Theoretische Grundlagen und institutionelle Alternativen. München: Oldenbourg.

―― (1995) Europäische Wirtschaftspolitik: Perspektiven einer Europäischen Wirtschafts- und Währungsunion (EWWU). Berlin: Springer.

WALTHER, H. (1996) Ökonomische Doktrinen als Werkzeug politischer Legitimation. Das Beispiel Keynesianismus, in: *Wirtschaftspolitik im theoretischen Vakuum?* Herausgegeben von K. Eicker-Wolf u.a. Marburg: Metropolis, S. 19-42.

WEIZSÄCKER, C. C. VON (1978) Das Problem der Vollbeschäftigung heute, *Zeitschrift für Wirtschafts- und Sozialwissenschaften*, 98, S. 33-51.

―― (1983) Was leistet die Property Rights Theory für aktuelle wirtschaftspolitische Fragen? In: *Ansprüche, Eigentums- und Verfügungsrechte*, Schriften des Vereins für Socialpolitik, N.F. Bd. 140, S. 123-152.

WELFENS, P. J. J. (1985) *Theorie und Praxis angebotsorientierter Stabilitätspolitik*. Baden-Baden: Nomos.

―― (1990) *Internationalisierung von Wirtschaft und Wirtschaftspolitik*. Berlin: Springer.

WICKSELL, K. (1898) *Geldzins und Güterpreise*. Eine Studie über die den Tauschwert des Geldes bestimmenden Ursachen. Jena: G. Fischer.

WILLIAMSON, J. (1987) Exchange Rate Management: The Role of Target Zones, *American Economic Review, Papers and Proceedings*, 77, S. 200-204.

WINKLER, A. (1993) Glaubwürdigkeit und Geldpolitik, *Konjunkturpolitik*, 39 (3), S. 148-185.

Wissenschaftlicher Beirat beim Bundesministerium für Wirtschaft (1983) Konjunkturpolitik – neu betrachtet. Gutachten vom 18. Februar 1983, in: *Gutachten des Wissenschaftlichen Beirats*, herausgegeben vom Bundesministerium für Wirtschaft, Bd. 11. Göttingen: Otto Schwarz & Co, S. 1159-1227.

WYPLOSZ, C. (1991) Monetary Union and Fiscal Policy Discipline, *European Economy*, Special Edition, No 1, S. 165-184.

ZAMECK, W. VON (1992) Gibt es eine Unification Dividend für Deutschland? *Jahrbücher für Nationalökonomie und Statistik*, 209, S. 479-500.

—— (1996) *Finanzwissenschaft: Grundlagen der Stabilisierungspolitik*. München: Oldenbourg.

ZWEIFEL, P. (1996) Private oder öffentliche Arbeitsvermittlung, *ifo Studien*, Bd. 42, S. 47-76.

Index

ABM	66; 185
Altlasten	197
Angebotspolitik	10; 164; 194
Ankerwährung	112
Anspruchsinflation	63; 130; 131; 133; 207
Äquivalenztheorem	156
Ricardianisches	145
Arbeitsförderungsgesetz	174
Arbeitslosigkeit	
friktionelle	183
keynesianische	126
klassische	16; 128
Stagnations-	50
strukturelle	183
Arbeitsmarktpolitik	66; 173
aktive	182
passive	173
Asymmetrie	245; 248
Außengeld	40
Böhm-Bawerk, Eugen von	1; 8
Bretton Woods	62; 242
capital asset pricing	109
Chicago-Plan	40
Chicken-Spiel	158
Clower	20
crawling peg	117
crowding in	145
crowding out	143; 158; 223

deficit spending	62; 143; 155; 288
Delors, Jacques	261
Delors-Bericht	261; 273; 284
Diskontsatz	93; 98; 255
Endogenes Geldangebot	44
Entschuldungsverordnung	200
Europäische Zentralbank	97; 263; 273; 289
EWS	112; *Siehe* Kapitel 14
false trading	15; 19
Finanzausgleich	221; 298
horizontaler ~	221
vertikaler ~	220
Fisher, Irving	40
Fisher-Effekt	76
Fisher-Theorem	41; 44
Fiskalillusion	145
Fiskalisten	273
Friedman	16; 36; 39; 40; 66; 75; 77; 84
front-loading-Effekt	160
Gefangenen-Dilemma	133
Geldangebot	
~smultiplikator	83
Steuerung des ~s	79; 84; 86
Geldbasis	84
Geldillusion	43; 232
Geldmarkt	95
Geldmengen	
~expansion	36; 77; 92; 251

~regel 78
~steuerung 64; 75; 86
Geldschöpfung 40; 84; 147
Geldschöpfungsprozeß 40
gesamtwirtschaftliches Gleichgewicht
3; 18
Gleichgewicht
   Bestands~ 17; 22; 106
   externes 57
   Gütermarkt- 114; 158; 231; 253; 286
   Gütermarkt~ 17; 252
   internes 57
   Strom~ 17; 22
   Unterbeschäftigungs~ 73
   Vermögensmarkt- 17; 110; 252

Hayek 7; 16; 116
Hysteresis-Schleifen 51

Indexierung 81
Inflation
   ~sdifferenzen 104; 106; 246
   Einkommens~ 42; 139
   Gewinn~ 41; 193
   importierte 36
   unterdrückte 35
Information
   ~seffizienz 16
   unvollständige 16; 176
Innengeld 40
insider-outsider-Modell 178; 211
Internationaler Preiszusammenhang 104

J-Kurven-Effekt 108

Kapitalverkehrskontrollen 118; 241; 248
Kassakurs 106
Kaufkraftparitätentheorie 104
Keynes 2; 7; 17; 39; 41; 70; 118
Konkurrenzmodell 213
Konkurrenzparadoxon 40; 294
Konvergenzkriterien 273
Kostenstruktureffekte 218
Kostenvorteile, komparative 218
Kunstlehre 3

Leijonhufvud 20
Leitwährung 114; 245; 252
Leitzinsen 93; 95
Liquidität
   ~sfalle 72
   ~spräferenz 19; 29; 44; 70; 145
   ~sprämie 73; 110; 113; 144; 230
Liquiditätspräferenztheorie 110
Lohndrift 123
Lohnnebenkosten 124
Lohn-Preis-Mechanismus 21; 41; 52
Lohnsubventionen 213
Lohnverhandlungen 236; 267
Lombardsatz 93; 95; 98
Londoner Schuldenabkommen 113
Louvre Accord 117
Lucas-Illusion 16; 129

Maastricht 11; 261; 283
managed floating 116
Marktkonformität 3; 5; 6
Marshall 2; 20; 42
Mill, John Stuart 3
Mindestlohn 51; 123
Mindestreservepolitik 96
monetäre Impulse 108; 143; 145
monetäre Schocks 116; 248; 257; 287
Monetäre Zahlungsbilanztheorie 104
Mundell 58; 232; 233; 286
Mundell-Fleming-Modell 59

NAIRU 131; 176
neoklassische Synthese 127
Neue Klassische Makroökonomik
16; 38; 129
Nixon 63
NRU 131

Offenmarktpolitik 93; 98; 289
öffentliche Güter 294
Ökonomisten 273; 274; 276
overshooting 110

Pareto-Kriterium 4
Patinkin 37

Phillips-Kurve	4; 43; 62	Tinbergens Theorem	5
Physiokraten	6	Tobin	118; 145
Plaza Agreement	117	Tobins q	44
Politische Ökonomie		Transmission	37; 69
Klassische ~	6	~smechanismus	71
Neue ~	5	Treuhandanstalt	194; 200; 208
Quantitätstheorie		Umlaufgeschwindigkeit	37; 39; 91
klassische ~	37; 79	Unterbewertung	103; 111
		Unterkonsumption	49
		Utilitarismus	6
Realignments	245; 246		
Realkasse	37		
~neffekt	37; 144	Verhandlungsmodell	209
Refinanzierungspolitik	93	Verteilungspolitik	2; 297
Reservationslohn	51; 180; 212	Volatilität	89
Ricardo	40; 49		
Rigidität			
Lohn~	20; 181; 232	wage lag	26
Preis~	20; 37; 235	Währungsreform	83; 163; 198
Reallohn~	174; 178; 181; 207	Währungsunion	230
		deutsche ~	194; 199
		Europäische ~	
Samuelson	4; 29; 31		Siehe Kap. 15 und Kap.16
Say	17	Walras	15
Say'sches Gesetz	17	Wechselkurs	
Schocks, asymmetrische	231; 233	erwarteter ~	110
Schuldenquote	148; 149	nominaler ~	65; 103; 251
Schumpeter	27; 49; 165	realer ~	65; 108; 109; 241
seignorage	143; 159; 231; 288	Weizsäcker, Richard von	222
Smith, Adam	3; 4	Weltwirtschaftskrise	62; 70
Sozialdumping	267	Wertpapierpensionsgeschäfte	95
Spekulationskasse	72	Wicksell	9
Staatsversagen	2	Wirtschaftsverfassung	6
Stabilitäts- und Wachstumsgesetz		Wohlfahrtsökonomik	3
	3; 4; 9; 61; 123		
Stagflation	52; 82		
Stein, Lorenz von	155	Zeitkonsistenz	82; 117
Sterilisierung	248	Zielkorridor	92; 93
~spolitik	86	Zinsausgleichsmechanismus	
stock-flow-Gleichgewicht	106	klassischer ~	17; 18; 71
Symmetrie	243	Zinsdifferenz	113; 252
		Zinslastquote	152
Tarifautonomie	123; 213	Zinsparitätentheorem	106
Tarifvereinbarungen	204	Zinssteuer	146; 149
Terminkurs	106	Zweiter Arbeitsmarkt	211

W. Lachmann

Volkswirtschaftslehre 1
Grundlagen
Unter Mitarbeit von **E.J. Jahn**
3., überarb. u. erw. Aufl. 1997. XII, 313 S. 87 Abb.,
11 Tab. Brosch. **DM 36,-**; öS 262,80; sFr 32,50
ISBN 3-540-61972-0

Dieses einführende Lehrbuch zur Volkswirtschaftslehre stellt die theoretischen Grundlagen dar und geht auf die wirtschaftspolitischen Konsequenzen zur Lösung wirtschaftlicher Probleme ein. Neuere Entwicklungen, wie die der Wirtschaftsethik, finden ebenfalls Berücksichtigung. Besonders wird im vorliegenden Buch auf den Werdegang wirtschaftswissenschaftlicher Überlegungen, Theoreme und Probleme eingegangen. Bei der Behandlung wirtschaftspolitischer Fragestellungen bietet das Buch auch umfassende analytische und theoretische Grundlagen sowohl im mikroökonomischen als auch im makroökonomischen Bereich.

Volkswirtschaftslehre 2
Anwendungen
1995. XVII, 413 S. 33 Abb. Brosch. **DM 39,80**;
öS 290,60; sFr 35,50 ISBN 3-540-58823-X

E. Nowotny

Der öffentliche Sektor
Einführung in die Finanzwissenschaft
3., neubearb. u. erw. Aufl. 1996. XVI, 690 S. 35 Abb.,
42 Tab. Brosch. **DM 68,-**; öS 496,40; sFr 60,-
ISBN 3-540-60957-1

Dieses Lehrbuch hat die Aufgabe, Studenten der Wirtschaftswissenschaften in das Gebiet der Finanzwissenschaft einzuführen. Besonderer Wert wird dabei auf eine praxisorientierte und empirisch fundierte Darstellung gelegt.

L. Goerke, M.J. Holler

Arbeitsmarktmodelle
1997. XII, 312 S. 48 Abb., 3 Tab. Brosch. **DM 49,90**;
öS 364,30; sFr 44,50 ISBN 3-540-62693-X

Dieses Buch führt in die Grundmodelle der Arbeitsmarkttheorie ein. Im Mittelpunkt dieses gut verständlichen Einführungslehrbuches zur Arbeitsmarkttheorie steht die Analyse der optimalen Unternehmensform, von Arbeitnehmerunternehmen, ökonomischen Gewerkschaftsmodellen und Effizienzlöhnen.

W. Franz

Arbeitsmarktökonomik
3., überarb. u. erw. Aufl. 1996. XXII, 432 S.
34 Abb., 61 Tab. Brosch. **DM 55,-**; öS 401,50;
sFr 48,50 ISBN 3-540-61312-9

Thema dieses Buches ist eine breite Darstellung des Gebietes Arbeitsmarktökonomik, wie sie bisher in der deutschsprachigen Literatur kaum zu finden ist. Es analysiert den Stand der wissenschaftlichen Diskussion in den 90er Jahren, wobei ein besonderes Gewicht auf eine Verzahnung von theoretischen mit empirischen Aspekten gelegt wird.

G. Illing

Theorie der Geldpolitik
Eine spieltheoretische Einführung
1997. XV, 383 S. 73 Abb., 8 Tab. Brosch. **DM 39,90**;
öS 291,30; sFr 36,- ISBN 3-540-62716-2

Welche Anreize für inflationäre Prozesse gehen von Stabilisierungspolitik und Staatsverschuldung aus? Welche Bedeutung kommt der Unabhängigkeit von Zentralbanken zu? Das Buch vermittelt die theoretischen Modelle in intuitiver Weise und vertieft sie anhand von aktuellen Beispielen.

Preisänderungen vorbehalten.

J.v. Hagen, A. Börsch-Supan, P.J.J. Welfens (Hrsg.)
Springers
Handbuch der Volkswirtschaftslehre

Springers VWL-Handbuch stellt die wichtigsten Gebiete der Volkswirtschaftslehre vor und bietet damit Studenten, Praktikern und Wissenschaftlern umfassendes, prüfungs- und praxisrelevantes Wissen. Das Handbuch bringt dem Leser volkswirtschaftliche Fragen, Methoden und Ergebnisse sowie die Möglichkeiten und Grenzen ökonomischer Analyse nahe und zeigt zugleich, wie interessant das Fach Volkswirtschaftslehre ist.

1 Grundlagen

1996. X, 392 S. 10 Abb., 1 Tab. Brosch. DM 49,80;
öS 363,60; sFr 44,50 ISBN 3-540-61263-7

Band 1 behandelt die mikro- und makroökonomische Theorie, die neuesten Entwicklungen der Vertragstheorie, die Ökonometrie, die Industrie-, Arbeitsmarkt- und Umweltökonomik sowie die Analyse der Finanzintermediäre.

2 Wirtschaftspolitik und Weltwirtschaft

1996. Etwa 400 S. Brosch. DM 49,80;
öS 363,60; sFr 44,50 ISBN 3-540-61262-9

Band 2 behandelt aktuelle Fragen und alternative Konzeptionen der Wirtschafts- und Finanzpolitik, der Geld-, Sozial- und Wettbewerbspolitik und der internationalen Wirtschaftsbeziehungen. Die Darstellung wird abgerundet durch Fakten, institutionelle und wirtschaftspolitische Entwicklungen in der EG, in Japan und den USA sowie den Entwicklungsländern und den Transformationswirtschaften Mittel- und Osteuropas.

Preisänderungen vorbehalten.

Springer-Verlag, Postfach 31 13 40, D-10643 Berlin, Fax 0 30 / 8 27 87 - 3 01 / 4 48, e-mail: orders@springer.de

MIX
Papier aus verantwortungsvollen Quellen
Paper from responsible sources
FSC® C105338

If you have any concerns about our products,
you can contact us on
ProductSafety@springernature.com

In case Publisher is established outside the EU,
the EU authorized representative is:
**Springer Nature Customer Service Center GmbH
Europaplatz 3, 69115 Heidelberg, Germany**

Printed by Libri Plureos GmbH
in Hamburg, Germany